中原经济区
魅力城市与市树市花

马丹丹　郑智龙　丁　鸽
薛　丹　郭文军　仝国彦　主编

中国农业科学技术出版社

图书在版编目（CIP）数据

中原经济区魅力城市与市树市花 / 马丹丹等主编 . -- 北京：中国农业科学技术出版社，2022.6
ISBN 978-7-5116-5774-9

Ⅰ. ①中… Ⅱ. ①马… Ⅲ. ①城市—介绍—河南②树木—介绍—河南③花卉—介绍—河南 Ⅳ. ① K926.1 ② S717.261 ③ S68

中国版本图书馆 CIP 数据核字（2022）第 082124 号

责任编辑	姚　欢
责任校对	李向荣　贾若妍
责任印制	姜义伟　王思文

出 版 者	中国农业科学技术出版社 北京市中关村南大街 12 号　邮编：100081
电　　话	（010）82106631（编辑室）（010）82109702（发行部） （010）82109709（读者服务部）
传　　真	（010）82106631
网　　址	http://www.castp.cn
经 销 者	各地新华书店
印 刷 者	中煤（北京）印务有限公司
开　　本	185 mm × 260 mm　1/16
印　　张	21
字　　数	500 千字
版　　次	2022 年 6 月第 1 版　2022 年 6 月第 1 次印刷
定　　价	160.00 元

版权所有·侵权必究

中原经济区生态城市园林建设指导丛书
河南省高等职业学校青年骨干教师培养计划项目

《中原经济区魅力城市与市树市花》
编委会

主　　编：马丹丹　郑智龙　丁　鸽　薛　丹　郭文军　仝国彦

副主编：岳华峰　赵　岩　张　培　贾孝凤　索素敏　李玉阁　王　芳　牛淑华
　　　　　张素芳　栗　涛　谢盈鸽　张亚芳　徐照会　张少伟　张紫娟　赵广杰
　　　　　赵　琳　赖俊香　胡建新　于　春　董晓莉　才新山　房　静　张　涛
　　　　　李占林　王传伟　郑景玲　贾慧娟　张红雷　刘晓文　陈尚凤　金付锐
　　　　　周丽辉　范跃峰　张严凡　陈乐友　张　英　白宏新　平　峰　何士兵
　　　　　王敏峰　谷景敏　赵　倩　白晓宇　郭鹏鹏　杜霄霞　于利强　杜可远
　　　　　袁红霞　陆　东　黄其山　王　敏　王英英　董士龙　李建英　赵继明
　　　　　张　朋　薛　景　卢欣周　李松谓　于云龙　徐亚军　岳宗杰　郭建设
　　　　　李士洪　黄　丽　黄　华　许海滨　周玉华　贺少锋　郑　彦　周守波
　　　　　王润军

编写人员（按姓氏笔画排序）：丁　鸽　丁相宁　于　春　于云龙　才新山　马丹丹
　　　　　马国锋　王　芳　王传伟　王英英　王敏峰　牛淑华　平　峰　卢欣周
　　　　　白宏新　白晓宇　仝国彦　刘晓文　刘晓辉　许海滨　孙晨丽　杜可远
　　　　　杜霄霞　李力军　李士洪　李玉阁　李占林　李运忠　李松谓　李建英
　　　　　杨义川　杨建中　杨朝霞　何士兵　宋丽娟　张　英　张　朋　张　柯
　　　　　张　涛　张少伟　张中华　张亚芳　张红雷　张严凡　张素芳　张紫娟
　　　　　陆　东　陈乐友　陈尚凤　陈素梅　范大整　范跃峰　岳华峰　岳宗杰
　　　　　金付锐　丁相宁　周玉华　周守波　周丽辉　郑　彦　郑孟轲　郑景玲
　　　　　郑智龙　房　静　赵　岩　赵　倩　赵　琳　赵广杰　赵继明　胡　伟
　　　　　胡建新　姜春羽　袁红霞　索素敏　栗　涛　贾孝凤　贾慧娟　徐亚军
　　　　　徐雪之　徐照会　高忠奎　郭文军　谢盈鸽　郭鹏鹏　黄　华　黄　丽
　　　　　黄其山　梁丽娟　董士龙　董晓莉　蒋　添　韩铁艳　赖俊香　路　兵
　　　　　薛　丹　薛　景

序

　　城市作为国土的一个重要组成部分,其生态系统的健康与否、市容市貌的美丽与否直接影响着生态文明和美丽中国的建设。2012年11月17日,国务院就正式批复了《中原经济区规划》,在此背景下,编辑出版"中原经济区生态城市园林建设指导丛书"很有必要。

　　城市园林绿地是改善城市生态系统和人居环境的必备要素,也是美化城市、提升城市品位的重要载体。应该说园林是自然与人文的结合,是科学与艺术的结合。将城市园林绿地规划好、建设好、维护好既需要理论的指导,也需要实践经验的总结。

　　近年来,随着城镇化进程的不断加快,各级政府高度重视城市园林绿化工作,把园林绿化建设作为改善人居环境、建设生态文明城市的重要举措,但在城市园林建设中存在着不按科学规律办事,地方特色缺失、盲目跟风等问题。中原地处中国的心脏腹地、黄河中下游,是中华民族和华夏文明的重要发源地。中原经济区是以全国主体功能区规划明确的重点开发区域为基础、中原城市群为支撑、涵盖河南全省以及周边地区的经济区域,有其特定的自然地理及气候特征,作为城市园林也需要构建其特色。

　　希望"中原经济区生态城市园林建设指导丛书"的编辑出版,既能在理论高度正确把握城市园林绿地系统规划,在城市总体规划编制的过程中将园林绿地系统规划作为改善城市生态系统的先导性规划,又能充分结合当地实际,从园林绿化植物种类的选择、苗木的培育、园林植物的栽培养护及园林绿地的维护等方面总结出一套有特色、切实可行的实践经验,使园林建设少走弯路、错路,走出一条生态、节约、可持续发展的园林之路。

包满珠

2022年6月于武汉

前　言

中原经济区是以郑州大都市区为核心、中原城市群为支撑、涵盖河南全省延及周边地区的经济区域，共5省32市。中原地处中国的心脏腹地、黄河中下游，是中华民族和华夏文明的重要发源地。

为加强中原经济区内各城市间的密切联系、互联互通，提升生态园林城市建设品位，充分展示各城市的建设成就、深厚历史、发展方向，特组织中原经济区内相关专家学者，共同编写"中原经济区生态城市园林建设指导丛书"之《中原经济区魅力城市与市树市花》，主要介绍中原经济区内的相关城市概况以及市树市花。

习近平总书记指出，"生态环境没有替代品，用之不觉，失之难存""环境就是民生，青山就是美丽，蓝天也是幸福，绿水青山就是金山银山"。为推进生态文明建设，各地积极开展美丽城乡建设，加大植树造林绿化力度，评选市树市花，取得了显著成效；而有些地方在树种选择上却忽略了最具代表性的市树市花。市树和市花是一个市级行政区具有代表性质，代表该市形象的植物。市树和市花，从表面来看，是一个城市的衣冠和装饰；从内在来看，它又蕴涵着一个地方的人文精神和城市气息；这些植物的生态信息和地方人文属性，在某种意义上来说，既是一种地理标志产品，又是一种历史人文符号。市树和市花是一个城市形象的重要标志，也是现代城市的一张名片。国内外已有相当多的城市拥有了自己的市树和市花，中原经济区内绝大多数城市拥有了自己的市树和市花，有的还是双市树和双市花，有的仅有市花。市树和市花的确定，不仅能代表一个城市独具特色的人文景观、文化底蕴、精神风貌，体现人与自然的和谐统一，而且对带动城市相关绿色产业的发展，优化城市生态环境，提高城市品位和知名度，增强城市综合竞争力具有重要意义。同时，也有利于激发广大市民热爱大自然、热爱生命、爱国爱乡和爱绿护绿的热情，有利于增强广大市民种树栽花、保护和改善城市生态环境的意识，有利于调动广大市民参与环境友好型城市建设的积极性，推进国家生态园林城市和国家森林城市创建工作再上新台阶。

在建设生态文明城市和美丽中国的同时，应注重市树市花的推广普及力度，避免使其仅仅成为一个符号。为此，组织编写本书以提高中原经济区内相关市县的树花意识，并纳入河南省教育厅2019年度河南省高等职业学校青年骨干教师培养项目，旨在提高大众的认知度。力争通过本书的出版发行，进一步突出市树市花的主导地位，在城市绿地系统规划中，扩大配植比例和栽植范围，也可结合绿化设计，规划布点一批市树市花道路和街区，建设一批市树市花主题公园或科普园，以加大宣传力度。本书由于涉及城市多，统计时间跨度长,难免会有遗漏和不足,恳请读者批评指正,以便再版时修正。

在"中原经济区生态城市园林建设指导丛书"创作过程中,特别感谢华中农业大学园艺林学学院院长、博士生导师,分享诺贝尔和平奖的包满珠教授提出指导性意见和建议,并作序。

本书在编写过程中,得到了住房和城乡建设部城市建设司、中国林业科学院经济林研究所、华中农业大学、河南省教育厅、河南省住房和城乡建设厅、安徽省住房和城乡建设厅、河北省住房和城乡建设厅、山东省住房和城乡建设厅、山西省住房和城乡建设厅、河南省林业局、河南农业大学、河南开放大学、河南林业职业学院、河南省风景园林协会,以及相关省市自然资源局、林业和草原局等单位的大力支持,在此一并表示感谢!

编者

2022年6月于郑州

目 录

第一章　郑州市	1
第二章　开封市	20
第三章　洛阳市	34
第四章　平顶山市	59
第五章　安阳市	70
第六章　鹤壁市	78
第七章　新乡市	87
第八章　焦作市	101
第九章　濮阳市	110
第十章　许昌市	119
第十一章　漯河市	132
第十二章　三门峡市	139
第十三章　南阳市	153
第十四章　商丘市	164
第十五章　信阳市	172
第十六章　周口市	187
第十七章　驻马店市	193
第十八章　济源市	206
第十九章　淮北市	212
第二十章　亳州市	217
第二十一章　宿州市	226
第二十二章　蚌埠市	231
第二十三章　阜阳市	234
第二十四章　淮南市	241
第二十五章　聊城市	245
第二十六章　菏泽市	251
第二十七章　泰安市	257
第二十八章　晋城市	266

第二十九章 长治市 …… 276
第三十章 运城市 …… 287
第三十一章 邯郸市 …… 300
第三十二章 邢台市 …… 314
附录 市树市花概况 …… 324

第一章 郑州市

一、市情简介

郑州是华夏文明的重要发祥地、中国历史文化名城,是中国八大古都之一、国家重点支持的六大遗址片区之一、世界历史都市联盟会员城市。在华夏民族传统宇宙观中,郑州地区是"天地之中心",自古以来就是文明交流的十字要冲,域内留存了丰富的文化遗产。历史上,夏、商、管、郑、韩建都于此,隋、唐、五代、宋、金、元、明、清在此设州。

郑州地处中华腹地,史谓"天地之中",古称商都,今谓绿城。1928年3月建市。1954年10月,河南省会由开封迁到郑州。现辖6区5市1县及郑州航空港经济综合实验区、郑东新区、郑州经济技术开发区、郑州高新技术产业开发区。截至2022年1月,全市总面积7567平方千米,人口1260万人,中心城区建成区面积709.69平方千米(含航空港经济综合实验区),市域城市建成区面积1284.89平方千米,城镇化率78.4%。人口密度居全国省会城市第二位,仅次于广州。

郑州地处中国地理中心,是全国重要的铁路、航空、高速公路、电力、邮政电信主枢纽城市。航空港经济综合实验区上升为国家战略,实验区建设取得重大阶段性成果,"三年打基础"目标基本实现。机场二期建成投用,货邮吞吐量增速连续4年居全国大型机场前列。综合保税区等海关特殊监管区功能不断拓展,汽车、肉类等进口口岸投用,郑州成为内陆功能性口岸最多的城市。郑欧班列境内外集疏分拨范围、货运总量和满载率均居中欧班列前列。跨境贸易电子商务走货量居全国试点城市前列。富士康、国家知识产权局专利局专利审查协作河南中心等一大批国内外知名企业和国家级功能平台落户郑州。

郑州为国家级互联网骨干直联点，跻身全国十大通信网络交换枢纽。特别是圆满完成了上海合作组织成员国政府首脑理事会第14次会议服务保障任务，充分展示了该市的整体形象和实力。郑州在全国、全省发展大局中的地位、作用和影响力明显提升。强力推进大枢纽建设。郑徐高铁、郑万高铁、郑合高铁，郑焦、郑机城际铁路通车运营，郑登洛城际铁路加快建设。郑州机场已开通客货航线186条，客运量2000万人次，货运吞吐量45.7万吨。多式联运海关监管中心一期建成运营，"四港一体"合作发展机制初步确立。大力推进航空大都市建设。空港、古城、双鹤湖、会展物流"四大片区"联动发展。成功举办2015郑州航展，通用航空在国内外的影响力不断提升。

"四条丝路"提档升级，"空中丝绸之路"基本形成覆盖全球经济体的枢纽航线网络，累计完成旅客吞吐量2913万人次、货邮吞吐量52.2万吨，保持中部"双第一"；

"陆上丝绸之路"网络遍布欧洲、中亚和东盟30个国家130个城市，班列全年开行1000班、货重54.1万吨，分别增长33%、56.1%；

"海上丝绸之路"实现与青岛、连云港等港口无缝衔接，海铁联运完成1.1万标箱。开放平台持续完善，中国（河南）自由贸易试验区郑州片区完成改革创新总任务的94%，形成创新成果140项。航空港经济综合实验区首家本土货运航空公司成立，河南首条直达欧洲定期客运航线郑州—伦敦开航。

中原经济区是（以郑州大都市区为核心）、中原城市群为支撑、涵盖河南全省延及周边地区的经济区域，地处中国中心地带，全国主体功能区明确的重点开发区域，地理位置重要、交通发达、市场潜力巨大、文化底蕴深厚，在全国改革发展大局中具有重要战略地位。2011年国庆前夕，建设中原经济区上升为国家战略。2012年11月，国务院正式批复《中原经济区规划》，建设中原经济区拥有了纲领性文件。

战略定位为：全国工业化、城镇化、信息化和农业现代化协调发展示范区，全国重要的经济增长板块，全国区域协调发展的战略支点和重要的现代综合交通枢纽，华夏历史文明传承创新区。中原经济区范围包括河南全省及山西、山东、安徽、河北局部地区，涵盖5省30个地级市及3个市辖区、县，总面积约29万平方千米，截至2017年年底，总人口

16529.78万人,生产总值68616.33亿元,经济总量仅次于长三角、珠三角、京津冀及长江中游城市群,为全国经济第五增长极。

以郑州为"龙头"的中原城市群正以昂扬的姿态向具有国际影响力的国家级城市群迈进。2018年12月7日,河南省委常委会审议通过了《郑州大都市区空间规划2018—2035年》(以下简称《规划》)。会议指出郑州大都市区作为中原城市群的发展核心,既承担着支撑带动中部崛起、拓展我国经济发展新空间的重大使命,又承担着引领中原崛起、河南振兴的重要任务。

人口上,《规划》分近、中、远期分别提出了2020年、2025年和2035年郑州大都市区发展目标。眼下最急切要完成的目标是,到2025年,初步建成具有一定国际影响力的现代化大都市区。展望2035年,郑州大都市区常住总人口将达2300万~2800万。

产业上,《规划》要求,抢抓产业转移、新一轮科技革命和产业变革的重大机遇,强化传统产业升级和新兴产业培育,促进工业化和信息化、制造业和服务业深度融合,提升农业综合效益,推动郑州大都市区产业加速向中高端迈进。河南省出台《河南省推进产业集聚区高质量发展行动方案》,提到经过3~5年的努力,要形成20个左右具有较强竞争力和带动力的千亿级产业集群。大都市区产业结构由低端向中高端迈进,优化调整产业结构,与2021年7月31日中央政治局会议,让资金流向制造业的精神无缝对接。未来2800万的人口就是郑州大都市区产业崛起的坚实基础。《规划》指出逐步将开封市、新乡市、焦作市、许昌市所辖县(市)及汝州市、兰考县等省直管县(市)纳入郑州大都市区范围。

2016年,国家发展改革委印发《中原城市群发展规划》,中原城市群包含5省30个城市,28.7万平方千米。郑州都市区空间范围,以郑州为核心,以一小时通勤圈作为半径,涵盖洛阳、焦作、济源、晋城、新乡、鹤壁、安阳、开封、商丘、漯河、许昌、驻马店、平顶山、周口等城市。郑州辐射带动能力和郑州大都市区一体化水平将进一步提升,中原城市群河南一体化发展正式形成网络化、组团式、集约型空间发展格局,这些城市将跟随着时代的车轮极速前行。

郑州历史上就是著名商埠,1997年被批准为国家商贸改革试点城市,2010年被确定为国家服务业综合改革试点城市。现代物流、会展、文化旅游、服务外包等现代服务业发展迅速,是中部地区最大的物资集散地,每年举办全国性、区域性大型商贸活动上百次,获"中国最佳会展城市""中国最具潜力的会展新锐城市"称号。其中郑州商品交易所是三大全国性商品交易所之一。郑州商品交易所是我国第一家期货市场,"郑州价格"一直是世界粮食生产和流通的指导价格。郑州新郑综合保税区是中部地区第一个综合保税区,综合保税区、保税物流中心、出口加工区成为郑州市对外开放的三大平台。

郑州是我国中部地区重要的工业城市。2014年,郑州都市区建设三年行动计划圆满收官,"三大主体"工作成效显著,郑州的经济社会发生了翻天覆地的变化。郑州确立了电子信息、汽车及装备制造两大战略支撑产业和新材料、生物及医药两大战略新兴产业,并对现代食品制造、铝及铝精深加工业、家居和品牌服装制造业三大传统优势行业进行改造提升。

交通上,《规划》指出,推动高速铁路与城际铁路、市域铁路与城市轨道的无缝换乘,实现区域功能中心与门户枢纽、外围组团、相邻城市中心区间的"三个15分钟"高效衔接。此举意味着郑州与周边城镇的通勤时间将控制在1小时之内,甚至只需要45分钟,更加强化与功能中心的布局耦合度。大都市区的空间形态,是有国际通行原则的,即"以1小时通勤圈为基本范围"。1小时通勤圈可以为产业集聚创造条件,也可以为未来郑州发展空间轴向外延伸奠定基础,密集的交通网会将各个独立的区域真正融为一体。

生态上,《规划》借鉴杭州、成都、武汉大都市区发展经验,坚持把郑州大都市区作为一个有机整体,以生态、水利、能源、信息等为重点,统筹优化区域生态环保和基础设施布局,构建互联互通、安全高效的大都市区功能网络体系。并强调,要把绿色空间的保护增值和创新空间的培育,作为大都市区功能提升的重点。

生态环境保护是功在当代,利在千秋的大事。人与城市和谐发展才是长远之计。事实上,与其他都市圈相比郑州大都市区现在做得远远不够,长久以来重视经济发展已成惯性模式,城市生态保护则很少被提及,即使提及落实效果也有待商榷,此次郑州大都市规划把生态独立出一个板块,或将意味着生态保护正式走上大都市区建设发展的历史舞台。生态建设成效明显。强力推进国土绿化提速行动,铁路沿线、干线公路、高速立交及出入市口等区域违建全部拆除,提质连通生态廊道528千米;市区新增绿地1356万平方米,建成高铁公园等公园、游园、微公园411个。第十一届中国(郑州)国际园林博览会圆满闭幕,郑州园博园常态化开放。黄河流域生态保护和高质量发展深入推进,南水北调干渠穿境而过,建成了生态景观带和南水北调湿地公园,贾鲁河综合治理及绿化工程全面建成。

郑州城市规模不断扩大。2021年郑州GDP 1.5万亿元,人口过千万,已迈入特大城市之列。作为国家中心城市,郑州正以坚定的脚步在一步步夯实这项荣誉与光环,跻身国际一流城市。而在大都市区崛起的过程中,核心城市郑州必将是最大的受益者。郑州的经济动能辐射周边城市,周边城市发展起来后将会以更蓬勃的生机拱卫郑州,反哺郑州的经济、人口、产业。无论如何,郑州巨大的虹吸效应不会消失,只会愈来愈强。在大都市圈时代,各省纷纷推出强省会战略,以各种方式做大做强中心城市。郑州在政策引导下从北移东扩到一主一城,再到"东强、南动、西美、北静、中优、外联"的功能布局。东强:郑州强不强,关键要看东部,所谓的"东",除了郑东新区,还包括经开区、中牟县部分区域。经开区的智能制造、中牟县的文旅产业等,也都是郑州东部之"强"的有力支撑。截至2019年上半年,入驻郑东新区的国际、国内500强企业分别达到68家、93家。郑东新区将从"以城带产"向"以产促城"转变,把发展高科技产业、聚集高科技人才作为战略方向,发挥好在郑州的引领带动作用。南动:南部动起来,其核心是枢纽二字,就是要依托郑州航空港经济综合实验区,做强机场、郑州航空港站,以及郑州南站、高速、高铁、城际铁路、地铁等,围绕"枢纽+口岸+物流+制造",完善以航空枢纽为带动的多式联运体系,做大做强以智能终端为代表的电子信息先进制造业集群,打造国际航空枢纽经济引领区,内陆地区对外开放高地。西美:西美的目标是要将西部建设成为城市的生态屏障、全省创新创业最活跃区域,让美丽人居、美丽生态、美丽经济成为西部的鲜明特征。这里的"西"指的是以郑州国家高新技术开发区为依托,统筹荥阳市、上街区,拓展覆盖西南县市。从地图可以看出,所谓的西南县市还应包括巩义、登封、新密等地。北静:"北"的依托地主要是指惠济区。北部要想"静"下来,就要依托黄河生态文化带建设,突出"自然风光+黄河文化+慢生活",把水、滩、林、文化、产业等作为一个有机体系进行研究谋划,打造郑州的"后花园"。中优:在郑州的城市功能布局中,"中"是要向"优"迈进。既然定位为"优",说明它本身已经不错,不过还有提升和进步的空间。主要是进行城市的有机更新和重视现代商业的发展。城市有机更新主要是指对城市中已不适应城市发展的地方作必要改建,使之重新发展和繁荣。带动形态更新、业态更新、功能更新。外联:作为全省发展的领头羊,郑州依然要重视与外部的联系和协同。所谓的"外"主要是指开封、新乡、焦作、许昌等城市。随着郑州辐射带动能力和郑州大都市区一体化水平的不断提升,在现阶段空间范围的基础上,会逐步将开封市、新乡市、焦作市、许昌市所辖县(市)及汝州市、兰考县等省直管县(市)纳入郑州大都市区范围,加快形成网络化、组团式、集约型空间发展格局,引领带动中原城市群向具有国际影响力的国家级城市群迈进。

　　加快郑州都市圈一体化发展,是河南省第十一次党代会作出的重大决策,是在区域经济竞相发展中再造优势的重大举措。从沙澧大地到太行山麓,从黄河之滨到济水之源。郑州都市圈由原来的"1+4"拓展为"1+8",范围增加带来的不仅是空间的拓展,也是潜力和能级的提升。旨在使要素在更大范围畅通流动,重塑优化全省城镇化总体布局,支撑河南在中部地区高质量发展中奋勇争先、更加出彩。2021年12月,中共河南省委宣传部举行"奋进新征程中原更出彩"主题系列发布会,宣布将洛阳、平顶山、漯河、济源纳入郑州都市圈范围以实现郑州都市圈扩容。至此,历时五年,郑州都市圈完成了从"大都市区"到"都市圈",从"1+4"(郑州、开封、许昌、新乡、焦作)到"1+8"的嬗变。在"1+8"郑州都市圈一体化发展中,各城市的定位及所扮演的角色分别为,郑州承担着当好"国家队"、提升国际化,着力提升核心竞争力,努力打造国家创新高地、国家先进制造业高地、国家开放高地、国家人才高地,在国家中心城市建设中提质进位,引领现代化河南建设的重任。开封,优势互补推进郑开同城化,创新引领建设现代都市圈,勇做新时代高质量发展开路先锋。洛阳,坚持以创新引领发展,加快洛阳中原城市群副中心城市建设、打造全省发展新的增长极。平顶山,着力固根基、扬优势、补短板、强弱项,坚定走好资源型城市转型发展的路子,壮大新动能、奋进百强市。新乡,推动郑州、新乡国家自主创新示范区协作联动,打造郑新一体化发展创新产业走廊。许昌,建设先进制造业重要基地,加快郑许融合发展,在现代化都市圈建设上迈出新步伐。漯河,创新驱动打造现代化食品名城,乘势而上融入郑州都市圈建设。济源示范区,持续发扬愚公移山精神,奋力建设创新型、高品质、现代化示范区。

二、城市名片

中国八大古都之一、世界历史都市联盟成员城市、中国历史文化名城、全国文明城市、全国科技进步示范城市、国家卫生城市、国家生态园林城市、全国双拥模范城市、国家森林城市、全国绿化模范城市、中国优秀旅游城市、2012中国特色魅力城市200强、全国最佳会展经营城市、国家中心城市、新一线城市、特大城市、中原经济区中心城市、中原城市群核心城市、国家综合保税区、国家级航空城。

三、市树市花

(一)市树——法桐(悬铃木)

郑州种植法桐的历史是从1951年开始的,市政府下文,人均两棵,保种保活。1954年河南省委、省政府从开封市迁入郑州市,为适应省会城市发展,市区大面积绿化,又种植了一批法桐。1956年春天,郑州市全市人民义务植树,先后在金水路、人民路、花园路、经五路、经六路、纬一路、纬二路、政一街、政二街等道路两旁大量种植法桐。

经过几轮大面积法桐种植,到20世纪70年代中后期,市区林荫覆盖、满目绿色;1984年,郑州以大树多、绿量大、绿化覆盖率达35.25%位居全国317个城市之首,赢得了"绿城"美誉。

法桐成为郑州市市树是在2007年。2006年12月19日郑州市开始全民投票评选市树活动,市树评选成为郑州市市民茶余饭后谈论最多的话题。参加活动的有个人、情侣、家庭,还有团体,他们通过广场上的投票箱、手机、网络,热情又郑重地写上自己挚爱的树种,甚至亲自来到市园林局送上选票。2007年5月29日,在市园林局召开的市树评选专家评审会上,专家们一致推举法桐作为郑州市市树。2007年12月14日,经市十二届人大常委会32次会议审议,通过了法桐(悬铃木)作为郑州市市树的决定。市树评选的选票说明了一切,郑州市市民对于法桐的深厚情感可见一斑,法桐作为郑州市市树实至名归,当之无愧!

悬铃木为悬铃木科乔木,是悬铃木科悬铃木属约7种植物的通称。分布于东南欧、印度和美洲,中国引入栽培的有3种,供观赏用和作为行道树。悬铃木树形雄伟、枝叶茂密,是世界著名的优良庭荫树和行道树,有"行道树之王"之称。

悬铃木,包括一球悬铃木(多见于美洲,也叫美洲悬铃木)、二球悬铃木(由一球悬铃木与三球悬铃木在英国杂交所得,也叫英国悬铃木)、三球悬铃木(也叫东方悬铃木、多球悬铃木、裂叶悬铃木、鸠摩罗什树、净土树)3种。

现在我们通常把这3种悬铃木统称"法桐"。但这种叫法是有误的。悬铃木与梧桐是2种不同的植物。目前栽培较多的是经改良后的无球悬铃木。

悬铃木引入中国栽培已有一百多年历史,从北至南均有栽培,以上海、杭州、南京、徐州、青岛、九江、武汉、郑州、西安等城市栽培的数量较多,生长较好。悬铃木具有良好的杂种优势,生长迅速,繁殖容易,叶大荫浓,树姿优美,有净化空气的作用,是一种很好的城市和农村绿化树种。悬铃木是阳性速生树种,抗逆性强,不择土壤,萌芽力强,很耐重剪,抗烟尘,耐移植,大树移植成活率极高。它对城市环境适应性特别强,具有超强的吸收有害气体、抵抗烟尘、隔离噪声能力,耐干旱、生长迅速。

悬铃木的繁育通常采用插条和播种育苗2种形式。花期4—5月;果9—10月成熟。生产上悬铃木常采用扦插育苗。

(二)市花——月季

郑州市的市花是月季花,1983年3月21日,郑州市七届人大三次会议批准月季为郑州市市花。月季原产于中国,属蔷薇科木本落叶灌木,至今已有2000多年的栽培历史,被誉为"花中皇后"。

月季,又称月月红,常绿、半常绿低矮灌木,四季开花,一般为红色,或粉色,偶有白色和黄色,可作为观赏植物,也可作为药用植物。目前郑州及周边地市栽培的月季,由于受小气候的影响,通常为常绿,冬季不落叶,仍能看到花朵开放,是街头一道亮丽的风景线。

自然花期8月到次年4月,花大型,由内向外,呈发散型,有浓郁香气,可广泛用于园艺栽培和切花。月季种类主要有切花月季、食用玫瑰、藤本月季、地被

月季等。切花月季是情侣间必送的礼物之一,并成为爱情诗歌的主题。月季也有较好的抗真菌及协同抗耐药真菌活性。

栽培中大多采用扦插繁殖法,亦可分株、压条繁殖。扦插一年四季均可进行,但以冬季或秋季的硬枝扦插为宜。夏季的绿枝扦插要注意水的管理和温度的控制,否则不易生根;冬季扦插一般在温室或大棚内进行,如露地扦插要注意增加保湿措施。播种繁殖者,用于有性杂交育种。对于少数难以生根的品种,则用嫁接繁殖,其砧木以野蔷薇为宜。目前各大城市广泛栽培的树状月季,大多采用嫁接繁殖。月季嫁接一般选用根系发达、生长旺盛、抗病性强的蔷薇作砧木,选用的品种多为粉团蔷薇与野蔷薇,砧木可以扦插繁殖,也有用种子播种,利用实生苗嫁接。嫁接方法通常用芽接、枝接与根接法,多数用芽接。常用的芽接方法是丁字接与贴芽接。

修剪技巧:及时剪除月季残花才能使其集中养分,保持植株强壮及开花不衰。如不及时去掉残花,紧靠残花下的几个腋芽往往会萌发,形成弱枝。这些小枝既消耗养分又破坏株形,即使能开花,也大多是畸形或较差的小花。另外,除了要采收种子的花,绝不能让残花结籽。第一批花开后,弱枝重剪,留芽1~2个;中等枝条应中剪,枝条上保留3~4个芽;强枝轻剪,留芽5个,适当抑制生长。第二次修剪要轻,只从残花下第二片叶往下剪,保留第二片叶的腋芽,这是一个在生长和发育上都具有最佳优势的芽,并处于全株的优势地位,剪除此芽会影响下次花期、花朵质量以及植物的长势。立秋后的花后修剪(第三批花)采用中剪,每个枝条留3~4个芽。为照顾株形平衡,也可退至上批开花的枝条往下剪。要剪除重叠枝、交叉枝、过密枝、徒长枝等,以利通风透光和株形匀称。同时,月季的花后修剪还应结合控制花期进行。国庆节应用的月季,可于花前45天修剪,中剪留芽3~4个,以后每枝上抽发2个小枝。剪后加强肥水,注意防涝和白粉病,9月下旬花朵陆续开放。另外,通过修剪可使聚花月季提前或推后花期。对此类月季采取轻剪能保留较多成熟的枝条,使植株提前2周开花;重剪能使植株发出秋天开花的壮枝,使秋花延后2周。因此可从整体考虑,对植株采用不同的修剪方法,提早或延长花期。

月季被确定为郑州市的市花之后,其在郑州市的种植数量、品种数量和面积迅速扩大。

1985年前后,郑州市园林绿化部门建设了中原路、建设路和陇海路等一批闻名省内外的"月季大道"。全国5个月季中心、五大月季公园均位于郑州。据郑州市园林绿化部门统计,20世纪80年代中后期,仅郑州市区内种植的月季品种就达800多种,郑州市的月

第一章 郑州市

季科研存园品种更是达到了 1000 多个,并形成了面积达 800 多亩(1 亩≈666.67 平方米)的月季繁育基地,郑州市月季的种植达到了一个鼎盛期,郑州因此又被称为"月季城"。

但是到了 20 世纪 90 年代以后,郑州市区内种植的月季开始逐渐老化,加上受到南方城市绿化观念的冲击,常绿绿化受到了人们的热烈追捧。常绿植物和常绿草坪逐渐取代月季,大量出现在郑州的街头和庭院之中,月季由城市绿化的主角变成了配角。到了 2000 年,曾经让郑州人颇感骄傲的几条"月季大道"已经看不到了。

但郑州市民没有忘记这个曾经给郑州带来无限风光的市花。受到洛阳牡丹、开封菊花繁荣的市花经济的启发,郑州也开始大力宣传市花月季。2005 年郑州市以举办首届中国月季展览会为契机,加大月季在城市绿化中的应用力度,建设了一批月季公园、月季庭院、月季小区。此外,郑州还重新培育了 4~5 条"月季大道",把中原路、航海路、建设路和大学路等主干道打造成色彩斑斓的月季路,努力打造月季城,让市花月季成为郑州市一张亮丽的城市名片。

中原路以前是郑州市有名的"月季大道",在中原路上销声匿迹了几年的月季,又重新出现。如今,徜徉在郑州的大街小巷,时常可以看见月季的风姿。郑州也常有围绕市花月季展开的摄影、绘画、征文活动,吸引了大批热爱月季的市民参与,激起了更多市民的热情。

郑州月季公园位于河南省郑州市西站路 80 号,占地面积 7 万平方米,原为郑州市城市园林科研所科研生产用地。2004 年 11 月,郑州市人民政府决定将其改建为月季公园,并作为首届中国月季展览会主会场。2005 年 1 月,郑州市园林局组织开工建设,总投资约

1400万元，于2005年4月28日建成，向市民免费开放。

近年来，由于暖冬和城市小气候的影响，郑州市的月季由落叶灌木变成了常绿花卉，月季在寒冷的冬季也成了一道亮丽的风景线，扮靓着绿城，吸引着人们的目光。

郑州市的市树法桐伟岸雄奇、英姿飒爽，市花月季多彩多姿、坚韧朴实，唯愿大家都悉心爱护，让郑州这座城市绿荫浓浓、花香隐隐！

四、风景名胜

郑州是首批中国优秀旅游城市，历史人文景观众多，自然山水资源丰富。有"天下第一名刹"禅宗祖庭少林寺；有"五代同堂"的首批世界地质公园中岳嵩山；有海内外华人的精神家园轩辕黄帝故里；有饱览中华母亲河黄河风光的黄河风景名胜区；有我国现存最早的天文观星台；有最古老的道教庙宇中岳庙；有中国四大书院之一的嵩阳书院；有画像与壁画共美的打虎亭汉墓；有峡谷飞瀑环翠峪和风光旖旎的雁鸣湖等众多旅游胜地，让中外游客流连忘返。郑州旅游节庆演艺活动持续不断、精彩纷呈，少林武术节全球武林英豪齐聚郑州竞技传统武术，黄帝故里拜祖大典吸引全球华人瞩目，世界旅游城市市长论坛汇聚世界旅游城市市长论道郑州，《禅宗少林·音乐大典》实景演出向世人展示"山石为乐器，流水为琴弦"的美妙视听盛宴。

8000年前的裴李岗文化遗址、6000年前的大河村文化遗址是著名的古人类活动遗址；5000年前，中华人文始祖轩辕黄帝出生并建都在郑州这片土地上；3600年前，中国第二个奴隶制王朝——商朝在此建都，至今中心城区依然保留着7千米长的商代城墙遗址。悠久的历史积淀了灿烂的文明，禅宗祖庭少林寺、道教圣地中岳庙、宋代四大书院之一的嵩阳书院、中国最古老的登封观星台都是中华文明史上的璀璨明珠。全市拥有商城遗址、裴李岗遗址、北宋皇陵、轩辕黄帝故里、杜甫故里、潘安故里等历史名胜和文化古迹等不可移动文物8651处，其中，世界文化遗产2处，国家级重点文物保护单位74处，省级重点文物保护单位131处，市级重点文物保护单位246处，文物数量和规模居全国城市前列。河南博物院为国家级重点博物院，是展示中原历史古文明的重要场所，黄河郑州段以"悬、浊、荡、阔"为特点构成了独特的自然风光。中国五大剧种之一的河南豫剧在郑州有广泛的群众基础，河南电视台的戏曲节目《梨园春》有较高的收视率。因此，郑州的文化主要体现为黄河文化、商都文化、拜祖文化、武术文化以及戏曲文化等。

目前，全市共有3A级以上景区34家（其中5A级景区1家，4A级景区17家，3A级景区 16 家)。2018 年,接待游客 11329.72 万人次,旅游总收入突破 1363 亿元。新密银基旅游度假区和航空港区园博园成功创建国家 4A 级景区,新密市米村镇、中牟县雁鸣湖镇成功创建省级旅游特色生态示范镇,建设旅游厕所 216 座;智慧旅游产业运行监测与公共服务平台建设全面启动,新版官方网站、官方微信公众服务平台上线运行,智慧旅游建设稳步推进。旅游已成为推动经济社会高质量发展的重要力量。

(一)登封市嵩山少林景区(国家 5A 级旅游景区)

少林寺是我国久负盛名的佛教寺院,声誉显赫的禅宗祖庭,少林功夫的发祥地,位于河南省郑州市登封市西 12 千米处的嵩山五乳峰下,是嵩山风景区的主要核心景区之一。少林寺建于北魏太和十九年(公元 495 年),相传是孝文帝为安顿印度高僧跋陀而建,因其建于嵩山少室山密林之中,故定名"少林寺"。北魏孝昌三年(公元 527 年),印度高僧菩提达摩来到少林寺,在少室山五乳峰一天然石洞面壁九年,首传禅宗。至

此,少林寺被称为"禅宗祖庭"。唐初,少林寺十三棍僧,在秦王李世民讨伐王世充的征战中,立下汗马功劳,得到了李唐统治者的赞誉和封赏。在此期间,由于朝廷的大力支持,少林寺发展极快,博得了"天下第一名刹"的美称,少林功夫也从此美名远扬。明代达到鼎盛。民国时期,军阀石友三放火烧毁了少林寺的大部分建筑,千年基业毁于一旦。新中国成立后,在党和国家的关心支持下,少林寺雄风重振,特别是 1982 年一部《少林寺》电影,使少林功夫风靡世界,少林寺成为河南乃至世界的一个顶级旅游胜地。少林寺自建寺以来,禅、武、医举世闻名,经久不衰,沉积了丰厚的历史内涵和文化底蕴,曾先后被评为郑州市十大旅游景区、国家 5A 级旅游景区,年接待游客 150 余万人次,是名副其实的中原旅游明珠、华夏旅游胜地。2006 年 3 月俄罗斯总统访华期间,专程参观少林寺。少林寺主要景点有山门、天王殿、大雄宝殿、钟楼、鼓楼、立雪亭、千佛殿、方丈室、地藏殿、白衣殿、塔林等。

(二)郑州黄河风景名胜区(国家 4A 级旅游景区)

郑州黄河风景名胜区是国家级风景名胜区,国家 4A 级旅游景区、黄河国家地质公园、国家水利风景区。位于河南省郑州市西北 20 千米处黄河之滨,南依巍巍岳山,北临滔滔黄河。雄浑壮美的大河风光,源远流长的黄河文化,以及地上"悬河"的起点、黄土高原的终点、黄河中下游的分界线等一系列独特的地理特征形成了博大、雄伟、壮丽、优美的自然景观。郑州黄河风景名胜区处于中华民族发源地的核心部位,融观光旅游、休闲度假、科普教育、寻根祭祖、弘扬华夏文明为一体,是"中华民族之魂"——黄河之旅的龙头景区,文化

和旅游部推出的14条黄金旅游线路上的重要景区。

郑州黄河风景名胜区现已开放景区面积20多平方千米，有炎黄广场、五龙峰、岳山寺、骆驼岭、星海湖等五大景区，分布着炎黄二帝巨塑、黄河国家地质博物馆、黄河碑林、浮天阁、极目阁、黄河第一桥等40余处景点，每年接待上百万中外游客，被誉为万里黄河上一颗璀璨的明珠。

（三）新郑市黄帝故里景区（国家4A级旅游景区）

黄帝故里位于河南省郑州市新郑市轩辕路北，占地面积100余亩，是国家4A级旅游景区和全国重点文物保护单位，是海内外炎黄子孙寻根拜祖的圣地，也是十八届世界客属恳亲大会拜祖仪式和历年黄帝故里拜祖大典的现场。1996年年底被命名为郑州市爱国主义教育基地。黄帝故里景区共分5个区域：中华姓氏广场、轩辕故里祠前区、轩辕故里祠、拜祖广场、轩辕丘与黄帝纪念馆区。

据大量的历史记载和文物佐证，黄帝统一天下，奠定中华，肇造文明，惜物爱民，被后人尊为中华人文始祖。河南新郑古为有熊氏之国，轩辕黄帝降于轩辕之丘，定都于有熊，汉代在新郑北关轩辕丘前建有轩辕故里祠。自汉代建轩辕故里祠以来，历史有毁有修。明代隆庆四年修葺，于祠前建轩辕桥；清康熙五十四年新郑县知事许朝术于祠前立轩辕故里碑；清乾隆二十九年修葺，《重修大殿碑记》记

载："古传郑邑为轩辕氏旧墟，行在北有轩辕丘遗址，乃当年故址。"为弘扬中华优秀传统文化，缅怀始祖功德，新郑市人民政府自20世纪90年代开始，对黄帝故里进行了多次整修、扩建和改造，特别是经2002年和2007年两次大的扩建，形成了现在的黄帝故里景区。可

以说，黄帝故里历经了千年风雨沧桑，见证了历代王朝沉浮，而黄帝故里的变迁历程恰恰是社会大变革、大发展、大繁荣的一个缩影。

（四）康百万庄园（国家 4A 级旅游景区）

康百万庄园又名河洛康家，位于河南省郑州市巩义市康店镇，始建于明末清初，是全国重点文物保护单位、国家 4A 级旅游景区，是 17—18 世纪华北封建堡垒式建筑的代表。

康百万是明清以来对"中原活财神"康应魁家族的统称，康氏家族前后 12 代人在这个庄园生活，跨越了明、清和民国 3 个时期，共计 400 余年，庄园也从最初的山腰建至山顶，是一处典型的 17—18 世纪封建堡垒式建筑。庄园背倚邙山，面临洛水，因而有"金龟探水"的美称，是中国三大庄园（康百万庄园、大邑刘氏庄园博物馆、牟氏庄园）之一。与山西晋中乔家大院、河南安阳马氏庄园并称"中原三大官宅"，被誉为豫商精神家园，中原古建典范。

康百万庄园是康氏家族先祖第六代传人康绍敬建造的府邸。康家的第十二代庄园主康大勇乾隆初年大建。"康百万"是明清以来对康应魁家族的统称，因慈禧太后的册封而名扬天下。

明朝初期洪武年间，康家先祖在巩县（今巩义）康店镇洛河边安家。为解决温饱，康家先祖在洛河岸边开了一个小饭馆。寒来暑往，小店逐渐成为河洛一带知名的客栈。后来，客栈所在地被称为"康家店"。

到了康氏家族先祖第六代传人康绍敬时期，康绍敬读书致仕，初任洧川（今河南尉氏县境内）驿丞，后晋升为山东东昌府（今山东聊城）大使。康绍敬在地方水陆交通、盐业和税务等方面担任要职。到了清朝时期，康氏家族在清廷镇压白莲教之际，通过各种手段取得了长达十年与布匹有关的军需品订单，在这之前康家还垄断了陕西的布市。同时，康氏家族又靠造船业发财、靠土地致富，人称"百万富翁"。经过康家几代人的不断努力，小小的"康家店"变成了一座占地 240 余亩、包含 19 部分的庞大庄园。靠山筑窑洞，临街建楼房，濒河设码头，集农、官、商于一体，有 33 个庭院、53 座楼房、73 孔窑洞及房舍 1300 多间，庭院建筑为豫西地区典型的两进式四合院，兼具园林艺术和宫廷艺术特色。繁盛时期，庄园内的砖厂、木材厂、造船厂人来人往，康家主人足不出户便可满足一切生活所需。

　　清朝时期，康家已经富甲一方，方圆几十里都是康家的田地。随着家族财富的积累，康家在原有庄园的基础上进行扩建，将房舍增加到了山顶，从而构成了一座砖石结构的堡垒式建筑，其围墙环绕山腰一周。

　　晚清时期的1900年，八国联军入侵北京，慈禧太后携光绪于次年逃离北京前往西安，后又返京，路过巩义康店镇时，被称为"豫商第一人"的康家掌柜康鸿猷雪中送炭，向清政府捐资一百万银两，慈禧太后一句"没承想，这山沟里还有百万之家。"被广为流传，并赐其为"康百万"的封号，"康百万"成了这个庄园的主人"康氏家族"的统称，因此康家的庄园便成了康百万庄园。

　　新中国成立初期，政府对庄园实施了改造，使其延续了"明时楼院清时廊"的旧貌。

（五）伏羲山（国家4A级旅游景区）

　　伏羲山是国家4A级旅游景区，主要景点有伏羲大峡谷、伏羲山三泉湖、伏羲山红石林、中原豫西抗日纪念园。

　　伏羲大峡谷属伏羲山核心区域，是一条以典型的红岩嶂谷群地质地貌景观为主的峡谷景区，峡谷内终年流水不断，瀑布溪水穿行于峡谷山石之间，十瀑连叠，瀑上有潭，潭泄成瀑，十分壮观。景区以伏羲文化和红石大峡谷为主要特色，分为上下两部分。

　　上部以卧龙台、文化隧道、望乡台、八卦台、万年栗、栗仙神祠、女娲补天处、神龟折足、五色石等景点为主，全面反映伏羲文化的形成、发展、传播以及对后世的影响。下部以黄龙

潭、黄龙庙、簸箕潭、立龙锅潭、贯云瀑(龙影瀑)、八分潭、乌龟拜寿、九龙潭、图腾柱、马蹄沟、沐云梯等景点为主,深切感受峡谷风光,自然之美。

(六)中岳庙(国家 4A 级旅游景区)

中岳庙,即河南嵩山中岳庙,全国重点文物保护单位,世界文化遗产"天地之中"历史建筑群的遗产点之一,世界道教主流全真道的圣地。

中岳庙位于河南嵩山南麓的太室山脚下,距河南省登封市城东 4 千米。中岳庙背倚黄盖峰,面对玉案山,西有望朝岭,东有牧子岗,群山环抱,布局谨严,规模宏伟,红墙黄瓦,金碧辉煌。总面积 13 万平方米,为中州祠宇之冠,是五岳中现存规模最大、保存较完整的古建筑群,也是河南省规模最大、最完整的古代建筑群。

中岳庙前身是太室祠,最晚在西汉汉武帝时已经存在,原为祭祀嵩山太室山山神的场所,随着祭祀山岳制度的消失,中岳庙后来成为道教的活动场所,但仍保留着礼制建筑的特点。南北朝时期,道教在中国形成,中岳庙成为中国道教在中原地区活动的最早基地。

中岳庙基本上保留了清代重修以后的规制。庙中有殿、宫、楼、阁等建筑 39 座近 400 间。总面积近 13 万平方米,中轴线全长 650 米,共有 7 进 11 层建筑,中轴线上的建筑高大雄伟,主殿峻极殿是五岳中最大的殿宇。中轴线两侧分布有古神库、四岳殿、东西廊房、火神宫、祖师宫等多组院落,分别是道士举行祀典和生活的地方。庙内还有古代碑刻 73 件,汉代至清代的古柏 330 多棵。完整的建筑布局使中岳庙成为一座主次分明、错落有致、布局紧凑、色调和谐的庞大建筑群。

(七)红石林景区(国家 4A 级旅游景区)

红石林景区位于河南省郑州市新密市尖山村和牛心石村,有河南面积最大的石林景观,在文化上以传承伏羲文化为主。主要景点有伏羲女娲天然石像、望红石林,峰峦叠嶂,雄浑壮观。走进红石林犹如面前出现一幅徐徐展开波澜壮阔的历史画卷。景区内奇峰异石,耸立如林。东西两侧石林景观风格迥异,令人叹为观止。红石林既具北方粗犷豪放的气势,又兼南国秀丽婉约之情调。无数的

石峰、石柱、石芽、石笋组成的岩石森林,宛如座座盆景。远观高低起伏、气势如虹,近观错落有致、栩栩如生,每时每刻都在考验着来访者的想象空间。而矗立于山巅的华夏人祖石,伏羲女娲雕像则承载着中华民族五千年文明之滥觞,也见证了旷古千年的溱洧遗风。

自伏羲山山脚下的游客服务中心进入,会盟桥头思古,萧鱼湖畔抒怀。或到会盟寨里去寻觅、捕捉春秋战国金戈铁马的历史云烟。穿越南天门,人祖石前认祖,伏羲宫里归宗。面积 6000 平方米的伏羲广场已成为华夏儿女祭祀祖先的圣地。居悬崖酒店遥望星空,都市繁华尽收眼底;登补天阁顶品高天流云、评斗转星移;跨古木栈道踏青休闲;乘高空索道览石林绝景。

(八)樱桃沟景区(国家 4A 级旅游景区)

樱桃沟景区位于河南省郑州市二七区境内,是国家 4A 级旅游风景区、首批中国乡村旅游创客示范基地、中国乡村旅游模范村、河南省水利风景区、河南省定向运动活动基地、郑州市首批美丽乡村试点村、郑州市旅游工作先进单位,南临新密市、新郑市,距市中心约 10 千米,郑尧高速、郑少高速、绕城高速、郑登快速路穿境而过,距郑州火车站 18 千米,距郑州新郑国际机场 18.6 千米,多条城市主干道通达景区,交通便利,区位优越,素有"中原樱桃之乡,创意徒步天堂"之称,被誉为

郑州市城区生态后花园。樱桃沟景区核心景区规划面积 3.13 平方千米,外围景区面积 13.13 平方千米,代管行政区域面积 32 平方千米,系古黄河第二级阶梯洪积倾斜平原区,属嵩山山脉平缓起伏带,是典型的黄土沟壑风积地貌景观,拥有 2011 年度全国考古十大发现之一的老奶奶庙旧石器时代遗址。

(九)黄河富景生态世界(国家 4A 级旅游景区)

黄河富景生态世界位于河南省郑州市惠济区花园口镇八堡村北黄河滩,以盛产优质夏黑无核葡萄闻名。黄河富景生态世界为国家 4A 级旅游景区,景区以生态保护为开建准则,以自然生态为活动主题,以丰富母亲河黄河湿地为依托,占地面积 1 万余亩。结合我国台湾现代化生态建设经验,把黄河富景生态世界建成一个集旅游观光、休闲度假、无公害种植、水产养殖、科普教育于一体的综合性现代化农业旅游示范园区。

2003 年秋,台湾富景集团连氏企业专程来郑州朝拜母亲河,向世人宣布"统一,自黄河两岸开始"。利用母亲河历史人文的亲和力及自然风光的资源条件,以营造绿色文明、保护自然生态环境为宗旨,按照生态可持续发展的原则,投资兴建以生态旅游和高科技农林及边缘产业开发的生态园。以梳妆打扮母亲河追求更大社会效益和变害为利、变荒为宝,

追求最大经济效益为目标,整体规划总建设投资为 1.8 亿元,工程分为三期:第一期工程建设投资额为 6000 万元,建设重心为沿黄河 8.5 千米的黄河南岸,占地约 2 万亩,主要项目为大众型生态游乐和湿地生态环境保护,自 2003 年 8 月开工,于 2004 年年底已有 20 万人次到访。第二期工程建设投资额约为 1 亿元,建设重心为黄河两岸南北交通连贯工程和黄河北

岸森林公园工程,占地约 2.2 万亩,主要项目为旅游地产商务及高档消费娱乐,其中海外华商会展中心为核心项目,于 2005 年年初开工,2005 年年底试开园营业,完工后成为郑州的后花园和黄河地质生态旅游第一园,同时,也是海外华商依偎母亲河、升华母子情、阖家庆团圆的活动基地。黄河北岸,沙岗起伏,拥有万亩槐林,渠河纵横,灌木丛生,野生动物繁多,在林带中设置有野生动物散养园,饲养多种珍奇动物(如麋鹿、鸵鸟等),黄河上还建有轮渡码头,游客可乘坐游船在黄河上欣赏美景,往来于两岸之间。第三期工程着重于高科技农林产业化开发和相关产业开发,重点突出产业链条源头项目,本着全民致富的原则,拉动园区周边区域社会经济发展。

(十)郑州商代遗址

郑州商代遗址,位于河南省郑州市管城回族区一带,为商代早期(公元前 16—公元前 13 世纪)都城遗址。1950 年,郑州商代遗址被发现。郑州商代遗址东起凤凰台,西至西沙口,

北抵花园路,南到二里冈,面积约 25 平方千米,包括三重城垣遗址、宫殿区遗址、居住聚落遗址、墓葬区、手工作坊遗址、窖藏坑等遗迹类型,出土了大量石器、陶器、铜器、玉器、骨器等生产工具和生活用具,其中以周长约 7 千米的(内城)城垣遗址和分布范围巨大的宫殿区遗址保留最为完整,也最具历史文化价值。1961 年 3 月 4 日,郑州商代遗址被中华人民共和国国务院公布为第一批全国重点文物保护单位。郑州商代遗址城垣为夯土板筑,平面为长方形,横断面呈梯形,北城墙长约 1692 米,西城墙长约 1700 米,南城墙和东城墙均约为 1870 米,城墙周长近 7000 米,西城墙和北城墙西段破坏较严重,残墙大部分被埋在地面以下,东城墙和南城墙的大部分还保留在地面上,城

墙底宽 20~30 米,顶宽 5 米多,高约 10 米;在城垣外有数段夯土外城墙,城市带有外城。郑州商代遗址宫城内,分布着 20 多处宫殿基址。郑州商代遗址宫殿属框架结构建筑。

(十一)郑州园博园 (国家 4A 级旅游景区)

第十一届中国(郑州)国际园林博览会于 2017 年 9 月 29 日在郑州航空港经济综合实验区开幕,共有郑州园博园、双鹤湖中央公园、苑陵故城遗址公园三个园区,均位于航空港经济综合实验区南部片区,同步规划、同步建设、同步开园。郑州园博园以园林景观为主,位于郑州航空港经济综合实验区苑陵路以北、滨河东路以东,占地面积 1785 亩。重点建设了具有浓郁中原传统文化风情的轩辕阁、华夏馆、儿童馆、同心湖、华盛轩、豫园等山水园林景观。同时吸引国内外 92 个城市(含港澳台的国内城市 74 个、国外城市 18 个)室外展园和 2 个国际设计师规划建设室外展园,集古今中外造园艺术之大成。国内展园重点突出以北京为代表的皇家园林,以苏州为代表的私家园林,以广州、厦门为代表的岭南园林,等等;国际展园汇聚了欧洲、北美洲、大洋洲、亚洲、非洲等五大洲 15 个国家 18 个城市,集中展示世界各地具有代表性的园林艺术文化。94 个展园形成了各具特色、丰富多彩的园林风格。双鹤湖中央公园以生态景观为主,位于志洋路以南、梅河路以东,占地面积 2475 亩,主要建设包括地下综合管廊、商业广场、车库联络道、公共停车库等地下服务设施和地上湖面、水系、桥梁、绿化景观等工程,其中地下空间利用 19.7 万平方米,水面共 50.2 万平方米,主湖水面 24.2 万平方米。规划设计以本地出土的青铜器代表作莲鹤方壶为创意起点,按照欢乐岛、探索岛、鲜花港的三区多元的规划结构,把水与城、园与丘、花与田等景观特色交汇于莲鹤双湖之间,有环湖景观区、商务休闲区、核心演绎区和娱乐游览区4个主要功能分区,实现现代科技与乡土记忆的有机融合。苑陵故城遗址公园以遗址景观为主,位于苑陵路和滨河西路北、舜华路东。苑陵故城是中国秦汉时期首批实行县治的古城代表,为全国重点文物保护单位。苑陵故城遗址公园占地面积约1920亩,隔南水北调中线工程与郑州园博园主展区相呼应。公园以古遗址保护为前提、以展示秦汉农耕文明为主线,在城内进行全面覆土之后,打造"六囿九囿"景观。同时为满足现代人游览需求,对苑陵故城内进行水系和微地形塑造,种植乔木、灌木、地被约470个品种,营造花林草地、花卉长廊、花耕农田,形成大规模、大场景的植物景观,渲染故城春之明媚、夏之斑斓、秋之绚烂、冬之苍翠的四季景色,还原一城生机盎然的"苑陵群芳囿"。

五、城市精神

博大、开放、创新、和谐。

博大,是指郑州悠久的历史和深厚的文化积淀。

开放,是指郑州城市的鲜明个性和城市品牌。

创新,是对郑州历史、现实精神面貌的总结及未来发展趋势的展现。

和谐,是对郑州地域文化的本质概括。

第二章 开封市

一、市情简介

开封市位于黄河中下游平原东部,地处河南省中东部,西与省会郑州市毗邻,东与商丘市相连,南接许昌市和周口市,北依黄河与新乡市隔河相望。开封现辖杞县、通许县、尉氏县、兰考县、祥符区、龙亭区、顺河回族区、鼓楼区、禹王台区,共4县5区和1个城乡一体化示范区,其中兰考县系省直管县,城乡一体化示范区归龙亭区建制。全市总面积6266平方千米,共有79个乡镇、38个街道办事处,其中市辖区面积1849平方千米。根据第七次全国人口普查数据,截至2020年11月1日,开封市常住人口为4824016人。开封是一个多民族杂散居地区,有回、满、蒙古、朝鲜等48个少数民族。

开封是一座历史厚重的文化之城。在中国的历史上,开封曾被称为大梁、汴梁、东京、汴京等。开封是北宋时的国都,简称汴,古称老丘,是我国七大古都和国务院首批公布的24座历史文化名城之一,作为"八朝古都",开封迄今已有4100余年的建城史和建都史,先后有夏、战国时期的魏,五代时期的后梁、后晋、后汉、后周,北宋和金相继在此定都,其中最为世人所知的是北宋时期都城汴京,是人口超过百万的大都会,城中店铺近一万多家。城市风景旖旎,城郭气势恢宏,不仅是全国政治、经济、文化的中心,也是当时世界上最繁华的大都市。史书更以"八荒争凑,万国咸通"来描述当时北宋都城开封的繁华。北宋时期,开封是当时世界第一大都会,孕育了上承汉唐、下启明清、影响深远的"宋文化"。自宋代以后,历代王朝都把开封作为中国北方的区域性经济文化中心。数千年的历史长河中,勤劳智慧的开封人民创造了灿若星辰的宫廷

文化、府衙文化、忠烈文化、宗教文化、民俗文化、园林文化、饮食文化、菊花文化、戏曲文化、书法文化,这些都是开封的文化代表。开封历史上涌现出县委书记好榜样焦裕禄、铁面无私包青天、满门忠烈杨家将、民族英雄岳飞、变法图强王安石、破秦救赵信陵君、画家张择端、文学家蔡邕、诗人阮籍、教育家林伯襄、历史学家范文澜、哲学大师冯友兰等名人大家。

开封是一座生态宜居的魅力之城。人文景观和自然风光交相辉映,拥有国家5A、4A级旅游景区10家,全国重点文物保护单位19处;市内五湖四河分布老城区,开封西湖、中意湖镶嵌新区,素有"北方水城"之称。开封每年春天举办的中国(开封)清明文化节、秋天举办的中国开封菊花文化节,吸引了众多国内外游人,"四月清明""十月菊香"已成为叫响全国的节会品牌。随着国家级宋都古城文化产业示范园区建设深入推进,全国旅游标准化示范城市成功创建,开封旅游国际化的硬件基础、物质形象和功能内涵日益完善,一座外在古典、内在时尚、宋韵彰显、精致秀美的国际文化旅游名城正在形成。

开封是一座汇聚希望的腾飞之城。作为河南的老省会城市,开封地区经济总量在20世纪80年代以前一直位居全省前列,是国家"一五""二五"时期的重点投资城市,曾制造出河南省第一台电视机、第一台电冰箱、第一台缝纫机、第一辆自行车等诸多"全省第一"。目前,开封工业基础完备,汽车及零部件、装备、化工、新材料、食品、纺织服装、光伏、木业、生物医药、电子信息等产业集群已初具规模。开封农产品资源丰富,是全国小麦、花生、棉花的重要产区,西瓜、花生产量居河南之首,大蒜产量居全国第二。开封区位交通优越,陇海铁路、郑徐高速客运专线横贯全境,京广、京九铁路东西为邻;连霍、日南、大广、郑民四条高速公路相互交织,郑开大道、郑开物流通道、郑汴路直通省会,开港大道到新郑国际机场仅需30分钟;郑开城际铁路28分钟即可抵达郑州高铁东站,连接郑州地铁。郑徐高铁通车运营,开封正式迈入"高铁时代"。机西高速二期、郑民、商登高速建成通车,开封的区位优势更加凸显。

开封是一座蓬勃发展的活力之城。2003年,时任河南省委书记李克强同志提出要打造中原城市群,并提出"将郑洛工业走廊向东延伸至开封"。2004年8月,《中原城市群发展研究报告》建议,"十一五"时期应优先推动郑汴一体化发展,开封迎来了新的发展机遇。2012年,国务院批复《中原经济区规划》,开封被确定为中原经济区核心城市之一,并明确提出促进郑汴一体化发展。2013年,国务院批复《郑州航空港经济综合实验区发展规划》,

开封市尉氏县65平方千米区域纳入航空港区，开封被确定为郑州航空港经济综合实验区主体城市之一。2016年8月，国务院批准设立中国（河南）自由贸易试验区，开封是重要组成部分、三大片区之一。2016年10月，省第十次党代会报告明确提出，要"推动周边城市与郑州融合对接，推进郑汴一体化深度发展，加快郑新、郑许、

郑焦融合发展，建设组合型大都市地区，提升对全省发展的辐射带动能力"，郑汴一体化进入了深度发展阶段。2016年12月国家正式批复《促进中部崛起"十三五"规划》。2017年，国家发展改革委发布了《中原城市群规划》，开封被列为核心发展区。2019年省委十届八次全会围绕加快开封发展，作出了"打造郑开双创走廊、开港等重点产业带，实施沿黄生态带建设工程"等重大部署。2019年《河南省政府工作报告》围绕加快开封发展，提出了"推动开封与郑州深度融合，郑开双创走廊、开港等重点产业带建设全面推进，加快河南大学'双一流'建设"等要求。从郑汴一体化最初提出到现在的十多年来，郑州、开封两市按照"统筹安排、协调推进、优势互补、共同发展"的原则，坚持产业化支撑、特色化互补、市场化运作、城镇化连接、现代化推动，取得了显著的发展成效。两座城市已经初步建立了交通同城、电信同城、金融同城、产业同城、生态同城和资源共享"五同城一共享"机制，形成了全省人口聚集程度最高、辐射带动能力最强的郑汴都市发展区域，有力支撑了郑州建设国家中心城市战略。开封作为中原城市群核心区中心城市之一、郑州航空港经济综合实验区的重要组成部分、中国（河南）自贸区三大片区之一和郑汴一体化发展的重要一翼，面临着难得的历史机遇，已经成为河南省乃至国家中部地区最具发展活力的城市之一。黄河畔，开封城，这是一座有味道的城市。这是一座焕发千年文化底蕴的城市。历史上，开封是"琪树明霞五凤楼，夷门自古帝王州"，当今，开封以新面貌迎接八方来客。

开封属暖温带大陆性季风气候，四季分明，年均气温为14.52℃，年均无霜期为221天，年均降水量为627.5毫米，降水多集中在夏季7—8月。开封境内河流众多，分属两大水系。黄河大堤以北滩区为黄河水系，流域面积281平方千米；黄河大堤以南属淮河水系，主要河道有惠济河、马家河、黄汴河、贾鲁河、涡河等，流域面积5985平方千米。

开封地势平坦，土壤多为黏土、壤土和沙土，适宜农作物种植，是河南省重要的农业种植区，主要种植粮食作物、经济作物（蔬菜、瓜果）及落叶乔木等，已形成小麦、花生、无公害瓜果、菊花、畜牧等农业产业链条。开封植物资源丰富，陆生植物和水生植物有800余种。动物种类繁多，主要有猪、牛、羊、驴、鸡、鸭、鹅、兔、鱼类、鸟类等饲养动物及60余种野生

动物,开封是全省重要的猪、牛、羊繁育基地,开封黄河鲤鱼被誉为"鱼之上乘",驰名中外。开封所辖区域地下资源已探明的有石油和天然气,预计石油总生成量为5.6亿吨,天然气储量为485亿立方米。煤炭资源埋藏较深,预测可靠储量为77.9亿吨。此外,地下还有丰富的石灰岩、岩盐、石膏等矿藏。

坚持绿水青山就是金山银山,深入践行习近平生态文明思想。把加强生态文明建设作为向党中央看齐的政治自觉、为未来负责的历史担当、为群众着想的民生工程,既狠抓"污染防治",更注重"生态建设",着力打造生态宜居魅力古都。2018年,继续围绕农田、森林、湿地三大生态建设,扩大建立减肥增效试点100余万亩,开展专业化统防统治面积350.18万亩次。启动受污染耕地治理与修复先期试验示范和尉氏县、杞县全省农膜区域性回收利用试点工作。高压推进秸秆禁烧和综合利用工作。研究制定《开封市国家森林城市创建工作方案》《开封市2018年林业示范工程实施方案》。以创建国家森林城市为目标,完成新造林10.3万亩,其中重点实施高速公路绿化、国省道绿化、县乡道绿化、河湖渠绿化、城郊森林公园等五大林业示范工程完成2.56万亩。积极推动谋划实施国家储备林项目28万亩,突出抓好五项示范工程,推动林业生态建设全面开展,持续提升林业生态建设水平。

二、城市名片

开封是中国八大古都之一、中国历史文化名城、中国优秀旅游城市、国家卫生城市、全国"双拥"模范城、中国书法名城、中国菊花名城、中国收藏文化名城、中原经济区核心城市和郑州航空港经济综合实验区重要组成部分、国家智慧城市试点、中国地级市百强品牌城市、第一批国家文化和旅游消费试点城市、中国最具投资潜力城市、2022年全国"村晚"示范展示点。

三、市树市花

(一)市树

开封暂无市树,建议相关部门尽快设立开封市市树。

(二)市花——菊花

为什么要把菊花定为开封市花?决定的过程又是怎样的呢?开封种植菊花的历史可以追溯到1500多年前的南北朝时期。到唐代,菊花已在开封广泛种植和观赏。北宋时期,开封菊花的品种、数量和栽培技艺均达到巅峰,并诞生了世界第一部菊艺专著《刘氏菊谱》。明清时期,开封养菊之风更盛,清朝乾隆皇帝来开封赏菊时留下"风叶梧青落,霜花菊白堆"的诗句。中华人民共和国成立以来,随着社会各项事业发展、人民生活水平提高,开封人民酷爱养菊的传统更甚,皆以养菊、赏菊为乐事。20世纪60年代,开封市就在禹王台公园举办菊展。到1982年,全市菊花品种已达500种,造型艺菊10000多株,盛况空前。

改革开放的春风拂过中原大地,千年古都开封的复兴之梦如在母腹中躁动的胎儿,迫不及待寻找着新生的出口——开封,该从哪里发展复兴?一个宏伟的计划在市委、市政府

领导心中酝酿。

1983年5月19日下午,时任开封市委书记、市人大常委会主任邵球的办公桌上,摆放着市政府送来的《关于提请市七届人大常委会命名菊花为市花和确定菊花花会会期的议案》(简称《议案》)。市政府在《议案》中写道:"基于菊花在我市的栽培历史和现状,把菊花作为市花,重现'花海人潮漫古都'的景色,是时代的要求、人民的愿望。把菊花每年盛开季节的10月25日至11月25日定为菊花花会会期,对于美化城市、净化环境、陶冶情操,促进两个文明建设及发展旅游事业,都有十分积极的作用。为此,特提请市人大常委会命名菊花为市花和确定菊花花会会期。"邵球阅后批示:"速送各副主任,建议将该《议案》列入第十七次常委会议程,审议并作出相应决议。"

1983年5月25—27日,市七届人大常委会第十七次会议在汴京饭店举行。经过审议,市七届人大常委会第十七次会议表决通过了《关于命名菊花为开封市市花的决议》,决定把菊花作为开封市花,每年10月25日至11月25日举办菊花花会。1983年5月28日《开封日报》头版《市七届人大常委会第十七次会议昨天举行全体会议》中报道了菊花被定为开封市花以及确定举办菊花花会日期的消息,并全文刊登了《开封市七届人大常委会第十七次会议关于命名菊花为开封市市花的决议》。

经过精心筹备,当年11月1日,开封市首届菊花花会在禹王台公园举办,拉开了开封举办菊花花会的序幕。在首届菊花花会主会场禹王台公园,1.5万盆布展菊花让游人如痴如醉,至今记忆犹新。虽然首届菊花花会仅设置9个景点,全市展菊也不过27万余盆,但品种却有800多个,让那个秋日的开封尽显悠然、雍容,也留下了许多金黄色的别致惊喜。

从1983年开始,开封把菊花定为市花,每年10月25日至11月25日举办菊花花会(从2000年起改为每年10月18日至11月18日,2012年更名为菊花文化节)。从此,菊花成为开封的象征和名片,开封也有了"菊城"的美誉。从当年开始,菊花花会成为开封乃至河南人民一年一度的盛会。节会理念越来越新、品牌越来越亮、底蕴越来越厚、影响力越来越大、人气越来越旺,菊花和开封互相滋养,有力推动了开封经济社会各项事业发展,奋力谱写新时代开封更加出彩新篇章。

每年菊会期间,大街小巷,到处都是菊花。花海人潮,五彩缤纷,四海宾朋,纷至沓来。龙亭、禹王台公园里更是熙熙攘攘,人山人海。万紫千红争比艳,人人都言看花去。一个个观赏点,一丛丛菊花园;一朵朵菊城花,一群群赏花人。如诗,如画,如梦,如醉,给老者以青春,给青年以憧憬,给诗人以灵感,给画家以丹青,幼童进入童话乐园里,情侣陶醉花好月圆时,真可谓"九月花潮人影乱,香风十里动菊城"。

菊花是我国传统名花之一,赏菊历史悠久,名称多多。古代赏菊是从菊花的实用性开始的,中国古书记载菊花"苗可以菜,花可以药,囊可以枕,酿可以饮,所以高人隐士篱落畦圃之间,不可一日无此花也"。在明代李时珍的《本草纲目》载有"利五脉,调四肢,治头目风热,脑骨疼痛,养目血,去翳膜,主肝气不足"的功效。菊花因有延年益寿的药用功能,得名寿客、傅延年;因菊花在阴历九月开放,又名九华、九花、秋菊;因菊花美丽而得名女茎、帝女花;古代菊花品种单一,只开黄花,因此又称为黄花、金蕊。

菊花傲霜怒放,不畏寒风欺凌的气节,每每为古今文人学士所歌颂,也常为历代人民群众所喜爱,激励着一代代中国人前进和发展,从屈原的《离骚》"朝饮木兰之坠露兮,夕餐秋菊之落英"到毛泽东的《采桑子·重阳》"不似春光。胜似春光"的诗句,都给予菊花很高的评价。

菊花在我国已有3000多年的历史。南北朝时期,开封就有种植菊花的记载。至宋代,东京开封菊花已驰名全国。暮秋时节,各地名菊荟萃于此,一比高低。《东京梦华录》有:"九月重阳,都下尝(赏)菊,无处无之,酒家皆以菊花缚成洞户""禁中与贵家皆早尝菊""士庶之家亦市一二株玩赏"的记载。宫廷内外争插菊花枝,挂菊花灯,开菊花会,饮菊花酒。足见当时菊风之一斑。爱菊者众,遂孕育成为风气,又反过来推动养菊技术和赏菊水平的提高。当时东京已能培

养出一株百数朵花的立菊,还能用小菊结成宝塔、门楼等艺术景观。更值得一提的是,当时已有许多菊花专著问世,如刘蒙泉的《刘氏菊谱》、史铸的《百菊集谱》、范成大的《范村菊谱》等。到了明清时期,开封养菊更风靡盛行。明代诗人李梦阳曾来赏菊,并写了一首诗:"万里游燕客,十年归此台。只今秋色里,忍为菊花来。"

开封人热爱菊花,养菊之风蔚然,全市各大公园就设有菊花基地,此外,市区还分布着众多的由个体养菊能手建立的菊花基地,特别是南郊魁庄于1999年被国家林业部命名为"菊花之乡",开封市于2000年被国家林业局、中国花卉协会命名为"中国菊花之乡"。开封菊花先后在全国第三、四、五、六届菊花品种比赛中连续四次夺魁。中国1999年昆明世界园艺博览会上,开封菊花在专项比赛中夺得2个最高奖,11个金奖,8个银奖,2个铜奖,成为获大奖最多、金奖最多、奖牌最多的城市,在全省、全国乃至全世界引起了轰动。由于枝繁叶茂,花朵硕大,色泽纯正,香味芬芳,开封菊花被冠以"甲天下"的美誉。目前,开封市菊花品种已有1000多个,总数已达306万盆。开封菊花以繁多的品种优势和高超的养菊技术吸引了全国各地的养菊工作者,他们纷纷慕名前来购买菊花种苗,交流菊艺。开封现已成为我国重要的菊花基地,为进一步推动我国菊花栽培技术的不断提高起到了积极的促进作用。

开封种植菊花的历史悠久,在唐代就初具规模,而到北宋时,开封菊花更是闻名遐迩。每年的重阳节时,民间就会有各种各样的花式赛菊比赛,而宫廷内也会有挂菊灯,饮菊花酒的节目,甚至于每年都会有菊花花会。在1983年的时候,开封市人大常委会一致同意决定把菊花命名为开封市花,并决定在每年的10月举办菊花花会。菊花花会期间,菊花展约40万盆,拥有200多个不同品种,菊花的造型更是各式各样,令人看后回味无穷。在此期间,还会举办一些大型的、丰富多彩的活动,每年都会吸引很多的外国游客来观赏菊花。

据了解，布展所用的菊花分别来自中国、法国、意大利等9个国家，而这些花卉色彩不一，花型各异，很是能令游客一饱眼福。

菊花原产于我国。开封是中国菊花发源的中心，而中国又是世界菊花发源的中心。世界上许多国家的菊花都是由中国、开封传播出去的。大约公元386年，中国菊花由朝鲜传入日本，至今已有1600多年的历史。日本不仅栽培的菊花四季常开、品种繁多，而且还传承了中国古代的菊花文化。17世纪末叶，荷兰人来我国经商，将菊花带回欧洲。18世纪中叶，法国商人又从我国收集许多优良品种，引种到了法国。19世纪英国植物学家福均，将我国和日本的优良菊种进行杂交，在英国广泛传播，后来又从英国传入美洲。

单从开封历史来看，早在北宋时期，作为大宋都城的开封就已经有了举办菊花节会的习俗。如果要追溯开封盛产和种植菊花的历史，就更加久远了。以开封为代表的菊花文化，在我国花卉文化历史中十分悠久，古代经典史册、文学著作和民间传说中关于开封菊花的故事很多，并由此形成了丰富多彩的开封菊花文化。

开封菊花文化是不可多得的华夏历史文化资源，值得我们去进行深入发掘、开发和利用。因此，我们不仅要展示种类繁多、花开似锦的菊花，更要大力传播内涵丰富、独具优势的开封菊花文化，用菊花的品格感化人、陶冶人、塑造人，使其成为开封又一个独具特色的文化旅游品牌。

菊花文化在华夏历史文明的发展和传承中有着重要地位，并逐步形成了具有华夏历史文明的个性化特征。这种个性化特征是由华夏先民认识和运用菊花自然属性发展起来的人文内涵，并且具有地域化、人格化的象征意义，是古人借以抒发情感、言情表志的载体。它与华夏历史文明相融产生、发展，又与民族文化相互渗透、相互促进。

四、风景名胜

开封历史悠久,文物遗存丰富,名胜古迹、人文景观以宋代特色为主,元、明、清、民国初特色齐备,布局严谨,古朴典雅。现有国家5A级旅游景区清明上河园,国家4A级旅游景区龙亭公园、铁塔、开封府、大相国寺、包公祠、山陕甘会馆、朱仙镇启封故园等8家,其他旅游景区(点)15个。

(一)清明上河园(国家5A级旅游景区)

清明上河园位于开封城西北隅,是以北宋张择端的名画《清明上河图》为蓝本,1∶1复原再现原图风物景观的大型宋代民俗风情主题公园,国家5A级旅游景区。园内上演的大型水上实景演出《大宋·东京梦华》,成为展示宋文化魅力的印象画卷和夜游开封的重要载体。历史成就开封,文化成就名园。自1998年正式对外开放以来,清明上河园始终坚持以"再现千年历史画卷,建设国家精品景区"为发展方针,通过宏大的规模、丰富的宋文化内涵、独特的古代娱乐设施、新颖的表演剧目、全新的休闲度假理念,始终引领着中原文化旅游产业的发展方向,创造了旅游界令人称颂的"清明上河园"现象。二十多年来,清明上河园先后斩获了中国旅游知名品牌、国家文化产业示范基地、国家5A级旅游景区、中国十大文化旅游景区、影响世界的中国旅游文化知名品牌、河南省省长质量奖等诸多荣誉。

《大宋·东京梦华》是由清明上河园投资1.35亿元由"影响世界的中国文化旅游名人"梅帅元策划的大型水上实景演出。整个演出运用大量的科技手段制造出梦幻的效果,把人

们的记忆拉回1000多年前的那个辉煌朝代。八阕经典宋词和由《清明上河图》串联的画面,将精心选择的北宋印象包含进去,以唤起一个民族对兴衰的思考和渴望崛起的激情。实景演出选择在清明上河园皇家园林区的景龙湖上,充分利用了亭台楼榭、水榭桥廊,构成了一个完整的古典实景剧场。

(二)龙亭公园(国家4A级旅游景区)

龙亭公园位于开封城内西北隅,占地面积83.13公顷,南与宋都御街相接,是国家4A级旅游景区,距今已有1200多年的历史。整个景区建在宋、金皇宫和明代周王府遗址上,

景区内有气势恢宏的皇宫建筑群、碧波荡漾的潘杨二湖、丰富多彩的宋代宫廷文化节目展演,以及众多的文物遗迹。

龙亭公园内古建筑巍峨,御道两旁湖波浩渺,是中外旅游者慕名而来的理想景区。历史上曾有8个朝代在开封建都,特别是北宋王朝,定都开封长达168年。当年的皇宫所在地就是如今龙亭一带。金朝末年,龙亭一带成为皇宫禁苑,到了明代,朱元璋的第五个儿子在此建周王府,后因黄河泛滥,渐成废止。清雍正十二年,河南总督王士俊令人在周王府废弃的煤山上建了一座万寿宫,内设皇帝牌位,文武官员定期到此朝贺遥拜。封建朝代,皇帝被称为真龙天子,因此这个地方就成为"龙亭"了。新中国成立后,这里被辟为公园,成为人们休息的场所。

今天的龙亭公园仍然保持着清代万寿宫的建筑风格,在南北500米长的中轴线上依次建有午门、玉带桥、嵩呼、朝门和龙亭大殿,既有北方建筑的宏伟气魄,又兼有南方建筑秀丽的建筑风格。午门是龙亭公园的大门,坐北朝南,雄伟壮观,仿佛引导我们进入了历史。龙亭大殿是一处体量庞大的高台殿式建筑,它的墩台为明代周王府花园中的煤山包砌而成。它根据乾南坤北之方位,以子午线为中轴,坐北朝南,以金木水火与中央土相匹配,五行俱全,可聚四方之气迎四方之神。大殿的整体高26.7米,殿基13米,贯通上下的便是青石雕刻的蟠龙御道,左右各为72级台阶。大殿面阔九间,进深五间,象征着皇帝九五之尊的地位。重檐歇山式建筑,黄琉璃

瓦覆顶,殿外飞檐高翘,柱间用雕花雀替,屋脊上有龙吻走兽,檐角有狮、吼、马、羊、鱼琉璃瓦件。突兀的台基把宫殿高高托起,犹如天上宫阙,蔚为壮观。

进入龙亭公园大门,展现在我们面前的是一条宽阔的大道,大道两旁是浩瀚的湖泊,令人心旷神怡,豁然开朗。路的前端拱起的石桥叫玉带桥。玉带桥是用汉白玉和青石雕砌而成,长40米,宽18米,高17米。下有5个涵洞,把杨家湖与潘家湖连成一体,湖水相通,可使游船穿行。

站在玉带桥上向北望去,是一座巨大的砖砌台基,龙亭大殿巍然耸立其上,庄严雄伟。玉带桥两侧的龙亭湖被大道一分为二,分别是杨家湖与潘家湖。关于这两个湖,还有个民

间流传的故事。"杨湖清,潘湖浑,奸臣忠臣清浑分"。说的是北宋一门英烈的杨家将为国家立下汗马功劳,但皇帝却善恶不分。杨业被害后,佘老太君上金殿告御状,但皇帝却包庇奸臣,只免去潘仁美的3个虚职,佘老太君一怒之下,带领全家罢官归隐。杨家搬走后,天降大雨,将杨、潘两府淹成了一片汪洋,当时杨家位于湖西,潘家位于

湖东,大雨过后,东湖湖水浑浊恶臭,西湖湖水却清澈如镜,老百姓就认为这是杨潘两家对国忠奸的写照。真正的原因是原来过去东岸住户多,又有许多作坊,因排放污水,东边的污水就变得很混浊,而西边的湖,因当时住家很少,污染也就很少,水质就很好。现在经过治理,两湖都变清了。不过这也告诉我们爱护自然、保护环境的重要性。走过玉带桥,可以看到一座造型奇特,装饰华丽的建筑叫"嵩呼",其意为"山呼""高呼"。这座建筑是清代开封地方官员在重大节庆之际到万寿宫给皇帝祝寿时三呼万岁的地方,所以建筑规格采用了最高级别的庑殿顶的形式。

(三)铁塔(国家 4A 级旅游景区)

铁塔位于开封市城区东北隅,国家 4A 级旅游景区。铁塔建于公元 1049 年,是国家首批公布的重点保护文物之一,素有"天下第一塔"的美称。园内宝塔高 55.88 米,八角 13 层,是目前我国最高大、历史最悠久、保存最完整的一座琉璃砖塔,因此地曾为开宝寺,又称开宝寺塔;又因遍

体通砌褐色琉璃砖,浑似铁铸,从元代起民间称其为"铁塔"。

(四)开封府(国家 4A 级旅游景区)

开封府,又称南衙,初建于五代后梁开平元年(公元 907 年),距今已有一千多年的历史。位于包公东湖北岸,是北宋京都官吏行政、司法的衙署,被誉为天下首府,国家 4A 级旅游景区。史料记载,北宋开封府共有 183 任府尹,尤以包公打坐南衙而驰名中外。重建的开封府与位于包公西湖的包公祠相呼应,同碧波荡漾的三池湖水相映衬,形成了"东府西祠"、楼阁碧水的秀美景观。在开封市风光秀丽的包公东湖北岸,有一片红墙碧瓦的仿宋建筑群体。它气势恢宏,巍峨壮观,十分引人注目,这就是当年包拯治理京师的地方——北宋

开封府。在历代的府衙中以北宋开封府规模最为宏大,是管理国都及京畿地区的重要机构,相当于今天的北京市政府,地位非常显赫。开封府作为位居首都的"天下首府",曾有过160余年的辉煌,宋太宗、宋真宗、宋钦宗都曾潜龙在此,先后有寇准、包拯、欧阳修、范仲淹、苏轼、司马光、蔡襄、宗泽等一大批杰出的政治家、文学家、思想家、军事家在此任职,不仅在此树立、弘扬了"公生明、清慎勤"的道德正气,也在此形成了以"廉政刚毅"为鲜明特色的开封

府官衙文化。开封府也以此而深入民心,名垂青史,成为四海闻名的中国古代官衙。

(五)大相国寺(国家4A级旅游景区)

大相国寺位于开封市自由路西段,是一座在中国佛教史上有着卓越地位和广泛影响的著名寺院,国家4A级旅游景区,是我国汉传佛教十大名寺之一。始建于北齐天保六年(公元555年),北宋时期是京城最大的寺院和全国佛教活动中心。大相国寺发掘整理的佛乐被

评为"国家非物质文化遗产"。

(六)包公祠(国家4A级旅游景区)

包公祠位于包公湖西畔,是为纪念我国古代著名清官包拯而恢复重建的,国内资料最全、规模和影响最大的纪念场馆,国家4A级旅游景区。包公祠占地16亩,是一组典型的仿宋风格的古典建筑群,气势恢宏,风格凝重典雅。

（七）山陕甘会馆（国家 4A 级旅游景区）

山陕甘会馆建于清乾隆四十一年（公元 1776 年），由居住在开封的山西、陕西、甘肃富商集资修建，是旅汴同乡聚会的场所。现存建筑为会馆关帝庙部分，是国家重点文物保护单位。会馆建筑布局严谨，建造考究，装饰华丽，具有很高的艺术欣赏价值，是中国雕刻艺术中的珍品。

（八）中国翰园（国家 4A 级旅游景区）

中国翰园位于龙亭湖西岸，是中国首家集书法和旅游为一体的民办碑林，被命名为国内首个"中国书法名园"，国家 4A 级旅游景区。其规模之

大、藏碑之多，为我国现代碑林之最，是融碑刻艺术与园林建筑于一体的东方文化宝库。

（九）焦裕禄纪念园（国家 4A 级旅游景区）

焦裕禄纪念园位于开封市兰考县城北黄河故堤顶上，是兰考人民为了缅怀县委书记的好榜样——焦裕禄同志而建。纪念园始建于 1966 年 2 月，占地 91.7 亩，现为国家级重点文物保护单位、全国重点烈士纪念建筑保护单位、全国

百个爱国主义教育示范基地、全国廉政教育基地、国家 4A 级旅游景区。

（十）朱仙镇启封故园（国家 4A 级旅游景区）

朱仙镇启封故园于 2018 年 9 月被评为国家 4A 级旅游景区。它是集古镇文化、生态旅游、休闲度假于一体的综合性文化旅游项目，是河南省政府重点项目，省文化产业 50 强项目，省重点旅游项目。

朱仙镇位于河南省开封市南 20 千米处，历史上曾与广东的佛山、江西的景德、湖北的汉口同为我国的四大商埠重镇。朱仙镇有着极其深厚的文化底蕴，是中国历史文化名镇、中国民间文化艺术之乡、中国木版年画和豫剧祥符调的发源地。明清年间，朱仙镇达到繁盛顶峰，位居华北水陆交通联运码头之首，聚集人口 20 余万，商贾云集，盛世空前，成为"中国四大名镇"之首。

为带动当地经济发展,把朱仙镇这一独一无二、不可复制的历史文化资源转化为旅游产业优势,由河南省开心一方置地集团投资开发的"朱仙镇国家文化生态旅游示范区"项目已全面动工建设。此项目已列入省、市重点项目,坐落于中原"三点一线"的黄金旅游线上,郑民高速、日南高速公路、国道 310 线三条高速公路紧邻朱

仙镇而过,项目建成后,不仅是对开封旅游资源的重要补充,也是中原水乡旅游的破题之作。项目深度挖掘中原及开封古都文化,以"生态筑城,文化延梦,外在古典,内在时尚"为规划开发理念,营造一个以水上观光、娱乐、购物、休闲、度假活动为主的旅游目的地,打造一个特色旅游综合体。并以"河南有个朱仙镇""天下第一镇"作为宣传推广语。

项目总占地 5300 亩,共分古镇风情展示区、环湖风景游览区、温泉休闲度假区、秀场演艺区、岳飞古战场、生态农家体验区、文化创意养生区、生态湿地体验区、生态林地观光区等 9 个功能区以及朱仙十景,其中一期开发占地 700 余亩的古镇风情街区是朱仙镇项目的核心景区之一,以复古的明清建筑作为主要建筑类型,将厚重的历史、传统的文化皆收其中。

作为中原唯一水乡古镇打造的特色旅游综合体,与郑州和开封周边的景点形成鲜明对比,与原有景点之间具有高度的互补性,使充满历史积淀的中原景点增添了水的灵动,为游客带来独一无二的享受。

整个项目预计总投资约 120 亿元,规划分四期,计划十年完成。建成后的整个园区将展现"镇湖相连、景湖相依、镇在水中、水在镇中、镇湖一体"的独特中原水乡风貌,再现当年朱仙镇商船昼夜穿梭,夜间两岸灯火通明,沿河景色异常壮观的景象。千年古镇绽放出更加恢宏灿烂的篇章!

五、城市精神

坚韧不拔、自信从容、海纳百川、自强不息。

第三章 洛阳市

一、市情简介

洛阳市位于河南省西部,横跨黄河中下游南北两岸,因地处洛河之阳而得名,又称洛邑、雒阳、神都。洛阳现辖7县7区,13个省级开发区,其中2个国家级开发区,总面积1.52万平方千米,其中市区面积2274平方千米。洛阳是个多民族聚居的地方。全市共有45个民族,其中汉族人口约占全市总人口的98.8%,其他少数民族约占全市总人口的1.2%,洛阳市少数民族分布呈大分散、小聚居特征,全市有1个城市民族区、2个民族乡(镇)、24个民族聚居村。全市常住人口705.67万人,其中城镇人口458.53万人、城镇化率64.98%。"十三五"期间,全市经济总量先后突破4000亿元、5000亿元大关。到2022年达到5675.2亿元、同比增长3%,主要经济指标增速持续高于全国全省平均水平、稳居全省第一方阵。

洛阳是一座历史源远流长、文化底蕴深厚的千年古都。洛阳是华夏文明的重要发祥地、国务院首批公布的国家历史文化名城、十三朝古都、国家区域性中心城市、中原城市群副中心城市、丝绸之路的东方起点之一、隋唐大运河的中心。境内山川纵横,西靠秦岭,东临嵩岳,北依王屋山——太行山,又有黄河之险,南望伏牛山,自古便有"八关都邑,八面环山,五水绕洛城"的说法,因此得"河山拱戴,形胜甲于天下"之名,"天下之中、十省通衢"之称。有5000多年文明史、4000多年城市史、1500多年建都史,拥有世界文化遗产3项6处。"永怀河洛间,煌煌祖宗业"。洛阳居天下之中,处九州腹地,从中国第一个王朝夏朝开始,先后有商、西周、东周、东汉、曹魏、西晋、北魏、隋、唐等13个王朝在洛阳建都,是中国历史上建都最早、朝代最多、历时最长、跨度最大的城市,"普天之下无二置,四海之内无并雄",与西安、南京、北京并列为中国四大古都。

洛阳现有全国重点文物保护单位51处、河南省文物保护单位115处、不可移动文物9000余处、馆藏文物42万余件。夏都二里头、偃师商城、东周王城、汉魏故城、隋唐洛阳城

五大都城遗址沿洛河一字排开,"五都荟洛"举世罕见;龙门石窟、中国大运河(回洛仓和含嘉仓遗址)、丝绸之路(汉魏故城、隋唐洛阳城定鼎门、新安汉函谷关遗址)等3项6处世界文化遗产穿越千年、熠熠生辉;佛教传入中国后官办的第一座寺院白马寺,全国唯一"林、庙"合祀的关公祭祀之所关林,隋唐洛阳城国家历史文化公园、明堂、天堂、应天门、九州池等大遗址保护展示工程,无不彰显着洛阳厚重的历史文化底蕴。洛阳是儒学的奠基地、道学的产生地、佛学的首传地、玄学的形成地、理学的渊源地,各类文化思想在此相融共生、大放异彩,中国古代四大发明中的指南针、造纸术、印刷术均诞生于此,世界上第一台地震测量仪器——地动仪发明于此,中国第一部字典《说文解字》、第一部断代史《汉书》、第一部农业科技专著《齐民要术》、第一部编年体通史《资治通鉴》等均著作于此。洛阳还是全球华人的文化之根、祖脉所系,全球1亿多客家人祖居于此,中国70%的宗族大姓起源于此,以"河图洛书"为代表的河洛文化是华夏文明的祖根文源。

洛阳是一座山水交融、古今辉映的优秀旅游名城。洛阳位于我国第二阶梯与第三阶梯交界带,西依秦岭、东临嵩岳、北靠太行,地跨黄河、淮河、长江三大流域,伊河、洛河、瀍河、涧河、黄河五条河流纵横其间,其中黄河流域面积12446.1平方千米,占全市总面积的81.9%,自古有"河山拱戴,形胜甲于天下"的说法。现有国家A级景区旅游63家,其中国家 5A 级旅游景区 5 家、国家 4A 级旅游景区 27 家。应天门、九洲池、洛邑古城古色古香，卫坡村、倒盏民俗村游人如织，成为城市旅游的一张张新名片；黄河小浪底风景旅游区、世界地质公园黛眉山、国家森林公园白云山、"北国第一溶洞"鸡冠洞、"山岳经典·十里画屏"老君山、"北国水乡"重渡沟、龙峪湾、西泰山、神灵寨等风景名胜奇峻秀丽，兼具南北风光之神韵；102 家各具特色的博物馆叫响"东方博物馆之都"；周山、龙门山、小浪底、上清宫四大森林公园，2860 亩的隋唐城遗址植物园，长达 26 千米的洛浦公园，总面积 5701 亩的伊水游园成为群众休憩身心的新乐园。"唯有牡丹真国色，花开时节动京城"，洛阳牡丹雍容华贵、国色天香，始植于隋、盛于唐、甲天下于宋，已有 1500 多年的栽培史，形成 9 大色系、10 种花型、1367 个品种，洛阳市被命名为"中国牡丹花都"，自 1983 年起一年一度的牡丹文化节已经成为蜚声中外的国家级文化盛会，跻身全国四大名会，入选国家非物质文化遗产名录，成为洛阳扩大对外开放、展示城市形象的重要平台。2020 年，全市共接待游客 9295.3 万人，实现旅游收入 795.4 亿元，文旅产业在全省率先复苏，"古今辉映、诗和远方"的城市名片更加亮丽。

洛阳是一座工业基础坚实、科研实力较强的现代化工业城市。洛阳有着鲜明的红色基因，是新中国重点建设的老工业基地，"一五"时期全国 156 项重点项目有 7 项在洛阳布局，第一台拖拉机、第一台压路机、第一条浮法玻璃生产线、第一批汽车变速箱轴承等众多"中国第一"在洛阳诞生。近年来，洛阳依托产业基础和科技资源优势，坚持以创新驱动引领产业转型升级，积极推动"政产学研金用介"各类要素高效配置，一拖、洛矿、洛轴等一批"共和国长子"企业焕发活力，实现了"老树发青枝"；中航光电、中船七二五所、普莱柯生物等新兴产业蓬勃发展，实现了"新树结硕果"。在保持传统产业总量不断扩大的前提下，机器人及智能制造、特色新材料、电子信息、新能源、生物医药、节能环保等新兴产业快速发展，现已建立了较为齐备的产业体系，形成了包括 39 个行业大类的综合性工业体系，全市现有规模以上工业企业 1783 家，其中主营业务收入超百亿的 15 家、超千亿的 1 家，形成了先进装备制造、新材料、机器人及智能制造等 3 个千亿级产业集群，入选国家产业转型升级示范区。洛阳科研实力突出，郑洛新国家自主创新示范区、中国（河南）自由贸易试验区、国家高新技术产业开发区在此叠加，现有各级各类研发平台 2378 个、专业技术人员 18 万余人，其中国家级创新平台 94 个、"两院"院士 6 名、省级院士工作站 36 家，在航空航天、电子信息、国防科技工业等高科技领域位居全国先进水平，国产航母、大飞机、神舟、天眼、蛟龙、天宫一号、嫦娥五号等大国重器凝聚洛阳创新元素。

洛阳是一座资源要素富集、宜居宜业宜商的希望之城。洛阳矿藏资源丰富，境内已探明矿产资源77种，其中钼、铝、金等甲类矿产资源26种，钼矿储量居全国首位、为世界三大钼矿之一，黄金金属储量居全国第三位；洛阳动植物资源丰富，森林植物中有维管束植物173科、830属、2308种及198个变种、6个变型，陆栖脊椎动物565种，天然药物480余种。洛阳自古为"九州腹地、十省通衢"，具有承东启西、

纵贯南北的区位优势，是我国中西部地区重要的交通枢纽，陇海、焦柳、郑西高铁三大铁路干线穿境而过，浩吉货运铁路洛阳段建成通车，呼南高铁豫西通道具备开工条件，"十"字高铁路网加快构建；连霍、二广、宁洛等高速公路在此交会，济洛西、尧栾西等高速建成通车，"三横三纵三环"的高速路网加快完善；洛阳机场是国内净空条件最好的二级机场之一，通航城市近30个、旅客吞吐量突破150万人次。市内交通通达顺畅，王城大道、洛吉快速通道、洛新快速通道等全线贯通，30余座城市立交桥拔地而起，地铁1号线、2号线正式运营，"井字加外环"的快速路网格局基本形成。295个城市游园星罗棋布，205座城市书房交相辉映，1100千米洛阳乐道生态惠民，117个"乐养居"暖意融融，15分钟"阅读圈""健身圈""就医圈""养老圈"基本形成，人民群众幸福指数的成色更加饱满。形象亮丽、内容丰富的洛阳市规划展示馆成为记录城市变迁、展示城市形象的重要窗口，功能完善、高效便利的市民之家为企业和市民提供了更加贴心周到的服务，推动洛阳营商环境持续优化，在全省营商环境评价排名第二。贸易伙伴扩大到176个国家和地区，吸引了格力、迪卡侬等

100多个国内外知名企业在洛投资。"颜值"和"气质"兼具的洛阳让居者心怡、来者心悦，成为海内外有识之士纷至沓来的投资热土、创业高地。

"十三五"时期是全面建成小康社会决胜阶段，也是建设中原经济区副中心城市的关键时期。洛阳以创新、协调、绿色、开放、共享新发展理念为引领，认真贯彻落实中央、省各项决策部署，加快构建现代创新体

系、现代产业体系、现代市场体系、现代城镇体系、现代基础设施体系、文化传承创新体系、生态环境建设体系、开放体系、公共服务体系,着力打好供给侧结构性改革和脱贫攻坚两场攻坚战,确保经济发展、人民生活、城镇化水平和生态文明程度高于全省平均水平,科技创新能力更强,巩固提升中原经济区副中心城市地位,在全省率先全面建成小康社会。

"十四五"时期是锚定2035年远景目标、开启全面建设社会主义现代化强市新征程的第一个五年,洛阳坚持以习近平新时代中国特色社会主义思想为指导,深入学习贯彻习近平总书记关于河南工作的重要讲话和重要指示批示精神,认真落实党的十九大和十九届二中、三中、四中、五中全会精神,深刻认识和把握新发展阶段,坚定不移贯彻新发展理念,积极主动融入新发展格局,紧紧抓住新时代推动中部地区高质量发展、黄河流域生态保护和高质量发展国家重大战略机遇,聚焦省委省政府赋予的新发展定位,围绕"四强两优三争先"的发展目标,深化提升"9+2"工作布局,高质量建设现代化洛阳都市圈,确保全面建设社会主义现代化强市开好局、起好步,奋力谱写更加出彩的新时代洛阳绚丽篇章。

二、城市名片

洛阳被誉为"千年帝都""牡丹花城",洛阳市先后被评为中国优秀旅游城市、国家园林城市、国家卫生城市、全国文明城市、国家森林城市、国家创新型试点城市、全国科技进步先进市、国家知识产权示范城市、中国十大最佳魅力城市、全国节能减排二十佳城市、国家旅游标准化试点城市、国家首批智慧旅游试点城市、全球网民推荐的中国十大旅游城市、福布斯中国(不含港澳台)最发达旅游城市、全国双拥模范城市、国家新型城镇化综合试点城市、中国牡丹花都等。

三、洛阳市市树市花

(一)洛阳市市树——暂无市树

(二)洛阳市市花——牡丹

1982年,洛阳市人大常委会正式将牡丹定为市花。洛阳牡丹品种繁多,花色甚丰,有红、白、粉、黄、紫、蓝、绿、黑及复色等9大色系,以及单瓣型、荷花型、菊花型、蔷薇型、托桂型、绣球型、皇冠型、金环型、千层台阁型、篓子台阁型等10种花型。如今洛阳牡丹种植面积已达10余万亩,1200多个品种,初步建立邙山万亩牡丹产业带和洛南隋唐城遗址万亩高效农业观光园。牡丹遍布全城园林景点、街头花坛、机关庭院和城郊园圃。在科技进步推动下,洛阳牡丹已实现四季开花,盛花期不断延长。

第三章 洛阳市

洛阳牡丹也源源不断地进入国际市场。洛阳人以花为媒,广交朋友,花会搭台,文化、经贸、旅游唱戏,取得了良好的经济效益和社会效益,一年一度的中国洛阳牡丹文化节,至今已成功举办了39届。2008年,洛阳牡丹花会入选《国家级非物质文化遗产名录》,2010年11月,洛阳牡丹花会升格为国家级节会,更名为中国洛阳牡丹文化节,由中华人民共和国文化部与河南省人民政府共同主办。牡丹文化节不仅是洛阳对外交流的温馨纽带,更是洛阳走向世界的多彩桥梁和世界了解洛阳的芬芳名片。

牡丹是我国传统名花,富丽堂皇,国色天香,自古就有富贵吉祥、繁荣昌盛的寓意,代表着中华民族泱泱大国之风范。"洛阳地脉花最宜,牡丹尤为天下奇。"洛阳牡丹根植河洛大地,始于隋、盛于唐、甲天下于宋。相传,武则天寒冬设宴赏花,令百花绽放,唯牡丹不从,贬至洛阳。岂知迁洛后竟吐蕊怒放。武后闻知,命人火烧牡丹。牡丹枝干烧焦,次年却依旧叶荣华发,且花更大,色更艳。洛阳牡丹遂驰名天下做花魁,洛阳人培育牡丹、观赏牡丹亦日盛成俗。正如唐代诗人刘禹锡和白居易所赞:"唯有牡丹真国色,花开时节动京城""花开花落二十日,一城之人皆若狂"。

牡丹是芍药科芍药属植物,为多年生落叶小灌木。花色泽艳丽,玉笑珠香,风流潇洒,富丽堂皇,素有"花中之王"的美誉。

牡丹的植株生长相对缓慢,株形较小。一般情况下,牡丹花的成体植株高度在0.5~2米。牡丹的根肉质强大,没有过多的分枝和须根,牡丹的叶子为互生叶,多为两回三出复叶,叶片呈披针形、卵形或椭圆形,颜色为深绿或灰绿色,叶柄长度在8~20厘米。

牡丹喜阴厌热,具有一定的耐低温性,在年平均湿度45%左右的地区可以健康生长。牡丹的生长土壤最好要土质疏松、肥沃、排水良好,以中性或者中性微碱的砂质土壤为最佳。栽培繁殖常见的方式有两种:分株和嫁接繁殖。牡丹最佳的繁殖时间为每年的9月下旬至10月上旬。另外,为了让牡丹更好地生长,一定要做好田间管理工作,其中,牡丹的浇水、施肥、整形、花期控制最为关键。在种植的过程中,预防叶斑病、紫纹羽病等病虫害必不可少。

牡丹品种繁多,色泽亦多,以黄、绿、肉红、深红、银红为上品,尤以黄、绿为贵。牡丹花大而香,故又有"国色天香"之称。在清代末年,牡丹就曾被当作中国的国花。1985年5月牡丹被评为中国十大名花第二名,是中国特有的木本名贵花卉,有数千年的自然生长和1500多年的人工栽培历史。牡丹在中国栽培甚广,并早已引种至世界各地。

"洛阳地脉花最宜,牡丹尤为天下奇。"由于洛阳气候温和,雨量适中,土地肥沃,加之园艺大师们巧植善种,培育出许多色型皆佳的珍品,使牡丹变异千种,名品日增,誉满全国。花开时节,洛阳城花海人潮,竞睹牡丹倩姿芳容。

牡丹在洛阳市区的街头绿地、公园广场栽植广泛,花开时节景观效果较好,进入酷暑,牡丹便迎来了"焦叶期",大片的焦叶会严重影响景观效果,这是一个亟待解决的难题。

四、风景名胜

洛阳是北方少有的多山富水城市,境内山环水绕,牡丹名甲天下,森林覆盖率达45.11%,现有白云山国家森林公园、龙峪湾国家森林公园、花果山国家森林公园、天池山国家森林公园、神灵寨国家森林公园、郁山国家森林公园、国家牡丹园7家国家森林公园以及8家省级森林公园。国家5A级旅游景区:龙门石窟、洛阳市白云山风景区、洛阳栾川老君山·鸡冠洞旅游区、龙潭大峡谷风景区。国家4A级旅游景区:关林、白马寺、重渡沟自然风景区、龙峪湾国家森林公园、栾川抱犊寨景区、养子沟风景区、伏牛山滑雪度假乐园、天池山国家森林公园、木札岭原始生态旅游区、神灵寨国家森林公园、黄河小浪底风景区、中国国花园、隋唐城遗址植物园、汝阳西泰山风景区、千唐志斋、青要山、洛阳博物馆、恐龙谷漂流景区、天河大峡谷、黛眉山景区、龙门香山寺、洛阳·豪泽国际郁金香花海欢乐城、洛阳中国薰衣草庄园、凤翔温泉旅游区、栾川竹海野生动物园、二程文化园、花果山国家森林公园、隋唐洛阳城国家遗址公园、寨沟、八路军驻洛办事处纪念馆、丽景门、洛阳国花园、神州牡丹园、汉光武帝陵、定鼎门遗址公园、王城公园、西苑公园、洛浦公园、丝绸之路公园、亚龙湾、邵雍故居、玄奘故里、白园、杜康仙庄、山陕会馆、天子驾六博物馆、龙马负图寺、王铎故居、银杏温泉度假山庄、梦桃源度假山庄、洛阳新区体育中心等。洛阳九大景:龙门山色、关林祈福、马寺钟声、金谷春晴、邙山晚眺、天津晓月、洛浦秋风、平泉朝游、铜驼暮雨。

(一)龙门石窟(国家5A级旅游景区)

龙门石窟是中国石刻艺术宝库之一,世界文化遗产、全国重点文物保护单位、国家5A级旅游景区,位于洛阳市南郊伊河两岸的龙门山与香山上。龙门石窟与敦煌莫高窟、云冈

石窟并称中国三大石窟。

龙门石窟开凿于北魏孝文帝年间,之后历经东魏、西魏、北齐、隋、唐、五代、宋等朝代连续大规模营造达400余年之久,南北长达1千米,今存有窟龛2345个,造像10万余尊,碑刻题记2800余块。其中"龙门二十品"是书法魏碑精华,褚遂良所书的"伊阙佛龛之碑"则是初唐楷书艺术的典范。

龙门石窟延续时间长,跨越朝代多,以大量的实物形象和文字资料从不同侧面反映了中国古代政治、经济、宗教、文化等许多领域的发展变化,对中国石窟艺术的创新与发展做出了重大贡献。2000年被联合国教科文组织列为世界文化遗产。

西山崖壁上有北朝和隋唐时期的大、中型洞窟50多个。古阳洞、宾阳中洞、莲花洞、皇甫公窟、魏字洞、普泰洞、

火烧洞、慈香窑、路洞等,为北魏时期的代表洞窟;潜溪寺、宾阳南洞、宾阳北洞(以上两洞的洞窟及窟顶装饰完成于北魏,佛像完成于隋和初唐)、敬善寺、摩崖三佛龛、万佛洞、惠简洞、奉先寺、净土堂、龙华寺、极南洞等为唐代代表洞窟。东山崖壁上的洞窟,全是唐代的窟龛,其中大、中型洞窟有20个,如二莲花洞、看经寺洞、大万伍佛洞(又名擂鼓台三洞)、高平郡王洞等。

(二)洛阳市白云山风景区(国家5A级旅游景区)

洛阳市白云山风景区位于河南省洛阳市嵩县南部伏牛山腹地,是世界地质公园、国家级森林公园、国家级自然保护区、国家5A级旅游景区、中国十佳休闲胜地。已开发白云峰、玉皇顶、九龙瀑布、原始森林5大观光区和白云湖、高山森林氧吧、高山牡丹园、留侯祠、芦花谷五大休闲区。

整个景区融山、石、水、洞、林、草、花、鸟、兽为一体,雄、险、奇、幽、美、妙交相生辉,已成为中原地区集观光旅游、度假避暑、科研实习、寻古探幽为一体的复合型旅游区,被誉为"人间仙境""中原名山"。

其中玉皇顶海拔2216米,为中原第一峰,是看日出观云海的最佳处。有以白云峰、玉

皇顶、小黄山、鸡角尖、千尺崖为代表的险峰奇石景观;以万亩原始森林、唐代银杏林、野生牡丹园、高山杜鹃园、红桦林、白桦林、箭竹林为代表的森林景观;以黑龙潭、黄龙井、珍珠潭、青龙瀑布、白龙瀑布、九龙瀑布为代表的瀑潭景观;以白云洞、青蛇洞、锣鼓洞、洞天栈道、仙人桥为代表的洞窟景观;以乌曼寺、云岩寺、玉皇阁为代表的人文景观;以云海日出、盛夏避暑、金秋红叶为代表的物候景观。

（三）洛阳栾川老君山·鸡冠洞旅游区（国家5A级旅游景区）

洛阳老君山风景名胜区位于河南省栾川县城东区，是伏牛山世界地质公园核心园区、国家5A级旅游景区、国家级自然保护区、省级风景名胜区、省级文物保护单位。

"一山有四季，十里不同天。君山北麓冰未消，伊水之阳花艳艳"。这是老君山的生动写照。老君山为国家5A级旅游景区，位于洛阳市栾川城郊，是秦岭余脉八百里伏牛山的主峰，海拔2200米。因道教始祖老子归隐修炼于此而得名，自古被尊为天下名山，道教圣地，有"中州地区天然动植

物种质基因库"之美誉，号称洛阳的"避暑山庄"，为栾川八大景观之首，被誉为"君山奇景"。

老君山古号景室山，意在集八百里伏牛美景于一室之意，东周时期守藏史李耳（老子）千里迢迢，辗转东西，择其风水宝地，成就千古之师，也成就了这名山佳水。据传老子生而白首，故而称之。春秋时期，孔子曾不辞劳苦从鲁国来洛邑问礼于老子，至今洛阳老城有条名叫东通巷的地方，仍保存有《孔子入周问礼乐于此》的石碑，这千古之谜给后人留下无尽的遐想。

老君山风景名胜区先后开发了以品味道教文化、领略伏牛主峰为主题的道教文化区和以欣赏飞瀑流泉为主题的生态观光区两大区域,景点150余处,其中自然景观主要有:舍身崖、南天门、马鬃岭、石林、朝阳洞、仙人桥、君山天瀑、老龙窝、悟道石、亮宝台、玉皇顶等,主要人文景观有:十方院、灵宫殿、淋醋殿、菩萨殿、道德府、炼丹炉等,当代著名作家李准观后发出"秀压五岳,奇观三山的赞叹"。

鸡冠洞是一处大型的石灰岩溶洞,喀斯特岩溶地貌,鸡冠洞洞深5600米,上下分五层,落差138米。已开发洞长1800米,观赏面积23000平方米,共分八大景区,依次命名为玉柱潭、溢彩殿、叠帏宫、洞天河、聚仙宫、瑶池宫、藏秀阁、石林坊。此类洞穴在北方少见,被誉为北国第一洞府。

鸡冠洞被发现于清朝乾隆年间。《栾川县志》称:"鸡冠洞,有四殿,如龙蛇之窟""蝙蝠如织,险象四伏""有樵者,操刀持棒,结伙秉烛而入""深幽莫测,惧而返"。1992年8月,栾川县委、县政府决定开发鸡冠洞。由县文化局牵头,县旅游开发公司实施,投资180万元,新辟进出洞口、铺设洞内道路、安装照明彩灯、修建牌楼房舍。鸡冠洞景观主要由石笋和钟乳石构成。石笋和钟乳石的化学成分都是碳酸钙。由雨水中的碳酸和空气中的二氧化碳共同作用于石灰岩生成碳酸氢钙溶液,溶液在流动和下滴过程中释放出氢气,剩下的碳酸钙凝固石化成千姿百态的石笋、钟乳石。石笋、钟乳石每100年增加1厘米。经地质学家测定,溢彩殿形成已有6亿年左右,其中海豚戏珠石笋的形成时间约54000年。洞中的石花为方解石晶花,是碳酸盐的结晶体,须附着在月奶石上,在非重力水的作用下向四周扩散,年积月累形成"花朵"。石盾、卷曲石、鹅管记录着流体动力的纷繁复杂形态。鸡冠洞有很高的观赏价值,还涉及物理、化学、地理、气象、自然等方面的内容,是一份珍贵的自然遗产。

(四)龙潭大峡谷风景区(国家 5A 级旅游景区)

龙潭大峡谷风景区是国家 5A 级旅游景区、国家地质公园、黛眉山世界地质公园的核心景区,是一条以典型的红岩嶂谷群地质地貌景观为主的峡谷景区。

龙潭大峡谷全长 5.5 千米,从平面图上看,它很像一条东西横卧的巨龙,而且峡谷内处处以龙的传说为主,所以历来人们都叫它龙潭大峡谷。

谷内关峡相望,潭瀑联珠,壁立万仞,峡秀谷幽,经过 12 亿年的地质沉积和 260 万年的水流切割旋蚀所形成的高峡瓮谷、山崩地裂奇观,堪称世界一绝、人间少有,享有"中国嶂谷第一峡""古海洋天然博物馆""峡谷绝品""黄河水画廊"等美名。

联合国教科文组织、世界地质公园评审专家两次盛赞龙潭大峡谷是"世界上最美的峡谷""全世界人人都该来的地方";具有国际影响力的美国有线电视新闻网 CNN 评出中国最美的 40 个景点,龙潭大峡谷是河南唯一入选的景区。

龙潭大峡谷内有六大自然谜团:水往高处流、佛光罗汉崖、巨人指纹、石上天书、蝴蝶泉、仙人足迹;七大幽潭瀑布:五龙潭、龙涎潭、青龙潭、黑龙潭、卧龙潭、阴阳潭、芦苇潭;八大自然奇观:绝世天碑、石上春秋、阴阳潭瓮谷、五代波纹石、天崩地裂、通灵巷谷、喜鹊迎宾、银链挂天,令人惊叹不已、流连忘返。红岩绝壁,飞瀑幽潭,狭沟深谷,奇石绿荫,组成世界上罕见的山水画廊。

(五)关林(国家 4A 级旅游景区)

关林位于洛阳市关林镇关林南路东端,是我国冢、庙、林三祀合一的古代经典建筑,明万历二十年(公元 1592 年),在汉代关庙的原址上,扩建成占地 200 余亩、院落四进、殿宇廊庑 150 余间、规模宏大的朝拜关公圣域。坐落于广场上的千秋鉴楼,为旧时"灯影锣鼓话兴亡"的所在;分立于大门两侧的明代石狮,赳赳而踞,具有凛然不可侵犯的威严。

清乾隆时又加以扩建,形成现今的规模。关林总面积约百亩,古柏苍郁,殿宇堂皇,隆冢巨碑，气象幽然，为洛阳市著名的古建筑及游览胜地。关林的建筑规格是按照宫殿形式修建的，布局严谨壮观，庙前有戏台，主要建筑均在中轴线上，依次为舞楼、大门、仪门、甬道、拜殿、大殿、二殿、三殿、石坊、八角亭，最后为关冢。

大门上镶嵌着81颗金色门钉，体现了关林的崇高地位和关羽的身后荣耀；立于仪门左右重达1500千克的铁狮，是明代善男信女敬奉关公的遗物，虽历经400余载风风雨雨，依然肃穆含威；仪门"威扬六合"匾额为慈禧太后御笔，端庄厚重，弥足珍贵；连接仪门和拜殿的石狮御道为海内外关庙所独有，甬柱顶雕石狮104尊，百狮百态，圆润生动，毫无石刻的生硬之感，代表了乾隆时期中原石刻艺术的成就。

（六）白马寺（国家4A级旅游景区）

白马寺位于河南省洛阳市老城以东12千米，洛龙区白马寺镇内。建于东汉永平十一年（公元68年），中国第一古刹，世界著名伽蓝，是佛教传入中国后兴建的第一座官办寺院，有中国佛教的"祖庭"和"释源"之称，距今已有1900多年的历史。现存的遗址古迹为元、明、清时所留。寺内保存了大量元代夹纻干漆造像如三世佛、二天将、十八罗汉等，弥足珍贵。1961年，白马寺被国务院确定为第一批全国重点文物保护单位。1983年，被国务院确定为全国汉传佛教重点寺院。2001年1月，白马寺被国家旅游局命名为首批国家4A级旅游景区。

（七）重渡沟自然风景区（国家4A级旅游景区）

重渡沟自然风景区位于洛阳市栾川县潭头镇西南10千米的熊耳山，因东汉光武帝刘秀二渡伊水至此，摆脱王莽追杀并成就帝业而得御赐之名。神秘的历史传说加上重渡沟的景区三绝，使重渡沟由鲜

为人知名不见经传而一举唱红北国,声震华夏,成为河南省目前最具活力的十大热点景区。

重渡沟自然风景区是国家 4A 级旅游景区,景区内竹茂林密,野生动植物繁多,800 亩竹林密密层层,可与蜀南竹海相媲美。重渡沟自然风景区凭借"水清、竹多、落差大"这些自然优势和"茶文化、竹文化、水文化、农耕文化"的有机融合,让游客尽享乡村漂流的浪漫和情趣,领略重渡沟生态旅游和乡村旅游的别样风光。景区内林茂草丰,雉飞鹿鸣,四季泉水喷涌,常年飞瀑成群,翠竹碧水交织,肥鸭壮鹅嬉戏,水乡特色浓郁,堪称"北国一绝"。

(八)龙峪湾国家森林公园(国家 4A 级旅游景区)

龙峪湾国家森林公园位于河南省洛阳市西南 165 千米处伏牛山腹地的栾川县境内,方圆百里,山势雄伟、峰峦叠嶂、林海茫茫、古木参天。这里"龙"文化荟萃,自然景观万千,四季景色秀丽,奇峰异石林谷幽深。溪水、清潭、瀑布纵横其间,可谓原始的、纯天然的、无污染的生态旅游区。是国家级森林公园、国家 4A 级生态旅游区和国家级自然保护区。观赏面积 300 余平方千米,已开发 12 个景区 218 个景点,是河南省首家全国文明森林公园。

龙峪湾国家森林公园是洛阳市的后花园,栾川十大景观之首。山巍、水澈、峰奇、石怪、谷狭、洞幽、景壮、泉清。龙峡湾气候凉爽,最高温度不超过 21℃,被誉为"自然大空调",是理想的避暑度假胜地。公园内旅游设施完善,道路全程硬化,供电供水设施样样俱全,有专职导游服务,集餐饮、住宿、娱乐、购物为一体,日可接待游客 3000 人。是避暑、度假、聚会、疗养的最佳场所。园内有植物 1900 多种,中草药 800 多种,珍禽异兽 200 多种,万亩松林山地成荫。

(九)栾川抱犊寨景区(国家 4A 级旅游景区)

抱犊寨地势险要,主峰四周天然形成峭壁千仞,东南西北有崖三间断壑被开辟为入寨通道,称之为东寨门、北寨门和西寨门。寨上凹地呈一簸箕掌状形,易守难攻,历代被卢、栾诸县富户豪绅占据,成为躲避战乱的避风港。

抱犊寨景区位于伏牛山与熊耳山交界的三川镇境内,因牧童食灵芝草,抱牛犊飞升登仙的神话故事而得名,因一段惨烈的战事而著名。景区面积约62.5平方千米,主要由望牛岭、抱犊古寨、火神庙三大观赏区域构成。其中抱犊古寨主要展现的是古寨文化和豫西民俗文化,以旅游观光集影视拍摄为主,寨上明碉暗堡星罗棋布、商户店铺林林总总、刑场牢房血雨腥风、绣楼宅院古朴典雅、寨门城墙坚固陡峭、村姑寨丁川流不息、酒馆人声鼎沸……

(十)养子沟风景区(国家4A级旅游景区)

养子沟风景区位于河南省洛阳市栾川县,地处伏牛山主峰老君山怀抱,距县城7千米,境内南北长13千米,游览面积18.8平方千米。据传唐贞观年间巾帼名将樊梨花不甘丈夫薛丁山三次休辱之苦,跋山涉水寻访至此安营扎寨、养子教子,并留下了许多历史遗迹和传说故事,后人为纪念英贤称此地为养子沟,千年佳话,传颂至今。

养子沟风景区大小景点90多处,主要有锁儿崖、三清殿、风动石、蜂糖崖、石板河、石塔、仙蛙石、秋千园、大佛山、慈母泉等。这些景点具有大自然惟妙惟肖的造化和悠久的历史传说,有"梦中桃花源,人间养子沟"之盛赞。

(十一)伏牛山滑雪度假乐园(国家4A级旅游景区)

伏牛山滑雪度假乐园位于洛阳市栾川县伏牛山老界岭北坡,最高海拔2200米,度假乐园海拔1700米,占地面积10平方千米,是一家集户外滑雪、室内滑雪滑冰、高山观光、休闲度假为一体的四季旅游胜地。度假乐园主要由四季滑雪馆、室外滑雪区、湖滨观光区、高山观光区和冰雪文化生态园区构成。滑雪度假乐园在中西部地区属规模最大,设施最先进,雪道种类最齐全,娱乐项目最丰富,

管理服务最完善,被誉为中原第一滑雪度假乐园。

(十二)天池山国家森林公园(国家4A级旅游景区)

天池山国家森林公园位于洛阳市嵩县西北部熊耳山区,总面积17.16平方千米,森林

覆盖率达 98.57%以上,主峰王莽寨海拔 1859.6 米,因峰顶有上、中、下三大自然天池,故名天池山。主要有飞来石、天池、玉女溪、韩王墓、二郎沟五大景区,是国家 4A 级旅游景区。距洛阳 98 千米,东邻郑州,西接三门峡,北跨黄河与焦作接壤,南与平顶山、南阳相连。

天池山国家森林公园,奇花古木众多,动植物种类繁多,乔、灌木 71 科 1800 余种,动物 184 种。是豫东至今保存最完好的原始森林之一,绿树耸立,古木参天,给人以古老、原始、幽邃的感觉,有"天然植物基因库"之称。还有第二纪冰川遗留产物世界珍稀濒危植物南方红豆杉(国家一级保护植物),分布面积 7000 多亩。

(十三)木札岭原始生态旅游区(国家 4A 级旅游景区)

木札岭原始生态旅游区位于洛阳市嵩县东南部,是河南省首家原始生态旅游区,属伏牛山国家级自然保护区,世界地质公园,距洛阳 120 千米,311 国道、临木公路直达景区。景区东西毗邻石人山、白云山两大景区,由九龙河谷、原始森林、官帽峰、石林、石人老君峰五大景区组成。

木札岭旅游区地处伏牛山腹地、北温带和亚热带过渡区,位于秦岭、淮河一线重要地理分界线上。特殊的地理区位,孕育了独特原始和丰富多彩的生物资源。旅游区总面积 40 平方千米,其中从未有人类活动痕迹的原始森林就有 20 平方千米,原始森林是植物的王国和动物的乐园。"春夏秋冬一年四季景色各异,东南西北四面八方生机盎然"是木札岭旅游区原始森林的真实写照。沿着游览步道,伴着袭人绿凉,眼观千姿百态古藤树,耳听千变万化虫鸟鸣,人们能真切体会到大自然的神秘与伟大。

(十四)神灵寨国家森林公园(国家 4A 级旅游景区)

神灵寨国家森林公园位于河南省洛宁县,在县城东南 17 千米处熊耳山北麓三官庙林场境内,东距古都洛阳 90 千米,为国家级森林公园和国家级地质公园,是河南省十大生态旅游基地之一。

总面积53平方千米,有2200多种植物,300多种动物,160多个景点,是一个以典型花岗岩石瀑地貌、水体自然景观、自然生态景观为主,河洛文化为辅的综合性地质公园。神灵寨得名,取自《史记·封禅书》中的"神灵之休,福佑兆祥"。神灵寨顶的神灵岳庙原为道观,后被汉高祖刘邦封禅为庙。

(十五)黄河小浪底风景区(国家4A级旅游景区)

黄河小浪底,位于河南省洛阳市与济源市交界的黄河小浪底风景区(以下简称"景区"),在济源市西南30千米处,洛阳市以北40千米,总面积1262平方千米(其中水面面积272平方千米)。

景区位于黄金旅游线路——河南"三点一线"的中心部位,地跨南北两岸,西接汾、渭盆地,东临华北平原,北临晋中地区。景区是以小浪底工程为依托,以山、水、林、草为特色的生态园。景区分为四大精华景区:西霞湖、大坝湿地公园、张岭半岛度假区、黄河三峡。四大景区特色各异,东西相映,恰如镶嵌在母亲河上的四颗珍珠,成为令世人瞩目的旅游热点。景区获得荣誉有"国家级水利风景区""国家4A级旅游景区""国家级环保样板工程""全国一流生态旅游精品""中国最具吸引力的地方""河南省十大旅游热点景区""河南省十大最美丽的湖"为中原地区最具特色的风景线之一。小浪底工程坝址控制流域面积69.42万平方千米,占黄河流域面积的92.3%。水库总库容126.5亿立方米,调水调沙库容10.5亿立方米,死库容75.5亿立方米,有效库容51.0亿立方米。小浪底工程的开发目标是以防洪、防凌、减淤为主,兼顾供水、灌溉和发电等。

(十六)中国国花园(国家4A级旅游景区)

中国国花园始建于2001年9月,是我国目前最大的牡丹专类观赏园,位于河南省洛阳市洛河南岸隋唐城遗址之上,东起洛龙路,西至牡丹桥,南临洛宜路,北依洛河,东西长2400米,南北最宽524米,占地1548亩。

中国国花园以隋唐历史文化为底蕴,以牡丹文化为主要内容,融历史文化、牡丹文化

和园林景观为一体，充分展示了牡丹之美、之清、之幽，享有"中国国花第一园"之美誉。自西向东共分为6个景区：西入口景区、牡丹文化区、牡丹历史文化区、堤面游赏区、东入口景区、生产管理区。中国国花园种植牡丹1000多个品种50万株，包含牡丹的九大色系，种植乔木、灌木及各类植物100多个品种200余万株。在环境布置上以植物见长，自然流畅，突出体现了传统皇家园林的造园风格。艳冠群芳的牡丹、千姿百态的植物、奇石叠翠的山峦、风情各异的亭台、碧水荡漾的湖泊、古风古韵的建筑……美景无限，占尽风流。

（十七）隋唐城遗址植物园（国家4A级旅游景区）

隋唐城遗址植物园位于隋唐洛阳城遗址，始建于2005年12月，占地面积2868亩，是以河南豫西地区地带性植物和隋唐城遗址文化为基础，坚持科学保护与合理利用相结合，集科研、科普、文化娱乐为一体的综合性植物园。园内建设有千姿牡丹园、野趣水景园、木兰琼花园、百草园、梅园、竹园、桂花园等17个专类园区。

园内有3万多平方米湖泊、湿地和大片疏林缀花草地等组成的野趣水景园；1万多米长的水系明渠蜿蜒贯通、巧妙连接，既发挥了灌溉功能，又增添了植物园的灵秀之气，共同营造出流水潺潺、碧波荡漾、水鸟纷飞、野趣盎然，如诗似画的迷人景象。全园植物种类达1000多种，总绿地面积130万平方米，种植乔木、灌木1000多个品种共130余万株，水生植物200多种，种植地被植物50万平方米。千姿牡丹园园中共种植九大色系、1200多个品种27万株牡丹，22个品种3000余株芍药。在植物配置上以乔、灌、花、草合理搭配，形成南北艺术交汇、自然与规则共融、中外园林相结合的植物园。

（十八）汝阳西泰山风景区（国家4A级旅游景区）

西泰山风景区位于洛阳市汝阳县县城西南52千米的伏牛山腹地，景区面积125平方千米，距洛阳120千米，省道临（汝镇）木（札岭）公路穿境而过。旅游区内千米以上山峰108座，主峰海拔1599米。西泰山现已开发的有炎黄峰、情侣峰、会仙峰、石龙沟4个景

区,各有其鲜明的主题和深厚的文化内涵。炎黄峰为华夏人文始祖炎黄二帝结盟并大会天下部族之地,炎黄峰主峰酷似炎黄二帝天然巨型头像,是炎黄子孙寻根颂祖的理想圣地。每年9月在炎黄广场举办盛大隆重的河南汝阳炎黄文化节暨西泰山颂祖大典;情侣峰以情、缘为切入点,杜鹃花与情侣峰相互映衬,相得益彰,刻入奇石的爱情、婚姻、家庭等名句与自然景观融为一体;会仙峰是天然雕塑奇石大观园,大自然的鬼斧神工在这里塑造出许多惊人的惟妙惟肖的天然石刻艺术品;石龙沟洞洞相连,清泉汩汩,以中国传统的"龙"文化为主线,结合丰富多彩的"龙"故事,使石龙沟更加神奇。每年4—5月,满山遍野的杜鹃花争芳斗艳,与翠绿的青山相映成趣,构成了一幅幅美丽的画卷。"洛阳看牡丹,汝阳赏杜鹃""寻根在河洛,颂祖到汝阳"已成为西泰山旅游的两大品牌。汝阳县委、县政府决定每年的4月25日至5月10日为河南汝阳杜鹃花节,杜鹃花已被列为汝阳县花。

西泰山植被丰厚,奇花异草种类繁多,原始森林里生长着形色各异的白松、黑松、水杉、合欢、五角枫等1700余种植物;林间水边还活跃着山鸡、画眉、八哥、獐子等258种珍禽异兽。大自然造就的奇山碧水和有趣的生物群体使这里一年四季风光如画,景色常新,气象万千,舒适宜人,是休闲、娱乐、避暑、度假的好去处。

(十九)千唐志斋(国家4A级旅游景区)

千唐志斋位于洛阳市新安县铁门镇,是已故国民党起义将领张钫先生所营园林"蛰庐"的一部分。兴建于1932—1934年,包括15孔砖质窑洞、3个天井和1条走廊。著名国学大师章太炎先生予以命名并用古篆题额。整个建筑里里外外,镶满了大大小小的墓志和书法、绘画石刻。现存各类藏石1413件,其中唐代1185件、宋代88件、明代30件、五代22件、北魏2件、隋2件、西晋1件、元1件、清2件、民国7件。此外,还存墓志盖19件及其他各类书法、绘画、造像、经幢、碑碣54件。院内的"听香读画之室",楹联为康有为所撰,横额为著名金石家罗振玉之高徒关百益所题。千唐志斋还是全国重点文物保护单位和爱国主义教育基地。

(二十)青要山(国家4A级旅游景区)

青要山位于洛阳市新安县西北部,面积90平方千米。区内和合塬两侧为双龙大峡谷,左为双龙峡,右为联珠峡,两峡之水汇流出山,形成为畛河源头。山峰叠起,最高峰西大塬海拔1385米。山地均为天然次生林,形成乔木、灌木、藤木、草木、菌类自然植物竞秀的天然植物园。野生动物有国家二级保护动物大鲵(娃娃鱼)及水獭、豹、麝、鹰、鹫、杜鹃、画眉鸟、百灵鸟等。山中有木兰山、三道箭、武罗三潭、通天洞、冲天壕、青女峰、和合塬、人工湖、天险栈道、娃娃鱼馆、盘山石栈等数十处景观。据《山海经》记载,这里是黄帝"密都",女神武罗管辖的地方之一。村东有和合塬,传说为黄帝与炎帝、蚩尤等氏族部落结盟的地方。1991年国家林业部批准为国家级自然保护区,1993年4月辟为新安县风景旅游区对外开放,1998年6月,经河南省人民政府批准建立青要山风景名胜区。

(二十一)洛阳博物馆(国家4A级旅游景区)

洛阳博物馆,位于洛阳新区,比邻隋唐城遗址植物园。博物馆主楼共两层,一楼一般是通展,二楼是博物馆的精品陈列展和宫廷文化展,虽然一楼是通展,但展览的文物也令人大为赞叹,洛阳作为十三朝古都的独特地位,馆藏文物中自然不乏国宝级稀世珍宝。当游客进入主楼游览时,可以从一楼的基本陈列河洛文明展起步,从这里开始回眸洛阳千年古都文明变迁的历程,再前往二楼的精品陈列展和宫廷文化展等专题展览参观。

在洛阳博物馆内,游客可以看到有着"中国第一爵"之称的夏代青铜酒器"乳钉纹青铜爵",它看似其貌不扬,然而却是我国目前发现的年代最早的青铜酒器;战国时期的"错金银铜鼎"以金银作为装饰,使用了鎏金、错金银等工艺,嵌金银对称和谐,装饰华丽;北魏时期的"泥塑人面像"虽然因为大火将原有的彩绘损失殆尽,但这却丝毫没有影响她的美丽;而唐代的"三彩灯"和"三彩马",色彩鲜艳,造型独特,"三彩灯"的外形吸收了佛教艺术的内涵,"三彩马"在造型上遵循着"圆方圆"的传统构成法则,体现了唐代奔放向上的风范。

除了本地出土的文物外,洛阳博物馆还展示了一批故宫博物院调拨的珍品,如尼泊尔风格的"鎏金铜观音",这座佛像高约1米,体形较大而且呈现极为罕见的坐姿;还有"银鎏金宗喀巴造像",造像的铸造、鎏金、錾刻、镶嵌等工艺都很精湛,材质又选用珍贵的黄金和白银,是清代皇室礼佛的佛像。

(二十二)恐龙谷漂流景区(国家4A级旅游景区)

恐龙谷漂流景区位于洛阳市汝阳县靳村乡境内,距离汝阳县城40千米,洛阳市区110千米,省会郑州210千米。由河南天昊旅游开发有限公司独家投资,洛阳恐龙谷旅游开发有限公司运营管理,集激流飞瀑漂、勇士惊险漂、丛林探险漂、原生态竹筏漂为一体,努力打造一个"想漂就漂、想怎么漂就怎么漂、想漂谁就漂谁"的一站式漂流综合体。

恐龙谷丛林探险漂位于靳村乡双寺河三亩地至椿树段,漂流河道全长约8千米,从高空俯瞰,就像一条玉带被深深嵌入山谷谷底,河道两侧灌木丛生、奇峰耸立,坐在惊险刺激的双人自助漂流艇内,仰视两岸峭壁和森林,热情满怀……

丛林探险漂河道总落差396米,最大落差18米,落差最长可达500米,惊险刺激程度空前,漂流时间2个小时。滩多水急,银瀑飞溅,自然景色美得令人为之震撼。峡深壁陡,林荫蔽日,集瀑布、深潭、奇石、丛林于一体,漂流河道全程为天然河道,原始丛林遮天蔽日,巨大的落差、陡峭的河床、超刺激的滑道,赋予了恐龙谷丛林探险漂流奔放汹涌、虎啸龙腾、狂野豪迈的阳刚之美,会让游客情不自禁一路尖叫、持续高潮,全程音乐更是为丛林探险增添无尽魅力,被誉为"天下第二漂"。

(二十三)天河大峡谷(国家 4A 级旅游景区)

天河大峡谷位于洛阳市栾川县城西 40 千米的叫河乡东南部,距叫河街 6.5 千米。该风景区是洛阳市第二个地处长江流域的自然风景区,锦秀园中竞秀峰被誉为长江流域与黄河流域的经典分割,其观赏面积 20 平方千米。相传西汉末年,王莽追赶刘秀路经此地,正逢隆冬漫天飞雪之际,刘秀倒穿靴子进沟,却留下出沟的假象,从而逃脱了王莽的追杀,此地因此而又得名"倒回沟"。沟内山势奇伟,怪峰林立,植被完好,古木参天,溪水清澈见底,一里一潭,三里一瀑,鱼翔浅底,鸟鸣山间,奇花异草,随处可见。沟内奇石苑龙麟迎客石、神牛听涛石、仙翁打坐石、秀驼观海石、水獭祭洞石、灵龟驮经石、宦官乌纱帽奇石、石青蛙、石海豚、石鲨鱼、石象、玉女臀石等景点惟妙惟肖。柳河谷内有万株古柳、古藤、迎客松、杜鹃花木、千年古树等。秀林苑中有倒回飞瀑、石槽瀑、七级飞天瀑、娘娘山等。

(二十四)黛眉山景区(国家 4A 级旅游景区)

黛眉山景区,位于秦岭与太行山的过渡地带、小浪底水库上游南岸的河南省洛阳市新安县北部,总面积约 328 平方千米,是一座以峡谷地貌、水体景观为主,以生态和人文相互辉映为特色的综合型地质公园,分为黛眉山(黛眉峡谷)、青要山、龙潭峡、万山湖、荆紫山五大景区。

传说离宫出去的商汤之妃黛眉娘娘劝说汤王以天下为己任,治理国家,统一天下,救民众于水火,修德重兵,最后打败了夏桀,汤王为了感念黛眉娘娘的恩德,为其兴建圣母庙及行宫数处,并把修行的这座山用她的名字命名为黛眉山。黛眉山是黄河小浪底库区的最高峰,辖 20 千米的黄河水面,形成独具特色的黛眉山黄河景观;黛眉山东麓形成万余亩的饮马湖,湖周围就是芳草萋萋的青龙山半岛和红岩峥嵘的红龙山半岛;黛眉山北麓,黄河之水顺六条河流的故道上涌,又形成各具特色的小型装饰,各半岛之上分布着众多文物古迹,这里有伟大思想家墨子的故里、墨子墓、墨子塑像、柏地庙(柏帝庙)、黛眉万年柏等,形成了黛眉山北麓的寻古一条线;巍巍的黛眉山高耸入云,风景如画;黛眉大峡谷径深 40 余千米,神秘莫测。这里还有春天桃花灼灼的仙桃沟景区。黛眉山景区集黄河、山峰、森林、草原等旅游资源于一体,不仅有浩荡的黄河水,而且有碧波荡漾的湖泊;不仅有高耸入云的山峰,而且有温馨迷人的岛屿;不仅有茂密的森林,而且有茫茫的大草原;不仅有星罗棋布的名胜古迹,而且有地方风情的民俗文化。人们在这里可以感受春雨如梦,也可领略暑天清风、金秋菊韵、黛眉雪色。黛眉山景区像一个变幻的魔术师,它的每个季节,每一天都有新的内容。"黄河归来不看川,黛眉归来不看山"真实反映了这座万里黄河第一山的千娇百媚、技压群芳的迷人景色。

(二十五)龙门香山寺(国家 4A 级旅游景区)

龙门香山寺位于距洛阳市城南 13 千米处的香山西坳,是国家 4A 级旅游景区、文化旅游景点。香山寺与世界文化遗产——龙门石窟西山窟区一衣带水、隔河相望,与龙门石窟东山窟区和白园一脉相连、并肩林立。香山因盛产香葛而得名。

香山寺微始建于北魏熙平元年(公元 516 年),唐垂拱三年(公元 687 年),印度来华高僧地婆诃罗(日照)葬于此,为安置其遗身重建佛寺。天授元年(公元 690 年),武则天在洛阳称帝,建立武周王朝,梁王武三思奏请,敕名"香山寺",并重修该寺,当时香山寺危楼切汉,飞阁凌云,巍巍壮观,武则天常驾亲游幸,御香山寺中石楼坐朝,留下了"香山赋诗夺锦袍"的佳话。唐大和六年(公元 832 年),河南尹白居易捐资六七十万贯,重修香山寺,并撰《修香山寺记》,寺名大振,这篇文章开篇第一句即是对香山寺的推崇:"洛阳四野山水之胜,龙门首焉。龙门十寺,游观之胜,香山首焉。"此外,白居易还搜集了 5000 多卷佛经藏入寺中。白居易自号"香山居士"与如满和尚等人结成"香山九老会"吟咏于该寺的堂上林下,会昌六年(公元 846 年)白居易去世,遗命葬于香山寺如满大师塔侧。清康熙年间重修,乾隆皇帝曾巡幸香山寺,称颂"龙门凡十寺,第一数香山"。2003 年,香山寺第五次修复,借鉴唐代风格,对蒋宋楼、乾隆御碑亭、衣钵塔等作为历史文物予以修缮、保留、保护。在原址上新建了钟楼、鼓楼、大雄宝殿,整修了天王殿、罗汉殿、步游道等。

香山寺已历经 1500 多年的沧桑,一直以来法音绵延,香火炽盛。如今经过第五次修复后的香山寺整个建筑新旧一体,气势磅礴,与龙门西山石窟隔河相望,与龙门东山石窟和白园并立,香山寺已成为龙门石窟景区又一处亮丽壮美、光彩夺目的景观!

(二十六)洛阳·豪泽国际郁金香花海欢乐城(国家 4A 级旅游景区)

洛阳·豪泽国际郁金香花海欢乐城位于洛阳市李村大街 77 号,包括花海观赏区、花仙谷奇幻体验区、主题游乐区、亲子互动区、度假休闲区、荷兰风情街 6 大功能板块,这里的一切还原了最本真的荷兰风情田园生活。查理曼王国是儿童的乐园,一个充满幻想与欢乐的国度,让每一张纯真的笑脸都在这里绽放;疯狂刺激的极速卡丁车,神秘莫测的巨型迷宫,唯美浪漫的欧式木马……

聆听花海的华美乐章,一花一世界,缓步于荷兰风情田园间,诗和远方便在眼前,四季美景,带你进入一个心之向往的浪漫神秘国度。豪泽国际旅游度假区一期开放的国际郁金香花海,占地 1600 亩,拥有 56 种 1500 万株郁金香,让"世界花后"郁金香与"中国花王"牡丹同台绽放,花之海洋的传奇盛景结合花仙谷美妙体验,演绎浪漫唯美的纯正荷兰风情,让中原文化旅游接轨国际,在河南遇见荷兰!

(二十七)洛阳中国薰衣草庄园(国家 4A 级旅游景区)

洛阳中国薰衣草庄园位于洛阳市伊滨区伊河的东岸,南邻龙门石窟,东以二广高速为界,高铁大道及希望大道两条跨河大道自西向东穿过庄园,是集旅游观光、特色农业、度假养生等功能为一体的大型创意观光农业园。庄园区域条件得天独厚,位于洛阳城市发展轴与农村发展轴的交会点上;农业发展基础良好,伊河沿岸土壤肥沃,适于发展农业,有利于农业观光园景观多样化发展;场地历史文脉深厚,伊河是洛阳的母亲河,有着深厚的历史积淀,处在龙门石窟旅游黄金线路上,是洛阳历史轴的一部分。

庄园以"爱情"为主题,以浪漫爱情文化作为园区的设计灵魂,利用花田植物品类,构造串联庄园景观及活动的线索,极力打造有爱的浪漫世界。开发位于中部的紫香花田片区,东边以二广高速为界,西边紧邻河堤大道,南北分别以希望大道和高铁大道为界。总面积达 1900 多亩,其中包括商住占地 554 亩。

在紫香花田片区中,大面积种植观赏性开花植物,包括薰衣草、马鞭草、墨西哥鼠尾草、向日葵、迷迭香、百里香等。以大地艺术为依托,以薰衣草花海为背景,不同年龄和不同喜好的游客都可以在这里得到满足:在宣爱广场举行婚礼、冷餐会;可以与恋人一起在许愿墙上写下最真挚的祝福;可以一起走过邂逅桥,在许愿树下挂上希望的丝带;可以亲手种下属于自己的薰衣草,制作手工艺品作为爱情的信物。

目前种植面积达 150 亩,其中四季薰衣草种植面积达 50 亩,木本薰衣草种植面积为 25 亩,马鞭草 15 亩,向日葵 7 亩,其他为一些小品种的花卉,主要有月季、牡丹、丛生福禄考、石竹、神香草、罗勒、金光菊、波斯菊、藿香等 30 多个品种。

(二十八)凤翔温泉旅游区(国家 4A 级旅游景区)

凤翔温泉旅游区位于洛阳王城大道南端,毗邻郑少洛高速伊川北出口,距龙门高铁站 7 千米,是以温泉养生为主题的高品质休闲度假综合体。占地面积千余亩,集露天养生温泉、文化主题餐饮、温泉度假酒店、生态农业观光、娱乐休闲健身于一体的国家 4A 级旅游景区,景区内酒店为四星级酒店。凤翔温泉旅游区专注于打造高品质休闲健康的生活方式,为游客提供让身心获得平衡休养的休闲胜地。旅游区依龙门西山山势而建,错落雅致,返璞归真,四周树木葱郁,环境幽美,头顶日月星辰、耳闻天籁之声,鸟语花香,流水飞瀑,与大自然和谐相融。这里的石头、树木、花卉、水等元素被灵活运用,功能与风格迥异的露天汤池随地势环境变化分布在高大的树木和花丛中,营造出一个个诗意的私密空间。空气中的氤氲水汽蕴含着植物的芬芳,柔滑的天养之水,充分浸润身心。

温泉攫取地下 1500 米优质矿泉水,出口水温高达 97℃,泉水中含锶、硫、偏硅酸等 30 余种对人体有益的微量元素,具有改善心血管功能、消脂去腻、美容养颜、静心怡神、延年益寿等神奇功效。凤翔温泉旅游区拥有原脉温泉源、武后泉、贵妃泉、牡丹泉、凤翔泉、酒浴组合汤泉、石板温泉、五福池、福相汤、福星汤、福佑汤、福祉汤、溶洞养颜温泉、鲜花牛奶池、绿茶养颜池、陈醋护肤池、SAP水疗馆等30多个特色主题汤池，独家秘制，养身养心。

（二十九）栾川竹海野生动物园（国家4A级旅游景区）

栾川竹海野生动物园位于洛阳市栾川县重渡沟景区以南2千米的仓房村，距洛栾高速重渡沟收费站7千米。园区总规划控制面积10.3平方千米，包括猛兽散放区、小动物乐园、万亩竹海休闲区、原始森林度假区四大主题，现有东北虎、狮子、黑熊、小熊猫、猕猴、羊驼、梅花鹿、貼鹿、孔雀、鸵鸟、鸸鹋、荷兰猪等各种动物30余种，数量近3000只，并在2020年9月份引进国宝大熊猫。

吃、住、行、游、购、娱六大要素配套完善，野生动物观赏与竹海度假融合、旅游交通安全便捷、休闲住宿卫生舒适、旅游服务精准智慧，作为中原地区以散放猛兽和动物互动为主要特色的野生动物园，也是周末游、亲子游、科普教育游、避暑休闲游的目的地。园区开发万亩竹海，探索夜游模式，引休闲度假新风尚；打造千虎基地，共建国宝家园，创栾川旅游新亮点。

竹海野生动物园生活着多种珍稀动物，包括大熊猫、东北虎、小熊猫、羊驼、猕猴、亚洲黑熊、狮子、梅花鹿……这些珍稀动物在这个动物天堂里安居并开枝散叶，使竹海野生动物园成为中国最为重要的野生动物繁育保护基地之一。竹海野生动物园大多数动物都已形成庞大的种群，梅花鹿、东北虎等动物都形成了数十只乃至数百只的大种群，并仍在不断发展壮大，为世界动物园所罕见。

（三十）二程文化园（国家4A级旅游景区）

二程文化园位于洛阳市伊川县城西，荆山公园脚下，景色宜人。全园建筑面积300余亩，由3个区域组成，分别是程林祭祀区、程庙纪念区、书院文化区。它是在北宋著名思想家、哲学家、教育家、理学奠基人程颢、程颐墓园基础上升级而成的综合性文化园林，是集旅游、休闲、教育、拓展训练为一体的综合性文化园林，同时也是目前中国最大的儒学文化园林。二程书院文化区占地约30亩，主要是将中国的儒家文化与书院文化结合起来，向游客展示理学发展的脉络和起源，同时又是国学宣传、学术交流的重要场所。二程乃理学宗师、旷世大儒。二程继承圣学，创建洛学，奠基理学，上承孔孟，正传朱熹，其学术思想在中国思想哲学史上居主导地位近千年。二程学说，形成了宋明理学的思想体系，开辟了中国儒学发展的历史新篇章，对中国思想文化教育产生了深远影响。整个程庙纪念区采用宋代风格修建，为纪念二程的专属区域。二程文化园为纪念二程、研究理学、弘扬传承传统文化具有积极的作用。

（三十一）花果山国家森林公园（国家4A级旅游景区）

花果山国家森林公园可不是齐天大圣的老家，而是地处洛阳市宜阳县西南部的女儿山，俗名石鸡山，与嵩县、洛宁毗邻，距洛阳市区90千米。花果山属冰川期地貌，群峰点点,林涛起伏,重岩叠嶂,山石奇特,景色十分秀丽。公园总面积 180 平方千米,主景区 48 平方千米,主峰海拔 1831.8 米。森林覆盖率达 87.4%,年平均气温 14.4℃,夏季最高气温 26℃,1991 年被国家林业部批准为国家级森林公园。主要景区有石院墙、七峪沟、大里沟、岳顶山等,景点以天然石猴、水帘洞、唐僧石、㨰㨰石、寒心石、登云梯、玉皇顶等较为出名。

五、城市精神

文明、和谐、包容、活力。

第四章 平顶山市

一、市情简介

平顶山市位于河南省中部,1957年建市,现辖4区4县代管2个县级市和1个国家级高新区、1个城乡一体化示范区,4区4县分别为新华区、卫东区、石龙区、湛河区,宝丰县、叶县、鲁山县、郏县,2个县级市分别为舞钢市、汝州市;面积7882平方千米,据第七次全国人口普查数据显示该市常住人口498.71万人。2022年,全市完成生产总值2839.33亿元。

山水风光秀美。西依八百里伏牛山,东临黄淮平原,30多条河流穿境而过,163座水库(其中大型5座)星罗棋布,尧山(石人山)奇俊秀美,温泉绵延百里,白龟湖、白鹭洲等国家级湿地公园碧波荡漾、候鸟云集。

自然资源丰富。各类矿藏57种,原煤储量100亿吨,是中南地区最大的煤田;钠盐储量3300亿吨,是中国岩盐之都;铁矿石储量10亿吨,是全国十大优质铁矿之一。

历史底蕴深厚。全国重点文物保护单位31处、不可移动文物5000多处,是中国曲艺城、中国书法城、中国观音文化之乡、中国汝窑陶瓷艺术之乡和中国唐钧基地。

文旅资源丰富。有千手观音证道祖庭香山寺、千年古刹风穴寺、汝官窑遗址、苏轼父子三人的安息地三苏园、全国保存完整的明代县衙叶县县署、国家级非物质文化遗产马街书会,旅游资源单体4200多个。

创新能力较强。截至2023年7月,拥有高等院校7所、国家高新技术企业313家科技型中小企业638家、各类创新平台749家,是全国科技进步先进市、国家知识产权试点市。

产业优势突出。拥有平煤神马集团、平高集团、舞钢公司、天瑞集团、宝酒公司等一大批在全国同行业占有重要地位的企业,正在大力发展尼龙新材料、电气装备制造、特钢不锈钢等优势产业,培育壮大新一代信息技术、高端装备制造、生物医药、新能源储能等新兴产业,"一主两优四新多支撑"先进制造业新体系基本形成,新型功能材料产业集群纳入国家战略性新兴产业集群发展工程,被确定为国家产业转型升级示范区、国家农业绿色发展先行区、国家尼龙新材料高新技术产业化基地。

当前,全市上下正在以习近平新时代中国特色社会主义思想为指导,全面贯彻党的十九大和十九届二中、三中、四中、五中全会精神,深入落实习近平总书记视察河南重要讲话和指示批示精神,立足新发展阶段,深入贯彻新发展理念,积极融入新发展格局,大力实施"七地一枢纽"战略,加快建设全国转型发展示范市,争当中原更加出彩样板区,奋力谱写新时代中原更加出彩的鹰城绚丽篇章。

二、城市名片

资源型工业城市、中国优秀旅游城市、国家卫生城市、国家园林城市、国家森林城市、全国双拥模范城、全国文明城市提名城市、中国曲艺城、中国书法城、中国观音文化之乡、中国汝窑陶瓷艺术之乡和中国唐钧基地。

三、市树市花

平顶山市第九届人民代表大会常务委员会第三十二次会议分别听取和审议了《平顶山市人民政府关于提请确定市树市花的议案》,经审议,决定批准香樟为平顶山市市树,批准月季为平顶山市市花。

(一)市树——香樟

香樟最早于20世纪90年代开始引种平顶山市,该市姚电公司生活区及市体育村栽种香樟的时间较早,目前香樟胸径达到35厘米,且长势健壮。其他县(市、区)如舞钢市钢城大道,鲁山县城花园路、南环路,宝丰县、叶县县城也有栽植。在各地长期栽培香樟的实践中,人们根据其特点品性,赋予其丰富的文化内涵:厚实稳重、和谐包容、恢宏豁达、吉祥如意。

香樟，别名：樟树、樟木、瑶人柴、栳樟、臭樟、乌樟；拉丁文名：［*Cinnamomum camphora* (L.) Presl.］。常绿大乔木，高可达30米，直径可达3米，树冠广卵形；树冠开展，枝叶茂密，气势雄伟，是优良的绿化树、行道树及庭荫树。分布于中国南方及西南各省区。越南、朝鲜、日本也有分布，其他各国常有引种栽培。植物全体均

有樟脑香气，可提制樟脑和提取樟油。木材坚硬美观，宜制家具、箱子。香樟对氯气、二氧化硫、臭氧及氟气等有害气体具有抗性，能驱蚊蝇、耐短期水淹，是生产樟脑的主要原料。平顶山和驻马店的市树均为香樟。

(二)市花——月季

由于月季易栽培、花期长、色彩艳、香味浓，人们对其厚爱有加，将其视为吉祥、幸福、美丽、高贵、纯洁、坚韧的象征。从20世纪80年代，园林专家就在平顶山市大量繁育月季，现在街头游园随处可见，月季栽培在平顶山市有着广泛的群众基础，鲁山县团城乡、赵村乡、董周乡，舞钢市武功乡，叶县城关乡等均建有月季繁育基地，产品畅销全国。月季——花中皇后，常绿或落叶灌木，直立或呈蔓状与攀援状，茎具钩刺或无刺，也有几乎无刺的。小枝绿色，小叶3~5(7)片，多数羽状复叶，宽卵形或卵状长圆形，长2.5~6厘米，先端渐尖，具尖齿，叶缘有锯齿，两面无毛，光滑；托叶与叶柄合生，全缘或具腺齿，顶端分离为耳状。花朵常簇生，稀单生，花色甚多，色泽各异，径4~5厘米，多为重瓣也有单瓣者；萼片尾状长尖，边缘有羽状裂片；花柱分离，伸出萼筒口外，与雄蕊等长；每子房1胚珠。果卵球形或梨形，长1~2厘米，萼片脱落。

四、风景名胜

旅游资源单体4200多个，居河南省第二位。尧山—中原大佛景区是国家5A级旅游景区，景区有绵延百里的温泉带和世界最高铜制立佛中原大佛，尧山国家地质公园是国家地质公园。平顶山博物馆、舞钢二郎山风景区、灯台架风景区、画眉谷生态旅游区、三苏园景区、尧山大峡谷漂流、香山普门禅寺等是国家4A级旅游景区。

历史文化深厚。西周时期为武王宗室应侯封地应国，应国以鹰为图腾，因此平顶山又称鹰城。境内全国重点文物保护单位25处，是河南曲剧的发源地和世界叶姓、刘姓、应姓、沈姓的祖籍地。

(一)尧山—中原大佛景区(国家5A级旅游景区)

尧山—中原大佛景区位于河南省平顶山市鲁山县城西50千米，郑州至尧山高速公路

终点,与311国道交汇处,景区交通便利,群山环抱,山清水秀,环境优美,人文景观与自然景观荟萃,拥有世界第一佛、第一钟,大陆第一汤,伏牛山区第一寺等丰富的旅游文化资源,是集佛教文化,温浴疗养、观光旅游、休闲娱乐于一体的旅游胜地,是河南伏牛山生态游的龙头景区、国家5A级旅游景区。中原大佛由国家非物质文化遗产技艺传承人、福建省工艺美术大师协会副会长、莆田市荔城区兴胜工艺贸易有限公司林胜标大师于

1997年设计制作,2008年9月29日,由两岸四地108位高僧大德共同开光面世。整体佛像铸造用铜3300吨、黄金108千克、特殊钢15000余吨,表面面积为11300平方米,通过焊接13300块铜板而成。

尧山景区经过多年的开发建设,基础设施逐步完善、服务质量明显提高、接待游客数量不断增加,取得了很好的经济效益和社会效益,形成了"游尧山、拜大佛、浴温泉"三大旅游品牌。尧山的奇峰怪石、山花、红叶、飞瀑、温泉、湖面、云海、原始森林、珍禽异兽及人文景观构成了完整的风景体系,现已命名的景观有240多处;60~200米高的瀑布17处,高的石柱40多处,景区包括石人、将军峰、千丈岩、和合峰、白牛城口、王母轿、通天河、九曲瀑布、鬼门关、南天门、报晓峰、猴子观音等景点。尧山地处亚热带与暖湿带分界线上,动植物资源十分丰富,"三十六处名胜,七十二个景点",处处绮丽如画、景色各异。2002年5月,尧山景区被国务院审定公布为国家重点风景名胜区,2009年11月通过ISO9001国际质量管理体系认证,先后被评为河南省"十佳风景名胜区""十佳旅游好去处""河南最美的地方"。

(二)舞钢二郎山风景区(国家4A级旅游景区)

舞钢二郎山风景区位于平顶山市舞钢市石漫滩水库南岸,紧邻市区,是石漫滩国家森林公园的主景区之一,景区占地面积12平方千米,自然人文景观百余处,有雄伟壮观的观景台,高耸入云的玉皇金殿,琼浆漫溢的龙王壁瀑布,幽雅静谧的忘忧谷及娱乐休闲的情人岛等,是国家4A级景区。相传,二郎担山赶太阳行走至此,造就了

尖山、平山、长岭山等七座山峰,形成了今天的二郎山。

二郎山风景区有五项国际、国家级桂冠,是国际龙舟赛基地、国家级森林公园、国家级水利风景区、国家皮划艇训练基地、国家4A级旅游景区。每年都有龙舟赛、水灯节、槐花节等大型节庆活动,吸引了大批游客云集于此,观二郎山水,看秀甲钢城。

(三)灯台架景区(国家4A级旅游景区)

灯台架景区位于舞钢市南部,灯台架景区主峰因酷似古代灯台而得名,距市区20千米,景区面积33.33平方千米,属石漫滩国家森林公园主景区之一。主峰灯台架海拔808米,是舞钢市第二高峰。

灯台架山势雄伟、群峰竞秀、峰林洞涧、千姿百态。从天而降的天池瀑布、盘旋而上的中国最惊险刺激的原生态悬崖栈道、诡秘诱人的猴府

洞天等138处景观,无不体现深谷峡峪的灵气神韵。

景区素有"森林氧吧""植物王国""古海洋地理遗迹博物馆"之美誉。景区地质地貌奇特,山体为罕见的页岩、石英砂岩、玄武岩类。陈列着12.8亿年以来,无数次剧烈造山运动的地层遗迹——原始海底、波痕石、龟裂石、仙人足和百余处溶洞石棚,展示着地球由海洋变陆地的历史。景区植物达600余种,国家保护的30多种。在景区内,可观赏111个自然景观、35处古迹,可以认识多种珍稀濒危植物,如青檀、朴树、山拐枣、山胡椒、杜仲、贝母等,并且还可以享受森林氧吧、自然空调的沐浴,是都市人避暑休闲、放松身心、寻幽览胜、强身健体、回归自然的理想去处。

(四)祥龙谷景区(国家4A级旅游景区)

祥龙谷景区位于素有"北国小江南"之称的舞钢市,是石漫滩国家森林公园的主景区之一,国家4A级旅游景区。主峰龙王撞为舞钢市第一高峰,因酷似神话中的云龙撞天而得名,俗语称"登上龙王撞,保你年年旺"。

祥龙谷属峡谷类山水景区,山峰奇特、瀑布众多、森林茂密、人文景观辉煌。奇峰、怪石、山花、红叶、飞瀑、湖面、原始森林、珍禽异兽及人文景观构成了完整的风景体系,集"雄险秀奇幽"于一体,是旅游观光、避暑疗养、休闲度假、科研探险的好地方。祥龙谷景区具有较好的自然条件,植被覆盖率90%以上。景区内动、植物类型丰富,有野生植物234科,809属,1685种,属于国家保护的珍稀植物33种,仅中草药就达702种之多。

(五)三苏园景区(国家4A级旅游景区)

三苏园景区位于郏县城西北23千米处的"小峨眉"山下,此地宋代时属汝州郏城钧台乡上瑞里,这里安葬着宋代大文学家苏轼、苏辙两兄弟的遗骨和其父苏洵的衣冠。1963年被河南省人民政府定为省第一批重点文物保护单位,2006年6月晋升为全国重点文物保护单位,11月被评为"全国县域旅游品牌百强景区",2012年11月被确定为国家4A级旅游景区。

三苏园景区主要由东坡湖、广庆寺、三苏祠、三苏纪念馆、东坡碑林、东坡中年布衣塑像、金娃迎宾道、苏仲南(苏仲南系苏辙之次子)夫妇墓、梁氏墓和三苏陵园等景点组成。

1969年生产队浇灌农田时发现了被水冲开的苏仲南夫妇墓穴,发掘出来的墓志铭上写着"……宣和五年十月晦日,合葬于汝州郏城上瑞里先茔之东南巽隅……",后经苏学界专家考证,确定了三苏葬郏的事实。

地以人重,900年间三苏园几经兴废,几经修葺,三苏英灵始终傲立天地,永无尽期。三苏父子与郏城百姓朝夕相处早已情同骨肉、密不可分,郏县父老无不以先生为荣耀,郏县后学无不以先生为师表。郏县将以弘扬"三苏"文化为宗旨,大力开发旅游资源,使"三苏"跨出国门,走向世界,使"三苏"葬地郏县明天会更好!

(六)香山普门禅寺(国家4A级旅游景区)

香山普门禅寺位于中岳嵩山之南约百公里,位于宝丰县闹店镇南,平顶山市新城区北3千米,巴山山脉香山峰顶。历史上因行政区划归属之变迁,曾称"汝州香山寺""宝丰香山寺",是现在已知的中国早期佛寺之一,在中国佛教史和观音文化史上具有重要的不可替代的地位,其宗教文化特征非常突出。

香山普门禅寺建于东汉末期,大约在汉灵帝光和年间,比白马寺晚约百余年,历经汉、魏、晋、南北朝、隋、唐、宋、元、明、清,迄今已有1800多年的历史。由于地处中原,受朝代更替、兵火战乱的影响,屡毁屡建。20世纪50年代,还有部分明清所建殿堂,"文革"时尽遭破坏,僧人被赶走,殿堂被拆毁,如今的香山普门禅寺建筑群除千年宝塔和十几通古碑外,都是"文革"后依靠民间力量和政府支持逐步恢复起来的。历史上的香山普门禅寺规模宏大。其主要部分依据香山山峰圆润的天然地理形势,一直保持着以塔为中心、四面配以殿堂的曼荼罗式布局形式。整体分布上横跨三座山峰,呈现出以香山为中心,以东西龙山为两翼,前出山脚,包括西院和南

院的格局。同时还有很多分布在周围地区的下院。历代香山普门禅寺,一般都建有山门、金刚殿、天王殿、韦陀殿、关圣殿、弥勒殿、四面佛殿、观音殿、大雄宝殿、伽蓝殿、祖师殿、六祖殿、地藏殿、广生殿、山神殿、包公殿、藏经殿、法堂、禅堂、客堂、钟楼、方丈以及魁星楼,还包括佛塔、墓塔、经幢等建筑。

(七)中国墨子文化旅游区(国家 4A 级旅游景区)

中国墨子文化旅游区位于鲁山县尧山镇贾店村,由河南尧山投资集团投资 2.6 亿元倾情打造,由墨子古街、田园牧歌爱情谷、印象·尧山水世界三大部分组成,是集文化体验、实景演出、特色小吃、休闲度假、旅游购物、水上娱乐等功能于一体的观光体验型旅游项目。

该景区内的墨子古街浓缩了墨子文化、农耕文化、市井文化、庙会文化、餐饮文化为一园,营造房中有院、院中有街、街中有景、景中有戏的集市盛况,景区内的有轨环线小火车、高空玻璃吊桥、佤族篝火晚会、实景马战演出、网红桥、泼水节、水上运动娱乐等特色娱乐体验项目让游客流连忘返。中国墨子文化旅游区在挖掘历史文化资源、推进文旅融合发展方面的诸多创举,让"中国墨子文化之乡"有了更丰富的内涵,被评为"河南省农民工返乡创业示范园区",为鲁山县创建国家全域旅游示范县增添了浓墨重彩的一笔。

(八)画眉谷生态旅游区(国家 4A 级旅游景区)

画眉谷生态旅游区是国家 4A 级旅游景区,位于河南省鲁山县尧山镇,总面积 30 平方千米。景区距平顶山市 100 千米,距郑州、洛阳、漯河、许昌均在 200 千米以内,距郑石高速出口仅 11 千米,311 国道从景区门前穿过,位置优越、交通便利。

画眉谷生态旅游区因有众多画眉鸟在此栖息繁衍而得名。景区中,奇峰、怪石、清溪、碧潭、幽峡、秀瀑、石洞、湖面、云海、红叶、山花、野果、中药材、珍禽异兽,原始森林,构成了

完整的风景体系。各类景点 100 余处,植被覆盖率达 95%。景区中有碧潭成串、基岩光滑,跌水欢歌的盘龙谷;碧波荡漾、山清水秀,被誉为"袖珍三峡"的杜鹃湖;造型奇

特、山峻洞深,岩石呈红色的红石峡;"飞流直下三千尺,疑是银河落九天"的红石瀑、六叠瀑;如火如荼、花香四溢的千亩杜鹃花海;古木参天、蔽云遮日的原始森林;巧夺天工、如神来之笔的骆驼峰、仙掌峰、二蹬崖、老虎石、鸡冠石、金龟、石猴、石人、天井、药王洞、求生洞、红军洞、水帘洞、银洞等。置身画眉谷中,时时空气清新,处处鸟语花香,满山风景如画,四季风光各异。春季,满山吐绿染翠,百花竞相开放,杜鹃如血如火,形成花的海洋;盛夏,飞瀑高悬,流水潺潺,"灵山多秀色,空水共氤氲",空气凉爽宜人;金秋,漫山红叶似火,如花团锦簇,多姿多彩,野果挂满枝头,芳香诱人;隆冬,银装素裹,冰瀑、冰挂、冰河、雪凇、雾凇如冰雕玉砌,玲珑剔透,又是一道亮丽的风景。在画眉谷口,依山傍水散落着百余户农家,灰墙蓝瓦古色古香。庭院之中,花红竹翠,干净整洁,农家饭菜,健康可口。这里的村民淳朴善良、热情好客,每人都有讲不完的故事,每晚都有听不完小曲。庄前的山溪,掩映在青青的柳林之中,清澈见底,黄沙鹅卵铺底,缓缓水流汇聚成潭,形成一个个天然浴场。山溪两岸,绿树成行,田陌纵横,一派浓郁的田园风光。景区现有农家宾馆 100 余家,可日接待游客 4 000 余人,"农家乐"在平顶山地区享有盛名。游客至此,游峡谷、观飞瀑、赏杜鹃、尝野果、听鸟鸣、住农家、访山谷、品民风、探谷猎奇、回归自然、返璞归真、韵味悠然,正是度假、休闲、观光、游览的理想之所。

（九）尧山大峡谷漂流（国家 4A 级旅游景区）

尧山大峡谷漂流位于河南省鲁山县尧山镇,距郑石高速仅 9 千米,距郑州 180 千米。

石人山大峡谷漂流自 2009 年 4 月起改名为尧山大峡谷漂流。漂流河道全长 9 千米,河水湍急、惊险刺激,漂流全程约需 2 小时。落差 150 米,河道时宽时窄,最宽处达 85 米,最窄处只有 5 米,既有急流险滩,又有平湖深潭。尧山大峡谷漂流位于国家 5A 级旅游景区——尧山之隅,河道上游,依山而建,因水而生,风景秀丽,水质纯净,是集山水观光、互动体验、休闲娱乐为一体

的大型综合性旅游项目。作为最新修建的漂流,尧山大峡谷漂流总结以往漂流的经验教训,进行了大幅改良提升,设施完善、布局科学、水流激荡、长度适宜,着重考虑了游客体验,不但惊险刺激,而且安全无忧,是盛夏亲水娱乐、休闲避暑的绝佳场所。河道曲折蜿蜒,奇峰异石相伴,随处可见飞瀑流泉,在激情与惊呼中体验惊喜连连,不但可以随时掬一捧纯净河水洗洗脸,还可以"惹是生非"打个水仗,远离尘世纷扰,自由驻留心田,仿佛回到了天真的童年。尧山大峡谷漂流用水全部来自尧山自然保护区深处,河水清澈见底,周边景区众多,有山水,有人文,还有河南最好的温泉资源。

(十)平顶山博物馆(国家 4A 级旅游景区)

平顶山博物馆于 2006 年 11 月立项,历时 6 年精心筹备,在全国重视文化建设的春风中应运而生,肩负着推动文化强市建设、提升人民群众文化素养的重要职责。2012 年 5 月 15 日,平顶山博物馆揭开神秘面纱,开馆迎客,与市民正式见面。

该馆由清华大学建筑设计研究院设计,外形理念源自我国古书竹简的形象,墙体由一片片抽象的竹简构成,造型雄浑大气、古韵盎然,同时也寄寓着博物馆作为文明使者的传播功能。据原馆长张水木介绍,平顶山博物馆占地面积约 0.036 平方千米,总建筑面积 0.03 平方千米,是该市规模宏大、设施完善、功能齐全的现代化综合性公益文化设施,是群众领略深厚文化底蕴、触及悠久历史脉络、享受文化建设成果的人文殿堂,也是平顶山市历史上的第一座综合性博物馆。它馆藏文物数量大、级别高、精品多,以"博存精藏、宽研深究、传承历史文化、服务社会民生"为理念,在研究、诠释、推介平顶山独特的地域文化中担负着重要职责。

(十一)河南九峰山景区(国家 4A 级旅游景区)

河南九峰山景区位于汝州市西南与鲁山县西北交界处,因自西向东有九座奇峰而得名。主峰海拔 900 多米,因原始生态保护良好,植被茂密,景点纷呈,极具开发价值,于 2007 年 12 月被批准为省级森林公园。汝州古为南梁、周南,九峰山因位居其疆域之南,又称"南山"。

《周南·樛木》曰:"南有樛木,葛藟累之。乐只君子,福履绥之。"可见,九峰山自周朝以来就为人们寻幽、祭祀、求

福之地,盛名"福山"。其核心景点四寨山峰巅,都遗存有石头砌成的古寨墙,故而得名。据专家考证,这些石墙、石垛,是公元前 540 年左右春秋战国之交时期,楚国称霸,征战要地,所修筑的北部长城遗址,是我国迄今发现最早的长城。

(十二)风穴寺景区(国家 4A 级旅游景区)

风穴寺景区位于河南省汝州市东北 9 千米风穴山中,北靠玉皇、南眺汝水、东倚龙山、西偎黄鹿。群山环抱,苍柏叠翠,峰峦回转,飞桥泄瀑,宝塔高耸,殿阁巍峨,是一座风光如画、久享盛名的千年古刹。

据寺志记载,该寺建造于北魏,距今一千五百余年。初建时称"香积寺",隋代为"千峰寺",唐朝名"白云寺",又因龙山上有大小风穴洞,故俗称"风穴寺"。历史上风穴寺与白马寺、少林寺、相国寺并称为中原四大名刹。寺院随时代沧桑,几经盛衰,明万历年间为鼎盛时期,曾拥有僧侣千余、土地两千余亩、禅舍殿堂三百五十多间。中华人民共和国成立后,分期整修,尤使该寺光彩焕发、面貌一新。1988 年 1 月 13 日,国务院将其列为全国重点文物保护单位。风穴寺地理位置独特,营建布局特别。

(十三)白龟湖国家湿地公园(国家 4A 级旅游景区)

白龟湖国家湿地公园坐落于河南省中南部平顶山市白龟山水库北岸,规划区东至顺德路,西至应国古墓保护区东界,北至长安大道南 50 米及新城区体育场、平西湖国家城市湿地公园南界,南至白龟山湿地省级自然保护区北界。

白龟湖国家湿地公园的主要旅游资源有地貌景观(湖泊湿地、岛屿等)、水域风光(湖泊、池塘等)、生物景观(林木、草地、野生动物及其栖息地等)、天气与气候景观(独特的气候特征、鸟类迁徙过程等)、建筑与设备景观(综合人文旅游地、景观建筑、水工建筑等)等。

旅游资源丰富,景观多样,具有较高的旅游价值。鹰城八景是平顶山地理、人文特色的 8 个景观,其中的"白龟望月""应乡渔歌"均在规划区内。白龟湖国家湿地公园建设将使白龟湖成为平顶山最具有代表性的特色景观,与园林化新城区建设相得益彰,共同提升城市整体形象。

(十四)姚庄旅游区(国家4A级旅游景区)

姚庄旅游区涵盖姚庄回族乡全境。该乡辖区面积为7.2平方千米,辖6个行政村14个自然村,有人口10 260人,其中回族占55%,是河南省21个回族乡镇之一。姚庄回族乡在空间上是"三山加一川",在历史上是陆路与水路交汇处,素有美食之乡、矿泉水之乡、金镶玉之乡和长寿之乡的美誉。近年来,围绕"打造全域休闲环境,发展全域休闲经济"发展目标,大力发展民族文化产业,按照"全域旅游、全民参与、共建共享、共同富裕、乡村一体、工匠建设"的工作思路,荣获"全国特色景观旅游名镇""国家卫生乡""国家生态乡""全国民族团结进步模范集体""中国美丽休闲乡村"等荣誉。

姚庄回族乡挂牌成立了姚庄旅游区主题邮局,先后投入资金8600万元,对人居环境开展集中整治,突出抓好生态廊道、农田林网和百果围村建设;大力推进水系连通工程,沿运粮河、陡沟河两岸打造沿河景观带;建成乡客服务中心,接待大厅、影视厅、导游室、投诉室、会议室等一应俱全;完成民族团结大道升级改造、沿街商铺统一门头、立面改造等工作;完成旅游厕所、旅游导视牌、警示牌等旅游标示系统建设和三郎茶村、金镶玉展示馆、民族团结展示馆、长寿文化展示馆"一村三馆"建设,打造了耕读人家、姚庄阅读、心意六合拳展示馆、万里茶路主题游园、老井茶馆、福泉庄园等一批特色旅游文化景点。

姚庄美食,最著名的是三郎庙牛肉,又香又劲道。还有三郎庙辣椒酱,三郎庙饸烙面,好土好水养出好味道。

五、城市精神

开放、包容、务实、创新。集中而凝练地体现了平顶山人聚精会神搞建设、千方百计破难题、一心一意促发展的精神状态和团结一致、奋发向上的精神风貌。

开放,就是要以主动的姿态走出去、请进来,学习、借鉴、引进、吸收,不断融入世界。平顶山的发展得益于开放的精神,将来实现更大发展,更加需要开放精神的引领。这种开放精神,是平顶山了解世界、学习世界,向着建设现代化新城迈进的关键所在。

包容,就是要海纳百川、追求和谐。包容既是对该市悠久历史文化的传承,也是对建市以来汇聚四海精英和八方智慧的总结,体现了顺应当今时代要求、合作互利共赢、建设和谐社会的胸襟气度。

务实,就是要求真务实,坚持实干为荣,弘扬务实作风;树立实干导向,凝聚实干合力。该市广大党员干部一向崇尚实干、埋头苦干、科学巧干。全市上下求真务实、同心实干,一定能实现市党代会确定的奋斗目标。

创新,就是要勇于创造。平顶山必须不断把务实的作风、创新的精神渗透到各项工作中去。平顶山人不满足于现状,积极进取,在各行各业都创造了无数个全省乃至全国第一。敢想敢干、敢为人先的创新精神是加快该市经济发展、社会进步的动力源泉。

第五章 安阳市

一、市情简介

安阳是河南省辖地级市,位于河南省最北部,是豫晋冀三省交界地区、区域性中心城市。中华人民共和国成立前夕,1949年5月6日,中国人民解放军解放安阳,成立安阳市。1949年8月1日,成立平原省,安阳市为省辖市。1952年11月30日,撤销平原省,安阳市划归河南省,仍为省辖市。安阳是国家历史文化名城,还是甲骨文发现地、周易发源地,有殷墟和中国大运河卫河(永济渠)滑县段两处世界文化遗产,著名景点有中国文字博物馆、红旗渠、马氏庄园、袁林等。截至2018年年底,安阳市下辖1个县级市(林州市),4个县(安阳县、内黄县、汤阴县、滑县),4个市辖区(文峰区、北关区、殷都区、龙安区);此外,还有1个城乡一体化示范区(安阳新区)、1个国家级高新技术产业开发区(安阳高新技术产业开发区)和1个国家经济技术开发区(红旗渠国家级经济技术开发区),总面积7 413平方千米,其中市区面积1218平方千米。

河南安阳殷墟已作为世界文化遗产列入《世界遗产名录》。中华民族最早使用的文字——甲骨文、世界上最大的青铜器——后母戊鼎(原名司母戊鼎)在这里出土问世。在"中国20世纪100项考古大发现"评选中,安阳殷墟商代晚期都城遗址的发现与发掘名居榜首。另外,著名的大禹治水、文王演易、妇好请缨、苏秦拜相、西门豹治邺、岳母刺字等历史故事都发生在这里。安阳文物古迹较多,境内共有国家级文物保护单位8处、省级文物保护单位32处。

1952年11月毛泽东视察安阳,提出了殷切希望。1956年9月郭沫若留下了"洹水安阳名不虚,三千年前是帝都"的著名诗句。江泽民也于1991年2月和1996年6月两次视察安阳,并亲笔题词:"弘扬民族文化,建好古都安阳""发扬自力更生艰苦创业的红旗渠精神"。2006年7月13日,第30届世界遗产委员会会议通过中国安阳殷墟入选《世界遗产名录》。

2012年3月,"安阳灯谜"列入河南省省级非物质文化遗产名录。

2014年6月22日,中国大运河项目成功入选世界文化遗产,大运河安阳滑县段属于隋唐大运河永济渠,在大运河中占据重要位置。

2021年7月13日,"共话殷墟保护传承 共创世遗美好未来——纪念殷墟申遗成功十五周年座谈会"在河南安阳召开,会议围绕殷墟未来在保护利用、考古发现、内容展示、管理服务等方面展开了座谈。

安阳是经中国民用航空局批准的全国通用航空产业园试点市,是国家发改委批准的全国首批通用航空产业综合示范区,拥有中国航空运输协会最大的航空运动俱乐部和航空体育训练比赛中心——国家体育总局安阳航空运动学校,拥有"亚洲第一,世界一流"的滑翔基地——林虑山国际滑翔基地,成功举办了10届安阳航空运动文化旅游节及多次国内、国际性滑翔伞赛事。安阳航空运动文化旅游节已经成为安阳的靓丽名片。2018年底,安阳拥有涉航企业30余家,建成或在建机场4个(民用机场1个,通航机场3个)。安阳工学院开设了本科飞行技术和交通运输专业,是全国第十家招收民航飞行学员的本科院校;安阳职业技术学院、安阳学院开设了航空机电设备维修、空中乘务、航空电子设备维修等航空专业,初步形成了学历教育、专业培训、社会培训、科普教育为一体的航空人才教育培训体系。独特的航空资源、产业、人才优势,为安阳"航空运动之都"建设和通用航空事业发展起到了有力的促进作用。

二、城市名片

安阳是国家历史文化名城、中国八大古都、中国优秀旅游城市、国家新能源示范城市、全国绿化模范城市、河南省"双拥"模范城八连冠、全国科技进步先进市、全国双拥模范城市、中国书法名城、中国针织服装名城、全国未成年人思想道德建设先进城市、2007—2008年度中国最佳管理城市、2008中国魅力中小城市、中国文化旅游名城、中国十大特色休闲城市、全国十大"和谐名城"、国家园林城市、省级文明城市、中国优秀灯谜城、中国绿色城市、中国魅力城市、国家卫生城市、中国航空运动之都、文字之都。

三、市树市花

(一)市树——国槐

1982年安阳市人民代表大会常务委员会确定国槐为安阳市市树。

国槐,落叶乔木,树型高大,其奇数羽状复叶和刺槐相似。花为淡黄色,也有的经嫁接后呈紫色,不可烹调食用,也不可作中药或染料。其荚果跟其他豆科植物相同,肉胶质,在种粒之间收缩,形成念珠状,俗称"槐蜜",是一种中药。花期在夏末,和其他树种花期不同,是一种重要的蜜源植物。花和荚果入药,有清凉收敛、止血降压作用;

叶和根皮有清热解毒作用,可治疗疮毒;木材供建筑用;种仁含淀粉,可供酿酒或作糊料、

饲料;皮、枝叶、花蕾、花及种子均可入药。

国槐原产中国,又叫中华槐,属于豆科蝶形花亚科槐属乔木植物,有良好的绿化树种,常作庭荫树和行道树,且具有一定的经济价值和药用价值,被多个地区命名为市树,安阳市洹滨南路、东工路等多条道路大量栽植国槐。羽状复叶,小叶较小,树干皮暗灰色,皮孔明显,因此树冠浓密。花序顶生,萼钟状,花冠乳白色,旗瓣阔心形,荚果肉质,串珠状,花期7—8月,果期8—10月。国槐经济价值高:木材耐水湿、有弹性、材质优良;种子可榨油制皂,还可以制作颜料;槐花性凉味苦,有清热凉血,清肝泻火,止血的作用。

国槐是城市行道树绿化的优良树种,对二氧化硫、氯气、氯化氢等有害气体和烟尘的抗性强,对优化城市生态环境、提高城市品位和知名度、增强城市综合竞争力具有重要意义。国槐是安阳市、鹤壁市、新乡市、焦作市、濮阳市、商丘市、周口市、济源市、淮北市、蚌埠市、聊城市、泰安市、长治市、运城市、邯郸市、邢台市等城市市树。

(二)市花——紫薇

紫薇是一种被广泛种植的观花树种,紫薇花形态:千屈菜科植物,落叶灌木或小乔木,高可达7米,树冠不整齐,树皮光滑,淡褐色,嫩枝四棱;叶对生,椭圆形至矩圆形,长3~7厘米;圆锥花序顶生,花有红色、紫色,茎3~5厘米。花期长,从6—9月;蒴果近球形,茎约1.2厘米,果熟期10—11月。紫薇又名无皮树、满堂红、百日红。由于花期特长,7—10月花开不断,故名百日红。宋代诗人杨万里赞颂:"似痴如醉弱还佳,露压风欺分外斜。谁道花无红十日,紫薇长放半年花。"明代薛蕙也写过:"紫薇花最久,烂熳十旬期。夏日逾秋序,新花续放枝。"

北方人叫紫薇为"猴刺脱",是说树身太滑,猴子都爬不上去。它的可贵之处是无树皮。物以稀为贵,世界上千树万木之中有几种是无皮的?年轻的紫薇树干,年年生表皮,年年自行脱落,表皮脱落以后,树干显得新鲜而光滑。老年的紫薇树,树身不复生表皮,筋脉挺露,莹滑光洁。紫薇树长大以后,树干外皮落下,光滑无皮。如果人们轻轻抚摸一下,紫薇树立即会枝摇叶动,浑身颤抖,甚至会发出微弱的"咯咯"响动声。这就是它"怕痒"的一种全身反应,人们也叫它"怕痒树"。紫薇属共有4个种,有赤薇、银薇、翠薇等。以花瓣蓝色的翠薇最佳,为圆锥花序,着生新枝顶端,长达20厘米,每朵花6瓣,瓣多皱襞,似一轮盘。结果为蒴果,状如大豆,内有种子多粒,11月成熟。紫薇为安阳市、驻马店市、济源市、泰安市、晋城市、徐州市和海宁市等城市市花。

紫薇原产中国,分布于长江流域,华南、西北、华北也有栽培。紫薇适应性很强,耐旱,怕涝,喜温暖潮润,喜光,喜肥,对二氧化硫、氟化氢及氮气的抗性强,能吸入有害气体。据测定,每千克叶能吸硫10克而生长良好。紫薇能吸滞粉尘,在水泥厂内距污染源200~250米处,每平方

盛开的紫薇花

米叶片可吸滞粉尘4042克。因此,它是城市、工矿绿化最理想的树种,也可作盆景。紫薇还具有药物作用,李时珍在《本草纲目》中论述,其皮、木、花有活血通经、止痛、消肿、解毒作用。种子可制农药,有驱杀害虫的功效。叶治白痢,花治产后血崩不止、小儿烂头胎毒,根治痈肿疮毒,可谓浑身是宝。

四、风景名胜

安阳自然山水和人文景观齐具,是中国优秀旅游城市和国际知名旅游目的地,具有极其丰富的旅游资源。现有世界文化遗产2处(殷墟、大运河滑县段)、国家级重点文物保护单位24处、河南省文物保护单位72处;国家A级旅游景区35家,其中5A级景区2家(殷墟、红旗渠·太行大峡谷)、4A级景区6家(羑里城、岳飞庙、万泉湖、马氏庄园、洹水湾温泉旅游区、中华古板栗园)、3A级景区16家、2A级景区11家。殷墟、岳飞庙入选教育部2018年全国中小学生研学实践教育基地,在国内外树起研学旅游的"安阳标杆"。 全市共有森林公园19处,其中国家级1处、省级7处、市级11处,省级自然保护区1处,国家湿地公园3处(含2个建设试点)。全市共有野生动物207种,国家、省重点野生动物64种;高等植物2000余种,国家、省重点野生植物27种。林州市被评为全省旅游扶贫示范县。成功举行了殷墟考古发掘90周年纪念活动、河南省研学旅游大会、全省文物保护工作推进会。2018年,全市共接待国内外游客5338.94万人次,同比增长12.56%;旅游总收入506.55亿元,同比增长16.07%。

(一)红旗渠·太行大峡谷(国家5A级旅游景区)

1996年,红旗渠被国家文化部、民政部等六部委联合命名为"全国中小学爱国主义教育基地",1997年又被中宣部命名为"全国爱国主义教育示范基地"。随后,又荣获"国家4A级旅游区""国家重点风景名胜区""国家水利风景区""国家地质公园""全国文物保护单位"

"全国廉政教育基地""全国红色旅游经典景区"等称号,已成为进行爱国主义教育、艰苦奋斗教育、廉政教育的理想场所。2016年新晋国家5A级旅游景区。

红旗渠·太行大峡谷旅游景区位于晋冀豫三省交界的河南省林州市,景区地理位置优越,外部交通工具抵达景区方便、快捷。红旗渠是20世纪60年代林州人民用十年时间在太行山的悬崖峭壁上修成的长达1500千米的大型水利灌溉工程。其工程量之大、工程之艰巨、灌溉面积之广、工程美学价值之高,堪称"人间奇迹",形成了世界上独一无二的红旗渠风光。

太行大峡谷南北长50千米,东西宽1.5千米,海拔800~1739米,相对高差1000米以上。其植被覆盖率为90%,有天然氧吧之美誉。境内断崖高起,群峰峥嵘,台壁交错,苍溪水湍,流瀑四挂,是"北雄风光"的典型代表。一渠绕群山,精神动天下。具有"北雄风光最胜处"的太行山上,红旗渠像一条蓝色飘带缠绕其间。其工程之艰巨,工程美学价值之高,堪称人间奇迹,形成了独一无二的红旗渠风光。红旗渠旅游黄金线路由红旗渠分水苑和青年洞景区组成。分水苑景区,红旗渠总干渠到此一分为三条干渠,南去北往延伸林州腹地。1965年4月5日,红旗渠总干渠竣工通水庆典在此举行。主轴景观带上分布着水利科普园、精神之柱、演艺广场、红旗渠纪念碑、中南海的翠柏、红旗渠分水枢纽工程分水闸和红旗渠总干渠、一干渠、二干渠等,与红旗渠纪念馆一起构成虚实结合的景观群落,呈现出现代与古朴兼而得之的风貌。红旗渠纪念馆通过515米长的展线,采用空间环境、雕塑、绘画、多媒体等艺术手段,营造了再现历史、触摸历史、穿越历史、对话历史的效果与氛围,从而使人们深刻感悟红旗渠精神,不忘昨天的苦难辉煌,不负今天的使命重托。青年洞景区,是以红旗渠的代表性工程——青年洞为主景,以太行山为依托的融人文景观和自然景观为一体的综合性景区,是红旗渠艰苦奋斗精神的实景体验场所。登临青年洞红飘带廊桥,可俯瞰三省风光、漳河奇观。青年洞就在眼前,这里昭示青春,也展示巍峨,更有江泽民、李先念等人题词摩崖石刻点缀其间。从而更加深刻地体会毛泽东"人民,只有人民,才是创造世界历史的动力"的真谛。长期以来,红旗渠备受党和国家领导人的高度关注和厚爱,江泽民、胡锦涛、李先念、刘云山、乔石、温家宝、李长春等党和国家领导人先后莅临红旗渠视察,并对"自力更生、艰苦创业、团结协作、无私奉献"的红旗渠精神给予高度评价。

(二)殷墟(国家5A级旅游景区)

殷墟位于河南省安阳市殷都区小屯村周围,地理坐标为北纬114°18′50″E,北纬36°07′36″N,海拔约80米,长宽各约6千米,总面积约36平方千米,遗产地保护区核心面积4.14平方千米,缓冲区面积为7.2平方千米。殷墟总体布局严整,以小屯村殷墟宫殿宗庙遗址为中心,沿洹河两岸呈环形分布。现存遗迹主要包括殷墟宫殿宗庙遗址、殷墟王陵遗址、洹北商城、后冈遗址以及聚落遗址(族邑)、家族墓地群、甲骨窖穴、铸铜遗址、手工作坊等。

殷墟的发掘,几乎完全改变了传统史观中夏商周三代历史的面貌,真实确立了殷商社会作为信史的科学地位,为商周考古确立了可靠的年代学基础,对于上溯早商文化和夏文化起到了基点作用;填补了以郑州二里岗为代表的早商文化和以殷墟为代表的晚商文化之间的空白,从而完善了商代的编年框架。以青铜器、玉器为代表的殷墟文物表明,殷墟时期的手工业空前发达,不仅门类齐全,而且工艺水平极高。一些主要的手工业生产部门,如青铜冶铸、制玉、制陶、制骨、制车、纺织等都已达到了相

当大的规模。这一时期的白陶、原始瓷等在中国陶瓷史上占有重要地位。殷墟出土的商代马车,大量使用青铜构件,独辕双套双轮,结构精致复杂,体现出高超的机械、青铜铸造等复合技术。殷墟王陵的埋葬制度、分布格局、随葬方式、祭祀礼仪等,集中反映了商代晚期的社会组织、阶级状况、等级制度、亲属关系,代表了中国古代早期王陵建设的最高水平,并为以后中国历代王朝所效仿,逐渐形成中国独具特色的陵寝制度。同时,以人祭、人殉、车马殉葬、兽祭等为代表的殷墟丧葬习俗,突出表现了殷墟时期以等级制度为核心的礼制,体现了当时的丧葬习俗。2006年,被列为世界文化遗产。2010年,列入国家首批12家考古遗址公园。2011年,被国家旅游局评定为全国首批"国家5A级旅游景区"。

(三)羑里城(国家4A级旅游景区)

是一处蕴含丰富文物的龙山至商周时期的文化遗址,全国重点文物保护单位、国家4A级旅游景区。位于安阳市汤阴县城北八华里羑、汤两河之间的空旷原野上,厚达7米的文化层断面清晰,依稀可见远古时期人们生活的情景。

羑里城又称文王庙,有7米厚的龙山文化和商周文化遗存,是3000年前殷纣王关押周文王姬昌7年之处,是有史可据、有址可考的中国历史上第一座监狱。此处也是文王据伏羲八卦推演出64卦384爻,即"文王拘而演《周易》"之圣地。它以博大精深的文化内涵而名扬海内外,"画地为牢""文王拘而演《周易》"历史典故均来源于此。

(四)岳飞庙(国家4A级旅游景区)

岳飞庙,位于河南省汤阴县城内岳庙街86号,又名精忠庙。岳飞庙景区占地面积6300余平方米,后也称宋岳忠武王庙,是后人为纪念南宋抗金名将岳飞(公元1103—1142年)而建的祠庙。始建年代无考,今址是明景泰元年(公元1450年)重建,以后历代屡有增建,逐渐成为一处完整的古建筑群。是全国重点文物保护单位、国家4A级旅游景区、全国文物系统优秀爱国主义教育基地。

1978年后,岳飞庙经全面整修后重新开放。如今的岳飞庙建筑精湛,碑碣林立,史料翔实,陈列丰富。2010年投资82万元,对岳庙街仿古建筑进行了彩绘,改善了岳飞庙景区的周边环境;2011年在岳飞庙大殿新增加了反映岳飞"文武忠孝"精神的大型珐琅彩壁画,并对"岳飞史迹陈列室"进行重新设计和布展,运用高科技手段以声光电的形式真实、生动地展现了岳飞光辉灿烂的一生。岳飞先茔是岳飞庙景区的重要组成部分,通过岳飞后裔多方筹措资金300余万元用于岳飞先茔建设。对先茔垒砌了围墙,平整了场地,新建了东西厢房和气势宏伟的大殿,并顺利完成了彩绘和基本陈列,使岳飞纪念地的文物古迹得以有效保护,文化内涵得以充分展示,内外部环境得以明显改善。

(五)马氏庄园(国家 4A 级旅游景区)

马氏庄园位于河南省安阳市西部 20 千米的西蒋村,是清代广东巡抚马丕瑶的府第,建于清光绪至民国初期,保存完好,占地面积 0.02 多平方千米,其中建筑面积 0.005 多平方千米,被学者称为"中州大地绝无仅有的封建官僚府第建筑标本""中原第一官宅",是全国重点文物保护单位、国家 4A 级旅游景区、全国红色旅游经典景区、河南省廉政教育基地。

2017 年 1 月,马氏庄园被列入《全国红色旅游经典景区名录》。马氏庄园占地面积 0.02 多平方千米,其中建筑面积 0.005 多平方千米,共分三区六路,每路分 4 个庭院,九道大门,俗称"九门相照"。整座庄园布局严谨、错落有致、古朴典雅、雄浑庄重,既有典型的北京四合院宽敞明亮的建筑风格,又有晋商大院深邃富丽的建筑艺术,还有中原地区蓝砖灰瓦五脊六兽挂走廊的建筑特色。北区位于中街路北,坐北朝南,前后两个四合院,后院之东西又各建一跨院,谓之"亚元扁宅"。多为硬山顶式的楼房,原为马丕瑶祖上旧宅。马氏四兄弟分家时,分给了次子马吉樟。民国初年,马吉樟任袁世凯总统府内史期间进行了翻修和改建。中区在三区中规模最大,约占整个庄园的 2/3。它坐落在南街之北,亦坐北朝南,各类建筑计 158 间,由家庙一路和住宅三路组成,其中家庙居东,住宅区居西,四路建筑各自成体系,左右又互相呼应。

五、城市精神

文明、和谐、创新、超越。

第六章 鹤壁市

一、市情简介

鹤壁位于河南省北部,太行山东麓向华北平原过渡地带。南北长67千米,东西宽69千米,总面积2182平方千米,其中市区面积513平方千米。北与安阳市郊区、安阳县为邻,西和林州市、辉县市搭界,东与内黄县、滑县毗连,南和卫辉县、延津县接壤。

鹤壁1956年建市,位于河南省北部,面积2182平方千米,2022年鹤壁市人口157.2万人,辖2县3区3个功能区,即浚县、淇县、淇滨区、山城区、鹤山区5个行政区和1个国家经济技术开发区、1个城乡一体化示范区、1个循环经济产业集聚区。鹤壁因"仙鹤栖于南山峭壁"而得名,因最早发现并开采煤炭资源而出名,又因淇河及淇河文化而扬名,是一座集生态、文化、旅游于一体的宜居宜业宜游城市。

鹤壁历史悠久。所辖浚县古称黎阳,是国家历史文化名城,古城墙、古运河、古粮仓"三古合一",大伾山佛教、道教、儒教"三教汇聚",中国最早、北方最大的石佛——伾山大佛距今已有1600多年历史,浚县古庙会被誉为"华北第一古庙会"。所辖淇县古称朝歌,是殷商文化和《封神榜》故事的发生地,境内的云梦山被称为"中华第一古军校",鬼谷子王诩曾在此授徒讲学,苏秦、张仪、孙膑、庞涓等名士都出自他的门下。淇河是鹤壁人民的母亲河,历代文人墨客在这里留下了上万首诗篇,《诗经》中有39首描绘了淇河沿岸的风土人情和自然风光,如今的淇河依然清流澄澈、秀丽多姿,水质常年保持在Ⅱ类以上,被称为"诗河""史河""生态河"。

- 78 -

鹤壁交通便捷。鹤壁是国务院批复的中原城市群核心发展区域，交通方便快捷，南距郑州新郑国际机场150多千米，东距天津、青岛、连云港等港口500多千米，以鹤壁为中心的600千米半径范围内，有郑州、石家庄、济南、武汉、太原5个省会城市和北京、天津2个直辖市，覆盖了4亿人的消费群体。京广高铁、京广铁路、107国道和京港澳高速公路纵贯南北，晋豫鲁铁路、高速横贯东西，即将实现铁路、高速公路"双十字"大交通格局，高铁30分钟到达郑州、2个半小时到达北京。

鹤壁环境优良。这里山川秀美、天蓝水碧、生态宜居，是国家森林城市，也是中国优秀旅游城市、人居环境范例奖城市，水质全省排名第一，常年保持在Ⅱ类以上，森林覆盖率

32.6%、城市绿化覆盖率39.63%，人均公共绿地面积全省最大，空气质量全省领先；城市功能完善，社会治安优良，连续8年被国家评为社会治安模范市，公众法治环境满意度连续3年居全省第1位、安全感指数居全省第1位，被确定为全国法治城市创建活动先进单位，被称为"一座来了就不想走的城市"。

二、城市名片

鹤壁荣获全国首批循环经济试点市、全国首批循环经济示范市创建城市、全国可再生能源建筑应用示范市、全国建筑节能示范市、中国优秀旅游城市、中国人居环境范例奖城市、全国首批中美低碳生态试点城市、全国首批质量强市示范市创建城市、全国整建制推进粮食高产创建试点市、全国农业综合标准化示范市、全国首批整体推进农业农村信息化示范基地、国家可持续发展实验区、全国社会治安综合治理优秀市、全国统筹城乡就业试点市、全国首批创建创业型城市、全国城乡救助体系建设示范市、全国首批智慧城市试点市、全省城乡一体化试点市、全国首批"海绵城市"建设试点城市、全国质量强市示范市、国家节能减排财政政策综合示范市、国家森林城市、全国首家国土空间优化发展实验区、整市建制国家级现代农业示范区、国家农业信息化进村入户试点市、全国首家农业社会化服务综合标准化示范市、国家生态旅游示范区、国家卫生城市、全国社会治安综合治理最高奖——"长安杯"。

三、市树市花

1983年7月14日,鹤壁市第三届人民代表大会常务委员会第十九次会议决定,迎春花为鹤壁市市花,国槐为鹤壁市市树。最近鹤壁市又增选了市树市花。

(一)市树——国槐

国槐,又名槐、豆槐、白槐,为豆科槐属落叶乔木,高达25米;树皮灰褐色,具纵裂纹。当年生枝绿色,无毛。羽状复叶长达25厘米,小叶4~7对,对生或近互生,纸质,卵状披针形或卵状长圆形,先端渐尖,具小尖头,基部宽楔形或近圆形,圆锥花序顶生,常呈金字塔形,荚果串珠状,花期6-7月,果期8-10月。

国槐为落叶乔木,树型高大,其奇数羽状复叶和刺槐相似。花为淡黄色,也有的经嫁接后呈紫色,不可烹调食用,也不可作中药或染料。其荚果跟其他豆科植物相同,肉胶质,在种粒之间收缩,形成念珠状,俗称"槐蜜",也是一种中药。花期在夏末,和其他树种花期不同,是一种重要的蜜源植物。花和荚果入药,有清凉收敛、止血降压作用;叶和根皮有清热解毒作用,可治疗疮毒;木材供建筑用;种仁含淀粉,可供酿酒或作糊料、饲料;皮、枝叶、花蕾、花及种子均可入药。

国槐,羽状复叶,小叶较小,树干皮暗灰色,皮孔明显,因此树冠浓密。花序顶生,萼钟状,花冠乳白色,旗瓣阔心形,荚果肉质,串珠状。国槐经济价值高:木材耐水湿,有弹性,材质优良;种子可榨油制皂,还可以制作颜料;槐花性凉味苦,有清热凉血、清肝泻火、止血的作用。

国槐象征着三公之位,举仕有望,且"槐""魁"相近,期盼子孙后代得魁星神君之佑而登科入仕。此外,国槐还具有古代迁民怀祖的寄托、吉祥和祥瑞的象征等文化意义。

国槐,作为行道树,在鹤壁市淇滨大道、黄山路、黄河路、红旗街均有种植。鹤壁市古树名木主要为国槐。

国槐是城市行道树绿化的优良树种,对二氧化硫、氯气、氯化氢等有害气体和烟尘的抗性强,对优化城市生态环境、提高城市品位和知名度、增强城市综合竞争力,具有重要意义。

鹤壁市委市政府常年高度重视国槐的培育与种植,现拥有国槐50万余棵,广泛分布在鹤壁各小型公园和街道。但近年来随着气温的升高,天牛类、尺蠖类虫害为害比较严重,鹤壁市林业部门也加大了防治工作。

(二)市花——迎春花

迎春花(*Jasminum nudiflorum*),别名迎春、黄素馨、金腰带,木犀科茉莉属落叶灌木花卉植物,株高30~100厘米。小枝细长直立或拱形下垂,呈披状。3小叶复叶交互对生,叶卵形至矩圆形。花单生在去年生的枝条上,先于叶开放,有清香,金黄色,外染红晕,花期2—4月。因其在百花之中开花最早,花后即迎来百花齐放的春天而得名。迎春花与梅花、水仙和山茶花统称为"雪中四友",是中国名贵花卉之一。

迎春花不仅花色端庄秀丽、气质非凡,而且具有不畏寒威、不择风土、适应性强的特点,是少有的能在冬天开花的植物,象征着不惧严寒,不追逐功名利禄,历来为人们所喜爱。

迎春花栽培历史1000余年,稍耐阴,略耐寒,耐旱不耐涝,喜阳光,在华北地区和鹤壁附近地域均可露地越冬,要求温暖而湿润的气候,疏松肥沃和排水良好的沙质土,在酸性土中生长旺盛,碱性土中生长不良。根部萌发力强。枝条着地部分极易生根。

迎春花在鹤壁市枫岭公园、小区、街道等地广泛种植,更有甚者将迎春花老桩做成观赏性盆景,大大提升了观赏性,现种植面积超过3万多亩。

(三)鹤壁市新评选的市树、市花

为进一步培育城市品牌,提升城市绿化品位,激发广大市民热爱鹤壁、建设生态美丽鹤壁的热情,按照市委工作安排,市委宣传部牵头于2018年12月组织开展了市树、市花评选工作。

截至2019年11月中旬,根据市树市花评选标准和市民投票、专家论证结果,建议推荐银杏为鹤壁市市树、樱花为鹤壁市市花;鹤壁市的原市树国槐、市花迎春花继续保留。

1.鹤壁市市树——银杏

银杏(*Ginkgo biloba* L.)为银杏科银杏属落叶乔木。银杏出现在几亿年前,是第四纪冰川运动后遗留下来的裸子植物中最古老的孑遗植物,现存活在世的银杏稀少而分散,上百岁的老树已不多见,和它同纲的所有其他植物皆已灭绝,所以银杏又有"活化石"的美称。变种及品种有黄叶银杏、塔状银杏、裂银杏、垂枝银杏、斑叶银杏等26种。

银杏胸径可达4米,幼树树皮近平滑,浅灰色,大树树皮灰褐色,不规则纵裂,粗糙;有长枝与生长缓慢的距状短枝。叶互生,在长枝上辐射状散生,有细长的叶柄,扇形,两面淡绿色。在长枝上散生,在短枝上簇生。银杏树的种子俗称白果,因此银杏又名白果树。

无论是银杏树的外形还是它的长寿,都是文人墨客吟咏的重要内容。历代吟咏银杏的诗词200余首,宋代是吟咏银杏的鼎盛时期,欧阳修、梅尧臣、苏东坡、李清照都写过相关的诗词,郭沫若先生也曾即兴赋诗"亭亭最是公孙树,挺立乾坤亿万年"。

银杏代表着中华民族源远流长的文化,是真善美的代言,象征着坚韧与沉着的性格。

银杏树高大挺拔,叶似扇形。冠大荫状,具有降温作用。叶形古雅,寿命绵长。无病虫害,不污染环境,树干光洁,是著名的无公害树种,有利于银杏的繁殖和增添风景。适应性强,银杏对气候土壤要求并不严格。抗烟尘、抗火灾、抗有毒气体。银杏树体高大,树干通直,姿态优美,春夏翠绿,深秋金黄,是理想的园林绿化、行道树种。

银杏在鹤壁市华夏南路、兴鹤大街、九州路、桃园公园、淇水诗苑等道路和公园均有分布。

2. 鹤壁市市花——樱花

樱花(*Cerasus sp.*)是蔷薇科樱属几种植物的统称,樱花是乔木,高 4~16 米,树皮灰色。小枝淡紫褐色,无毛,嫩枝绿色,被疏柔毛。冬芽卵圆形,无毛。叶片椭圆卵形或倒卵形,长 5~12 厘米,宽 2.5~7 厘米,先端渐尖或骤尾尖,基部圆形,稀楔形,边有尖锐重锯齿,齿端渐尖,有小腺体,上面深绿色,无毛,下面淡绿色,沿脉被稀疏柔毛,有侧脉 7~10 对;叶柄长 1.3~1.5 厘米,密被柔毛,顶端有 1~2 个腺体或有时无腺体;托叶披针形,有羽裂腺齿,被柔毛,早落。

樱花在《中国植物志》新修订的名称中专指"东京樱花",亦称"日本樱花",每年的 3 月 15 日至 4 月 15 日是日本的樱花节。樱花品种相当繁多,数目超过三百种,全世界共有野生樱花约 150 种,中国有 50 多种。全世界约 40 种樱花类植物野生种祖先中,原产于中国的有 33 种,其他的则是通过园艺杂交所衍生得到的品种。

樱花原产于北半球温带环喜马拉雅山地区,在世界各地都有生长,主要在日本生长。花每枝 3~5 朵,成伞状花序,花瓣先端缺刻,花色多为白色、粉红色。花常于 3 月与叶同放或叶后开花,随季节变化,樱花花色幽香艳丽,常用于园林观赏。樱花可分单瓣和复瓣两类,单瓣类能开花结果,复瓣类多半不结果。

据文献资料考证,两千多年前的秦汉时期,樱花已在中国宫苑内栽培。唐朝时樱花已普遍出现在私家庭院。但是当时的樱花不同于日本现在的樱花。

每年 4 月鹤壁市各处樱花竞相绽放,尤以淇滨区华夏南路的樱花大道最为繁茂艳丽。2015 年首届中国(鹤壁)樱花文化节在樱花大道举办。

鹤壁樱花大道,即河南省鹤壁市淇滨区华夏南路。左右为单行道,北起新世纪广场、南至高铁站朝歌路,横跨黄河路、淮河路、鹤煤大道、九江路、湘江路、漓江路、柳江路、闵江路、朝歌路等街道,西临兴鹤大街,东临嵩山路,全长 4 千米。

华夏南路的樱花主要分为早樱和晚樱两个品种。早樱只占 5%,花瓣一般为白色单瓣花,3 月底开花,通常是先开花后长叶;多数为晚樱,粉色,花瓣重叠,会存在花叶重放的情况,一般在 4 月中旬开花,2014 年气温较高,开花时间提前了一周左右。樱花的花期一般为 10 天左右,会根据天气原因延长或缩短。

2006 年，淇滨区在华夏南路北段引进第一批樱花，有 3000 余株，之后每年都会进行补栽，到 2019 年华夏南路全段共有 2.2 万余株樱花，主要品种有山樱昭君、慕青松月、貂蝉、郁金、御衣黄等 10 余个品种。2016 年 4 月 3 日上午举行了第二届中国（鹤壁）樱花文化节。2016 年中国樱花产业峰会暨樱花文化融合发展高峰论坛活动中，华夏南路被中国樱花产业协会授予"中国最美樱花大道"称号。

四、风景名胜

以创建国家全域旅游示范区为目标，积极推进全域旅游发展，重点打造了云梦山、古灵山、朝阳山、大伾山、五岩山等 5 家国家 4A 级旅游景区，大伾山—浚县古城、云梦山正在争创国家 5A 级旅游景区，桑园小镇、赵庄、凉水泉等乡村旅游业蓬勃发展等一批新的旅游业态正在形成，民俗文化节、樱花文化节、中原文博会等节会成为品牌。当前，正在抓住大运河文化带建设的历史机遇，深入挖掘商周文化、淇河文化、大运河文化、民俗文化，打造全省特色旅游亮点，培育全国知名休闲度假目的地，建设全国宜游城市。

（一）云梦山（国家 4A 级旅游景区）

云梦山位于河南省鹤壁市淇县西部，为国家级文物保护单位和国家 4A 级旅游景区。京广铁路、107 国道、京珠高速公路均途经淇县。北距安阳市 58 千米，南距郑州市 120 千米、新乡市 42 千米。是以战国军事文化为特色的历史文化类人文风景旅游区。1984 年成立云梦山景区管理处，正式对其进行开发和建设。

云梦山由主景区——战国古军校、上圣古庙及云梦五里鬼谷大峡谷游览区、云梦大草原游览区三部分组成，面积约 26 平方千米。景区以景色壮美、文化内涵丰富著称，被称为"青岩仙境"，有"中华第一古军校"的美誉。

云梦山，又名青岩山，主峰高 584.5 米，峰峦叠嶂，山起云浮，气象万千，飞瀑流泉，鬼斧神工，素有"云梦仙境"之称，游览面积约 10 平方千米。历代志书及碑刻都记载这里是鬼谷先生隐处。明代窦文在摩崖题记中写道："水帘洞，鬼谷先生隐处"。清代何士琦在《云梦山游记》中写道："水帘一洞，尤极幽玄，为鬼谷子仙栖之处"。《唐书·卓行传》记载，甄济也两度隐居云梦山。

(二)古灵山(国家 4A 级旅游景区)

古灵山风景区位于鹤壁市淇县(古称朝歌,周朝最大诸侯国卫国首都)城西北 8 千米处,是国家 4A 级旅游景区、河南省省级文明景区、国家级森林公园、中华爱情山、《封神榜》故事发生地。景区主题文化是女娲文化和殷商文化。主要由六大游览板块组成:纣王降香处——女娲宫主景区,纣王避暑行宫——清凉庵,清代古民居石头城——凉水泉,天下第一铜顶,佛教圣地——灵光阁,天然浴场玉带河;现存有主要景点有:女娲宫、女娲峰、女娲池、太公湖、玉带河、醒目泉、古佛洞、补天阁、灵峰、财神沟、龙潭峡等 200 余处,自古就

有"灵山抱妙寺,神泉涤心埃"的美誉。

古灵山自古就是群仙聚汇的风水宝地,始建于殷商时期。南北朝梁普通年间,由曾出任京城昭统寺大统、纲领全国僧尼四十年的著名高僧、朝歌人法上在此修行。唐永徽六年,唐高宗曾特召灵山寺长老法一到长安垂询佛事,唐开元年间,灵山寺又得以重修。这期间,寺院所辖面积 500 余亩,高僧 200 余人,古磬阵阵,木鱼声声,游客云集,香火旺盛。明代嘉靖年间淇县县令于慧题写了灵山十景:"危岩少进,群峰耸翠,列柿流丹,一经蓬壶,半岩风雨,九天鸣佩,巨崖走蛟,双剑横秋,东海龙吟,西山虎啸"。明崇祯时监察御史孙徵兰摩崖题诗曰:"山卓碧云插汉,泉瀚绿玉飞花,三仁六七贤圣,灵杰千古同嘉"。

(三)朝阳山(国家 4A 级旅游景区)

朝阳山地处鹤壁市淇县城西北的太行山东麓,是淇县的一座历史文化名山。

朝阳山海拔 603 米,从远处看朝阳山又高又尖状如向上的耧铧,当地人因而习惯上称其为尖山或耧铧山。据明、清《淇县志》记载,朝阳山原为殷故宫,是殷纣王冬季采暖所设的行宫。当年殷纣王每到寒冷的冬季便来到朝阳山过冬。佛教传入中国后,东魏武定七年在殷纣王行宫的遗址上建起了寺院,名曰朝阳寺。朝阳寺依山立于半空中,故也称悬空寺。建筑金碧辉煌,气势雄伟,十分壮观。朝阳寺西南北三面均是大山,唯有东面朝向视野开阔的平原。殷纣王行宫西边的一块台地取

名为花台,相传是殷纣王的后花园。花台旁边的崖壁上竖刻"花台"两个行书大字,系金代兴定二年所刻。其字迹古朴沧桑,风化严重。花台摩崖南边另有一方摩崖上面记载着金朝贞佑年间百姓避兵之事:当年兵戈残破卅郡生灵无所逃匿,自山之东百姓藏于此。环山者疑畏,卒不敢进,人皆安。朝阳山不仅是从前百姓逃避战祸的去处,也是历来人们登高观景的绝佳之地。

(四)大伾山(国家 4A 级旅游景区)

大伾山位于鹤壁市浚县城东,故又称东山。因其有中国最早、北方最大的大石佛而著称于世。该石佛始建于北魏,依山开凿,总高八丈,藏于七丈高的楼内,素有"八丈佛爷七丈楼"之称,为世界佛屋景观之一。古时,黄河流于其脚下,每到雨季,常会洪水泛滥,故雕石佛以镇之。2001 年 6 月被国务院公布为国保文物,属国家 4A 级旅游景区。

大伾山系太行余脉,东西宽 0.95 千米,南北长 1.75 千米,面积约 1.66 平方千米,海拔高度 135 米,平地高起 70 米。它不是丛山中的峻岭,而是平原突起的孤峰。大伾山上现存道观佛寺建筑群 7 处,名亭 8 座,石窟 6 处,各式古建筑 138 间,摩崖碑刻 460 余处,各具特色。其中有后赵时依山凿就的大石佛,高 22.7 米,为中国北方第一大佛,又称"八丈佛爷七丈楼";始建于北魏的天宁寺,规模宏大,年代最早,寺内有藏经阁,原藏明代南藏经 6053 卷,为宗教典籍珍品。

大石佛和天宁寺是国家级文物保护单位。宋代的天齐庙、太平兴国寺、丰泽庙,元代的观音岩,明清的阳明书院、吕祖祠、禹王庙、张仙洞等建筑,皆各有其妙,为大伾山增光添彩。

(五)五岩山(国家 4A 级旅游景区)

五岩山是国家 4A 级旅游景区,位于鹤壁市鹤山区姬家山乡,属太行山系,为牟山一余脉。因山有五谷、突起五峰而得名,因大唐药王孙思邈曾经隐居于此而久负盛名。

五岩山,传统中医药学文化氛围浓厚。大唐药王孙思邈曾隐居五岩山采药炼丹、著书立说、治病救人,在当地留下了许多美好故事和人文佳话,诸如药王医虎、妙手诊龙等至今仍然为人津津乐道。如今,山上还有药王隐居处、炼丹处、著书阁、藏药库、晾书台、练功石、捣药臼、撵池、杏林等众多药王遗迹遗存,具有极高的中医药学文化研究价值,五岩山也因此被称为"药学圣地"。五岩瑰宝东魏石窟由东向西分五区而开凿,开凿年代为东魏孝静帝年间,共有佛龛 41 个,造像 154 尊,护法狮子 24 对,发愿文题记 12 品。石窟的窟龛形制特点、装饰布局,造像的容像体态、衣纹服饰、雕刻刀法等方面保留了南北朝时期的造像艺术特征,精美绝伦。1986年被河南省人民政府公布为省级重点文物保护单位。五岩山层峦叠嶂,漫山苍翠。自然景观与药学文化完美融合、相得益彰。其中最让人流连的当数药王洞。药王洞是一处天然岩石洞穴,目前开发近500米。有冰洲石、陨石、洞中楼阁、洞中

峡谷,猛虎求治、巨鳄接丹、药王问诊等众多奇景,最为奇特的是这些自然奇景之形之态巧妙契合了药王隐居时进行接诊、炼丹活动的人文传说与场景。进入洞内,彩石斑驳,钟乳突兀,千姿百态,光怪陆离,可谓步步是景、景景如幻,叫人不得不感叹大自然造物之神奇。

五、城市精神

善作善城、富美鹤壁。

第七章 新乡市

一、市情简介

新乡市地处华北平原,位于东经 113°23′~114°59′,北纬 34°53′~35°50′。南临黄河,北依太行,是豫北区域性中心城市。现辖 3 市(辉县市、卫辉市、长垣市)、5 县(新乡县、获嘉县、原阳县、延津县、封丘县)、4 区(卫滨区、红旗区、凤泉区、牧野区)以及 2 个国家级开发区(新乡市高新技术产业开发区和新乡经济技术开发区)和 1 个全省城乡一体化示范区(平原城乡一体化示范区)。总面积 8249 平方千米,总人口 625.19 万。其中建成区面积 126.87 平方千米,人口 79.16 万人。截至 2020 年,绿化覆盖率 41.8%,绿地率 38.9%,人均公园绿地面积 12.26 平方米。

自隋朝开皇六年(公元 586 年)取"新中乡"首尾两字为县名。1948 年 11 月,新乡市人民政府成立,1949 年 5 月 5 日和平解放。1949 年 8 月,平原省成立,新乡市为平原省省会。1952 年 11 月,平原省撤销划为省辖市。

新乡市有着悠久的历史和丰富的旅游资源,是中华民族古代文明发祥地之一。新乡历史遗迹众多,文物资源丰富。古称庸国,春秋属卫,战国属魏,汉为获嘉,至隋朝开皇六年(公元 586 年)始置新乡县至今已有 1400 余年。古老的历史,孕育了灿烂的文明。仰韶文化、龙山文化遗址,依稀可辨;周武王率八百诸侯会同盟的牧野大战,古迹依存;姜尚卫河垂钓、比干抛心忠谏、围魏救赵、张良刺秦、官渡之战、陈桥兵变都源于这方热土;孔子讲学"杏坛"犹在,李白放歌于忠臣之前;张苍逗思于《九章算术》,陈玉成天国殉难;明神宗胞弟潞简王陵,十二丞相青史可鉴……悠久的历史,灿烂的文化,优美的环境,给新乡留下了丰富的旅游资源。

新乡拥有各类自然景观数百处,现有国家级文物保护单位 4 处,国家级森林公园 1 处,国家级湿地鸟类自然保护区 1 处,省级风景名胜区和文物保护单位 50 余处;市级文物保护单位 500 余处,历史文化名城 1 处,历史文化名镇 1 处。比干庙、潞王陵、白云寺、百泉、万仙山、八里沟、京华园等人文景观与自然景观交相辉映,使新乡成为旅游度假的绝佳去处。2005年荣获全国优秀旅游城市。已形成由全国劳动模范史来贺领导的社会主义新农村刘庄、被授予中国"改革先锋"吴金印领导的唐庄镇、"中国十大女杰"之一刘志华领导的乡村都市京华实业公司、"三个代表"重要思想模范实践者张荣锁领导的回龙村组成的红色旅游线。由国家森林公园白云寺、太行郭亮影视村、北国小西湖百泉、道教名山老爷顶、八里沟等景区组成聚千里太行雄、奇、古、秀精华的太行风光旅游线。由比干墓、比干庙、武王伐纣誓师地、宋太祖黄袍加身处、"中原定陵"潞简王陵等景点组成的历史文化旅游线。"天下美景在太行，太行美景在新乡！"新乡人民自古以来热情好客，诚邀四海宾朋到这里来旅游观光。

新乡市市区位置优势突出，是中原城市群核心圈层的重要城市。距北京600千米，距省会郑州80千米，京深高铁、京广铁路、新菏铁路、京港澳高速、大广高速、长济高速、107国道等交通大动脉贯穿新乡，郑济高铁正在加快建设，以新乡为中心，可直达18个省的省会，辖区内公路路网密集延伸到每个乡镇，600千米半径内辐射5亿人口，距新郑国际机场不足100千米。开通中欧班列和中日韩海铁联运班列，目前是河南省唯一具有两条国际班列的城市，正在加速融入"一带一路"。新乡市地形自西北向东南分为山区、丘陵和平原三大类。以平原为主，占总面积的78%。平原地带为黄河冲积平原和山前倾斜平原的过渡区，土层深厚，平坦辽阔，矿产、水电资源丰富。属北温带大陆性季风型气候，春、夏、秋、冬四季分明，降水集中，雨热同季。春季干旱多风，夏季炎热多雨，秋季天高气爽，冬季寒冷少雨雪。年平均气温14℃，年平均降水量573.4毫米。

产业基础较好，是全国重要的商品粮基地和优质小麦生产基地，中国科学院、中国农业科学院、河南省农业科学院均在新乡设有农业示范试验基地；是河南省重要的工业基地，拥有化工、造纸、建材、能源四大传统产业，装备制造、食品加工、纺织服装、现代家居四大主导产业，电池与电动车、生物与新医药、电子信息三大战略性新兴产业，是中国电池工业之都、全国新能源汽车推广应用城市；是豫北地区商贸物流中心，万达广场、红星美凯龙、宝龙城市广场等大型商场集聚。原阳大米市场是中国北方第一米市；辉县市为全国五大山楂产地之一；百泉药交会为全国三大药品交易会（药交会）之一；长垣市眼镜市场为全国四大市场之一。新乡市是晋、冀、鲁、豫接壤地区主要商品集散地。

创新能力较强,有高校11所,在校大学生17.8万人;有中等职业技术学校25所。拥有国家高新技术企业343家、国家级科研院所4家,其中中电科22所在物理感知、高分辨率对地观测、天地一体化管理、电子雷达、电波等方面代表中国最高水平;河南电池研究院是国家地方联合工程实验室,是河南省十大创新中心之一。"天宫二号"、"神舟"系列飞船、"歼十"战机、"蛟龙"号载人潜水器、"辽宁"号航母、C919大飞机等"大国重器"核心部件中,均有来自新乡市的贡献。

新乡市坚持把改善生态环境质量作为核心目标任务,实行最严格的环境保护制度,加强生态环境预防、治理、管理全过程保护,打好环境质量改善攻坚战,强化环境治理与生态保护联动协同,推进生态环境治理体系和治理能力现代化,使美丽新乡天蓝、地绿、水净。

二、城市名片

新乡市荣获全国文明城市、国家卫生城市、国家园林城市、国家森林城市、全国绿化模范城市、中国优秀旅游城市、中国最佳生态宜居城市、"中国制造2025"试点示范城市、郑洛新国家自主创新示范区、国家产业集聚集群创新发展综合改革试点城市、中原城市群先进制造业基地、国家循环经济示范城市、全国农村改革试验区、全国粮食生产先进城市、国家知识产权示范城市、全国质量兴市先进城市、全国农村改革试验区、全国科技进步先进市、全省平安建设优秀市、全国社会治安综合治理优秀市、国家新能源汽车推广城市、国家"公交都市"示范城市、国家装配式建筑示范城市、中国电池工业之都、全国双拥模范城市、中国城市竞争力百强市、中国综合实力百强城市、中国金融生态城市、中国中部最佳投资城市等多项荣誉。

三、市树市花

新乡市市花、市树的选定,自1982年以来,经过绿化部门提名、全市人民民意测验、市长办公会议讨论,于1988年6月9日新乡市六届人大常委会第二十四次会议研究决定:石榴花、月季花为新乡市市花,国槐树为新乡市市树。这"两花一树"的正式决定,必将进一步激发新乡市广大人民植树栽花、绿化美化城乡的积极性。

(一)市树——国槐

国槐属于豆科槐属乔木,树型高大,羽状复叶,圆锥花序顶生,花冠白色或淡黄色,荚果。花期6—7月,果期8—10月。

槐树是特产于中国的古老树种,在中国分布广泛,具有悠久的栽培历史。数千年来,中国人形成了槐树崇拜的文化现象。槐树有如此多的用处,与古人的吃、穿、住、用、行、劳作、防病治病等日常生活和生产息息相关。正是在生产生活中与槐树朝夕相处,古人才对槐树有了细致的观察,注意到它的旺盛生命力,遂视其为三公宰辅之位和科第吉兆的象征,以及古代迁民怀祖的寄托、吉祥和祥瑞的象征等文化意义。

三国时著名文人王粲作《槐赋》称颂道:"惟中堂之奇树,禀天然之淑姿。超畴亩而登殖,作阶庭之华晖。形棉杮以条畅,色彩鲜明,丰茂叶之幽蔼,履中夏而敷荣。既立本于殿省,植根柢其弘深。鸟愿栖而投翼,人望庇而披襟。"曹植在《槐赋》中则赋槐树是:"羡良木之华丽,爱获贵于至尊。凭文昌之华殿,森列峙乎端门。观朱榱以振条,据文陛而结根。畅沈阴以溥覆,似明后之垂恩。在季春以初茂,践朱夏而乃繁。覆阳精之炎景,散流耀以增鲜。"全面高度地概括了槐树的特点。唐朝诗人韩愈有:"绿槐十二街,涣散驰轮蹄",王维有"仄径阴宫槐,幽阴多绿苔"的诗句。

植槐最早可能起源于古代的"社坛立树",成为区别社坛方位和大小的重要标志。自汉代开始种植槐树作为行道树,槐树被视作为绿化树、行道树、庭院树广为种植和保护,这也是中国人崇槐、敬槐的表现。

现新乡市内最老最大的古树以国槐为最多,新乡市劳动街城里十字有一棵树龄200年的古槐树,被新乡百姓尊称为"老爷槐"。树高10米,胸径80公分,冠幅10余米,长势旺盛,由专业队伍定期进行养护管理。该树栽于清末年间,由杨树富的父亲杨法江买宅基地时以八十串钱把树买下,并用石墙围起。新中国成立前石墙被国民党军队拆去建工事,其后在杨家尽力保护下生长至今。这棵国槐的生长环境在全国可能也是少见的。道路拓宽改造时,为了保护这棵古树,道路绕树而过,围设栏杆,树占路而长。封丘县陈桥村有一株宋朝古槐,传说是公元960年,后周禁军统领赵匡胤带兵在此反戈,黄袍加身,拥为宋帝,当时拴马于此树,人称"拴马槐"。卫辉市桥北街的大槐树(唐槐)、辉县市人武部院内的唐槐、县政府院内的槐抱榆、百泉风景区内的柏抱槐等,都是远近闻名的古树名木。

国槐是庭院常用的特色树种,其枝叶茂密,绿荫如盖,易栽培,寿命长,适作庭荫树,在中国北方多用作行道树。配植于公园、建筑四周、街坊住宅区及草坪上,也极相宜。宜门前对植或列植，或孤植于亭台山石旁。也可作工矿区绿化之用。夏秋可观花，并为优良的蜜源植物。花蕾可作染料，其叶、枝、根、果皆可入药，种子可供榨油、酿酒或作饲料等。又是防风固沙、建筑用材及经济林兼用的树种，是城乡良好的遮阴树和行道树种，对二氧化硫、氯气等有毒气体有较强的抗性。国槐也是可以选作混交林的树种。

作为新乡市市树以及城市绿化建设中的骨干树种，在《新乡市城市绿地系统规划（2011—2020）》的树种规划中也提出应大力推广。近年在新飞大道、西华大道、劳动街北段、自由街南段、文化路、姜庄街、一横街等街道栽种此树，彰显城市特色，效果显著。

（二）市花——石榴花、月季

石榴花为石榴科，落叶灌木或小乔木，有花石榴和果石榴两大类。其特点是健壮多枝、适应性强、花果并茂，是新乡市乡土花木，具有地方特色。

《河南通志》记载："公元前二世纪，汉武帝派张骞出使西域，从安息国（今伊朗）带回石榴良种，种在河阴县（今荥阳北邙、广武一带）"。因此，石榴又名安石榴。《河阴县志》记载："北邙石榴，其色古，籽盈满，其味甘而无渣泽，甲于天下。"河南古时三大特产是河阴石榴、郑州梨、新郑大枣。河南师范大学生物系教授李大卫考证：石榴的第二故乡是河南。新乡市自唐朝就有人在县城西北、卫河南岸种植大片石榴，形成居民点，称为石榴园，石榴园的街名沿用至今。群众传统绿化美化庭院的主要方式是葡萄架、鱼缸、石榴树。新乡市封丘县是全省石榴三大产地之一（封丘、荥阳、开封），河南省已将

其列为万亩石榴基地，现在封丘已有石榴林 7000 余亩，石榴树 42 万余株，年产石榴 20 万余千克。市内已有花石榴 2 万余株。新乡市有很多社会团体、商标以榴花为命名，如榴花牌香烟、榴花饭店、小石榴花艺术团、榴花副刊等。康熙皇帝咏石榴："小树枝头一点红，嫣然六月醉荷风，攒青叶里珊瑚朵，疑是移根金碧丛。"唐朝诗人韩愈有："五月榴花照眼明，枝间时见子初成"的诗句。石榴作市花，象征着新乡市立足本地，春华秋实，欣欣向荣。新乡市人民公园打造"石榴园"、和谐公园的石榴雕塑等，突出石榴特色的营造，对展示新乡城市形象起到重要的作用。

月季为蔷薇科花卉,我国原产有灌木和藤木两大类。品种之多,居于所有花卉的前列,国内有 1000 多个品种,是我国十大名花之一,被誉为:"花中皇后"。花期长,春、夏、秋三季各月都能开花,故名月季,又名月月红。在新乡市发展有相当大的群众基础,1980 年新乡

市人民公园参加全省月季评比展览荣获第一名,1983 年人民公园老花工邱丰富同志试验月季叶柄扦插成功,荣获河南省建设厅科技成果奖三等奖。各公园专门开辟有"月季园",

年年组织月季展览,已发展有 300 个品种。目前在各公园、街头绿地、单位绿地及居民庭院内,都有大量种植,深受全市人民的欢迎。历代诗人歌咏月季:"曾陪桃李开时雨,仍伴梧桐落后风""花落花开无间断,春去春来不相关""只道花无十日红,此花无日不春风"。月季作市花,象征着新乡市解放后的经济发展,面向祖国,万紫千红。

四、风景名胜

新乡历史文化悠久,历史遗迹众多,文物资源丰富。现有国家级重点文物保护单位 22 处,省级文物保护单位 58 处,省级历史文化名城、历史文化名镇各 1 座,国家级传统古村落 13 个,国家级非遗项目 5 个,省级非遗项目 45 个。

新乡旅游资源丰富,背太行,临黄河,大山在其北,大河经其南,与省会郑州隔河相望。南太行在新乡绵延上千平方千米,奇峰异石,间以飞瀑流泉,荟萃南太行山水精华。全市现有八里沟一家国家 5A 级旅游景区,万仙山、宝泉、轿顶山、关山、比干庙等 26 家国家 4A 旅游景区。新中国成立以来,新乡涌现出以史来贺、刘志华、吴金印、张荣锁、裴春亮等为代表的先进人物,其先进事迹及其工作生活之所,构成新乡别具特色的红色旅游资源,被誉为"新乡先进群体现象"。黄河流经新乡 170 千米,沿黄滩区面积居全省之首(1290 平方千米)。沿黄一带有黄河湿地鸟类国家级自然保护区、青龙湖、曹岗险工、万亩刺槐林等众多生态资源和滩区丰富的农林资源,形成了体量丰富、风光秀美的沿黄旅游景观。

(一)八里沟景区(国家 5A 级旅游景区)

八里沟景区位于河南省新乡市西北部辉县市境内,地处太行山南麓、豫晋两省接壤处,总面积 109 平方千米。景区年平均气温 14 ℃,夏季山区夜间平均温度 18 ℃,三伏盛夏,

午前如春,午后如秋,夜如初冬,景区森林覆盖率达90%,有植物种类1700余种,是一处"天然氧吧"。

八里沟景区由八里沟、天界山、九莲山3个游览区组成。景区荟萃了太行山水之精华,红岩绝壁横亘百里,跌瀑碧潭连绵不绝,主要景点有天河瀑布、桃花湾、红石河、仙人迎客峰、老爷顶、挂壁公路、回龙大峡谷等200余处,是一处集奇、雄、俊、秀、幽于一体的山水景区。《中国国家地理》曾给予高度评价:"太行山,把最美的一段给了河南",说的正是这里。

近年来,八里沟景区通过文旅融合、创新赋能,全面提升景区服务品质,打造了踏青节、亲水节、冰瀑节、汉服文化节等一系列品牌活动,塑造了春季踏青赏花、夏季避暑戏水、秋季红叶登高以及冬季雾凇、冰挂、冰瀑等四季鲜明的形象与特色,八里沟景区的品牌知名度和美誉度大幅提升,国内外游客数量逐年攀升。景区先后荣获"全国首批旅游标准化示范单位""国家猕猴自然保护区""国家地质公园"等多项国家级荣誉称号。

红岩绝壁南太行,碧水奇峡八里沟。八里沟景区是观赏原始山水的精品画廊,休闲度假的温馨家园,回归自然的世外桃源。在这里,可以览红岩绝壁,观峡谷云海,赏流泉飞瀑,听老子布道,探挂壁天路,更有"仙人迎客峰"欢迎八方游客的到来!

八里沟游览区分为桃花湾、山神庙、天河瀑布、红石河4个旅游景点。游览区全程以水为线,串联成秀美的山水精品画廊,区内百潭百瀑水连天,天河瀑布天连水,真可谓巍巍峨峨山、嶙嶙峋峋石,曲曲连连水,叮叮咚咚泉,高高低低树,美轮且美奂。

天界山游览区分为回龙挂壁公路、龙吟峡、360°云峰画廊、老爷顶等旅游景点。天下第一铁顶老爷顶,俗称北铁顶,古有"南金顶、北铁顶,南顶在武当,北顶在太行"之说,与湖北武当山的金顶遥相对峙,是河南省重点文物保护单位。360°云峰画廊是欣赏太行风光最具特色的地方,这里的红岩绝壁甚为壮观,峡谷云海犹如仙境,让人流连忘返。回龙挂壁公路传承和弘扬了"壁可凿、山可移"的"太行精神"。

九莲山游览区分为西莲峡、小西天2个旅游景点。景区内有呈"V"字形的大峡谷和雄伟绝伦的红色绝壁。景区沟壑纵横,绝壁雄险,怪石林立,潭溪遍布,瀑水丰沛。同时,神奇的帐书,动人的唱经,多姿的信仰习俗,丰富的民间艺术,是九莲山特有的旅游文化。原生态的自然景观和独特的民俗文化使这里成为旅游观光、休闲度假的好去处。

(二)万仙山景区(国家4A级旅游景区)

万仙山景区位于河南省新乡市辉县市西北55千米太行山腹地沙窑乡境内,距新乡市70千米,总面积64平方千米,最高海拔1672米,年平均气温比山下低6℃。这里群峰竞秀、层峦叠嶂、沟壑纵横、飞瀑流泉,既有雄强而苍茫的石壁景观,又有曼妙而秀雅的山乡风韵,集雄、险、奇、秀于一体。

万仙山景区由中华影视村——郭亮村、清幽山乡——南坪村组成,是国家攀岩公园、国家地质公园、国家森林公园、河南最美景区之一,是著名的攀岩、影视、写生、休闲避暑、户外拓展基地。万仙山被誉为"太行明珠""华夏奇观",先后有《清凉寺钟声》《走出地平线》《倒霉大叔的婚事》《战争角落》《举起手来》《天高地厚》等80多部影视片在这里拍摄。

郭亮挂壁公路又叫万仙山绝壁长廊,是一项震撼世界的工程,号称"太行隧道之父"。它是南太行绝壁上开凿的第一条人工隧道,曾经被日本名古屋电影公司称作"世界的第九大奇迹"。长1250米,宽6米,高4米,是郭亮村村民举一村之力,在没有任何现代化机械设备的情况下自行设计,自行施工,由13个人开凿了五年零二个月的时间,才完成的一项艰巨的工程。

万仙山景区是南太行风光的典型代表,太行之魂的集中体现。八百里太行精华处,奇险俊秀万仙山!

(三)河南宝泉旅游度假区(国家4A级旅游景区)

河南宝泉旅游度假区位于河南省新乡市辉县市薄壁境内,景区总面积110平方千米,是国家森林保护区和太行猕猴保护区。森林覆盖率98%,平均海拔1150米,年平均气温18℃,是理想的休闲、度假、戏水和避暑胜地。

宝泉景区北依太行,南临黄河,距省会郑州98千米,距新郑国际机场120千米,距新乡市60千米。方圆600千米内有北京、天津、郑州、武汉、西安、石家庄、太原、济南六省会

两直辖市和众多地级城市,辐射人口达六亿之多。京港澳高铁线纵穿南北,新荷、新月铁路线贯通东西;京港澳高速,106、107国道和阿深、济东、新晋等高速穿境而过。郑云高速出口距宝泉景区仅3.5千米,使宝泉景区成为全国少有的真正高速直达景区。通达便捷的交通助推宝泉景区旅游迈入了跨越式发展的快车道。

宝泉景区地处太行山重要节点,大峡谷、大绝壁、大山水交相辉映,游龙峡谷红岩绝壁、沟壑纵横,宝泉湖水碧波荡漾、一望无

际;景区特有嶂石岩陡崖断层地貌形成了太行山密集、壮观的瀑布群,双龙瀑、见龙瀑、玉女瀑、飞龙瀑、青苔瀑,五步一潭,十步一瀑,形态各异的瀑布组成的中华千瀑谷堪称太行奇观,被誉为"中原瀑布群"。宝泉大峡谷荣登《中国国家地理》2017年11期的封面,受到旅游界、地质学界的广泛关注。

(四)轿顶山景区(国家4A级旅游景区)

轿顶山景区位于河南省新乡市辉县市,总面积34平方千米,是国家地质公园、国家4A级旅游景区、爱国主义教育基地。因其主峰形似轿顶而得名。这里群峰相拥,连绵不绝,有千山合纵、万壑连横的雄浑气魄,置身山巅可360°全景俯瞰南太行的壮美风光,景区内有轿顶山、华盖石、御马峰、铁打寨、爱情岛、刘秀寨、大华山、小华山等大自然孕育的秀美风光。还保存有赵长城遗址、魏长城遗址、太行绝壁摩崖石刻、太行山红色抗战实物展览馆、地质博物馆等人文景观。

这里群山环抱、峡谷万丈,红岩绝壁似刀劈斧削,怪石嶙峋,如仙似兽,青山滴翠,秀山蔽日,把太行山脉雄浑壮丽的特点展现得淋漓尽致。这里四季皆景,步趋景移。春来山花烂漫,千蝶竞舞,成为踏春赏景最理想的去处;盛夏云海仙山,百鸟鸣涧置身山顶如临仙境;秋更层林尽染,多彩纷呈像一首自由奔放的诗,描绘出轿顶山热情奔放的神韵;冬雪如画,山舞银蛇,好似如梦如幻的九霄云天,好一派北国风光!

这里是"人间仙境""世外桃源""心灵的家园""避暑度假的天堂"。

(五)关山景区(国家4A级旅游景区)

关山景区位于太行山南麓,河南省新乡市辉县市上八里镇境内,是国家地质公园。面积约34平方千米。景区以红石峡、石柱林为代表,堪称"太行至尊灵水世界,华夏第一滑塌奇观",集南太行水体景观和滑塌峰林这一独特的地质地貌于一体,融飞瀑流泉、清溪幽

潭、石奇崖秀、群柱耸峙、峰林竞秀、云海飞渡于一身,构成完整的风景体系,是南太行壮美与柔美的典范,宛若一幅山水画立体长卷,对联"岩重崖叠铭志海陆变迁太行史卷,山崩水蚀雕塑峰石奇观绘北国画廊"是对关山国家地质公园旅游资

源的高度凝练和概括。

景区内有总面积为 13000 公顷的国家级猕猴自然保护区,野生动物资源丰富,共有金钱豹、野猪、林鹿等 30 种兽类,金雕、金丝雀等 100 余种鸟类和 1500 余种植物。其中太行山猕猴和关山雪莲极其稀有,有极高的保护和科研价值。

关山景区美景如画四季各不同,春天这里连翘遍野,湖水如蓝,山花烂漫,踏青赏花好季节;夏天这里满山绿荫,凉爽宜人,激情漂流,清凉避暑的胜地;秋天这里漫山红叶,层林尽染,色彩斑斓,金秋登高赏叶美如画;冬天这里青松傲慢,银装素裹,童话世界,赏雪赏冰挂好去处。

(六)比干庙景区(国家 4A 级旅游景区)

比干庙景区位于河南省新乡市卫辉市城北,占地总面积 400 余亩,是全国重点文物保护单位、国家 4A 级旅游景区、中国华侨国际文化交流基地。比干是有史记载的第一位爱国谏臣,因直谏被剖心,武王为其封墓,孔子剑刻留碑,北魏太和十八年,魏孝文帝因墓建庙。比干庙以其历史悠久、建筑完整、规模宏大、文化积淀丰富等特点,为我国庙墓合一的经典古建筑群,被誉为"天下第一庙"。

庙宇内花木扶疏,苍柏遮顶,碑碣林立,保存有大量历史文化珍品,"殷比干莫"剑刻碑为孔子传世唯一真迹,魏碑素与洛阳龙门二十品齐名,林氏姓源碑为研究林氏起源、分布、社会演变提供了重要实物。景区内天葬墓、无心菜、开心柏、平冠柏等奇特景观,彰显着比干忠义精神的亘古皎洁。比干为林氏太始祖,比干庙也是林氏家庙,每年阴历四月初四,海内外比干后裔、林氏儿女纷至沓来,拜谒先祖、传承家风,使比干精神得以光大发扬。比干诞辰纪念活动自 1993 年举办至今,已成为河南著名的活动文化品牌;2007 年,比干祭典被列为河南省首批非物质文化遗产,比干文化旅游节被列为河南省节会保留名录,比干庙景区已日渐成为中原地区乃至全国知名文化旅游品牌。

(七)跑马岭景区(国家4A级旅游景区)

跑马岭景区位于河南省新乡市卫辉市西北部太行山境内,是国家4A级旅游景区、省级地质公园、省级森林康养基地,总面积27.83平方千米,具有优越的自然景观和丰富的人文景观。景区有三大特色。一是被新乡市人民政府列入《新乡南太行文旅康养规划》有新乡南太行核心八景品牌之一的"云上草原"景观,东西连绵6千米,风吹草动,恰似海洋翻滚的波浪,美不胜收。二是有全国独一无二的"山洞宾馆",分为餐饮区、会务区、藏酒区三大区域,宾馆依山势而建,呈阶梯状,冬暖夏凉、四季如春。三是有全国独树一帜的"感恩文化",建设有孝亲园、忠义园、清廉园三大园区,有感恩心语路、感恩诗语路等文化景观;开展千人

浴足节、感恩乡亲团餐会、关爱环卫工、感恩文化宣讲课堂四大感恩文化品牌活动,整理编辑《为感恩代言》感恩文化书籍。

主要景点有至孝通神雕塑广场、感恩钟楼、平安鼓楼、孝亲园、忠义园、清廉园等,有丛林飞鼠、玻璃栈道、七彩滑道、玻璃滑道等娱乐项目,构成集山水观光、休闲度假、餐饮住宿于一体的综合性旅游景区,让游客在畅游山水美景间,体验感恩文化的魅力。

(八)龙卧岩景区(国家4A级旅游景区)

龙卧岩景区位于河南省新乡市卫辉市北部,太行山东麓,总面积约18.6平方千米,是国家4A级旅游景区、国家森林康养基地试点建设单位、省级森林公园。景区内沟谷纵横、奇峰怪石林立,森林覆盖整个山峦,野生植物众多,不仅有山楂、柿子、核桃、山枣等200多种野生树种和奇花异草,还有连翘、柴胡、葛根、益母草等几十种野生中草药植物,被四方民众称为取之不尽用之不竭的天然"中药"百宝箱。景区主要景点有龙鼎瀑布、龙岩阁、卧佛岭、千米灌木长廊、红叶岭、太行山村、金蟾望月等,景区内黄梅草垴是卫辉市境内太行山最高峰,海拔1069米,是方圆数十公里观看日出云海的最佳地点,也是观看南太行风光的最佳场所。河南太行山八路军抗战纪念馆,面积近5000平方米,以丰富的历史文物和翔实的文史资料,生动展现了八路军在太行山区的抗战历史和党的发展历程。福地山庄,总建筑面积13000平方米,拥有高端的宴会厅3个,可同时容纳800人就餐,内设多功能会议厅6个,是集客房、餐饮、会议、娱乐为一体的综合型酒店。游客至此,在享受大自然美景的同时,感受无微不至的服务,自然景观与人文景观相得益彰,为"休闲观光、康养度假"之胜地。

(九)京华园景区(国家4A级旅游景区)

京华园景区始建于1992年,由全国人大代表、中国十大女杰、全国优秀党务工作者、河南省京华实业公司董事长刘志华女士,率领五小队村民创建的人文主题景区。2004年荣获"全国首批农业旅游示范点"称号,2005年被评定为国家4A级景区。

京华园景区地处中原,气候宜人,南靠黄河,北依太行,107国道、新郑公路、京广铁路横贯其境,京华园景区融游乐、矿泉度假、疗养、宾馆为一体;融儒学、道学、佛学为一园。依照中国的地理版图,用长城作界,形象而简明地展现中华上下五千年优秀文化史,及各族民俗民情的优美画卷。文化品位较高,一天之内饱览祖国大江南北的壮丽画面,并尽情欣赏祖国各民族的风俗民情。

京华园景区占地300余亩。内设百余个景点,高达50米的主体景点天地宫开祖国明清宫殿建筑之先河,在历代名君殿、名臣名将府里,有用汉白玉雕刻的炎黄祖先、尧、舜、禹、汤四大名贤,文圣孔子,武圣孙子,神机妙算的诸葛孔明,铁面无私的包拯等形象,中原名人馆内雕刻有谋略家开山祖师姜太公、道教奉为祖师的老子、医圣张仲景、画圣吴道子、诗圣杜甫等形象,使人们了解中原大地物华天宝、人杰地灵,再现中华民族发展的摇篮,观赏中增加历史知识,激发爱国热忱。

各民族建筑和布局基本按照聚集区分设,错落有致、风格各异、古色古香;有蒙古包、苗族吊脚楼、傣家竹楼、傣家佛塔,以及各具传统特色的朝鲜族、藏族、白族民居等,室内布置古朴有序,民俗民情多彩多姿,满园歌舞满园情……

千姿百态如仙境般的梅花洞,可领略梅花崇高坚贞的精神品格,增长人生高洁坚强的傲骨之风。绕山观景、穿越山洞的玻璃水滑道全长500多米,可以坐上皮艇,尽情欣赏山中美景。

京华园景区每年春节期间举办花灯艺术节,端午节举办古礼祭屈原,七月举办傣族泼水节,十月举办文化旅游节……丰富多彩的文化活动将京华园景区打造成为欢乐的海洋!

(十)潞王陵景区(国家4A级旅游景区)

潞王陵景区是国家4A级旅游景区,位于河南省新乡市北13千米处的凤凰山脚下,是我国目前保存最好、规模最大的明代藩王陵墓。1996年被国务院列入全国重点文物保护单位,2006年与2010年两次被列入世界文化遗产预备名录,2014年被国家旅游局评为国家4A级旅游景区。

陵墓的主人名叫朱翊镠,他是明太祖朱元璋九世孙,明神宗万历皇帝朱翊钧唯一同母

弟。隆庆四年(1570年)被册封为潞王，二十一岁封藩于卫辉府，因其身份特殊，权势显赫，被当时的朝臣们称为"诸藩之首"。在明朝历代皇帝先后封藩在全国各地的五十多位亲王中，潞王独居最突出的地位，所以死后更是超越规制，建成一座虽为王家陵园，却呈皇家风范的陵墓。

陵墓建成于万历四十三年(1615年)，完全仿照北京的定陵，耗资巨大，无比壮观，被誉为"中原定陵"。建筑用材除极少数的砖木外，几乎全部采用了青石和白石，被当地百姓称为"中原石头城"。整个潞王陵由神道、潞简王墓和次妃赵氏墓组成，陵区共占地400亩，由此构成了中国历史上罕见的藩王陵墓。

在潞简王墓西140米处是次妃赵氏墓，她原是孝定皇后李氏"钦赐"给潞王的"随封侍媵"，死后才被追封为次妃，她比潞王小两岁，但比潞王早死了十三年，赵氏聪明、美丽、善良，备受潞王恩宠，因此死后潞王竟冒犯"天规"，超越规制为次妃建造陵墓，近四百年来，潞王陵以其独特的旖旎风光、雄伟的古代建筑、精美绝伦的石刻艺术、扑朔迷离的神奇传说，吸引着四方游客纷沓而来。

(十一)凤湖景区(国家4A级旅游景区)

凤湖景区位于河南省新乡市平原示范区城市中心，总面积约2000亩，蓄水量约350万立方米，与郑州龙湖隔河相望，交相辉映，龙凤呈祥。

凤湖景区共分历史人文区、都市娱乐区、观赏休憩区、生态湿地区以及湖心岛景区5大景区，历史人文区位于景区北部，主要分历史文化、民俗文化及黄河文化3个方面展示新乡古老的历史、灿烂的文明。都市娱乐区位于市民之家对面，由凤舞广场、阳光草坪、绿荫栈桥、健身广场等景观构成。观赏休憩区位于景区的西北地段，由樱花步道、亲水平台、剪影广场等景观构成。湖区的生态湿地区位于景区西南部，由纵横百禾、野渡风荷等景观构成。湖心岛景区位于凤湖中心区域，此处为原农场居民区，保留大部分湖心岛原有树木。全园共设33处景观节点，奇花异草掩映其间。

凤湖景区以园林艺术将水景、绿植、人文巧妙融合。千秋笔墨香,一湖园林秀,凤湖沿岸因水而青,凤湖的水因岸而秀;无论春夏秋冬,更替的是四季,不变的是凤湖绚丽的生态自然之美。

五、城市精神

新乡市的城市精神为厚善、崇文、敬业、图强。

厚善,是新乡人的品质,是这座城市特有的精神元素。厚善有厚道、友善、诚挚、和蔼之说。古老的黄河大地,赋予中原儿女忠厚诚信、善良质朴、宽容大度、勤劳勇敢的优秀品质。

崇文,是新乡人的民风,是新乡人海纳百川的文化素养。崇文是一个城市生命力的源泉,也是一个城市跨越发展的不竭动力。悠久灿烂的中原文化,"孔子游蒲讲学"的渊源,铸就了新乡百姓崇尚文明、尊重知识、珍惜人才、开明开放的良好风尚。

敬业,是新乡人的境界,新乡人流在血液中的活性因素。敬业有"业不精湛誓不休"之意,这是事业兴旺发达之基。新乡大地,人杰地灵,名人贤士辈出,展示出太行子孙追求真理、勇于探索、敬业负责、无私奉献的精神境界。

图强,是新乡人的追求,是新乡人建设家园的精神支撑。图强有追求、求索之说,自强、奋发之谓。充满感召的先进群体,体现了新乡人民敢为人先、创业有为、坚忍不拔、奋发图强积极向上的理想追求。

城市精神是软实力的重要内容,是城市的灵魂。新乡城市精神,不但有丰富的历史内涵、强烈的现实导向,而且适应跨越发展的精神需求。新乡人民要广泛宣传城市精神,使之家喻户晓、深入人心;要积极倡导城市精神,以先进人物和典型事迹来教育、感染人,引导人民群众自觉以城市精神来规范日常言行,主动克服和纠正不符合城市精神的观念和陋习;要大力弘扬城市精神,使每个新乡人都成为城市精神的展示者、传播者,凝聚起人民群众对家乡的热爱之情、建设之智,把新乡建成和谐诚信、文明开放、充满活力、强烈吸引外部资源的新新乡。

第八章　焦作市

一、市情简介

焦作，早在8000年前就有人类活动，东周时即为京畿之地，汉代为河内郡，唐代以后为怀州、怀孟路、怀庆府，1956年建市，现辖沁阳、孟州2市，温县、博爱、武陟、修武4县，解放、山阳、中站、马村4城区和1个焦作新区，城市总面积4071平方千米，总人口366.6万，其中城区人口94.2万，是中西部地区最具发展活力的城市之一。焦作旅游资源丰富而独特。焦作山水深得大自然的造化，南北兼长，雄秀双绝。八百

里太行至此轰然横断，陡起一挂挂险峰绝壁，切下一条条深峡幽谷。云台山、青天河、神农山、峰林峡、青龙峡五大峡谷景观共同组成的云台山世界地质公园闻名遐迩，置身其中，犹如步入了一座雄伟神奇的地质宝库，又像走进了一部精彩绝伦的山水宝典，品味不尽的青山绿水、奇山秀水、好山好水。

焦作人文荟萃，历史文化源远流长。焦作是中华太极拳的发源地，中国有代表性的杨式、武式、吴式、孙式、和式等诸多太极拳流派皆源于温县陈家沟的陈式太极拳；焦作是魏晋贤哲"竹林七贤"，三国时期政治家、军事家司马懿，唐宋八大家之首的韩愈，晚唐著名诗人李商隐，明代"布衣王子"朱载堉等众多历史文化名人的诞生地和生活地。这里的月山寺是八极拳的发祥地，被誉为中原四大名寺之一。黄河故宫——嘉应观是清朝雍正皇帝治理黄河时敕建的行宫。地宫埋藏有佛祖舍利灵骨的五代御塔妙乐寺塔风韵犹存，具有极高的历史价值。众多名人故里、历史古迹，无不彰显出焦作山水文化的厚重积淀和无穷魅力。

焦作物华天宝、物阜民丰。新中国成立以后，焦作一直是全国闻名的粮食高产区，所辖

各县市目前已全部成为全国夏粮达标县,1998年实现了创夏粮亩产千斤的目标,并成为我国北方第一个吨粮市。这里盛产怀山药、怀地黄、怀牛膝、怀菊花,是"四大怀药"的原产地,在国内外久负盛名。

焦作交通便捷,通达能力较强。公路密度达到每百平方公里83.9千米,在全国处于领先水平;境内县县通高速、乡乡通二级、村村通油路,各景区之间实现了一小时交通圈;高速公路与新郑国际机场、洛阳机场全线贯通,仅需1小时车程。高速公路、干线公路、铁路、航空相配套的立体交通网络已经形成。西气东输、南水北调中线工程等国家重点工程从焦作经过,这里已成为国内外知名的旅游胜地、投资热土、居家乐园。

二、城市名片

焦作是中国最佳休闲旅游城市、世界杰出旅游服务品牌(中国首个)、中国优秀旅游城市、中国投资环境百佳城市、跨国公司最佳投资城市、全国双拥模范城市、国家园林城市、国家篮球城市、全国科技进步先进市(2006—2012年)、全国白内障无障碍市、全国人防先进城市、第二届中国地方政府创新奖、河南省创建文明城市工作先进城市、省级卫生城市、太极圣地、2012中国最具海外影响力城市、中原经济区经济转型示范市、世界旅游城市联合会观察员城市、中国十大创新城市、中国太极拳发源地、环球旅游精品·山水旅游目的地奖、最受全球网民关注的中国武术之乡、国家级旅游服务综合标准化试点市、中国旅游竞争力百强市(2008—2012年)、中国投资环境百佳城市、中国长寿之乡、跨国公司最佳投资城市、中原经济区核心城市、"郑汴洛焦旅游联合体"成员城市、中原经济区城市旅游联盟成员城市、"黄河之旅"旅游联盟成员城市、豫韩(国)文化旅游交流年启动城市、中国最早的人工园林、河南省最早发现并开采煤炭的地区、中国第一条巨型无内胎轮胎生产城市、华北地区最大的竹林、中国首个建立"台湾农民创业园"、河南省最早供自来水的城市、河南省最早使用电灯的城市、河南省最早拥有台湾银行的城市、河南省最早拥有发电厂、河南省最早电影放映机的城市、黄河流域最长生态防护林带的城市、拥有河南最高的焦晋高速公路大登Ⅲ号桥的城市、河南首条由地市筹建的高速公路开通的城市。

三、市树市花

(一)市树——国槐

焦作市十二届人大常委会第十一次会议上,国槐正式被确定为焦作市市树。国槐是适应焦作市自然条件的乡土树种,常作为庭阴树和行道树,成活率高,树龄长且易推广,具有一定的经济价值、药用价值和历史文化内涵。而且,国槐树形高大美观,形态、姿态等特性能反映焦作市的自然风貌和百姓朝气蓬勃、奋发向上的精神风貌,能够代表焦作市的城市形象。国槐栽培历史悠久,在焦作市已登记的古树名木中,国槐有378株,占45.7%,其中树龄最长的达到1800年。

(二)市花——月季

焦作市于1984年将月季确定为市花。月季——花中皇后,常绿或落叶灌木,直立,或呈蔓状与攀援状茎具钩刺或无刺,也有几乎无刺的。小枝绿色,小叶3~5(7),多数羽状复叶,宽卵形或卵状长圆形,长2.5~6厘米,先端渐尖,具尖齿,叶缘有锯齿,两面无毛,光滑;托叶与叶柄合生,全缘或具腺齿,顶端分离为耳状。花朵常簇生,稀单生,花色甚多,色泽各异,径4~5厘米,多为重瓣,也有单瓣者;萼片尾状长尖,边缘有羽状裂片;花柱分离,伸出萼筒口外,与雄蕊等长;每子房1胚珠。果卵球形或梨形,长1~2厘米,萼片脱落。花期4—10月。

四、风景名胜

焦作旅游接待设施完备、服务上乘,现有国家A级以上旅游区12个,其中国家5A级旅游景区3个(云台山、神农山、青天河),是全国5A级旅游景区最多的地级市之一;4A级旅游景区4个(嘉应观、圆融无碍禅寺、焦作影视城、陈家沟);3A级旅游景区3个(韩愈陵园、穆家寨生态旅游区、蒙牛工业旅游区);2A级旅游景区2个(朱载堉纪念馆、石佛寺)。焦作现有星级宾馆33家(其中五星级1家、四星级3家、三星级20家、二星级7家,一星级2家),有旅行社112家,旅游从业人员30万人,现已推出的山水风光游、历史文化游、休闲娱乐游等精品线路,深受游客青睐。2014年全市共接待境内外游客3298.81万人次,实现旅游综合收入261.5亿元,同比分别增长11.63%和12.14%,焦作旅游已成为河南省乃至全国旅游业的一张闪亮名片。

(一)云台山(国家5A级旅游景区)

云台山位于河南省距省会郑州西北70千米的焦作市修武县境内,总面积240平方千米,含红石峡、潭

瀑峡、泉瀑峡、青龙峡、峰林峡、子房湖、茱萸峰、叠彩洞、猕猴谷、百家岩、万善寺11个景点，是一处以太行山岳丰富的水景为特色，以峡谷类地质地貌景观和悠久的历史文化为内涵，集科学价值与美学价值于一身的科普生态旅游精品景区，因山势险峻，峰壑之间常年云锁雾绕而得名云台山，是世界地质公园、国家5A级旅游景区、国家级风景名胜区。

云台山是河南省唯一一家集全球首批世界地质公园和国家级风景名胜区、全国文明风景旅游区、首批国家5A级旅游景区、国家自然遗产、国家森林公园、国家水利风景区、国家级猕猴自然保护区、国家文化产业示范基地等于一身的风景名胜区。2007年8月27日，云台山与美国大峡谷国家公园缔结为姐妹公园，成为中国第二家通过官方建立的中外姐妹公园。

云台山景区还先后荣获了世界杰出旅游服务品牌、中国旅游知名品牌、中国驰名商标、河南省省长质量奖、全国质量工作先进单位、国家级服务业标准化试点单位、首批全国旅游标准化示范单位、全国知名品牌创建示范区、全国中小学生质量教育社会实践基地、首批全国智慧旅游景区试点单位等多项荣誉。云台山以山称奇，以水叫绝，因峰冠雄，因峡显幽，景色荟萃各不同。春来冰消雪融，万物复苏，小溪流水，山花烂漫，是春游赏花、放松休闲的好去处；夏日郁郁葱葱的原始次生林，丰富独特的飞瀑流泉，造就了云台山奇特壮美，如诗如画的山水景观，更是人们向往的旅游避暑胜地；秋季来临，层林尽染，红叶似火，登高山之巅，观云台秋色，插茱萸、赏红叶，遥寄情怀；冬季到来，大自然又把云台山装扮得银装素裹，冰清玉洁，但见群山莽莽苍苍，雄浑奇劲，不到东北就可以领略到壮美苍茫的北国风光。

(二)神农山(国家5A级旅游景区)

神农山，国家5A级旅游景区，位于河南省焦作市沁阳市紫陵镇赵寨村，与晋城市山河镇狄河村交界，神农山风景名胜区面积102平方千米，全球首批世界地质公园、世界自然基金组织A级优先保护区、国家级重点风景名胜区、国家级猕猴自然保护区、中国摄影家协会创作基地、儒道佛文化名山，中国城市第一媒体旅游联盟举办"首届中国旅游品牌景区"总评榜当选"2011年中国最具实力景区"。

景区西北23千米的太行山麓，共有八大景区136个景点。主峰紫金顶海拔1028米，矗立中天，气势雄浑，三大天门较泰山早154年。这里曾是炎帝神农氏辨王谷、尝百草、登坛祭天的圣地,也是道教创始人老子筑炉炼丹、成道仙升之所。神农山自然风光优美,遍布16000余株珍稀树种龙鳞松的白松岭,一岭九峰,犹如巨龙横亘山巅,被地质专家形象地誉为"龙脊长城"。神农山植被覆盖率高达90%以上,被称作"天然氧吧"。这里有植物1912种,名贵中药材300余种,至今流传着"神农谷里走一遭,有病不治自己消"的俗语;神农山动物种类繁多,有陆栖脊椎动物260余种,其中数量最多的是国家二类珍稀野生保护动物太行猕猴,共有3000余只,分属9个猕猴群,它们就像是大山里的9个原始部落一样,或在断崖石壁间腾挪跳跃,或与游客嬉戏逗乐。15600余株白皮松姿态万千,生长于悬崖绝岭之巅,树形之屈曲优美,景观之深奥神秀,当推全国之最。

1940年,朱德总司令从山西去洛阳谈判途经神农山时,被壮观的景色所感染,有感而发,赋诗一首《出太行》:"群峰壁立太行头,天险黄河一望收。两岸烽烟红似火,此行当可慰同仇。"全国政协原副主席张思卿到景区视察后欣然题词"神农白鹤松,九州一奇观"!

(三)青天河(国家5A级旅游景区)

青天河景区位于焦作市西北20千米处的博爱县境内,是世界地质公园、国家5A级旅游景区、国家重点风景名胜区、国家水利风景区、国家猕猴自然保护区、中国青少年科学考察探险基地、河南省最具魅力十佳风景区、河南省十大旅游热点景区,素有"北方三峡"之美誉。景区面积106平方千米,由大坝、大泉湖、三姑泉、观音峡、佛耳峡、靳家岭、月山寺7大游览区,308个景点组成,是一处集文化体验、山水游乐、生态度假于一体的综合型山水休闲度假旅游目的地。

青天河之"山"南北兼容,既有北国山川雄险之势,又有南疆河岳柔美之态;青天河之"水"天上来,这里三步一泉,五步一瀑,青山绕碧水,绿树掩古寺。这里有世界独一无二的天然长城和世界奇观石鸡下蛋;有"华夏第一泉"三姑泉及由此泉水形成的长达7.5千米的大泉湖。有7000万年前至今唯一身上有文字记载的世界罕见天然大佛,有中国最早期的男身观音铜像,有距今1500年的北魏摩崖石刻和北魏古丹道,有与少林寺齐名天下、清乾隆皇帝曾三次朝拜的千年古刹月山寺,有中国面积最大的十万亩红叶胜地靳家岭,是一处云雾缥缈、空气宜人的天然氧吧和森林乐园。青天河山水钟灵毓秀,古丹道观音秀美。当您徜徉于青天河,在佛耳峡乘物游心,抑或在月山寺竹林深处寻访明师参禅悟道,均能洗涤心灵,品味人生之真谛,体会别样之意境。

(四)嘉应观(国家4A级旅游景区)

嘉应观,国家4A级旅游景区,雍正皇帝封其"四渎称宗",嘉应观现存古建筑249间,整体分南北两个大院,其中北院布局严谨,建筑群体富丽豪华、巧夺天工,是黄河流域现存规模最大,规格最高,保存最为完整,科学、历史、艺术价值最高的黄河河神庙,全国独有,2001年被国务院公布为全国重点文物保护单位。1999年6月20日,时任中共中央总书记、国家主席、中央军委主席的江泽民同志莅临嘉应观视察并题词。

嘉应观,俗名庙宫,又称黄河龙王庙始建于雍正元年(公元1723年),历时四载。嘉应观位于河南省焦作市武陟县城东南12千米处,距焦作市市区35千米,总面积9.3平方千米,是雍正皇帝为祭祀河神、封赏历代治河功臣,仿北京故宫而修建的一座集宫、庙、衙三位一体黄淮诸河龙王庙,建筑风格形似故宫,主要包括山门、御碑亭、治河功臣殿、中大殿、禹王阁等,规模宏大。嘉应观山门为单檐歇山顶,顶部覆盖蓝色琉璃瓦,檐下为五踩重昂斗拱,玲珑别致。外檐木质上均有彩绘,笔调明朗,色彩鲜艳。门前门牌上书有"敕建嘉应观"五个大字,为雍正皇帝手书圣旨。中轴线南北依次有山门、御碑亭、前楼、更衣殿、龙王殿、风神殿、雨神殿,东西跨院为河台、道台衙署。中大殿,重檐歇山回廊式建筑,殿内藻井彩绘六十五幅龙凤图,为纯满风格,堪称一绝。

(五)圆融无碍禅寺(国家4A级旅游景区)

圆融无碍禅寺(简称圆融寺)距焦作市中心仅5千米,是被佛学界誉为"民间东传佛教第一僧"的西晋僧人佛图澄国师所创建的893座寺庙之一,距今已有1650多年的历史,比建于北魏孝文帝的洛阳龙门石窟还要早160多年,是河南省境内仅晚于白马寺的第二座古老寺庙,是中国唯一一处体

现佛教圆融思想的千年古刹,是韩国佛教圆融宗祖庭,国家 4A 级旅游景区。所谓"圆融",即"破除偏执,圆满融通";"无碍",乃"心无挂碍,行无所碍"。

寺内大雄广场耸立着高 990 厘米的释迦牟尼佛及阿难、迦叶两位尊者的铜像。圆融寺集历代圣迹于一处,登高而望,但见松柏滴翠、古树摇曳、院落相错、佛塔林立,宝殿辉煌、鳞次栉比、晨钟暮鼓、梵音缭绕,诸多建筑群落与自然环境浑然一体,堪称"深山藏古寺、群峰绕梵刹"的佛国圣地。圆融寺文化旅游区罗汉寺是新开发建设的一处景点,是全国唯一一处窑洞式罗汉洞,内有五百罗汉、六十甲子千姿百态,传神动人,惟妙惟肖,栩栩如生。

（六）焦作影视城（国家 4A 级旅游景区）

焦作影视城,位于中国优秀旅游城市之一的河南省焦作市,距焦作市区 1 千米,北依太行,南临黄河,地理位置优越,1995 年由焦作市人民政府投资 2.3 亿元兴建而成。以影视拍摄服务为主,兼具观光旅游、文化娱乐、休闲度假等功能,建筑面积 40 万平方米,是以春秋战国、秦汉、三国时期文化为背景的仿古建筑群。

主要景点由城门广场区、周王宫区、灵台、市井街区、楚王宫区、一代天骄区、外景区等多处影视拍摄景观组成。焦作影视城是国家 4A 级旅游景区,全国影视指定拍摄景地,中国著名的影视基地,中国十大影视城,全国首批九家影视拍摄基地,河南省服务业标准化示范单位,河南省特色文化基地,河南省百佳旅游摄影创作基地,同程网最具网络人气旅游景区,焦作市十大景点之一,焦作市科普教育基地。

（七）陈家沟（国家 4A 级旅游景区）

陈家沟景区位于河南省焦作市温县城东 5 千米处的清风岭上,南有焦作黄河公路大桥与连霍高速公路相连,北有焦温高速与长济高速相交,交通便利。这里是国家首批非物质文化遗产———中华太极拳的发源地。主要景点有太极拳祖祠、祖林、杨露禅学拳处、陈照丕陵园、东沟习武场、太极拳博物馆、中华太极拳文化园。待建和在建的景点有多处名人故居、国际太极拳文化交流中心、陈家沟古村等。自 1992 年第一届国际太极拳年会成功举办以来,陈家沟的影响力越来越大,已经成为国内外太极拳爱好者及游客心中的太极圣地。已故领导人邓小平曾经写下"太极拳好"来夸赞太极拳。

中国太极拳博物馆是以太极拳为主题的我国第一家非物质文化遗产代表作项目博物馆,也是我国第一家武术单项主题博物馆。博物馆分太极拳基础文化、太极拳史（两仪堂）、太极拳衍生流派（四象堂）、太极拳拳理（文修堂）、太极拳拳法（三省堂）5 个部分,系统深

入地阐述了太极拳的起源、演变和发展。内藏太极拳拳经、拳谱及历代大师史料、实物等800余项近3000件珍贵文物及近万件太极拳相关文物资料。投影画面显示、现代遥感、多媒体处理等高科技手段融入其中，向广大游客和太极拳爱好者展示了太极拳文化的博大精深。东沟位于陈家沟村东，长约1.5千米，南宽北窄，深约六七米。沟内林木茂密，绿树成荫，曲径徘徊，小桥流水，有两个练拳台，是历代拳师传拳习武之地，相传也是陈王廷创拳的地方。

五、城市精神

以"特别能战斗"精神为底色，顾全大局、无私奉献，情系群众、务实为民，开拓创新、奋发有为、众志成城、克难攻坚是焦作精神的集中体现。

1925年，在中国共产党的领导下，焦作煤矿爆发了声援"五卅"运动的反帝大罢工，11000名煤矿工人坚持罢工斗争8个多月并取得胜利。这是当时罢工时间最长、工人零牺牲、最终取得胜利的成功范例。

1925年12月1日，毛泽东撰写了《中国社会各阶级的分析》一文。文章分析工人阶级状况时列举了焦作煤矿等处的罢工，毛泽东认为："他们特别能战斗。"从此，"特别能战斗"精神就成为焦作人民的精神财富，成为焦作整座城市的红色基因。

从大革命时期的反帝大罢工到抗战时期的千里大迁徙，从道清铁路游击队到解放战争时期的备战上山，争取人民解放。在将近半个世纪的历史进程中，焦作人民始终发扬"特别能战斗"精神，坚定不移跟党走，也赓续着焦作这座城市的红色基因。伴着新中国诞生的礼炮，焦作人民以当家作主的主人翁姿态，把千疮百孔的矿山改造成全国重要的煤炭生产基地。

1950年到1980年30年间，焦作生产煤炭近2亿吨，连续创造出煤炭领域安全生产、成本、效率等多个全国第一。特别是在1961年，焦作原煤年产量达690万吨，创造了当时的历史最高纪录，成为全国煤炭工业的一面红旗。这一时期，焦作为中国煤炭工业建设输送了大批优秀人员，煤矿基本建设等30多项先进技术在全国推广，为推动煤矿开采技术进步发挥了重要促进作用，也进一步丰富了"特别能战斗"精神的内涵。

随着矿产资源日益枯竭，资源型企业效益逐步下滑。从1999年开始，焦作市委、市政府以"第三次创业"为标志，强力推进城市经济战略性转型。2008年以来，作为国家首批资源枯竭城市，焦作成功实现了由"黑色印象"到"绿色主题"的转变。在2018年全国69个资源枯竭城市转型年度考核评价中,焦作位居第 2 名,受到国务院"真抓实干、成效明显"激励政策表彰。在中国社会科学院发布的《2018 年中国城市竞争力报告》中,焦作综合经济竞争力排名全国第 76 位。《河南社会治理发展报告(2019)》显示,焦作城市宜居和获得感指数均居全省第一。伟大的事业孕育伟大的精神。这期间,焦作人民在建设南水北调世纪工程中,还铸就了"顾全大局、无私奉献,情系群众、务实为民,开拓创新、奋发有为,众志成城、克难攻坚"的南水北调焦作精神。

特别能战斗、无往而不胜。从声援上海五卅运动,到投身民族解放的洪流;从建设新中国,到奋进新时代,"特别能战斗"精神,赋予了焦作人干事创业的精气魂!"特别能战斗"精神,既是精神状态、工作作风,更是意志品质、理想信念。奋斗百年路,启航新征程,要让这种精气魂赓续传承、发扬光大,激励焦作人民敢于担当、激情奋斗,不断书写新时代的出彩新华章!

第九章 濮阳市

一、市情简介

濮阳位于河南省的东北部,黄河下游,面积4188平方千米,人口400.89万,辖濮阳、清丰、南乐、范县、台前、华龙区、开发区、城乡一体化示范区、工业园区等5县4区。北与河北省邯郸市(大名县、魏县)交界,西与安阳市(内黄县、滑县)接壤,西南与新乡市(长垣市)毗邻,东与山东省泰安市(东阿县、东平县)、济宁市(梁山县)接壤,东北与山东省聊城市(莘县、阳谷县)接壤,东南与山东省菏泽市(郓城县、鄄城县、东明县)接壤。是引黄入冀补淀工程项目建设的起点。

濮阳古称帝丘,是中华民族重要发祥地之一,据传五帝之一的颛顼曾以此为都,帝喾、尧、舜均曾在此活动,是国家历史文化名城。濮阳文化底蕴厚重,有"颛顼遗都""帝舜故里"之称,2012年2月被中国古都学会命名为"中华帝都"。1987年出土的距今6400多年的蚌塑龙形图案,被誉为"中华第一龙",中华炎黄文化研究会据此命名濮阳为"华夏龙都"。濮阳还是中国姓氏的重要起源地之一,卢、张、范、姚、秦、顾、孟、骆等姓氏均发源于此。濮阳与河北省吴桥县并称"中国杂技之乡",杂技源远流长,拥有广泛的群众基础。

濮阳是国家重要的商品粮生产基地,粮棉油主产区之一。石油、天然气、盐、煤等地下资源丰富,是中原油田所在地,是国家重要的石油化工基地、石油机械装备制造基地。国家重点水利工程——引黄入冀补淀的建设起点即在濮阳市濮阳县境内。

濮阳是一个平原市,气候条件适宜,境内河流众多、水源充足,适宜多种树木生长,但境内沙化土地面积大、化工产业发展环境压力大,因此,加强林业建设势在必行。建市以来特别是近年来,濮阳高度重视林业生态建设,把造林绿化作为改善区域面貌、提升濮阳形象、优化发展环境最直接、最有效、最经济的手段和途径,着力实施廊道绿化、乡村绿化、农田林网、郊野公园、林果基地等重点造林工程,近10年来全市年均新增造林10万亩,全市林木资源总量不断增加,初步形成了以道路、河流绿化网络为骨架,点、片、网、带合理布局,城乡协调发展的林业生态体系,林业在改善生态、美化环境等方面的作用愈加显现。截至目前,全市片林面积120余万亩,森林覆盖率30.31%,活立木蓄积量380万立方米。

二、城市名片

国家卫生城市、国家园林城市、中国优秀旅游城市、中国人居环境范例奖、国家森林城市、迪拜国际改善居住环境良好范例奖、国际花园城市、国家历史文化名城、中国最佳文化生态旅游城市、中国杂技之乡、全国文明城市等,被誉为"中华帝都""号称中华龙都""人居佳境""中原绿洲"。

三、市树市花

在濮阳市第三届人民代表大会常务委员会第二十八次会议上,有关领导听取了市人民政府时任副市长孔德钦关于提请命名市树、市花的报告,经过审议,决定命名国槐为市树,月季为市花。

(一)市树——国槐

国槐(*Sophora japonica* Linn.),豆科槐属植物,是城乡绿化特色树种,其枝叶茂密,绿荫如盖,适作庭荫树,在中国北方多用作行道树。配植于公园、建筑四周、街坊住宅区及草坪上,也极相宜。夏秋可观花,并为优良的蜜源植物。花蕾可作染料,果肉能入药,种子可作饲料等。又是防风固沙,用材及经济林兼用的树种,是城乡良好的遮阴树和行道树种,对二氧化硫、氯气等有毒气体有较强的抗性。国槐也是可以选作为混交林的树种。

为什么命名国槐为市树?"国槐"二字是唐朝开国皇帝李渊的封号。国槐是我国栽培历史悠久的树种,广泛分布于我国16个省区,是华北地区的优良乡土树种。国槐有以下特点。(1)历史悠久,生命力强,素有"中国槐与华夏文化"的记载。国槐是濮阳的优良树种,栽培历史悠久,在濮阳城镇、村庄常见树龄达数百年以至上千年的古槐。(2)姿态优美,花香宜人。国槐亦称黑槐、白槐、豆青槐,古朴典雅,苍健浓绿。春季新叶吐翠,花蕾芬芳,赏心悦目;盛夏凉爽宜人,繁花似锦。(3)适应性强,分布广泛。国槐适应性很强,耐寒、耐旱、耐瘠薄、耐盐碱,对土壤要求不严。濮阳为化工城市,排出有害气体很多,大力栽植国槐有利于保护环境,降低大气污染,因为国槐对二氧化硫等有毒气体及烟尘抗性很强,是绿化城市及农村"四旁"的优良树种。(4)易于繁殖,用途较广。国槐用种子育苗,当年苗高可达1米,亩产万株。国槐经济价值高,木材致密,为上等木材,花蕾和种可供药用,花蕾是重要的出口物资,花为蜜源,种子可榨油,它的枝、叶、花、果、根、皮、胶、耳等均有较高的经济价值,是多种经营的好树种。濮阳建市以来,经过对国槐的研究、推广和应用,国槐数量由少到多,继而大规模地发展,目前,国槐已成为濮阳城镇绿化的骨干树种,特别是在濮阳城市绿化中显示出巨大的优势。

濮阳地处黄河下游,是中华民族的发祥地之一,虽然是一座年轻的城市,但在春秋战国时期就是政治、经济、文化中心之一,有着悠久的历史和灿烂的文化,更有着丰富的古树名木资源。在全市的古树名木中,国槐占绝大多数,有树龄一千多年的唐槐,有长势奇特的母子槐、狮子槐,同时也有友谊树、纪念树,这些都是濮阳亘古以来历史的见证,是我市的宝贵资源之一。根据全国绿化委员会《全国古树名木普查建档技术规定》,濮阳共查出古树333株。其中树龄1000年以上的有4株,这些古树生长状况良好。

(二)市花——月季

月季(*Rosa chinensis* Jacq.)被称为花中皇后,花容秀美,姿色多样,四时常开,深受人们的喜爱,中国有52个城市将其选为市花,1985年5月,月季被评为中国十大名花之第五位。自然花期8月到翌年4月,色彩艳丽、丰富,不仅有红色、粉黄色、白色等单色,还有混色、银边等品种；多数品种有芳香。月季的适应性强，耐寒，地栽、盆栽均可，适用于美化庭院，装点园林，布置花坛，配植花篱、花架；月季栽培容易，可作切花，用于做花束和各种花篮；月季花朵可提取香精，并可入药。也有较好的抗真菌及协同抗耐药真菌活性。月季的品种繁多，世界上已有近万种，中国也有千种以上，中国是月季的原产地之一。

为何把月季选定为市花？月季是中国十大传统名花之一，把月季定为市花，是因为月季有很多优点。月季有悠久的栽培历史，中国在汉代已广泛栽植，宋代已成为名花，以后传播至世界各地。月季是中外科学技术的融合体，是友谊的象征。月季的花期长，从春至冬，常开不败，因而历来为诗人所赞赏，"曾陪桃李开时雨，仍伴梧桐落后风"。月季花常开不败的特点，寓意濮阳欣欣向荣。月季花品种繁多，万紫千红，目前，全世界已有 1.5 万多个品种，中国也有 5000 多个。单从花色一项，除了蓝色、绿色品种还不多见之外，其余的色彩几乎可以排成一个连续的色谱，称得上黄白黛绿、五彩缤纷、红紫灿烂、绚丽多姿，它象征着濮阳百业俱兴。月季适应性强、易繁殖、好管理，对土壤肥料要求不严，扦插极易成活。

（三）市树市花在城市生态绿化建设中的应用

国槐和月季独具特色的人文景象、文化底蕴、精神风貌集中展现了濮阳优越的生态环境，而且对带动全市旅游、农业等相关产业发展有着促进作用，有助于国家园林城市建设水平的进一步提高和增强城市综合竞争力，还能更进一步激发广大市民爱绿护绿、建设和谐家园的热情。

濮阳在扩大市树和市花种植面积的同时，在开州路、国槐街、文明路、人民路等多条道路和绿地上集中种植国槐和月季，让市民和游客见到路旁的国槐和月季，就想起市树和市花，就知道路名。而结合濮阳的"城市水系"治理等工程，市树和市花更是成为河堤两旁的风景,实现"人在树中行走,花在身边绽放"。

除结合绿化美化工程外,国槐和月季在农业、旅游业等行业发展中也占有不可或缺的地位。月季作为濮上园、戚城公园、龙城广场观赏的新热点,不仅可以促进赏花游的发展,也可以让农民发展深加工,提高农民的收益;而国槐的槐米和特殊的木材纹理,亦可用作深加工,成为农民增收致富的新途径。因而,鼓励农民种植市树和市花,同时加大宣传力度,提高濮阳市树和市花的知名度。

精心培育市树的风骨和市花的英姿,深入挖掘市树和市花的内涵,让市树和市花发挥形象效应,由此,能美化濮阳环境,更让濮阳的名片立在市民和游客的心中!

四、风景名胜

濮阳历经沧桑,英雄辈出,胜迹遍地。截至目前,濮阳市共有各类不可移动文物1279处。国家级文物保护单位5处:唐兀公碑、戚城遗址、颜村铺革命旧址、单拐革命根据地旧址、京杭大运河台前段,省级文物保护单位25处:西水坡遗址、回銮碑、晋冀鲁豫野战军渡河纪念地、程庄遗址、铁丘遗址、马庄遗址、戚城遗址、濮阳四牌楼(含十字街民居)、魏氏墓碑、濮阳基督教堂(含华美中学旧址)、卫河县抗战烈士陵园、华野濮阳整军司令部旧址、八里庙治黄碑(含镇河铁兽)、南乐文庙、䗶聵台遗址、仓颉陵遗址、丹朱墓遗址、子路墓、晋冀鲁豫野战军指挥部旧址、普照寺大雄宝殿、高城遗址、瑕丘遗址、清丰抗战烈士祠、中共直南特委旧址、濮阳天主教堂。市、县级重点文物保护单位135处。市内主要旅游景点有中原绿色庄园、世锦园、濮上园、毛楼生态旅游区、张挥公园、帝舜宫、杂技故里东北庄、子路墓祠、戚城遗址、䗶聵台、四牌楼、中华第一龙、回銮碑、御井、八都坊、华东野战

军濮阳整军纪念地和朱德、陈毅、邓小平濮阳活动纪念地及旧居等。市辖区内旅游景点主要有南乐仓颉陵、唐槐、文庙,清丰普照寺大雄宝殿、张清丰孝子碑,濮阳东濮黄河大桥、渠村黄河分洪闸、中原油田发现井、唐兀公碑、范县李桥渡河处、闵子墓、十字坡,台前张公艺墓、孙口渡河处、京九铁路黄河大桥等。1994年,濮阳市的戚城文物景区、子路墓祠、回銮碑等文物景点被国家旅游局和国家文物局列为第一条中国文物古迹旅游活动专线——2500年前孔子周游列国线。1999年后,濮阳市又开辟5条濮阳旅游专线。特别是随着国家级卫生城、园林城、文明城、优秀旅游城市及国际花园城的成功创建,濮阳以其独特的魅力吸引着越来越多的游客。2005年,推出濮阳红色旅游一日游、二日游线路,以单拐、孙口为主要景点的"千里跃进游"被河南省旅游局确定为河南省红色旅游推荐线路,建成并包装

4家杂技小院,全天进行杂技表演。有关专家把濮阳龙乡的旅游总结为八大看点。一是欲把濮阳比西施,红花绿叶总传情。濮阳规划合理,建筑新颖,管理规范,环境优美,城市道路与绿化浑然一体。世誉"人在绿中走,车在树下行,楼房花丛卧,闹市森林中"。二是听涛观澜黄河边,沧海桑田看毛楼。置身于范县辛庄乡毛楼村,既可看到波澜壮阔的黄河,又可参观风格别致的乡间别墅。三是故园神游一万里,三皇五帝到如今。华夏民族上古时期的重要人物——黄帝、蚩尤、颛顼、帝喾、帝尧、舜帝、张姓始祖、后羿等,大都在濮阳一带活动。四是中华龙祖西水坡,黄陵初开天地惊。1987年,在西水坡发掘的仰韶文化时期的蚌砌龙虎图案,被考古界誉为"中华第一龙",该遗址被有关专家论证为我国华夏祖先最早的皇陵之一。五是盘古斯文地,开天圣人家。这是北宋名臣寇准为南乐县仓颉庙所题楹联。六是亿元同姓同祖,惟吾挥公一人。在中国姓氏中,张姓乃第一大姓。张姓始祖挥公诞生在濮阳这块土地上,他以发明弓箭被载入史册。每年清明节,许多海内外张姓后裔前来祭拜。七是蟠桃玉兰时时有,疑为瑶池落人间。中国长江以北最大的恒温鲜切花基地——濮阳世锦农业园区,采用无土栽培、电脑控温、自动灌溉等先进技术生产红掌、百合、非洲菊等鲜切花产品,园内一年四季鲜花盛开。八是再咏风雅颂诗,重行桑间濮上。濮上生态园区,融游乐、野营、度假为一体,有民俗园、森林乐园、水上乐园、百果园、杂技园、人工湖、跑马场、动物园等20多处景中之景。

(一)戚城文物景区(国家4A级旅游景区)

濮阳是中华民族发祥地之一,戚城遗址是全国重点文物保护单位,地上的部分为周长1520米的古城残垣,占地面积1440平方米,地下则保存着自6000多年前仰韶文化到汉代等不同时期历史遗存。戚城遗址是濮阳悠久历史的重要见证。戚城文物景区总占地面积760亩,自1991年3月起,历时5年建成,其中有纪念景点5处,文物及遗址展示3处。戚城又称"孔悝城",是春秋时卫国的重要城邑。

(二)濮上园旅游度假区(国家4A级旅游景区)

濮上园旅游度假区位于濮阳市城区西部,始建于1999年,总面积5935亩,核心景区面积3801亩。其中,绿地面积4296亩,占总面积的72%;水域面积966亩,占16%。景区生态自然,层次丰满,山湖兼胜,水天一色,是中原地区最大的人工园林。度假区分为中原绿色庄园和濮上园两大景区。中原绿色庄园以精品园林、演艺文化、大型游乐设施为主题,濮上园以生态度假、温泉盐浴、会展培训为特色。度假区融多种旅游功能于一体,被誉为旅游休闲度假胜地,如一颗璀璨的明珠镶嵌在华夏龙都大地。

濮上园以雷泽湖、西秀湖、东灵湖、鸭知湖四大水系为中心,以卫河、澶水、春秋河、繁水为纽带,960余亩水体与园内连绵起伏的龙首山、龙脊岭等组成巨幅山水画卷,温情旖旎,气势磅礴。水杉园、女贞园、海棠园、竹园中五百多种植物,四季常青,鸟语花香。雷泽荡舟,乘画舫、电动船畅游碧波,意趣盎然;金色的沙滩浴场、蓝天、碧水、阳光,是放松心情、休闲娱乐的绝佳去处;五星级温泉度假酒店、拓展培训中心、热情广场、海棠香苑等项目与山、水、绿等生态景观巧妙结合,形成了以温泉盐浴、会议会展、休闲度假、运动养生为特色的旅游度假区。

(三)唐槐公园

唐槐公园位于濮阳市南乐县仓颉路东段,占地25.7亩,园内有树龄为1000多年,为南乐"八大槐"之首的第一古树。

公园主题为"年轮·雕刻时光",采用简约中式园林的设计风格,以南乐古槐和历史人文为背景,加入现代的设计元素,整体布局方圆结合。中心广场以唐槐为中心提取年轮的形态,命名为年轮广场,广场的风格来源于"太极"的图案,包含了以古槐为一极和以乐字雕塑为一极的两块场地,分别寓意"福寿安康""乐享祥瑞"。人们可以在广场处仰观历史的沧桑,感受盛世的繁华。公园另植8株形态相匹配的国槐,与唐槐共9棵,传统文化中以九为大数,数尽的时候自然回转,体现了中国传统文化中轮回的思想,表示了自然界的周而复始,循环往复。

公园因唐槐而建,既具有文化历史底蕴又具有现代的设计感和可

观性。春夏季浓墨重彩，树木葱郁，秋冬彩叶烂漫，繁华落尽，尽显安宁。她所传递的是吉祥、健康、长寿、文化传承的理念，给喧嚣尘世中的人们带去心灵的慰藉和美好的祝愿。

(四)濮阳冀鲁豫边区革命根据地旧址纪念馆(国家4A级旅游景区)

冀鲁豫边区革命根据地旧址纪念馆位于濮阳市清丰县双庙乡单拐村，占地面积56000平方米，建筑面积35000平方米，布展面积20000平方米。集红色教育、参观研学、历史文化、文物承载、古建筑群于一体，是"全国爱国主义教育示范基地""全国重点文物保护单位""国家4A级旅游景区""全国红色旅游经典景区""国家级抗战纪念设施遗址"。景区历史文化源远流长，红色文化氛围浓厚，旅游景点丰富多样。现有冀鲁豫边区抗战史实展馆、中共

中央北方局、冀鲁豫分局、冀鲁豫军区司令部、第一兵工厂旧址、邓小平旧居、黄敬旧居、宋任穷旧居等40余处参观景点。

(五)濮阳城市园林

濮阳市1999年被住房和城乡建设部命名为"国家园林城市"，近年来，市委市政府坚持以习近平生态文明思想为指导，把加快城市园林绿化和生态环境建设摆到了更加突出的位置，加快形成绿色生产方式和生活方式，着力解决突出环境问题，突出抓好重点项目建设，不断提高精细化管理水平。截至2020年，濮阳市城市建成区公园绿地面积919.8万平方米，建成区绿化覆盖率40.75%、绿地率36.33%、人均公园绿地面积14.83平方米。

近年来，濮阳狠抓园林绿化项目建设，城市绿地数量和品质不断提高。大力开展公园绿地和单位居住区绿地建设，提升城市中心区人均公园绿地面积。把新增、改造城市公园绿地和街头游园作为重点，努力扩大和提高城市中心区人均公园绿地面积。先后完成龙湖滨湖公园、如意河滨河公园、龙山公园等绿地建设，打造了我市"厚重、多层、多花、多彩"的景观绿化效果。

按照"公园城市""景区化管理"模式，对各类公园绿地全面提升改造。先后完成未名

园、新蕾公园、龙城广场、颐和广场等公园改造提升工程,取得了良好景观效果。

实施生态绿道工程,形成了一街一景、一路一貌的道路绿化格局。完成了澶水路、盘锦路、东濮路、卫都大街、开州路、绿城路、106国道等近150条道路绿化建设工程,道路绿化普及率100%,道路绿地达标率83.6%。开展了龙湖龙山等绿道系统建设,配套建设绿道驿站及服务设施。

五、城市精神

守正创新、厚德自强、吃亏奉献、勇毅担当。

第十章　许昌市

一、市情简介

许昌市位于河南省中部,面积4996平方千米。东邻周口市,南界漯河市,西交平顶山市,北接郑州市,东北与开封市毗邻。许昌交通便利,市区距省会郑州80千米,距新郑国际机场50千米,311国道、地方铁路横穿东西;京广铁路、京港澳高速公路、京港澳高速公路辅路(许昌至港区至新乡)、107国道纵贯南北;许南(阳)、许扶(沟)、许开(封)、许洛(阳)公路、许平(顶山)南(阳)高速公路和许开(封)、许登(封)、许亳(州)高速公路在此交会,郑州地铁17号线已经开通了,形成四通八达的交通网络,是豫中区域性政治、经济、文化中心,在河南省经济和社会发展中占有重要地位。

许昌市辖魏都、建安2个区,禹州、长葛2个市和鄢陵、襄城2个县;16个乡,60个镇和29个街道办事处。2019年底,许昌市总人口500.48万人,常住人口446.21万人,城镇人口241.54万人,乡村人口204.67万人,城镇人口占全市常住人口的比重(城镇化率)为54.13%,人口密度为每平方公里896人。2019年末全市共有高等院校4所,职业中等技术学校25所,普通高中35所,普通初中205所,小学819所,幼儿园1266所,特殊教育学校5所。2018年许昌市境内除汉族外,有满族、蒙古族、回族、藏族等41个少数民族。

许昌市西部为低山丘陵,最高海拔1150米;东部为淮海平原西缘,最低海拔50米。地势西北高,东南低,自西北向东南缓慢倾斜。地貌景观呈东西向分带,按地貌成因及形态组合,可分为平原、山地和岗地 3 大类。许昌市境内经调查有维管束植物 124 科、411 属、719 种,其中野生植物 448 种,栽培植物 271 种。按自然森林植被破坏后而大部分低山丘陵为草灌丛植被分类,属华北区豫西山地和黄淮平原亚区植物区。

二、城市名片

许昌市是三国文化之乡、蜡梅文化之乡、陶瓷文化之乡,先后获评全国文明城市、中国花木之都、国家水生态文明城市、国家生态园林城市、国家卫生城市、国家节水型城市、国家森林城市、中国优秀旅游城市、中国金融生态城市、国家公共文化服务体系示范区等。

2017 年 10 月 27 日,中华人民共和国住房和城乡建设部正式发文,命名许昌市为"国家生态园林城市",这标志着该市的城市生态文明建设又跨上了一个新台阶,成为全国第二批、河南省乃至中原地区第一家获得"国家生态园林城市"称号的城市。据了解,此次仅有浙江省杭州市、河南省许昌市、江苏省常熟市、江苏省张家港市 4 个城市获得"国家生态园林城市"殊荣。

国家生态园林城市是国家园林城市的"升级版",更加突出绿色、低碳、循环发展理念,更加注重城市生态功能的完善、城市建设管理综合水平的提升、城市为民服务水平的提升,是人与自然和谐相处的最佳城市形态。近年来,该市深入贯彻落实创新、协调、绿色、开放、共享的新发展理念和生态文明建设系列要求,在 2006 年获得"国家园林城市"荣誉称号的基础上,坚持"生态优先、项目带动、全民创建"工作思路,大力实施"绿满许昌"行动计划,着力构建"点、线、面"相结合的绿色生态网络格局。在点上彰显风貌,建成 154 个公园、游园和广场;在线上构筑风景,打造了 38 千米外环通道防护林带和 82 千米长的绿色长廊;在面上打造风光,建成 4 处总面积 10 万亩大型生态林海、5 个高档观光农业生态园,以及占地 5.613 的"两高"生态廊道。建成总长 130 余千米的城市景观绿道体系;打造了恒大绿洲、实验小学等 370 余个园林式居住区(单位);实施 9 大类 56 项水系建设示范工程,形成了"五湖四海畔三川、两环一水润莲城"的水生态格局;不断加大生态修复力度,使占地 150 亩的垃圾山嬗变为香山公园,在低洼废弃地上打造出占地 0.6 多平方千米的秋湖湿地公园,让拥有 500 多年历史的护城河再现了"十里荷花半城柳"的莲城风韵;投入运营公共汽电车 1 286 台,建成公共自行车站点 350 个、投放自行车 8200 辆;大力开展绿色服务,新增 468 处公共体育和儿童游乐场所,市区"15 分钟健身圈"基本建成;大力推广清洁能源,推进"气代煤""电代煤",全市城区实现天然气全覆盖;探索实施了建筑垃圾管理和资源化利用模式、城乡生活垃圾收运处理一体化模式,两项工作均荣获"中国人居环境范例奖"。

2021年7月16日,中华人民共和国文化和旅游部(以下简称文化和旅游部)、财政部(以下简称财政部)印发《关于公布第四批国家公共文化服务体系示范区(项目)名单的通知》,许昌市被正式命名为国家公共文化服务体系示范区。国家公共文化服务体系示范区是文化和旅游部、财政部共同组织实施的一项重大文化惠民工程,根本目的是推动各地解决公共文化服务体系建设面临的突出矛盾和问题,深化改革创新,形成具有推广价值的典型经验,示范带动全国现代公共文化服务体系建设。

许昌市自2018年4月被列为第四批国家公共文化服务体系示范区创建城市以来,市委、市政府高度重视创建工作,明确提出了"打造中原文化高地、建设中原文化强市"的目标。全市各级、各部门密切配合,通过实施"五三五六"工程,即着力抓好"文化设施、服务供给、人员队伍、绩效考核、社会宣传"五大体系;深入推动"标准化、社会化和均等化"三项实现新突破;完成"公共文化服务协调机制、法人治理结构改革、总分馆制建设、群众反馈机制、文化志愿服务"五项改革任务;推动"公共文化机构业务数字化管理、基层文化工作'三员工作制'、乡村文化联盟、特色文化分馆、打造文艺精品、文旅融合"六个创新实践,高标准完成各项创建任务。

目前,全市花卉苗木面积达90多万亩,建成区绿地率达36.65%,绿化覆盖率达41.61%,逐步形成了"绿满全城、清水绕城、古风新韵、精致秀美、个性鲜明、宜居宜业"的现代化城市格局。

三、市树市花

(一)市树

许昌市暂无市树,目前,相关部门正在组织开展市树评选工作,以便确立本市市树。

(二)市花——莲花

许昌市的市花是莲花。许昌市是著名的莲花城,又被称作"莲城"。莲花栽培历史悠久,种植范围也很广泛,到了盛花期,许昌市内莲花开放,景色很是美丽。许昌市多条河道和湖泊都种植有莲花,年年夏天,护城河、饮马河、天宝河、西湖公园、秋湖湿地等都是一片花海。来观赏的游客、市民络绎不绝,护城河莲花最多,2016年许昌市实施护城河环通二期工程项目,在东、西、南、北护城河共种植莲花、睡莲品种14个,种

植面积23286平方米。其中,9个观赏莲品种种植面积12273平方米,分别为艳阳天、红千叶、大洒锦、太空莲、白花建莲、建选17号、舞妃莲、千瓣莲、红台莲;1个普通菜莲品种

种植面积10001平方米;4个睡莲品种种植面积1012平方米,分别为科罗拉多、黄鹰、粉牡丹、白睡莲。其他分布在西湖公园、东湖、饮马河、天宝河、贵妃苑景观湖和许扶运河铜雀台周边等,加起来种植面积近10万平方米。

每年7月初至9月初,是许昌莲花盛开的季节,也是观赏莲花的最佳时机。"荷花香·游许昌",护城河内的莲花竞相开放,散发出阵阵清香,尽显都市莲塘美景,呈现出"红绿交映,风景如画。十里荷花,江湖极目"的壮美景观,吸引众多市民和游客泛舟湖面,观赏莲花。

2016年3月15日8时55分,"灞陵号""建安号""大禹号"三艘游船,从许昌市护城河春秋东码头起航东进,开启了许昌市护城河水上公交正式营运的航程。许昌人乘船环游许昌城的百年梦想,此刻梦想成真。在游览护城河过程中,游客不仅可以观赏到虹桥卧波、杨柳垂荫的美景,还可以聆听讲解员讲述许昌悠久的人文历史典故。

"接天莲叶无穷碧,映日荷花别样红!"这样的诗句才是真正地符合这里。许昌的莲花,多到让很多城市,甚至很多外地游客都羡慕。"一桥河上横,诗画韵无穷。涟漪濯清莲,花开别样红。"莲花,没有牡丹的雍容华贵,没有梅花的铁骨铮铮,也没有桂花的十里飘香,然而,她却在炎夏酷暑中,出污泥而洁身吐芳,洒清香而天然独秀,亭亭玉立,超然脱俗,为汉魏古都许昌添几多美景、增几分神韵,为游玩者送来丝丝清凉、散阵阵幽香。

北宋时期,百姓在城西的小西湖边植树插柳,种上莲藕,使得小西湖逐步成为中州有名的园林胜景。欧阳修、司马光、苏轼等文豪都曾在此流连。夏秋之际,红绿交映称中州胜观焉,美不胜收!

清乾隆十年,甄汝舟到许昌做州官情不自禁吟道:"一片波光散晓烟,红衣馥馥翠田田。州城宛在芙蓉苑,何用兰桡拨画船。"莲城人爱莲,自古有之。于是,人们漫步在河边、堤旁,用手机或相机拍下莲花的倩影时,总会不忘吟哦出一句"满城荷花半城柳"的诗句来。

传说,一次观世音菩萨从佛祖处听经后返回宝阁,途经许昌,无意间瞥见许昌绿水妩媚、湖光闪金、碧波荡漾,不由心花怒放。陶醉之余,总感觉幻翠清流似缺点睛之美。片刻思忖,观世音菩萨从莲花宝座上采下一瓣莲花抛向许昌水域,瞬间许昌所有河湖皆开莲花,或含苞欲放,或绯红娇羞,或灿烂热烈,许昌之水顿时锦上添花,犹如仙境。

惊喜若狂的百姓抬头看见天空灵光四溢、笑意盈盈的观世音菩萨,慌忙跪拜。为感恩观世音菩萨将心爱之物融于钟灵毓秀的许地,百姓自此敬称许昌为"莲城",其意有三:一意为"莲花之城",一意为"美丽之城",一意为"圣洁之城"。

若用莲花苗种植,需要适时种植。我国南北纬度相差悬殊,气温差距大,种植时间应当和环境相宜。气温上升至15℃时,荷花顶芽萌动。长江流域以"清明"前后适宜。北方4月下旬均可栽培。若用莲子种植,5—7月也可种植。常用莲花品种有大型莲花:中国古代莲(粉红色)、艳阳天(深红色)、天骄(粉红色)、友谊牡丹莲(淡黄)、大碧莲(白色)等80余个品种;碗莲:红碗莲(红色)、睡美人(粉红色)、白雪公主(白色)、莺莺(淡黄色)等40余个品种;睡莲:诱惑(红色)、洛桑(粉红色)、宽瓣白(白色)、霞妃(紫红色)等30余个品种。许昌市常用的有太空莲、泰国花奇莲、奥运莲、八一莲、冰娇、冰心、白海莲、微山湖红莲、并蒂莲、富贵莲、佛脚莲以及东湖白莲等162种,按照颜色可分为红色、紫红色、粉红色、黄色、淡黄色、白色等,按照花瓣可分为单瓣莲花、重瓣莲花以及奇形莲花等。

莲花是以藕身作种藕栽培的,在一个生长周期要经过萌芽、展叶、开花、结实、长藕和休眠等过程。

莲花可以种植在人工湖、河道以及其他景观水体,还可以种植在牛槽、水缸或者水盆中。莲花种植时间一般多在春季3—5月,每亩种植300~500株莲花苗即可,5~10天便可长出浮叶,20~30天便可长出立叶,40~50天便可见莲苞初露,60~90天便可进入莲花盛期,具有较高的观赏价值。

春分以后,当气温升到10℃以上时,种藕上的藕芽开始萌动;清明以后,气温达15℃以上时,开始长出浮叶,并抽生藕鞭;当气温达20℃以上时,主鞭抽生立叶,并已有较强的

根系,吸肥能力增强。

根据莲花品种的不同,一般每亩可开花3000~10000朵,按照每朵莲花售价3元来计算,每亩水面可获得9000~30000元的效益;专门用于产莲子的莲花,一般每亩可收获新鲜莲子1000千克,按照每斤5元来计算,每亩水面可获得10000元的效益。由此可见种植莲花不仅可以观赏,还可以获得不错的经济收入,除此之外对水体还有较大的净化作用。

莲花是水生植物,性喜相对稳定的平静浅水,湖沼、泽地、池塘是其适生地。莲花的需水量由其品种而定,大株型品种如古代莲、红千瓣莲相对水位深一些,但不能超过1.7米。中小株型只适宜20~60厘米的水深。同时莲花对失水十分敏感,夏季只要3小时不灌水,缸栽荷叶便萎靡,若停水1日,则莲叶边焦,花蕾回枯。莲花还非常喜光,生育期需要全光照的环境。莲花极不耐阴,在半阴处生长就会表现出强烈的趋光性。野生种藕的生命力强,适应环境广,当年可开花。

莲花色艳、花香、花期长,是水面绿化、制景工程的首选。

1.栽培环境

莲花宜静水栽植,要求湖塘的土层深厚,水流缓慢,水位稳定,水质无严重污染,水深在150厘米以内。莲花是强阳性花卉,所以栽植地必须保持每天有10小时以上的光照。此外,莲花易被草类等鱼类吞食,因此在种植前,应先清除湖塘中的有害鱼类,并用围栏加以围护,以免鱼类侵入。

2.适时浇水

莲花对水分的要求在各个生长阶段各不相同。一般生长前期只需浅水,中期满水,后期少水。水位最好控制在1~1.5米。

3.合理施肥

缸盆栽植莲花,一般用豆饼、鸡粪等作基肥,制作基肥应将鸡粪等与土壤充分搅拌,土壤和有机肥的比例为2:1,基肥用量为整个栽植土的1/5,将基肥放入缸盆的最底层。

在莲花的开花生长期,如发现叶色发黄,则要用尿素、复合肥片等进行追肥,也可用20~60毫克/千克铁锰液叶片喷施,或2毫克/千克作灌施。子莲一般每亩施用3000千克有机肥和磷钾肥作为基肥,追肥的原则是苗期轻施,花蕾形成期重施,开花结果期勤施,具体时间为5月上旬幼苗期每亩施用30千克磷钾肥、10千克尿素;6月中旬至8月上旬为开花期。为促使莲花盛开,提高结实率,每隔20天应施1次追肥。

藕莲每亩施用400千克有机肥、100千克豆饼作为基肥。藕莲第一次追肥是在6月上旬,施用以尿素、磷钾肥为主的立叶肥;第二次在 7 月上旬,施用尿素 30 千克、磷钾肥 50 千克的座藕肥以确保藕莲多结藕,结好藕,提高经济效益。

4.中耕除草

杂草对莲花的生长不利,因此要及时清除。对于缸盆中的杂草、水苔、藻类应及时人工清除。田塘栽种的藕莲和子莲,在栽种后 20 天,即立叶生长至 3~5 片后,应开始耕耘,翻动土表拔除杂草,每隔半月进行 1 次,一般耕耘 3 次,待地下茎基本长满田塘就可停止。

5.盆栽莲花

选择优良品种。应选择株型小、花大而色艳、开花多的观赏品种,如满江红、桌上莲、小天使、小仙女等。如果用种藕种植,应选择顶芽完整、无病斑、无破损、生长健壮的藕种。如果用莲子种植应精选粒大、饱满的老熟莲子。

容器。选用口径 30~60 厘米,高不超过 50 厘米的花盆或缸,要求保水耐用。庭院或单位种植可用高档陶盆或产业化大量生产商品盆荷。

土壤要求。莲花要求腐殖质丰富的肥沃土。用土通常为湖塘泥,也可用园土 4 份、黄土 3 份和沙土 3 份拌匀配制使用。切忌用化工污染泥、下水道污泥。

适时种植。我国南北纬度高低悬殊。大地回春早晚差距很大,种植时间必须因地制宜,灵活掌握。气温上升至 15 ℃时,荷花顶芽萌动。长江流域以"清明"前后最适宜,北方 4 月下旬均可栽培。若用莲子种植,5—7 月也可种植。

栽植方法。把种藕平放或顶端斜向下呈 20°~50° 倾斜,沿容器内壁埋入泥中,让尾端翘露泥外,每盆栽 1 支即可。应稍晒干固定种藕后再加水。若用莲子种植。南方可 4 月上旬种植,北方可推迟到 5—7 月,宁晚勿早。在气温回升稳定后,进行破头浸种,把有凹点的端部在水泥地上磨破或用老虎钳夹破,用 20℃~30℃ 温水浸种,每天换水 1 次,1 周内出芽,2 周后浮叶展开生根,根 10 厘米时,即可移栽,定植盆中央,加水以下淹没小荷叶为度,不可缺水,一次定植,当年均能开花。

管理。盆栽莲花初期水不宜过多,保持水深 3~5 厘米即可,浅水可提高盆泥温度,促使荷花生长。随着气温升高,立叶出水后,应保持水深 16 厘米,切勿失水。秋末冬初,莲花进入休眠期,不必经常加水,只保持浅水即可。盆栽莲花,一般不用追肥,尤忌施过量肥。如果底肥不足,立叶色淡黄,可追少量浸泡的植物饼肥。10 月下旬当立叶全部枯黄以后,须移至室内或边盆一起深埋土中越冬。

四、风景名胜

2019 年许昌市共接待游客 3196.62 万人次,旅游总收入 213.55 亿元。全市 A 级旅游景区 30 家,其中 4A 级景区 10 家,3A 级景区 12 家,2A 级景区 8 家;星级饭店 16 家,其中五星级饭店 1 家,四星级饭店 6 家,三星级饭店 6 家。旅行社法人社、分社及网点 207 家。

（一）曹魏古城（国家4A级旅游景区）

曹魏古城坐落于许昌市魏都区，魏都区地处许昌市中心城区，位于中原之中，地理位置得天独厚，毗邻郑州航空港经济实验区，距离省会郑州仅80千米，距离新郑国际机场40千米，交通便利。项目总面积3.9平方千米，核心区域坐落于护城河内，面积1.87平方千米，按照国家5A级旅游景区的标准打造，集文化展示、旅游休闲、商业服务、特色居住等诸多功能于一体。

许昌市三国文化底蕴浓厚，东汉末年，曹操迎汉献帝迁都于许，"奉天子以令不臣"，雄踞许昌25年，这里成为当时北方的政治、经济、文化中心。公元221年，曹丕废汉立魏，"魏都"自此始名，成为曹魏文化发源地，享有"三国文化之乡"的美誉。《三国演义》120回中有52回发生、演绎在许昌。

近年来，魏都区通过打造"曹魏故都·智慧之旅"名片，实施旅游宣传创新提升、旅游项目增量提升，提高魏都旅游的整体形象。曹魏古城总体按"一轴·两辅·两环·十大功能组团"的规划布局，核心区域设置10个功能分区和20处景点，与5.3千米的护城河、春秋楼、曹丞相府、西湖公园形成联动景观。未来景区将成为感受曹操文韬武略、纵横天下的体验之地，成为许昌旅游的"游客集散中心""城市会客厅""城市名片"。

（二）鄢陵国家花木博览园（国家4A级旅游景区）

鄢陵国家花木博览园位于许昌市东部，南邻311国道，东临219省道，西距京珠高速20千米、京广铁路20千米，北距郑州国际机场70千米，北临鄢陵县城主干道人民路，交通条件十分便捷。鄢陵国家花木博览园（鄢陵花博园）2001年由北京林业大学园林学院梁永基教授担纲设计，建成于2002年9月，占地面积1500

亩,整个园区按照"以人为本、生态优先、物种多样、持续发展"的原则,划分为博览会展区、蜡梅文化展示区、生态科普展示区、热带植物盆景展示区、休闲度假区、游乐区、系列景观区等十三个功能区域。

自建成开放以来,坚持走"边建设、边经营、边发展"的路子,求精品、上档次、上品位,不断加大建设力度,园区各项功能已得到完善,总投资达1.5余亿元。主要完成了主会场、会展中心、热带植物盆景展示厅、怡园、名优花木展示区、水生植物展示区、旅游接待服务区、百年紫薇园、春夏秋冬园、科普示范区以及人工山水系建设等。整个园区共开发建设景点200余个,绿化种植苏铁类、银杏类、松柏类、紫薇类、花草类、水生花卉等2800个品种。

鄢陵国家花木博览园已完全具备花木展示、市场交易、观光旅游、休闲度假、科普示范等多种功能。2004年被国家评为全国农业旅游示范点,2005年被国家旅游局评定为国家4A级旅游景区,2009年被确定为河南省服务业特色园区。2002—2019年在此已成功举办了十七届中原花木交易博览会暨鄢陵生态旅游节,取得了显著的经济效益、社会效益、生态效益。

(三)大鸿寨景区(国家4A级旅游景区)

大鸿寨景区位于许昌市禹州市鸠山镇境内,地处许昌禹州、郑州登封、平顶山汝州三市交界的重要地带。景区总面积36平方千米,是国家4A级旅游景区、国家森林公园、河南省重点文物保护单位。大鸿寨景区地质地貌类型丰富,生态类型多样,名胜古迹遍布,集自然山、水、洞、林、石、潭、瀑于一体,最高峰卧佛山海拔1156米,为禹州乃至于许昌

最高峰,雄峙中原。

大鸿寨景区以远离尘世喧嚣的幽邃环境和郁郁葱葱的山体植被秀绝中州。四时景物,处处醉人,加之以更为丰富、珍贵的药用生物资源,使大鸿寨景区成为健康养生、浪漫度假的绝佳胜地。大鸿寨景区更因中国历史上极为重要的两大文化创始而辉煌。在这里,黄帝重臣大鸿氏发明创造了中国传统医学中的运气学与中国传统占星术、堪舆学;魏晋时期,这里又培育出华夏历史上第一位出家僧人、第一位西行求法僧人朱士行。吉祥福瑞气象,使大鸿寨景区成为集自然清奇与性灵圣境于一体的福地、秘境!

大鸿寨景区自西向东,巍峨雄壮的卧佛山主峰、尖峭峻拔的摘星楼,开阔平坦的坷垃垛依次排列。簸箕掌、钻天洞、烽王台、一线天、过风口、和尚洞、水帘洞、佛爷庙、樊梨华台、闯王峡、老羊山、情人谷等自然景观,以及长老庵、龙泉寺、千年银杏树(雌性)、传统民居等人文景观,构成了景区最重要的内容。春夏之交的登山节、深秋的红叶节、隆冬时节的滑雪节则使大鸿寨景区成为中原最引人注目的胜境。另外有玻璃栈道、飞拉达攀岩等旅游体验项目。大鸿寨美食多,绵枣汤、野鸡蛋、腌核桃、山蝎子号称鸠山四绝。

(四)神垕古镇(国家 4A 级旅游景区)

"神火照天烧,瑰宝临天下"的火艺之都神垕古镇,地处禹州市西南,是中原灵脉所在,三面环山,中为盆地。早在夏商时期,这里的先民就从事农耕和冶陶。再后,唐宋以降,神垕古镇更成为驰名中外的钧瓷文化发祥地、中国北方陶瓷的主要产地和集散地。

神垕古镇独具特色,并拥有丰富的旅游资源。云盖山北面独尊,大刘山坐南仰卧,角子山、凤翅山东厢耸峙,牛头山、牛金山西向雄踞。秀丽的山脉给神垕古镇带来了发展休闲度假、观光旅游和体验精彩人生的绝佳场所。驺虞河潺潺淙淙,给神垕古镇带来更为神秘的气息。一条古老大街横穿古镇,错落于老街的院落、古寨、古桥、天保寨、文庙、老君庙、白衣堂等古建筑群,是古镇悠久历史文化的见证,更是一条历史长廊。

神垕古镇因陶瓷而兴盛,因钧瓷而名扬。早在 1979 年,禹州市神垕古镇就被河南省确定为十八条旅游线路之一;2016 年,成功入选国家 236 条国庆休闲农业和乡村旅游精品线。2016 年以来,以"神垕,出彩的中国""中国彩·神垕镇"为口号,以生命、生活、生态三生一体理念,对神垕老街进行大规模保护性开发,推进神垕老街、建业钧都新天地、钧瓷文化主题公园、肖河老街段综合治理、龙山大道停车场等项目建设,重现古镇古朴厚重的古风古貌,再现庙宇、官署、茶楼、客栈、作坊等原有布局,恢复敬祭窑神、开窑仪式、赛"擂铜器"、唱"对台戏"等民俗表演,努力把神垕建设成为生命、生活、生态"三生融合",产、城、人、文"四位一体"的特色小镇。2018 年创建成为国家 4A 级旅游景区。

(五)许昌春秋楼(关宅)、文庙景区(国家 4A 级旅游景区)

许昌春秋楼(关宅)、文庙景区位于许昌市中心。始建年代久远,历朝均有修葺,是一处明清风格的古建筑群,属河南省重点文物保护单位、国家 4A 级旅游景区。

春秋楼古建筑群,历史上曾以关公宅、武安王庙、关王庙、两院英风庙、关夫子祠及关帝庙称之。《三国志·蜀书》载:建安五年(公元 200 年),曹公东征,先主奔袁绍。曹公禽羽以归,拜为偏将军,礼之甚厚。相传,关羽下邳兵败后,为保刘备的甘、糜二位夫人,"土山三约"之后暂且归附曹操来到许昌。曹操赐其府宅一处。羽避其嫌,将一宅分为两院,二位皇嫂住内院,自己住外院。院中有一楼,关羽在此秉烛达旦夜读《春秋》,而得名"春秋楼",又名"大节亭"。是关公"忠、义"文化的发祥地。自清代雍正年间列为"五大关庙"之一。

许昌文庙,始建于唐文宗开成元年(公元 836 年)。历史上曾以"孔庙""许州儒学"等称之,是供奉儒家学派创始人、文圣人孔子的地方。现文庙中轴线保存有棂星门、青石照壁、戟门、东西廊庑和大成殿等主要建筑,格局严整,人文内涵丰富。

整个景区有三大特色。一是格局独特。关羽将一宅分为两院,被后世赞为"两院英风",列为清代"许州十景"之一。二是建筑宏伟。景区内主体建筑关圣殿高达 33.1 米,雕梁画栋,气势恢宏,更有高达 15 米的室内关公坐像,正气凛然,俯瞰众生。三是文庙、武庙毗邻,形成了文、武二圣并祀的格局,独具特色。

目前,许昌春秋楼(关宅)、文庙景区已成为海内外游客旅游观光,朝拜孔子、关公的胜地,热情迎接四海宾朋的到来。

(六)灞陵桥景区(国家 4A 级旅游景区)

灞陵桥景区又名关公辞曹处,位于许昌市许继大道西段七号,是集休闲、娱乐、游览于一体的文物景区。灞陵桥景区由三国胜迹灞陵桥(又名八里桥)、许昌关帝庙及古典园林建筑组成,占地 162 亩,环境优美,文化底蕴丰厚,是《中国文物古迹游》三国战略旅游线上的著名景区。

建安五年(公元 200 年)春,曹操俘关羽至许都,礼之甚厚。但关羽不忘旧主,挂印封金,辞曹归刘。曹操率部将追至灞陵桥,赐酒赠袍。羽疑其有诈,立马桥上,以刀挑袍,拜揖而去,开始了千里走单骑、过关斩将的千古壮举。桥西关帝庙始建于清康熙二十八年(公元 1689 年),为河南省唯一保存完整的清代古建筑群,2013 年被国务院核定为全国重点文物保护单位。庙内保存有三进院九殿一阁清代建筑,呈中轴线对称布局。沿中轴

线自南向北依次有青石小桥、山门、仪门、拜殿、汉寿亭侯大殿、春秋阁等。仪门前甬道两侧有钟楼和鼓楼。拜殿和春秋阁前两侧分别有东西配殿、东西厢房,形成 3 个完整的院落。整体建筑布局严谨,结构完整,红墙灰瓦,雕梁画栋,古朴典雅,许昌关帝庙将曹操与关羽同殿供奉,形成了"天下关庙皆贬曹,许昌关庙独奉曹"的独特文化现象。

五、城市精神

诚信、开放、包容、创新。

诚信是立身之本、兴业之基、为政之德。许昌有着诚信传统。三国时代,关羽在这里留下"挑袍拒金""辞曹归刘"等诚信故事,忠义形象深入人心。如今,许昌市高举习近平新时代中国特色社会主义思想伟大旗帜,狠抓培育践行社会主义核心价值观这条主线,深入挖掘弘扬以"关公弘义"为代表的许昌诚信文化,培育形成了"诚信、开放、包容、创新"的城市精神,广泛开展诚信主题教育,持续抓好诚信先进典型选树宣传,加快构建更加规范、更加齐全、更加完善的社会信用体系,在全社会营造出重诚敬信、守诚践诺的社会氛围,致力打造"全民诚信"的城市品牌,为持续深化文明城市创建,为许昌在中原更加出彩地走在前列提供源源不断的精神支撑和道德滋养。

诚信是一座城市、一个地区的美丽指数、文明标志,许昌市要实现"探索路径、打造样板、走在前列"的奋斗目标,诚信建设至关重要,为推进诚信企业示范创建工作,许昌市出台了《许昌市诚信示范企业联合激励措施(试行)》,对诚信示范企业明确了政府投资项目

管理和政府采购、科技、人力资源管理、环境保护、税收服务和管理、融资、交通运输管理等 11 个方面的扶持政策,使守信者"一路绿灯",处处享受"信用红利"。

民营经济活跃的许昌市,大力开展"诚信做产品,重合同守信用"活动,涌现出一大批"视诚信为生命"的民营企业和企业家群体。诚信,成为许昌市的一张烫金名片,成为莲城最美的"风景"。许昌市在政府采购、房地产开发等诸多领域设立信用门槛,公布诚信"红黑榜",对违规者实行市场和行业禁入,让守信者处处便利、失信者寸步难行。

第十一章 漯河市

一、市情简介

漯河市位于河南省中南部，伏牛山东麓平原与淮北平原交错地带，属暖湿性季风气候，四季分明，常年降水量786毫米，农业基础条件较好。境内河流为淮河流域沙颍河水系，淮河两大支流沙河、澧河贯穿全境并在市区交会，滨河城市特色明显。

漯河1948年设立县级市，1986年升格为省辖市，现辖临颍、舞阳2县，郾城、源汇、召陵3区，城乡一体化示范区、国家级经济技术开发区、西城区3个功能区，总面积2617平方千米，其中城市建成区72平方千米，城区人口72万人。根据第七次人口普查数据，截至2020年11月1日零时，漯河市常住人口为2367490人。漯河市是少数民族散杂居城市，全市有回族、蒙古族、满族、维吾尔族等38个少数民族，全市共有7个街道办事处、49个乡镇。漯河市已探明的矿产资源为岩盐，主要分布在舞阳县境内，面积80平方千米，总储量为400亿吨，居全国第二位。

漯河是一个历史悠久、文化灿烂的古老城市。早在新石器时代，先民就在这里定居生息。贾湖遗址发现的裴李岗文化刻画符号距今已有8000年之遥，将中国文字史向前推进了4000年；出土的国宝七音骨笛，将中国音乐文化史向前推进了3000年；考古发掘的酿酒工艺，将中国造酒史向前推进了3000多年。东汉时期著名的经学家和文字学家许慎诞生于此，他编纂的《说文解字》是中国乃至世界最早的字典，被誉为"字学宗师"。目前已发现的主要古迹还有：曹丕代汉的历史实证"受禅台"和"三绝碑"；早于赵州桥20年、被誉为"天下第一桥"的隋代小商桥等。全市现有各类文物景点200余处，其中全国重点文物保护

单位7处8项,省级重点文物保护单位36处38项,市级文物保护单位27处。

漯河是一个区位优越、交通发达的枢纽城市。漯河城市启于北魏、盛于明清,曾以商贸和水陆交通发达而享誉中原,在明朝永乐年间已是"江淮百货萃,此处星辰罗"的商品集散中心,素有"水旱码头"之称。今天的漯河,更是四通八达,是国家二类交通枢纽城市。距郑州新郑国际机场不足一小时车程,石武高铁、京广、漯宝(丰)、漯阜(阳)4条铁路和京港澳高速、宁洛高速、107国道及5条省道贯穿全境,构成全省重要的铁路和高速公路"双十字"交通枢纽。

漯河是一个钟灵毓秀、泛舟轻歌的北方水城。淮河的两大支流沙河、澧河贯穿全境并在市区交会,一城春色半城水,寓风景长廊、生态长廊、文化长廊、休闲长廊于一体的沿河美景尽显城中,是北方少有的水景城市、森林城市。城市绿化覆盖率、绿地率分别达到40.7%和34.8%,人均公共绿地面积13.7平方米。

漯河是一个特色鲜明、享誉四方的食品名城。漯河食品加工主导产业特色明显,培育出了亚洲最大的肉类加工企业双汇集团、全国著名的方便面生产企业南街村集团、全国首家葡萄糖饮料生产企业乐天澳的利集团等一批知名食品企业。2017年,规模以上食品工业主营业务收入1782亿元,规模以上食品工业增加值332亿元,占全市规模以上工业的48.3%。在肉制品、面制品、饮料和休闲食品加工业快速发展的同时,食品包装、食品辅料等配套产业加快发展,形成了从原料到终端,从生产到研发、检测、包装、物流、电商、会展等全食品产业链条,肉制品、面制品、饮料制造、果蔬加工四大主导产业和食品包装、食品机械、食品辅料、食品会展四大配套产业,产业层次得到了进一步提升,产业体系更加完善,食品名城的影响力和竞争力更强。双汇集团、南街村集团进入全国食品工业百强,龙云集团、亲亲食品、北徐集团、晋江福源、雪健实业等8家企业入围河南省百强工业企业,在全省首家设立国家知识产权局商标局漯河商标受理窗口。全市食品行业拥有中国驰名商标6个,中国名牌产品4个,河南省著名商标64个,河南省名牌产品27个。双汇集团品牌价值高达606.41亿元,连续多年名列中国肉类行业第一,母公司万洲国际成功入选世界500强企业。漯河市被评为全国"2018年消费品工业'三品'战略示范城市"。漯河以食品工业发展的卓著成效,成为全国首家中国食品名城、全国食品安全信用体系和保证体系建设双试点市、全国首家农业标准化综合示范市、全省食品工业基地市、全省无公害食品基地示范市。

漯河是一个改革创新、充满活力的开放城市。改革开放不断取得新进展,国有企业改革较早完成转机建制任务,非公有制经济发展迅速。现有20多个国家和地区的客商投资漯河,美国杜邦、美国高盛、可口可乐、日本火腿株式会社、中粮集团等多家世界500强企业以及韩国乐天、中国香港华懋、中国香港协鑫、中国台湾旺旺、中国台湾康师傅、南京雨润等一批境内外知名企业在漯河都有较大的投资项目,并获得了良好的投资回报。漯河是全国综合改革试点市、全国开拓农村市场试点市、国家农村信息化综合信息服务试点市、中部最佳投资城市。

漯河是一个大局稳定、社会和谐的文明城市。各项社会事业繁荣发展，精神文明建设和民主法治建设全面加强。环境保护、土地管理得到较好落实。依法治市、基础教育、群众体育、残疾人康复、农村五保户集中供养等方面的工作走在全国前列。信访工作全省先进，安全生产形势总体平稳，公众安全感指数全省第一，社会大局和谐稳定。漯河是全国首批创建文明城市工作先进城市、全国普法依法治理先进城市、全国社会治安综合治理优秀市、全国信访工作先进集体、全省平安建设先进市、全省安全生产优秀市和全省双拥模范城。

二、城市名片

2002年12月，被命名为国家园林城市。

2004年4月，获得"全国绿化模范城市"称号。

2010年4月，获得"国家森林城市"称号。

2017年7月，被命名为国家卫生城市。

2017年12月，获评2017"质量之光"年度质量魅力城市。

2019年8月，入选全国城市医疗联合体建设试点城市。

2020年8月，被评为河南省2019年度农村人居环境整治先进市。

2020年11月，入选第六届全国文明城市。

2020年11月28日，被评为2020中国宜居宜业城市。

2020年12月25日，被国家卫生健康委员会等授予"无偿献血先进省（市）奖"。

2021年1月6日，被住房和城乡建设部、国家发展和改革委员会命名为第十批（2020年度）国家节水型城市。

2021年3月，被农业农村部、应急管理部评为2020年度全国"平安农机"示范市。

2021年10月，被国家发改委办公厅、人民银行办公厅确定为"第三批社会信用体系建设示范区"。

三、市树市花

（一）市树

漯河市暂无市树，建议相关部门尽快设立本市市树。

第十一章 漯河市

(二)市花——月季

月季,被誉为花中皇后,它象征着和平、友爱和繁荣,深受广大人民的喜爱。它的花期长,通常能开好几个月,因此,月季也被称作月月开或月月红。为此,诗人杨万里曾写诗赞曰:"只道花无十日红,此花无日不春风。"

此外,月季是坚强的象征,有着不屈不挠的精神,鼓舞着漯河市人民拼搏奋进。

四、风景名胜

(一)南街村景区(国家4A级旅游景区)

南街村景区位于漯河市临颍县城东南隅,紧靠107国道、京广铁路、京珠高速公路,面积1.78平方千米,是一处特色人文旅游景区,现为全国农业旅游示范点、河南省红色旅游景点和河南省南部精品线路重要景点。

南街村旅游以发展模式、教育理念、发展方针、分配办法、生活方式及创建共产主义小社区伟大实践为特色。全面展示南街村独特的红色人文景观,通过近几年的不断发展、完善,南街村旅游已初具规模,并形成了独具特色的八大观光旅游景区:工业园区、高新农业园区、村民住宅区、文化景区、文化教育游览区、广场文化展示区、热带珍奇植物游览区和革命传统教育区。

南街村现在每年接纳40多万游客。对于南街村两个文明建设取得的显著成绩,人们纷纷给予高度评价和赞扬。南街人正以豪迈的热情,与时俱进,开拓创新,在建设共产主义小社区的征程上奋进。日本《读卖新闻》5月13—15日连载记者藤野彰写的文章:中国摸索建设和谐社会。文章如下:"东方红太阳升,中国出了个毛泽东……"早上6点15分,南街村的广播站开始播放颂扬毛泽东的革命歌曲《东方红》,南街村新的一天便伴随着轻快旋律开始。

(二)沙澧河风景区(国家4A级旅游景区)

沙澧河风景区横穿漯河市区,有沙河、澧河两条河流穿越景区,是当地市民休闲娱乐、水上运动和健身运动的场所。沙澧河风景区是国家4A级旅游景区,风景区内绿树成荫,是当地的城市氧吧，充满了田园风光。环绕风景区的36千米主干道上，铺设了彩色沥青混凝土，开通了环线观光电瓶车，观光自行车等，游客可以乘坐观光车，或者骑着自行车环绕风景区，道路两边栽种的行道树全是银杏，一年四季都有不同的景观。风景区内的两条河道还开通了水上观光线路，游客可以乘坐风景区内的游艇，在水面

上观赏风景区风光。风景区的夜景也是不错的，在黄色、绿色、青色为主色调的灯光勾勒下，形成错落有致、色彩鲜明的灯光效果。风景区内还经常举办各类活动，如幸福漯河大家跳、环沙澧河自行车比赛、周末男子篮球联赛等。

（三）神州鸟园景区（国家4A级旅游景区）

神州鸟园景区属于漯河市开源旅游景区，是景区内的大型鸟文化主题公园，拥有以老漯河历史文化为背景的全国旅游特色产品博物馆小镇——河上街古镇等。

特色景点有鸟王国、天鹅湖、仙鹤园、小浣熊、虎园、猴山等。

景区内有可爱的各类动物表演如《孔雀东南飞》《鸟艺表演》《猕猴表演》《小狗表演》《仙鹤表演》，表演得惟妙惟肖，吸引游人。

有各类游乐项目如海盗船、大摆锤、超级秋千、勇敢者转盘等，景区还有可供游客学习鸟类知识的三大科普教育场馆——鸟蛋馆、鸟标本馆（2016年5月建成）、昆虫馆，馆藏上

千件珍稀实物标本。

(四)许慎文化园(国家4A级旅游景区)

许慎文化园以许慎墓为核心,按传统规制对称布局三区一轴,十二个节点,由南向北分布在三级台地之上,共分广场服务区、中心展示区、墓冢保护区三大功能区,包含了许慎墓、六书石柱、汉字大道、字圣殿、叔重堂、说文馆、字形牌坊等主要建筑。

许慎文化园以展示汉代建筑风格和汉字文化为主要特色。主体建筑字圣殿为仿汉风格,重檐庑殿,砖木结构,被专家誉为近年来全省乃至全国少有仿古建筑;叔重堂和说文馆则按照博物馆陈展规范要求进行布展,将许慎生平事迹、学术贡献交流展示;80米长的汉字大道,按照汉字发展的十个阶段采用石刻和铜铸工艺实例摹刻汉字不同的书体原貌,寓意一部汉字发展史。

(五)小商桥景区(国家4A级旅游景区)

小商桥景区位于漯河市临颍县城南皇帝庙乡小商桥村。景区北距南街村10千米,南距漯河市区12千米,西靠京广铁路,东临107国道,地理位置十分优越。目前,景区由小商桥、杨再兴纪念园两大核心景观构成。小商桥坐落于小商河(颍河古道)上,沿小商河往东200米河北岸为杨再兴纪念园。小商桥原位于历代官道上,是千余年来沟通南北的要冲。1987年3月河南省人民政府公布为河南省第二批文物保护单位。

小商桥始建于隋开皇四年(584年),元、明、清及20世纪90年代均有修葺。这里还有4D影院、宋金军事文化区、《满江红》石刻、凤凰台、古驿站、桥文化馆、百名将军题词碑廊、八卦阵、渔舟岛、商河古道、诗山、英烈堂、宋金人物和兵器馆、壮怀殿等主要核心景观,是一处集访古、休闲、游乐于一体的大型人文旅游景区。

五、城市精神

崇文尚德、务本图强。

崇文尚德,取"文以载道、厚德载物"之意,即传承历史文化,弘扬先进思想,是代代漯河人薪火相传的不懈追求;务本代表了漯河城市精神的价值取向,图强则代表了漯河城市精神的品格目标。这8个字高度凝练、通俗易懂、内涵丰富,集中概括了漯河的历史文明和现实环境,凝聚着民心、汇聚了民智,是漯河人民内心渴望发展、聚力发展的铿锵之音,引领漯河富民强市、加快发展。

第十二章 三门峡市

一、市情简介

三门峡市地处河南省西部,豫晋陕三省交界黄河南金三角地区,秦岭山脉东延与伏牛山、熊耳山、崤山交会于此,也就是北纬33°31′24″～35°05′48″、东经110°21′42″～112°01′24″。它东接洛阳,毗邻宜阳和洛宁两县;东北与新安县接壤;东南与栾川县交界;南邻南阳市西峡县;西南与陕西省商洛市洛南、丹凤、商南三县相连;西和陕西省渭南市潼关县共界;北隔黄河与山西省运城市芮城、平陆、垣曲、夏县四县相望。三门峡市区坐落在黄河南岸阶地上,三面临水,形似半岛,素有"四面环山三面水"之称。

三门峡市是伴随着黄河第一坝——三门峡水利枢纽的建设而崛起的一座新兴城市。相传大禹治水,用神斧将高山劈成"人门""神门""鬼门"三道峡谷,"三门峡"由此得名。1957年,我国在三门峡兴建万里黄河第一坝——三门峡大坝,同时成立三门峡市,从此,一座新兴的城市崛起在黄河之滨。经过六十多年的建设,三门峡市以崭新的姿态矗立在豫西边陲,被誉为镶嵌在黄河岸边一颗璀璨的明珠。三门峡市总面积10496平方千米,总人口230.85万人,其中常住人口

227.65万人,城镇化率57.70%,人口密度为每平方千米219人。现辖2区(湖滨区、陕州区)、2市(灵宝市、义马市)、2县(卢氏县、渑池县)及1个经济开发区、1个城乡一体化示范区,62个乡(镇),12个街道办事处。

三门峡市地形多样,有"五山四岭一分川"之称。它东西横距153千米,南北宽132千米,平均海拔高度在300～1500米,以山地、丘陵和黄土塬为主。山区面积5750平方千米,丘陵面积3777平方千米,川原面积969平方千米,分别占总面积的54.8%、36%和9.2%。海拔2413.8米的小秦岭老鸦岔垴是河南省最高峰。三门峡市属于暖温带大陆性季风型半干旱气候,这里气候宜人,四季分明,年平均气温14.2℃,年降水量一般在400～700毫米,无霜期215天,全年日照时间约2051.6小时。

三门峡市因水而生,辖区内河川溪流较多,全市共有大小河流3107条,分属黄河、长江两大水系。黄河流域面积9376平方千米,占全市总面积的89.3%,黄河干流经陕西省潼

关县东入灵宝市境,流经灵宝、陕州、湖滨、渑池 4 个县(市、区)的 16 个乡镇,全长 225 千米,历史上最大洪峰流量达每秒 3.6 万立方米(1843 年)。长江水系主要是卢氏县南部和东南部的老灌河和淇河及其支流,流域面积 1120 平方千米,占全市总面积的 10.7%。除黄河外,境内流域面积在 100 平方千米以上的河流 33 条,其中,灵宝市境内 11 条,陕州区境内 5 条,渑池县境内 3 条,卢氏县境内 14 条。

三门峡市文物资源丰富,全市共有 3413 处文物点,国家、省、市县各级文物保护单位 601 处,其中世界文化遗产点 1 处,国保单位 12 处、省保单位 51 处、市保单位 97 处、县保单位 441 处。全市馆(库)藏文物近 7 万件,其中珍贵文物 1 万余件。在我国 20 世纪百项考古大发现中,该市占有仰韶村、庙底沟、虢国墓地三处。仰韶村遗址、庙底沟遗址、北阳平遗址、崤函古道石壕段遗址入选"十三五"时期国家大遗址名录。西坡遗址被列为中华文明探源工程六大首选遗址。

华夏的古老文明,祖国的今朝奇迹,南疆的湖光山色,北国的秀丽冰川,厚重的历史文化,为这里留下了许多自然风光和人文景观。境内有黄河湿地国家级自然保护区、亚武山国家级森林公园、甘山国家级森林公园、玉皇山国家级森林公园,中心城区建成有全省最大的城市园林——天鹅湖国家城市湿地公园和中国亲近黄河、观赏黄河的最佳场所——黄河公园。

黄河冰雪芦花飞,天鹅大雁齐飞回,每年冬季成千上万只白天鹅从西伯利亚飞到这里栖息越冬,人们与自然和谐相处,被称为"中国大天鹅之乡"。

进入 21 世纪,三门峡市先后实施了天然林保护、退耕还林、野生动植物保护和自然保护区建设、速生丰产用材林基地建设等国家林业重点工程,每年平均完成造林 45.98 万亩,全力打造出了独具特色的三门峡市,同时以中心城区生态景观带建设为主线着力打造城市生态长廊、人民公园、虢国公园、陕州公园基础设施,进一步加强高标准建成了国家城市湿地公园,依托庙底沟古文化遗址的生态优势,规划建设城市生态文化公园,三门峡市现有林业用地 696.6 万亩,森林覆盖率 50.72%,居河南省全省第一,并先后获评中国优秀旅游城市、中国特色魅力城市、国家园林城市、国家森林城市等。目前,正全力创建全国绿化模范城市。

游黄河,览胜景,五州并肩共振兴,开三门,迎宾朋,四海携手共繁荣。三门峡人民正以"明礼诚信,善作善成"的城市精神为依托建设起一个天蓝、水清、树绿、花香的绿色家园。

二、城市名片

三门峡是华夏文明发祥地之一、天鹅之城、2012 年度中国特色魅力城市 200 强、中国六大苹果出口基地之一、国家园林城市、国家卫生城市、国家森林城市、中国优秀旅游城市、2014 中国最佳生态旅游城市、2015 年中国大陆城市"氧吧"50 强。中国一艘 056 型护卫舰命名为三门峡号。

三、市树市花

目前,三门峡市区栽植市树雪松 2.36 万株,栽植市花月季 300 余个品种 64.48 万株。

(一)市树、市花品种介绍

雪松是松科雪松属植物。常绿乔木,树冠尖塔形,大枝平展,小枝略下垂。叶针形,长 8～60 厘米,质硬,灰绿色或银灰色,在长枝上散生,短枝上簇生。中国只有一种喜马拉雅雪松,在气候温和凉润、土层深厚而排水良好的酸性、微碱土壤上生长旺盛,喜阳光充足,也稍耐阴。雪松与南洋杉、日本金松同为世界著名的三大观赏树种,雪松还有"树木皇后"之美称。

月季又名长春花、月月红、斗雪红、胜春等。蔷薇科、蔷薇属落叶或常绿灌木。其花有红色、黄色、白色、橙色、紫色等深浅各种色彩,并具芳香。三季开花,月季素有"花中皇后"之称,其品种之多、色彩之繁、花期之长、应用范围之广,是其他众多花卉都无法比拟的。目前,三门峡市栽植有藤本月季、大花月季、丰花月季、地被月季、树状月季、微型月季"六大系列",红色、粉色、黄色、白色、绿色、黑色、橙色、混色、复色"九大花色",几乎包含了月季花的所有色系和形态,诸如"蓝宝石""绯扇""名角""月季夫人"等观赏价值较高的月季品种在三门峡市都可以看到。

(二)确定市树与市花的理由

2009 年 4 月 24 日,三门峡市人民代表大会常务委员会(以下简称人大常委会)第 14 次会议审议通过市政府有关议案,决定雪松为市树,月季为市花。

三门峡这座古老而又年轻的城市,其独具特色的人文景观、丰富的文化底蕴、崭新的精神面貌拥有了集中展现的最新形象标志。在 1986 年区划调整以前,原三门峡市的市树、市花分别是国槐和月季。区划调整以来,随着经济社会的快速发展,三门峡城市规模不断扩大,城市功能日臻完善,城市的现代化水平和文明程度也不断提高,但一直没有重新确定代表城市形象的市树、市花。为推进三门峡市生态环境建设步伐,激发广大市民热爱家乡、美化家园的热情,增强爱绿、护绿意识,提升城市知名度,促进创建国家园林城市和国家森林城市活动的深入开展,2008 年 11 月,市政府决定在全市范围内开展市树、市花评选活动。

市树、市花评选活动得到了社会各界的广泛关注和市民的广泛参与,社会反响强烈。2008 年 11 月初,市园林局会同市创建园林城市指挥部办公室邀请有关专家经过论证,初步推荐了市树、市花各 9 个候选品种。2008 年 11 月 25 日,在《三门峡日报》和市政府门户网站同时刊登了评选活动通告和各候选品种的简介,通过报纸刊登选票、在网上设置投票网页、开通投票电话等形式,广泛征求市民意见。广大市民对这项活动表现出极大的热情,积极参与投票。2008年12月25日评选活动结束后,市园林局对投票情况进行了统计、归纳,市树得票数居前三位的分别是:雪松,得票率31.7%;五角枫,得票率18.9%;悬铃木,得票率16.5%。市花得票数居前三位的分别是:月季,得票率40.9%;连翘,得票率11.5%;紫薇,得票率10.4%。雪松、月季分居市树、市花得票榜首。在群众投票的基础上,市园林局组织专家对市树、市花候选品种进行了认真评议,建议确定雪松、月季为三门峡市树、市花。后经市政府常务会议研究,拟确定市树为雪松、市花为月季,并提请市人大常委会审议。

市树、市花可以表达市民的情感,评选市树、市花是一项民心所向、众望所归的活动。雪松、月季为什么能够在众多候选品种中"占魁首""压群芳"呢？专家认为,三门峡地区处于南北植物群落交会带上,兼有北亚热带和暖温带两个区域的植物种类,具有较高的生物多样性。评选出的市树、市花要真正能代表三门峡,不仅要有物种代表性、有地方特色、有象征意义,而且还要符合三门峡自然条件,有一定的历史和文化内涵。三门峡园林建设几十年的实践证明,雪松适应性强、分布广、栽培历史较长、生长快、寿命长、病虫害少、树体高大、树形优美、树冠秀丽、苍劲挺拔、四季常青,在园林中被广泛应用,是世界著名观赏树种。月季是我国十大传统名花之一,是吉祥、幸福、和平的象征,素有"花中皇后"美称,具有品种繁多、色彩丰富、花姿绰约、适应性强、耐贫瘠、栽培形式多样、能够连续开花的特点,在三门峡园林绿化中应用广、历史长,具有广泛的社会基础,深受群众喜爱。

一番花信一番新,一年长占四季春。在三门峡的公园绿地、街道巷陌、小区庭院,雪松苍翠常青,月季娇艳芬芳,它们与城市成长的步伐相伴相随,与市民的生活相近相融。市树、市花是三门峡城市形象的重要标志,是城市优秀文化的浓缩,也是城市繁荣富强的象征。市树、市花的确定,不仅代表着三门峡市独具特色的人文景观、文化底蕴、精神风貌,体现人与自然的和谐统一,还对提升旅游、文化、生态、城市品位,带动全市相关绿色产业发展,加快绿化美化市容市貌的步伐,优化城市生态环境和促进城市的经济发展有着特殊的意义。市树、市花作为新的城市标志,伴随着三门峡经济社会快速前行的步伐,正在开启三门峡美好的明天。

(三)市树市花有关的诗词歌赋

著名将军张爱萍为月季题诗:"花开迎春早,临风月月红。帅先千含笑,潇洒傲霜重。"

现代著名作家刘白羽观赏月季花后题诗:"护花人意最堪怜,艳紫姹红动地天。得意春风芳草暖,倾心一醉是今年。"

著名诗人赵朴初不但喜爱月季的花,而且喜爱月季的刺,他在欣赏一幅玫瑰画后,提笔写道:"甘芬光艳醉心脾,桃李如何及得伊,只是多姿亦多骨,不时刺破画皮儿"。

宋代诗人徐积赞美月季的诗:"谁言造物无偏处,独遣春光住此中。叶里深藏云外碧,枝头常借日边红。"传神地刻画了这种享有"花中皇后"美誉的名花。

另一诗人杨万里对月季也作了十分形象的描绘:"只道花无十日红,此花无日不春风。一尖已削胭脂笔,四破犹包翡翠茸。"

【宋】苏轼 月季

花落花开无间断,春来春去不相关。

牡丹最贵惟春晚,芍药虽繁只夏初。

唯有此花开不厌,一年长占四时春。

【明】张新 月季花

一番花信一番新,半属东风半属尘。

惟有此花开不厌,一年长占四季春。

(四)市树、市花与城市旅游

雪松主干挺拔、气势雄伟,在园林绿化中应用广泛。雪松在三门峡市的栽培历史超过40年,实践证明雪松非常适合三门峡市的生态气候土壤条件,具有长势较快、树形优美、树龄长、观赏期长、耐旱耐寒等优点。三门峡市崤山路、大岭路、甘棠路等主干道以雪松为主要行道树,在三门峡市各大公园,雪松成为了骨干树种,形成了绿荫如盖的植物特色景观。全市雪松数量达到2万余株,有效改善城市生态环境。

三门峡市着力打造市花特色景观带,月季是三门峡的"市花",有"花中皇后"之称,花期从每年4月开始,到11月结束。园林绿化发展围绕提升城市绿化景观,着力打造色彩丰富、层次分明、自然和谐的绿化亮点,构建"虢国公园看樱花、涧河公园观月季、湿地公园赏牡丹、黄河公园品梅花(月季)"四季有花的园林绿化特色格局。

目前,市花月季在市区形成了道路花带和四大公园月季园5个主要观赏区域。一是崤山路、甘棠路、大岭路等市区主干道设置了月季花柱、月季花墙,绑扎了花廊、桥、帆船、花瓶、屏风等月季造型。崤山路、大岭路、甘棠路等市区道路花带内共栽植月季4大系列38个品种6万多株,390个月季花柱10多组月季造型。二是黄河公园,紧邻黄河而建,以"赏梅观月季"为主题,黄河公园月季主要分布区域为塬起金韬、上村月季园,其他零星分布在会兴华苑,品种主要有粉团蔷薇无刺蔷薇6000余株;藤本月季11400余株,主要品种有西方大地、马车、光谱、安吉拉等十个品种;大花丰花月季20.8万株,主要品种有仙境、卡罗拉、粉和平、加里娃达、香欢喜、梅郎口红、黄从容、萨曼莎等;地被月季2600余株,主要品种有皇家巴西诺、哈德夫俊等;微型月季4500余株。三是湿地公园,园内种植月季有13.5万株,品种有藤本月季、大花月季、丰花月季、微型月季等,主要栽植于湖堤路、召公岛、周公岛、双龙桥周边。四是虢国公园月季园。占地总面积13000平方米,共有月季品种约18个,分为大花月季观赏区、丰花月季观赏区、藤蔓月季观赏区。花色有红色、黄色、粉色、白色、复色等。栽植月季5000余株;每到月季盛花期,各色月季竞相开放,仿若花海,吸引众多游客前来驻足观赏。五是涧河公园月季园,总观赏面积已达到50余亩,近300个品种,共计23万余株,形成了一定的观赏规模和比较好的观赏效果。涧河公园整体呈带状,全长约11千米,月季园选建在公园中段。该区段周边居民众多,交通便利,植物景观良好。营建月季园不仅是锦上添花,同时更方便市民观赏。东园中心观赏区由非典型对称的八大块组成。花开时节,园内月季争奇斗艳,与象征着勤劳、善良的月季仙子和寓意吉祥如意的月季花造型雕塑相得益彰、浑然一体,已成为三门峡市民赏花悦心、休闲健身、科普教育的主要场所之一。

(五)市树、市花与城市建设

在提升城市整体绿化水平的基础上,三门峡市创新绿化思维,打造独具本市特色的市树市花景观带,进一步丰富城市绿化内涵。

1.突出绿量,着力打造特色园林景观通道

在城市道路绿化建设中,注重打造园林城市景观路特色体现,利用市树雪松增加城市道路绿量、市花月季增加城市道路观赏性,形成"三季有花、四季常青"的城市道路绿化格局,形成一条条富有城市特色的园林式景观大道。

2.突出内涵,着力创新市花、市树主题

市园林绿化行政主管部门立足市情、主动谋划,凝心聚力、积极作为,深入调研、多方筹资,不断加大月季新品种、新技术引进和推广力度,多次赴北京、郑州等地学习先进经验,并特邀全国月季专家,从规划设计到品种选择,从土壤改良到技术培训,从结构调整到精细管理,进行实地指导、科学养护、全面提升。先后在崤山路、大岭路和甘棠路建设"主题月季带"3条,在涧河公园、黄河公园、虢国公园建设"主题月季园"3个。市林业园林部门还因地制宜、精益求精,以月季为主题,精心配植了月季花树、月季花球、月季花柱、月季花墙、月季花瓶等,专门展出月季仙子、月季花朵等精品雕塑,将月季文化与黄河文化有机融合。

3.突出科研,着力发展名优品种推广应用

近年来,三门峡市大力开展市花月季栽培技术、品种繁育等科研推广工作,市园林科学研究所开展了名优月季品种组培技术研究,目前已经取得了初步成功,并与三门峡市涧河公园达成科研合作意向,共同探索适合三门峡市土壤、气候条件的月季最优繁育模式。

四、风景名胜

三门峡市文物资源丰富,全市共有3413处文物点,世界文化遗产点1处,国家、省、市县各级文物保护单位601处,其中国保单位12处、省保单位51处、市保单位97处、县保单位441处。全市馆(库)藏文物近7万件,其中珍贵文物1万余件。

(一)天鹅湖国家城市湿地公园(国家4A级旅游景区)

天鹅湖国家城市湿地公园位于三门峡市东西城区之间的生态区内,现有面积8850

亩,其中陆地 6150 亩,水面、滩涂 2700 亩,核心景区包括双龙湖白天鹅观赏区、陕州古城和沿黄生态林带三部分,是一处融生态、文化和人文地理于一体的自然山水景区。

景区位于市区的生态区,东起金昌立交桥,西到陕州大道与沿黄观光路交叉处,南接陕州大道,北至黄河滩涂,规划面积 590 公顷,是在陕州故城遗址及青龙、苍龙两条涧河治理改造的基础上逐步建设起来的。景区的规划建设目的是使三门峡市拥有了一个常年 5000 亩、蓄水期 3 万亩水面和 5 万亩林地的城市生态园。每年 10 月至次年 3 月,园区吸引数万只白天鹅来这里栖息越冬,三门峡市因此被誉为"天鹅之城"。

天鹅湖国家城市湿地公园,以白天鹅特色资源为品牌,以虢山岛为中心,以黄河、青龙湖、苍龙湖为主体的自然山水景区已逐步形成,吸引了越来越多的游客驻足流连;湿地公园的生态、旅游、休闲、观光、科普等功能日益凸显。景区不仅仅有自然风光,更有源远流长的文化,大禹治水、周召分陕、文帝问道、河上公注经等典故,吸引着大批热爱探索文明的游客前来参观。2007 年景区被国家建设部命名为天鹅湖国家城市湿地公园,2011 年被评为国家 4A 级旅游景区及"中国大天鹅之乡",2016 年,被中国新闻摄影学会评为"国家级摄影创作基地"。每年春季,牡丹姹紫嫣红竞相开放,黄河旅游节盛装登场,横渡母亲河热闹非凡,黄河大合唱气势磅礴,万人帐篷节、千人彩虹跑、黄河水上竞技等表演令人应接不暇;每年夏季,千亩荷花接天连叶,婀娜秀丽;每年秋季,黄河波涛万顷,天长水阔;每年冬季,美丽的白天鹅在这里翩翩起舞、恣意翱翔。这里的四季都是美景,这里的文化源远流长,这里正朝着创建国家 5A 级旅游景区全力迈进。

(二)黄河公园(国家 4A 级旅游景区)

黄河公园位于三门峡市区北部黄河沿岸,由东向西呈带状分布,沟壑纵横、悬崖陡峭、台地层叠,地形变化多、地势落差大,是黄河中下游流域特有地形的典型浓缩。多样的地形变化,营造出了黄河公园丰富多彩、特色各异的自然景观。东西长约 5 千米,蓄水期南北宽约 1.5 千米,陆地面积 245 公顷,水域滩涂面积 500 公顷,是以保护沿黄生态、弘扬黄河文化为宗旨,依托黄河沿岸的沟壑、台地、滩涂和原有地被植物等自然地形地貌,集旅游观光、休闲娱乐、文化展示于一体的城市生态公园。

黄河公园总体布局为"一带、三区、八大节点"。"一带"为沿黄生态景观带,"三区"为东、中、西三大景区,"八大节点"依次为茅津古渡、会兴华苑、桃源幽谷、芦荡烟雨、云台彩练、塬起金滔、明珠春晖和名果博览。环形公路专业自行车赛道贯穿园区,长 10.1 千米,是举办各类全民健身运动和自行车比赛的理想场所;星河乐园游乐城是黄河公园的大型娱

乐项目,位于园区西部,占地总面积399亩,分为儿童游乐区、青少年游乐区和水上游乐区三部分。原生地被植物特色鲜明。贯穿公园南北阶地的多个沟谷区域,由于地势险要、人迹罕至,形成了相对封闭的原生生态环境,使许多野生树种和乡土树种得到了很好的保护,植物种类丰富、地被覆盖完整、空气清新温润,造就了天然的生态氧吧。

灿烂悠久的黄河文明在人类历史的宝库占有重要位置。三门峡作为黄河流域的重要组成部分,远古时代的仰韶文化、黄帝铸鼎塬文化,古代召公精神、虢国文化和由老子《道德经》衍化而来的道家思想文化,对华夏文明甚至世界文明的发展影响深远。"禹开三门"治理黄河的传说发源于三门峡,三门峡大坝是新中国成立后兴建的第一座大型水利枢纽工程,被誉为"万里黄河第一坝";由大坝兴建而带来的城市化进展,进一步丰富了黄河文化内涵,推动了黄河文明的发展步伐。这里是中国观赏黄河的最佳地,既可以观赏到清水黄河,又可以观赏到浊水黄河。每年的春、冬季蓄水期间,河面宽度达千余米,这时的黄河碧波荡漾、恬静悠然,河水由西向东静静地舒展开,放眼远眺,水天一色、大气磅礴。而在夏、秋季三门峡大坝放水泄洪期间,河水回归狭窄的河床,裹着黄色的泥沙奔腾咆哮、激浪拍岸,场面雄浑壮观、动人心魄。黄河公园四季景色都十分迷人。春时嫩芽点绿,争奇斗艳;夏来树木葱茏,莺飞燕舞;秋至红叶铺山,彩林满目;冬则雪裹山塬,冰盖如玉。

(三)甘山国家森林公园(国家4A级旅游景区)

甘山国家森林公园位于三门峡市区南20千米处,总规划面积78.6平方千米(林场面积80.8平方千米),森林覆盖率达98%,森林蓄积量50余万立方米,动植物资源丰富,森林景观独特。已建成森林游憩区、红叶观赏区、水上游乐区、蝴蝶谷景区和甘山文化区5个景区。公园以峰称奇,以谷显幽,以林见秀,以景迷人,境内最高峰甘露峰海拔1886.6米。园内文化底蕴丰厚;四季景观各具特色;空气负(氧)离子含量平均每立方厘米18000个,最高可达80000个,是中心城市市区的100余倍;户外拓展训练基地、青少年户外体育活动营地、山地自行车驿

站和甘山滑雪运动中心远近闻名,是集休闲度假、户外运动、健康养生、科普教育于一体的生态旅游胜地。

甘山国家森林公园是国家 4A 级景区、国家生态文明教育基地、全国青少年户外体育活动营地、全民健身户外活动基地、中国摄影家协会创作基地、河南农业大学教学科研基地、河南省文明景区、三门峡市爱国主义教育基地、红腹锦鸡重点保护区、全国十佳林场。

(四)黄河丹峡(国家 4A 级旅游景区)

黄河丹峡位于三门峡市渑池北 21 千米黄河岸边,地处豫晋两省五县交界处,北临黄河、南依黛眉山,为 12 亿年前的海底世界,是海洋变迁、地壳运动的有力见证。整条峡谷由红色石英砂岩构成,属典型的丹霞地貌。它呈"V"字隐形峡谷,宽 2～30 米,海拔落差 200～600 米。黄河丹峡景区由山西黄河石港旅游集团旗下三门峡黄河丹峡旅游开发有限公司投资筹建。

整个谷内怪石林立、峭壁千仞、古树参天、飞瀑湍急,汇集了奇山、怪石、险谷、清溪、深潭、密林等多种奇特的自然景观。景区内有波纹石、树模石等罕见化石,石茶等珍贵中药材,野桑葚、五味子、山葡萄、八月炸等珍奇野果,国家一级保护树种红豆杉,堪称世界峡谷奇观、中国最美的峡谷。现已保护性开发了天然壁画、双龙戏珠、七星石、神猴望月、守谷雄狮、石人山、神女池、一线天、千层崖、钟乳石、擎天柱、骆驼峰、情人谷、仙女洞、水帘洞、官印台、地质天书、天坑地缝以及由龙凤潭、龙瀑组成的八潭等 50 多处自然景点;滑索、高空飞车、黄河垂钓、纤夫绝唱、小浪底观光旅游休闲娱乐等项目。

(五)虢国博物馆(国家 4A 级旅游景区)

虢国博物馆是依托国家级文物保护单位虢国墓地遗址而建立的一座专题性博物馆。2001 年 4 月 21 日向社会正式开放,占地 150 亩,建筑面积 7200 平方米,陈列展出面积 4000 平方米,库房面积 1200 平方米(共有 6 间)。曾先后获得"第五届全国博物馆十大陈列展览精品""国家 4A 级旅游景区""国家二级博物馆""河南省文明风景旅游区""河南省十佳人文景观""河南十大名胜"等多项

荣誉称号。现有基本陈列,《周风虢韵——虢国历史文化陈列》,分为虢旗猎猎、吉金灿灿、美玉灼灼、奇珍熠熠、车马辚辚、古墓秩秩 6 个部分。

(六)陕州地坑院(国家 4A 级旅游景区)

陕州地坑院位于三门峡市陕州区张汴乡北营村,作为一种古老而神奇的民居样式,它蕴藏着丰富的文化,是全国乃至世界唯一的地下古民居建筑,被誉为"地平线下古村落,人类穴居活化石",是我国特有的四大古民居建筑之一。"见树不见村,进村不见房,入户不见门,闻声不见人"便是它的真实写照。

地坑院的营造技艺既与传统的阴阳八卦方位密切结合,又和宅主的命相息息相关,反映了古人卓越的智慧。如今,像这样的村庄现存 200 多个,有地坑院 12000 余座,保存最完整现存时间最久的地坑院已有 300 多年。2011 年,地坑院营造技艺被列入国家级非物质文化遗产保护名录。

陕州地坑院景区是三门峡市陕州区政府精心打造的一个特色旅游项目。景区在地坑院原有的基础上,将 22 座地坑院相互打通,内设不同主题,全方位向世人展示地坑院的历史演变及陕州地区人们的生活风貌与民俗技艺,并于 2016 年 5 月 23 日正式营业。与此同时,景区还保留了许多未经开发的地坑院供游客参观,沿着陕塬的黄土寻找失落的地下古村落,使地坑院传统文化源远流长地传承下去。地坑院内展示的民俗表演与非遗展示如捶草印花、陕州剪纸、锣鼓书、澄泥砚、木偶戏、皮影戏、糖画、红歌表演、陕州特色婚俗表演等,蕴含着丰富的文化,体验互动性强,自开业以来深受广大游客的喜爱。

(七)燕子山国家森林公园(国家 4A 级旅游景区)

燕子山国家森林公园位于三门峡市灵宝市境内,2006 年 12 月 27 日经国家林业局批准,定名为河南省燕子山国家森林公园,总面积 4776 公顷。总体规划将在保持森林公园各类自然景观独特风貌的真实性和完整性的基础上,进一步完善燕子山国家森林公园内的森林资源保护措施,促进森林风景资源的不断提高。燕子山森林公园,位于河南、山西、陕西三省拱卫的黄河金三角灵宝市的东南部、国有川口林场境内,面积 7.2 万亩,森林覆盖率高达 96%,距离灵宝市区、灵宝火车站 20 千米,距离 209 国道 15 千米,距离 310 国道

17千米,东邻洛阳、郑州,西接渭南、西安,北通运城、太原,南达十堰、武汉,交通条件十分便利,被称为灵宝后花园。

燕子山国家森林公园主峰海拔1497米,平均海拔1080米。公园内秀峰林立、净潭棋布、古木参天、山清水秀。两条奔流不息的溪流像玉带一样串起大小十余处瀑布,高大挺拔、直插云天的人工森林和自然扭曲、相互缠绕的次生林形成了独特的森林景观。

燕子山国家森林公园是由河南燕子山生态旅游开发有限公司投资近5亿元人民币,用国家5A级旅游景区设计理念,按照国家4A级旅游景区建设标准精心打造的集生态观光、休闲度假、森林人家、激情漂流、森林穿越、拓展训练于一体的高品质原生态旅游风景区。

燕子山国家森林公园围绕打造黄河金三角同类旅游区第一品牌的目标,以资源为平台、以市场为先导、以游客为主体、以服务为宗旨,在产品的原始性、差异性、丰富性、多样性、体验性和市场核心竞争力上科学规划、精心设计,在景区内开发建设了四条亮丽的旅游风景线:长寿峡观光漂流、清肺练胆;燕子峰登高览胜、祈福求财;忘忧谷怀古励志、修性养生;槐树林饱览花海、赏心悦目。其中,核心景区长寿峡分别由圣水峡环保激情漂流、百寿峡听涛戏蝶找寿、天水峡观瀑抚藤探幽三大板块组成。观览整个景区,游客会在精彩纷呈、特色鲜明的旅游活动中找到健康之法、生命之诀、长寿之道,真正达到纵情山水、物我两忘的理想境界。

灵宝燕子山、好看又好玩。旅游何必东奔西走,燕子山中看啥都有。走进燕子山,享受森林浴。燕子山国家森林公园正以其不可替代的魅力和无法阻挡的诱惑力,张开热情的双臂,笑迎八方来客!

(八)娘娘山(国家4A级旅游景区)

娘娘山属小秦岭山脉,它是灵宝境内一座母亲山域。娘娘山风景区位于三门峡市灵宝市西南11千米处,交通十分便利。它南依小秦岭同陕西洛南与河南卢氏、洛宁接壤,北临黄河与山西芮城、平陆相望,东连郑州、洛阳、三门峡,西接潼关、西安于一线。

相传远古之时,天神太上老君为铸炉炼丹选中了秦岭东端的这座山峰,将拐杖插在山头作为证据。后来王母娘娘为普度众生也看中了这座山,将绣鞋埋于老君杖下。二神为此山争执,玉皇大帝派司山之神同察,鞋先杖后,所断此山应属王母娘娘。王母娘娘选此山的目的是造福民间,于是点化灵宝市纪家庄一李姓人家所生三女,后三女长大后泪别父母,登山羽化。王母娘娘分别赐任她们"天母娘娘""地母娘娘""人母娘娘",三位娘娘所居之处称为"娘娘山"。娘娘山春天百草含芳、春意盎然;夏季青峰翠谷、潭瀑相连;秋季各种花草依次开花、果实累累;冬季山坡白雪皑皑、谷底琼冰玉瀑,一年四季春花秋实、夏瀑冬冰,让人陶醉。娘娘山风景区依其地形地貌特点,同时为便于游客的旅游将全区划分为瀑布峪(百尺瀑)景区、娘娘庙景区、石瀑布景区和黄天墓景区。目前对游客开放的主要是瀑布峪景区和石瀑布景区。瀑布峪景区里芳草萋萋,溪流潺潺,突出景观便是磅礴壮观的百尺瀑和拆离断层地

质学上的遗迹奇观。除此之外,还可以体验安全、惊险、刺激的北国第一漂滑。石瀑布景区水体景观多变,自然秀丽,大气恢宏,雄浑壮观,还可以欣赏到原生节理形成的千仞壁立,让人望而生畏。娘娘庙景区以三位娘娘的传说故事为主题,常年香火不断、紫烟缭绕。黄天墓景区位于武家山上,山体主要有青龙岭、凤凰岭和上天梯等,海拔为1555.9米。游娘娘山,看百尺瀑、观石瀑布、乘漂滑船心旷神怡。景区同时配套有长天苑别墅、农家餐饮、休闲垂钓、游泳划船等。

(九)豫西大峡谷风景区(国家4A级旅游景区)

豫西大峡谷风景区位于三门峡市卢氏县官道口镇境内。西接陕西,东靠中原,北依太行,南邻黄河。峡谷呈东西走向,像一条由西向东延展的飘带,由大大小小99级瀑布及

300多个潭池组成。总长度30余千米,宽度30~50米,深度50~200米,两侧山峰最高海拔1372米,最低620米。每当汛期来临,潭上飞珠溅玉,雾气腾腾,声响如雷,气势磅礴;风和日丽时节,瀑布则如白练悬空皎美绝伦。豫西大峡谷风景区位于亚欧大陆桥东段豫西地处晋豫大峡谷以南,南阳盆地以北,以平原为主。北纬33°08′~35°05′,东经111°08′~133°45′。属暖温带大陆性季风气候。

卢氏县是一个具有2116年历史的古县,是我国河洛文化发祥地的重要组成部分,文化灿烂,历史悠久。相传,秦代博士卢敖避战乱于熊耳,炼丹治病,扑灭瘟疫。死后百姓立庙祀之。至西汉武帝元鼎四年(公元前

113年)建县,即以其姓氏命为县名。

(十)双龙湾景区(国家4A级旅游景区)

双龙湾景区位于三门峡市卢氏县双龙湾镇,因屹立着大龙头、小龙头两座奇峰而得名。双龙湾景区最显著的优势是既具有灵山秀水的自然景观,还具有底蕴丰厚的历史文化,自然景观与历史文化融为一体,相映成辉,使其成为风格别致、内涵丰富、特色独具的旅游胜地。

(十一)仰韶文化博物馆(国家4A级旅游景区)

仰韶文化博物馆位于三门峡市渑池县仰韶村遗址保护区,于2011年11月7日正式开馆,该馆集文物保护、陈列展示和科学研究功能于一体,为国内首家仰韶文化专题博物馆。仰韶文化是距今约5000~7000年中国新石器时代的一种彩陶文化。因1921年首次在河南省三门峡市渑池县仰韶村发现,故按照考古惯例,将此文化称为仰韶文化。主要分布于黄河中下游一带、以秦晋豫三省为核心的中原地区,以陕西大部、河南西部和山西西南的狭长地带为中心,东至河北中部,南达汉水中上游,西及甘肃洮河流域,北抵内蒙古河套地区。

1921年渑池仰韶村遗址发现后,到2000年为止,全国有统计的仰韶文化遗址共5213处,其分布范围,以华山为中心分布。东起豫东,西至甘肃、青海,北到河套内蒙古长城一线,南抵江汉,中心地区在陕西关中、陕北一带。分布省份有陕西、甘肃、河南、山西、河北、内蒙古、湖北、青海、宁夏9个省区,具体分布情况是:陕西2040处、河南1000处、山西1000处、甘肃1040处、河北50处、内蒙古约50处、湖北23处、宁夏7处、青海3处。其中,陕西主要分布在关中和陕北南部的延安地区,两地相加达1774处,遗址数量大大超过周边省份。仰韶文化分布区面积最大的遗址,是陕西关中地区耀州区的石柱塬遗址,面积竟达300万平方米。

(十二)函谷关景区(国家4A级旅游景区)

函谷关景区位三门峡市于灵宝市区北13千米,距连霍高速灵宝出口不足2千米,因名人(老子)、名著(《道德经》)、名关(函谷关)而闻名,是融军事文化、老子文化于一体的人文游览区。

军事文化历史悠久。函谷关建于春秋战国之际,是中国历史上建置最早的雄关要塞"因在谷中,深险如函而得名",曾是战马嘶鸣的古战场和兵家必争的战略要地,先后发生过"五国伐秦"、周武王"出谷会师"、秦国"割城求和"、李自成"二出函谷"、辛亥革命"张钫出关"以及1947年"奔袭函谷关、解放灵宝城"等历史事件,对中国历史进程产生了积极深远的影响。

老子文化博大精深。函谷关不仅是军事重地,还是我国古代思想家、哲学家老子著述《道德经》的灵谷圣地。《道德经》自问世以来,其在政治、经济、军事、艺术、伦理、养生等领域展现了独到见解和智慧光焰。上至皇帝高官,下至黎民百姓,都对这部经典著作有着极大的研究热情。研究老子文化和老子思想,更成为当今社会一种国际性的文化现象。2002年10月,中国道教协会

原会长、玉溪道人闵智亭为函谷关题写"道家之源"四个字,吸引众多海内外道家、道教人士到这里朝圣祭祖,使函谷关成为名副其实的道家文化发源地。

历史典故寓意深远。函谷关扼守崤函咽喉,西接衡岭,东临绝涧,南依秦岭,北濒黄河,是古代西去长安、东达洛阳的通衢咽喉,是中原文化和秦晋文化的交汇地。围绕这座重关名城,广泛流传着"紫气东来""老子过关""鸡鸣狗盗""公孙白马""玄宗改元"等历史典故和民间传说,司马迁、李白、杜甫、白居易、司马光等历史名人志士临关吟诗作赋,流传至今的就有100余篇。

周边延伸资源丰富。函谷关景区周边5千米内,还延伸有东寨黄河观景台、明清古建景观许家古寨、黄土塬地貌、千亩古枣林、老灵宝县城、黄河渡口等众多人文资源和地貌景观,具有极大的旅游开发价值和发展潜力。为提升函谷关景区的市场竞争力和社会知名度,市委、市政府计划以函谷关景区为核心,围绕景区延伸文化旅游资源链条,强力开发函谷关特色小镇、老子学院、许家古寨、千亩古枣林、黄河渡口、旅游集散中心等项目,打造集文化体验、文化观光、文化教育、养生度假、休闲运动等功能于一体的函谷关文化产业园。2014年,函谷关文化产业园成功获批河南省文化产业示范园区。

五、城市精神

明礼诚信、善作善成。

第十三章 南阳市

一、市情简介

南阳,古称宛,位于河南省西南部、豫鄂陕三省交界处,为三面环山、南部开口的盆地,因地处伏牛山以南、汉水以北而得名。南阳市现辖 2 区 10 县、4 个开发区,代管 1 个县级市,分别为宛城区、卧龙区、南召县、方城县、西峡县、镇平县、内乡县、淅川县、社旗县、唐河县、新野县、桐柏县,城乡一体化示范区、高新技术开发区、鸭河工区、官庄工区,邓州市。南阳市总面积 2.66 万平方千米,在河南省 18 个省辖市中面积最大,截至 2018 年常住人口近 100 万人。历史悠久,文化璀璨。南阳是国务院第二批命名的历史文化名城。早在 50 万年前,与北京猿人同时代的南召猿人,就在这里繁衍生息;西汉时期为全国六大都会之一;东汉时期为光武帝刘秀的发迹之地,故有"南都""帝乡"之称。现拥有全国重点文物保护单位 13 处、省级重点文物保护单位 79 处。

在南阳发展历史的坐标系中,2021 年注定是极不平凡又十分重要的一年。这一年,南阳全面建成小康社会,历史性地解决了绝对贫困难题,意气风发向第二个百年奋斗目标迈进;这一年,习近平总书记亲临南阳视察,为南阳指引了阔步前行的总方向、总路径、总遵循;这一年,省委、省政府支持南阳建设副中心城市,为南阳提供了转型跨越的大机遇、大空间、大舞台;这一年,市委确立"一二三五十"工作布局,为南阳明晰了重塑辉煌的新战略、新布局、新举措;这一年,南阳市深入开展"观念能力作风建设年"活动和清洁城市美化家园"1050"专项攻坚行动,干部队伍建设呈现新气象,城市蝶变展示新姿态;这一年,全市上下扎实做好"六稳"工作、落实"六保"任务,各项事业

取得新进展,"十四五"实现良好开局。着眼于省副中心城市建设全面启动,今日南阳,天地壮阔,山川秀丽,人民豪迈,前程远大。

风光秀丽,景色优美。南阳地处北亚热带向暖温带过渡区域,是长江、黄河、淮河的自然分水岭,自然景观兼容南秀北雄。号称"中华大地的脊梁"的伏牛山雄伟壮观、姿态万千,2006年被联合国教科文组织命名为世界地质公园。其中的世界人与自然生物圈保护区宝天曼林海莽莽,郁郁葱葱,生物呈多样性分布,一派原始森林风光,为中原地带唯一保存完整的森林与野生动物类生态区,是豫西南天然的动植物基因库和避暑胜地;西峡老界岭是八百里伏牛山的最高峰,这里山峰奇秀,古树参天;南召真武顶风景区位于伏牛山腹地,奇峰竞秀,满目涌翠。被誉为20世纪世界重大科学发现的恐龙蛋化石群规模大、种类全、保存完整,具有重要的科研价值;西峡恐龙蛋生物遗迹博物馆是世界唯一一座恐龙蛋化石原址展馆,成为不可多得的科普教育基地。南水北调中线工程渠首所在地丹江水库烟波浩渺,一碧万顷。千里淮河发源地、中国革命根据地之一桐柏山钟灵毓秀,风景如画。南阳母亲河白河穿越南阳中心城区,形成了北方城市少有的万亩碧水扬波的壮观景象,它与横卧城区北部的独山相呼应,构成了一幅"青山横北郭,白水绕东城"的山水画图,成为南阳一张闪亮的城市名片。

南水北调工程是我国水资源优化配置的战略性工程,是国之重器。中线工程自从2014年2月通水以来,这渠丹江清水从南阳出发,累计向京津等城市送水约400亿立方米,约6900万人受益。该工程建设取得的成绩充分体现了党中央集中统一领导的体制优势和社会主义集中力量办大事的制度优势。南水北调展览馆成为弘扬南水北调文化、讲好南水北调故事、凝练南水北调精神、展示南水北调形象的窗口。南水北调展览馆是一个立足当下、铭记历史、面向未来、凝聚力量的重要载体和平台,成为展示研究南水北调伟大精神的重要场所,吸引了更多的人走近南水北调、认识南水北调,并从中感悟初心使命,汲取前进力量,共同为全面建成社会主义现代化强国作出积极贡献。

二、城市名片

南阳市相继获得"中国优秀旅游城市""国家园林城市"称号。

资源丰富,聚宝藏珍。南阳属典型的季风大陆半湿润气候,四季分明,阳光充足,雨量充沛。市内河流众多,分属长江、淮河、黄河三大水系,全市主要河流有丹江、唐河、白河、淮河、湍河、刁河、灌河等,水储量、亩均水量及人均水量均居全省第一位。南阳是南水北调中线工程水源地和渠首所在地,也是淮河的源头。2016年全市营造林104.6千公顷,重点地区防护林工程3.27千公顷,天然林保护工程1.33千公顷,森林覆盖率达36.6%。2016年年末共有自然保护区6个,其中,国家级自然保护区3个,自然保护区面积123.34千公顷。南阳素有"中州粮仓"之称,是全国粮、棉、油、烟集中产地。有6个县(市、区)是国家商品粮、棉基地,3个县(市、区)为国家优质棉基地。"南阳黄牛"居全国5大优良品系之首,"南阳黑猪"在全省享有盛名,"南阳柞蚕"居全省首位。林、果、药和土特产品资源丰富,有松、杉、泡桐等用材林木30多种,苹果、猕猴桃、柑橘、大枣、板栗、油桐、生漆、银杏等经济林20多种。西峡因猕猴桃、山茱萸,南召因辛夷,桐柏因木瓜被命名为"中国名特优经济林之乡",卧龙区因月季被命名为"中国名特优月季之乡",桐柏因板栗被命名为"河南省名特优经济林之乡",全市建无公害农产品基地16个。南阳是全国中药材的主产区之一,盛产山茱萸、辛夷、杜仲、桔梗、丹参、半夏、全蝎、血琥珀八大名产及其他名贵中药材2000多种。南阳是中国矿产品最为密集的地区之一,已探明各类矿产84种、468处。其中,天然碱、红柱石储量为亚洲之冠,蓝晶石、金红石居全国第一,矽线石、石墨、独山玉、银矿、铜矿储量居全省首位;金矿、石油储量居全省第二位;南阳独玉系中国四大名玉之一,色彩斑斓,素有"东方翡翠"之称。

三、市树市花

望春玉兰和月季分别是南阳的市树和市花。2018年3月7日,南阳市五届人民代表大会常务委员会第三十四次会议,正式确定望春玉兰为市树。

(一)市树——望春玉兰

望春玉兰花芽入药称"辛夷",原产于南阳市伏牛山、桐柏山区,栽培历史悠久,元末明初,南召云阳的东花园、西花园和皇后天桥有望春玉兰成片种植的记载。

望春玉兰是药用、香料、用材、观赏兼用的优良珍贵树种,在南阳市山区、丘陵、平原、城乡、庭院均有栽培,尤其以南召县分布栽植最为集中。南召县是国家林业和草原局命名的"中国玉兰之乡",还是中国经济林协会命名的"中国辛夷之乡",种植玉兰有传统、有经验、有成效。

玉兰树为多年生,落叶乔木,属木兰科木兰属,有望春玉兰、白玉兰、二乔玉兰和紫玉兰之分,望春玉兰的花期最早,白玉兰次之,二乔玉兰又次之,紫玉兰的花期最晚,望春玉兰、白玉兰、二乔玉兰三者的花皆先叶开放,唯独紫玉兰的花是与叶同发。

早在战国时期,著名诗人屈原在《离骚》中便有"朝搴阰之木兰兮,夕揽洲之宿莽"的诗句,其中的"木兰"即玉兰。到了唐代,玉兰树已广为栽植,民俗中"玉堂富贵,竹报平安"的说法,就是源自玉兰、海棠、牡丹、桂花、翠竹、芭蕉、梅花、兰花"庭院八品",而玉兰居于首位。

望春玉兰被确定为市树后,必将在南阳城区迎来一个大的发展机遇期。正像月季1995年被市人民代表大会确定为市花之后,在中心城区得到了广泛应用,有力地促进了全市月季产业发展,打响了南阳月季品牌。

(二)市花——月季

月季属蔷薇科蔷薇属植物,因月月季季鲜花盛开而得名,别名有月月红、斗雪红、长春花、四季花、胜春、瘦客等。

月季花姿秀美、花色绮丽、香味浓郁,深受各国人民喜爱,被誉为"花中皇后",是幸福、美好、和平、友谊的象征。月季花,无论春夏秋冬,常开不厌;插枝可活,枝繁叶茂,有着很强的生命力。

中国是月季的原产地。在花卉市场上,月季、蔷薇、玫瑰三者通称为玫瑰。用作切花的玫瑰,其实都是改良后的现代月季,现在欧美各国培育成的现代月季达2万多个品种,都是蔷薇与月季长期杂交选育而成。因此,中国月季又被称为世界月季之母。

南阳月季真正走出国门、走向世界,是从南阳市卧龙区石桥镇开始的。2000年,卧龙区石桥镇被国家林业局、中国花卉协会命名为"中国月季之乡"。

市委、市政府高度重视月季产业的发展,把月季作为生态富民工程,每年拨出专项资金支持月季产业发展,启动实施了"百万月季进宛城"行动。目前,中心城区已种植各类月季达800多万株;月季种植的范围已由石桥镇辐射到周边县区,苗木基地达10万余亩,引进培育2000多个品种,年销售量和出口量均占据全国的80%以上;而且,随着影响力的越来越大,一年一度举办的月季花会,也由原来的镇级层面,上升到后来的区级、市级、国家级乃至2019年在南阳召开的世界月季洲际大会。

月季有大花月季、树状月季、丰花月季、地被月季、微型月季、藤本月季之分。花语中，红色月季表示纯洁的爱，人们多把她作为爱情的信物、爱的代名词，是情人节的首选花卉；白色月季寓意尊敬和崇高，象征着父爱，是父亲节的主要用花；粉红色月季表示初恋；黑色月季表示有个性和创意；蓝紫色月季表示珍贵；橙黄色月季表示富有青春气息、聪慧美丽；绿白色月季表示纯真、俭朴，有赤子之心；双色月季表示兴趣较多；三色月季表示博学多才和深情依依。

月季是我国劳动人民栽培最普遍的"大众花卉"，但真正开得最鲜最艳的，当然就属南阳了。就像洛阳之于牡丹，开封之于菊花，南阳才是月季真正的故乡！

四、风景名胜

老界岭、恐龙遗迹园等被批准为国家5A级旅游景区。国际玉城、山陕会馆、内乡县衙、卧龙岗武侯祠、五朵山、香严寺、龙潭洞、宝天曼风景区、云露山风景区、西峡老君洞等被批准为国家4A级旅游景区。

（一）老界岭（国家5A级旅游景区）

老界岭是南阳伏牛山世界地质公园核心区域、国家5A级旅游景区、国家级自然保护区，观赏面积18万亩。2008年，著名歌唱家宋祖英曾到此拍摄音乐视频，对这里的优美景色赞不绝口，并留下了美妙的歌声。

老界岭因地处我国南北气候交界处、长江黄河分水岭而得名，气候适宜，年平均气温12.5 ℃，夏季气温在22 ℃左右，清凉宜人，是我国北方最佳山地度假胜地和中原最佳避暑胜地。景区内四季景色优美，春天万木争荣、百花竞艳，夏日绿荫荡漾、流泉飞瀑，金秋漫山红遍、层林尽染，寒冬银装素裹、玉树琼花。老界岭山岳风光独特，有的如一柱擎天，有的如壁立千仞，有的如骏马奔驰，有的如仙女下凡，姿态万千，大气磅礴；主峰犄角尖海拔2 212.5米，如鹤立群山，傲视苍穹，有"八百里伏牛凌绝顶"的美誉；海拔1 800米以上尖峰有15处，造化神奇，令人叹为观止。老界岭生态环境优良，森林覆盖率达到90%以上，动植物种类繁多，有植物2 879种、珍禽异兽400多种、中草药1 200多种，是一座天然的动植物基因宝库。

（二）恐龙遗迹园（国家5A级旅游景区）

恐龙遗迹园是南阳伏牛山世界地质公园核心景区、国家5A级旅游景区，建有全国唯一的以恐龙蛋化石为主要展品的恐龙蛋化石博物馆、世界唯一的以恐龙蛋化石原始埋藏状态为特色的恐龙蛋遗址展馆、中原首座动感 4D 影院、以展示地球变化和生物演化为主题的时空隧道、仿真恐龙园、嘉年华游乐园、龙都水上乐园等,集科普、观光、娱乐、休闲、科研于一体,是继四川自贡恐龙动物群、英国科莫恐龙与哺乳动物群、加拿大阿尔伯达恐龙公园之后的又一座大

型恐龙主题公园。西峡恐龙遗迹属于白垩纪断陷盆地沉积,目前已发现的蛋化石有 8 科 11 属 15 种,数量之大、种类之多、分布之广、保存之好,堪称"世界之最",近年又不断发现鸭嘴龙、禽龙、原角龙、肉食龙等恐龙的骨骼,为研究探讨一亿年前恐龙时代的生态环境、恐龙生活习性以及恐龙灭绝之谜等提供了最翔实、最原始的珍贵资料。特别是巨型长形蛋和戈壁棱柱形蛋,世界稀有罕见,是西峡蛋化石的标志。

(三) 国际玉城 (国家 4A 级旅游景区)

国际玉城总占地面积 1300 余亩,是全球最大的玉文化展示基地、国家 4A 级旅游景区和国际性旅游购物公园,主要景点有玉神阁、玉文化广场、石佛禅寺等。国际玉城的每一

处元素包括园林、水系、雕塑都与玉有关,处处散发着强烈的玉文化气息,实现了玉文化与园林文化、佛文化、商业文化的完美结合。整体设计以明清风格为主,充分运用飞檐、彩绘等手法,再现了古朴典雅的建筑风韵。"昆仑玉缘""暖玉生烟""屈子食玉""玉树临风""和田月色""玉门春风"等景区文化,主题鲜明,独具特色,营造了浓厚的玉文化氛围;拱桥码头、斗篷乌船、金玉满堂等景观镶嵌其中,形成了动态水系与古典建筑相融合的江南水乡风情。景区内仿古店铺鳞次栉比,用来自全球各地玉料加工而成的玉雕产品种类繁多,琳琅满目,工艺精湛,充分展示了古老悠久、博大精深的中华玉文化。

(四) 山陕会馆 (国家 4A 级旅游景区)

山陕会馆是清乾隆二十一年 (1756 年) 至光绪十八年 (1892 年) 由清代旅居社旗县赊店镇的山西、陕西富商们出资建造,历时 136 年,坐北向南,南北长 195.2 米,东西宽 34.4~44.2 米,占地面积 10000 多平方米,建筑面积 6000 多平方米,在全国现存 80 余座会馆类古建筑群中规模最为宏伟、保存最为完好、建筑装饰工艺最为精湛、商业文化内涵

最为丰富,1988年被列为全国重点文物保护单位,现为国家4A级旅游景区。琉璃照壁、悬鉴楼、大拜殿和春秋楼等主体建筑自南而北沿中轴线分布,全部殿宇用木材构造而成,高大雄伟,气势非凡,并采用精美的石雕、木刻、火铸或陶瓷图案进行装饰。慈禧太后为该馆曾御笔亲书"龙""虎"二字,这在全国会馆中绝无仅有。国内多位古建筑权威专家均对社旗山陕会馆给予高度赞誉和评价,国家文物局原局长吕济民题词赞为"艺术辉煌,绝无仅有",故宫博物院原副院长单士元题词赞为"辉煌壮丽,天下第一"。

（五）内乡县衙（国家4A级旅游景区）

内乡县衙始建于元大德八年（公元1304年）,距今已有700多年的历史,历经明、清多次维修和扩建,逐渐形成一组规模宏大的官衙式建筑群,现为全国重点文物保护单位、国家4A级旅游景区。内乡县衙坐北朝南,占地2万多平方米,自南向北主要有照壁、宣化坊、大门、仪门、吏房、户房、礼房、兵房、刑房、工房、大堂、门房、屏门、二堂及两厢、刑钱夫子院、穿廊、三堂及两厢、

东西花厅、东西库房院和后花园、寅宾馆、衙神庙、土地祠、典史衙、县丞衙、膳馆、监狱、吏舍、主簿衙等建筑,共6组四合院、260间房屋,均为清代建筑风格。整个建筑群严格按照清代官衙建制而建,布局紧凑,主次分明,高低错落,井然有序,浑然一体,体现了古代地方衙署坐北面南、左文右武、前衙后邸、监狱居南的传统礼制思想,是迄今全国保存最为完整的古代县衙,也是中国封建社会县级政权衙门的实物标本和历史见证。内乡县衙官文化厚重,特别是内乡知县高以永于康熙十九年为县衙所撰写的一副对联,一直为世人所喜爱和称赞:"得一官不荣,失一官不辱,勿说一官无用,地方全靠一官;吃百姓之饭,穿百姓之衣,莫道百姓可欺,自己也是百姓"。这副楹联以朴素的语言揭示了官与民、荣与辱、得与失的辩证关系,对于我们研究封建社会的吏治文化具有重要的借鉴作用。习近平总书记在山东省菏泽市考察时,曾引用此联教育党员领导干部要以民为本、爱民如子。

（六）卧龙岗武侯祠（国家4A级旅游景区）

卧龙岗武侯祠初建于魏晋,盛于唐宋,至今有1800多年的历史。其所在地卧龙岗是三

国时期杰出的政治家、军事家诸葛亮躬耕隐居地和汉昭烈帝（刘备）"三顾茅庐"处,也是"三分天下"的策源地和历代祭祀诸葛亮的地方。卧龙岗武侯祠现为全国重点文物保护单位、国家二级博物馆、国家4A级旅游景区,先后有众多国家高层领导人前来参观。

卧龙岗武侯祠占地12万平方米,现存房舍267间,布局严谨,疏密相宜,殿堂雄伟,亭台壮观。祠前是宏伟雅致的"千古人龙"石牌坊,高9米,面阔13.5米,三门四柱楼式,通体布满雕饰和对称的锦纹、图案,错落有致,疏朗多姿。祠内丛竹飒飒,松柏森森,潭水清碧,花草相映,景色宜人,格局婉转盘桓,结构幽雅精致,氛围古色古香,意境如诗如画,既不失名士祠堂的严谨肃穆气氛,也保留了故居园林的活泼清新景象。主要景点有茅庐、古柏亭、野云庵、躬耕亭、伴月台、小虹桥、梁父岩、抱膝石、老龙洞、躬耕田,人称"卧龙十景"。碑刻是卧龙岗武侯祠的一大特色,祠内现保存着汉以来历代碑刻三百余通,内容涉及记人、记事、歌咏、题记等,且真草隶篆各种字体兼备。特别是《出师表》草书碑刻,尤为珍贵难得。据碑跋称,宋绍兴八年（公元1138年）,岳飞遇雨夜宿武侯祠,感慨万千,挥泪手书《出师表》,以抒胸臆,其字如铁画银钩,似龙腾蛇舞,苍劲峭拔,潇洒俊秀,堪称书法一绝。此碑刻可谓丞相撰词、名将手书,游人驻足观摩,既能见武侯之胸怀志略,又可赏岳飞之翰墨神工。

（七）五朵山（国家4A级旅游景区）

五朵山因有五座山峰并峙、似巨莲盛开而得名,为国家4A级旅游景区,总面积126平方千米。这里道教文化厚重,明朝建文帝朱允炆和道教真人张三丰曾经在此修炼布道。因五朵山与"南顶"武当山遥相呼应,又被称为"北顶",是明清以来中原和江汉地区著名的道教圣地。

五朵山主要景观有金顶、天梯、暴瀑峡、万福宫等。五朵山主峰为圣朵峰,海拔1 665米,因其上建有祖师庙而被称为"金顶",站立于此,环顾四周,峭壁万仞,云海茫茫,恍若仙境;摩崖石刻"北顶五朵山"五个大字

由中国道教协会原会长闵智亭亲自题写,透露着仙风道骨之韵。通向金顶的四千余级的石

阶路蜿蜒上升,宛如登天云梯。暴瀑峡内飞瀑流泉,茂林修竹,山花烂漫,崖险石奇,富有诗情画意。万福宫坐落在山腰谷地中,包括玉皇殿、药王殿、文昌殿、财神殿、土地庙等几座庙宇道观,规模宏大,气势恢宏。

(八)香严寺(国家 4A 级旅游景区)

香严寺为国家级重点文物保护单位和国家 4A 级旅游景区,坐落在群山环抱之中,始建于大唐开元年间,唐肃宗、唐代宗两朝国师慧忠曾在此修炼,敕赐长寿,故又称"香岩长寿寺",是一处园林式皇家寺院。现占地面积 4200 平方米,有殿、堂、楼、阁及各种建筑 140 多间,基本为清代建筑风格。寺院坐北向南,主体建筑有山门、韦驮殿、凝月轩、大雄宝殿、接客厅和藏经楼,自下而上分布在一条中轴线上;两侧配建东西客房、僧房和十王殿;东部另辟"静修院",一进

五庭院,步步登高。整个建筑严谨对称,规模宏大,庄重肃穆,彰显了皇家寺院的气度。千百年来,不少文人墨客诸如宋代的范仲淹、元代的杨载、明代的李荫和李裒等曾到此朝拜游览,并留下了赞美的诗篇。

(九)龙潭沟(国家 4A 级旅游景区)

龙潭沟景区面积约 5 平方千米,为国家 4A 级旅游景区、河南省首家旅游标准化示范单位。整个沟谷全长 12 千米,海拔从 1300 米降至 400 米,两边的山体逶迤曲折,犹如两条巨龙盘踞飞舞,分别显现龙首、龙口、龙角和龙身。谷间形成的梯式瀑布共计 19 个,其瀑布数量之多、落差之大,中原独有,全国罕见。龙潭沟有水秀之美,溪水从山涧倾泻,形成了数量众多的瀑布群,落差最高的瀑布约 35 米,最低的也有 15 米,最大的潭水面积 800 平方米,一般潭水

面积 400 平方米左右。潭水深度从 2～50 米不等,清澈如碧,与周边的悬崖密林构成了一幅优美的山水图画。最为著名的"四连瀑"四瀑相连,急流如注,浪花飞溅,水雾飘洒,十分壮观。龙潭沟有石奇之趣,大龙潭附近的一块巨石酷似一条鳄鱼头正深入水中饮水,游人称为"鳄鱼戏水";"四连瀑"附近有块巨石更是神奇,从对面山头看,犹如猪八戒的头,像是

伸向水面偷看龙女洗澡,人们称为"八戒窥浴"。还有"三鲨闹龙潭""神龟过江""鲤鱼跳龙门"等,形态各异,惟妙惟肖,浑然天成。

(十)宝天曼风景区(国家 4A 级旅游景区)

宝天曼风景区为国家 4A 级旅游景区、国家级自然保护区、科普教育基地,位于南阳市内乡县福山寨至马山口一线以北的县内山区,面积为 1087.5 平方千米。风景区以自北向南依次出露着造山带演化进程中不同地质历史时期形成的地质遗迹为特色。风景区内群山耸峙、拔地腾霄,遍布着变质地层、剥蚀地貌、岩溶洞穴、瀑布峡谷等珍贵的地质遗迹,更兼茂林滴翠、溪流滔滔,珍稀动植物资源丰富,是人们认识自然、旅游观光的理想场所。该风景区具有独特的生态观光旅游和地质科普价值,已先后获得"宝天曼国家级自然保护区""宝天曼世界生物圈保护区""中国森林生态系统定位研究网络宝天曼森林生态站""宝天曼世界地质公园""全国青少年科技教育基地""国家 4A 级景区""中国最佳旅游观光目的地"7 块金字招牌。宝天曼风景区是我国唯一的长江、黄河、淮河 3 个水系的分水岭,也是我国中部地区保存完整的自然综合基因库。

风景区位于秦岭造山带之中,它是经历长期多次不同造山作用而形成的复合型大陆造山带,在中国大陆的形成与演化中占有重要地位。它记录着造山带 30 亿年来的演化历史,赋存着丰富、系统、连续、完整的大陆动力学研究信息,是研究秦岭造山带,研究特提斯构造域乃至追溯全球陆块体群离散、汇聚、增生、拼合、造山等演化过程的理想场所。

秦岭造山带已有的研究成果为世界大陆造山带的研究树立了典范。

风景区内几乎囊括造山带华北陆块南缘所有的地层层序和构造形迹，对研究造山带的形成演化、中国大陆的形成演化，追溯地球的演化历史，具有极其重要的科学价值。

景区内森林茂密，植被类型复杂，垂直带谱明显，物种资源丰富，并汇集着多种区系的动植物，其中植物2911种，属国家重点保护的植物有连香树、太白冷杉、红豆杉等24种；脊椎动物有164种，属国家重点保护的有麝、大鲵等13种。是我国中原地带唯一保存完整的过渡带综合性森林生态区。

（十一）云露山风景区（国家4A级旅游景区）

云露山风景区，为国家4A级旅游景区，位于南阳市内乡县北部，地处伏牛山腹地，距南阳市区70千米，距沪陕高速（晁陂高速口）约45千米。景区以药王文化为内涵，以生态观光、休闲度假、科普体验、猎奇探险为旅游主题，以山雄、水秀、河婉、池清、湖阔、瀑险、潭幽、林密、石奇等景观优势名扬中原。特有的气候、土壤和地理环境，造就了云露山独特的生态条件，森林覆盖率达98%以上，有天然中药材500多种，被誉为"世外天然药圃"。主要景点有黑龙潭、

药葫芦潭、雷劈石、药王庙、药王瀑、宝塔瀑、宝塔书院等，宝塔瀑落差126米，被誉为"伏牛山第一瀑布群"。

（十二）西峡老君洞（国家4A级旅游景区）

西峡老君洞属国家4A级旅游景区，位于伏牛山世界地质公园核心地带二郎坪境内，311国道、豫51省道穿境而过，位置优越，交通便利。西峡老君洞集道家文化、溶洞群、野人谷原始森林探险于一体，占地面积126平方千米，拥有14座千米以上山峰、5条河流、13眼涌泉，森林覆盖率98%，生长着2200多种植物、300多种野生动物，被誉为"伏牛山之肺""生态基因库"。这里是世界文化名人老子隐居、养生、讲道120年的文化圣地，也是中原地区野人频繁活动的中心地带。山、水、林、洞、龙、气、人七大原生态资源号称"全真七大景"，西峡老君洞被誉为"天下第四洞天"。

第十四章 商丘市

一、市情简介

商丘是中国历史文化名城、中华文明的发祥地之一,是商部族的起源和聚居地、商朝最早的建都地、商人商品商业的发源地、商文明的诞生地,有"华商之源"的美誉。商丘区位优越、交通便捷,是全国66个区域流通节点城市之一,是国家"八纵八横"高铁网交会城市,是中华人民共和国国家发展和改革委员会、中华人民共和国交通运输部(以下简称交通运输部)命名的国家物流枢纽承载城市。人流、物流、信息流集聚效应日渐凸显,"通达商丘"的品牌日益响亮。

商丘,一座历史悠久、文化灿烂、区位优越、交通便利、产业完备、商贸发达、资源丰富、生态良好的活力之城,正以高质量发展的态势,谱写着一曲豫东大地的绚丽华章。

商丘位于豫、鲁、苏、皖四省接合部,是河南省的东大门,下辖夏邑县、虞城县、柘城县、宁陵县、睢县、民权县6个县,梁园区、睢阳区2个区,永城市1个省直管县级市和1个城乡一体化示范区,全市共有197个乡(镇、街道),总面积10704平方千米,2018年年末全市总人口926.17万人,其中城镇常住人口304.42万人。

第十四章 商丘市

商丘是河南省市区人口超过百万的五座城市之一，2018年全市常住人口城镇化率43.3%。商丘是河南省第二大少数民族聚居地，除汉族外，还有回族、满族、苗族、黎族、壮族、彝族、白族、瑶族、朝鲜族等43个少数民族。

商丘是中国历史文化名城、中华文明的发祥地之一，历为名都大邑，燧人氏、炎帝朱襄氏、颛顼、帝喾等三皇五帝以及夏朝、商朝、周朝宋国、汉晋梁国、宋朝、明清等均在此建都建城。中华始祖、三皇之首燧人氏在这里发明了钻木取火，开创了人类文明历史新纪元。帝颛顼曾建都于商丘。帝喾高辛氏封于高辛(今商丘高辛镇)，为天下共主。帝喾子契佐禹治水有功封于商，为商族人的始祖。约公元前16世纪，契的13世孙成汤，灭夏称商，初都南亳(今商丘南)。约公元前11世纪，周成王封殷商后裔微子启于商丘，称宋国。秦时，本地分属砀郡与陈郡。西汉高祖五年(公元前202年)改为梁国，属豫州。三国魏文帝黄初元年(220年)，将梁国改为梁郡。隋开皇初梁郡废，隋开皇十六年(596年)置宋州。唐天宝元年(742年)置睢阳郡，属河南道。北宋初复置宋州，景德三年(1006年)升宋州为应天府。元为归德府，属河南布政使司。明太祖洪武元年(1368年)降府为州，属开封府。嘉靖二十四年(1545年)升州为府。清沿明制，仍为归德府，属河南省。民国2年(1913年)裁归德府。1948年11月为豫皖苏第一行政区，1949年3月改为河南省商丘专区。1950年5月商丘县城关区改建为商丘市，原商丘市改为朱集市。1968年改为商丘地区。1997年6月撤地设市，即目前的商丘市。

商丘地处豫鲁苏皖四省接合部，是交通运输部确定的国家物流枢纽承载城市，是中华人民共和国商务部确定的区域级流通节点城市，也是国家"八纵八横"高铁网交会城市，是中原地区承接沿海地区产业转移的桥头堡。国务院"十三五"现代综合交通运输体系发展规划将商丘列为全国性综合交通枢纽。京九与陇海铁路，310、343与

105国道,连霍、商登、商南、济广高速在商丘交会,构成了黄金"十字架"交通网络。郑徐高铁、商合杭高铁在此交会,随着京雄商高铁、商丘机场、沱浍河航运加快建设,商丘将建成集公路、铁路、航空、水运于一体的综合性立体式交通网络,将成为河南省第二大高铁枢纽。

商丘地处豫东平原,土壤肥沃,资源丰富。截至2018年,商丘已发现的矿产资源有17种,占全省已发现106种矿产的16%。商丘是全国六大无烟煤基地之一,年产量2800万吨,已进行过地质勘探工作的矿产地15处。境内新发现的通柘煤田,储量230亿吨,是河南省迄今为止发现的最大煤田。

商丘是国家粮食生产核心示范区,常年粮食产量连续5年稳定在65亿千克以上,2018年突破70亿千克,占全省粮食总产量的十分之一,是全国20个粮食产量超百亿斤的地级市之一。商丘是全国重要的商品粮基地和优质绵山羊、板山羊、瘦肉型猪等农副产品生产基地,盛产小麦、玉米、棉花、油料、林果、蔬菜、畜产品,宁陵金顶谢花酥梨、虞城惠楼山药、柘城三樱椒等享誉全国。

商丘是人力资源大市,常年在外务工人员约220万,全市6所高校和37所中职学校每年可培养输送各类专业技术人才5万多人。

商丘介于北纬33°43′~34°52′,东经114°49′~116°39′。东西横跨168千米,南北纵贯128千米,东望安徽淮北、江苏徐州,西接河南开封,南襟河南周口、安徽亳州,北临山东菏泽、济宁。商丘辖区面积约占河南省总面积的6.4%,市域平原面积10623平方千米,约占全市总面积的99.24%;山丘面积81平方千米,约占总面积的0.76%。地貌按其成因和形态类型的特征,分为黄河冲积平原区、淮河冲积平原区、剥蚀残丘区三大类型区,主要为黄河冲积平原区。

商丘属暖温带半湿润大陆性季风气候,春暖、夏热、秋凉、冬寒,四季分明,年平均气温14.3℃,年平均相对湿度71%,年均降水量747 mm,全年日照时数合计平均2142.697小时,无霜期约211天。

商丘属淮河流域,分属洪泽湖、涡河、南四湖三大水系。境内流域面积在1000平方千米以上的骨干河流有涡河、惠济河、沱河、黄河故道、浍河、大沙河、王引河等。河流大多呈西北至东南流向,大致平行相间分布,多属季节性雨源型,汛期遇大雨、暴雨,河水猛涨,洪峰显著,水位、流量变化很大。

二、城市名片

国家历史文化名城、中国优秀旅游城市、国家园林城市、国家森林城市、全国"双拥"模范城、全国绿化模范城市、中国金融生态城市、全国科技进步先进市、全国粮食生产先进市、全国民族团结进步模范集体、中原经济区承接产业转移示范市、"宽带中国"示范城市、全国文明城市提名城市、国家物流枢纽承载城市、全国社会治安综合治理优秀市。

三、市树市花

2000年12月8日，商丘市第一届人民代表大会常务委员会第20次会议审议通过了市政府关于选定市树、市花的意见，决定把国槐选定为商丘市市树，把月季选定为商丘市市花。

（一）市树——国槐

国槐在商丘市有数百年的生长历史且适宜于该市的气候土壤条件。因此，将国槐定为市树。

（二）市花——月季

月季花历来被称为"花中皇后"，中国古典文献中又称"月月红""长寿花"。

月季花姿秀美、花色绮丽、花大色美，在该市的自然花期是4—11月，月月开花，四季不断。自月季被选定为市花以来，全市人民积极栽植月季，从公园绿地广场到道路两旁的绿化带，从居民小院院墙内外到社区空地及栅栏两侧，到处可见月季的倩影。特别是自开展"六城"联创以来，市区内的神火大道、南京路、凯旋路等景观大道的升级改造，均是以月季为主要特色。月季开遍了市区，为靓丽市容增姿添彩，给人们的生活带来浓情蜜意，为"六城"联创增添了新的光彩。此外，商丘还在梁园区规划建设月季公园，月季公园湖区规划用地面积107912.72平方米，其中硬化总面积18112.70平方米，水面面积1300平方米，绿化面积76 000平方米，厕所面积300平方米，服务用房500平方米；万堤河到凯旋路绿化面积49700平方米，厕所面积100平方米，总岸长度1891平方米，硬化面积1245平方米。

四、风景名胜

（一）芒砀山旅游区（国家5A级旅游景区）

芒砀山旅游区是一处集山水观光、文化品赏、生态休闲于一体的国家5A级旅游景区。景区区位优势明显，连霍高速与济祁高速穿区而过，郑徐高铁永城北站距离景区仅3.5千米。

芒砀山旅游区面积为14平方千米，群峰争秀，风光旖旎，历史厚重。这里有世界上规模最大的地下西汉王陵墓群、刘邦斩蛇处、大汉雄风景区、芒砀山地质公园、陈胜王陵、孔夫子避雨处等景点。地下西汉王陵墓群内出土的国宝级文物"四神云气图""金缕玉衣"等中华瑰宝交相生辉。

走进芒砀山，探寻天下第一石室王陵，欣赏"敦煌前的敦煌"，研磨石碑上神像的奥秘，领略大汉文明的厚重博大。

走进芒砀山,步入汉家小院,着汉服、习汉礼、赏汉舞、食汉宴,重回汉唐,体验中国传统文化。

走进芒砀山,游青山绿水,观汉阙连绵,听汉乐悠扬,赏天下奇观。

打出自己的品牌是芒砀山旅游区的努力方向,芒砀山旅游区汉代物质文明遗存是中国目前保存最多最完好的。若能让汉代非物质文明与之呼应,必将大放异彩,就可以超越博物馆式的参观游览,让景区"活"起来。汉文明是中华文明的核心,继承了周秦文明,其表征是礼仪文明。打造"汉文化礼仪旅游区"的品牌为旅游区打

开发展思路和发展空间。近年来旅游区在重点开发"着汉服、习汉礼、赏汉舞、食汉宴"的汉代礼仪体验活动。有为即将上小学的幼童提供"开笔礼";为即将步入青少年的学生举行告别童年的"成童礼";为高中和大学生举行象征成熟的"成人礼";为新人成婚举行"汉婚礼";为游客、团体、学校举行"汉宴礼";为老年人举行弘扬孝道的敬老礼。景区每周末和法定假日还推出了大型情景剧《梁王迎宾》,游客可以在这里进行穿汉服、学汉礼、射箭、推环等一系列汉文化体验活动。芒砀山旅游区深受游客好评,得到了河南省礼仪文化发展促进会的充分认可。

(二)商丘古城文化旅游区——南湖(国家 4A 级旅游景区)

商丘古城文化旅游区,位于商丘市睢阳区境内,2006 年被国家旅游局评选为国家 4A 级旅游景区。旅游区以国家历史文化名城商丘古城为主体,以商文化、火文化为两翼,主要

包括古城文化景区、南湖休闲度假区、壮悔堂、商祖祠和燧皇陵 5 个景区和数十个文化旅游景观,生动地展示了商丘悠久的历史和灿烂的文化。商丘古城是中国目前保存最为完好的古城之一,现为国家历史文化名城、国家重点文物保护单位。现存商丘古城下,发现了多座不同朝代的古城、古都,形成了城摞城奇观。商丘古城按照古代风水理论修建,全城外圆内方,形如古铜钱;内城城墙耸立,巍巍壮观,护城河绕城一周,水面宽阔,从空中看,古城仿佛是建在水中

一样,这种内城、城湖、城郭三位一体、保存完好的古城,在国内是独一无二的,堪称中国古城池的典范之作。

(三)日月湖(国家 4A 级旅游景区)

日月湖位于商丘市城乡一体化示范区商务中心区中部,是集引黄调蓄、灌溉补源、生态观光于一体的综合性工程,整体占地面积 1.62 平方千米,水域面积 1.02 平方千米。属淮海流域,涡河水系。整个工程有引水渠、调蓄池、出水渠、护岸绿化、湖体景观工程组成,设计库容 441 万立方米,属小Ⅰ型水库。设计方案从"产城一体、四态合一"的高度出发,以"自然、生态、人文"为设计原则,应用"海绵城市"设计理念,充分体现出"一步一景,步移景异"的空间效果。2016 年黄淮四市观摩评比中,日月湖景观工程荣

获第一名。截至目前,日月湖绿化面积已达 38 万平方米,作为商丘市区最大的开放式公园,景区有大小树种上万棵,成为名副其实的"城市绿肺"。日月湖景区还将继续完善景区功能,提升景区品位,倾力将景区打造成一处融地方文化、休闲娱乐于一体的特色、精品景区,开启商丘生态旅游、文化旅游、休闲旅游的新篇章。

日月湖绿化面积已达到 38 万平方米,大小树种上万余棵,其中包括榉树、红枫、银杏、石楠、樱花、大叶女贞、黄连木、沙朴、皂角、七叶、国槐、红梅、桂花、紫薇、垂柳、海棠、广玉兰、黑松、鸡爪槭、无患子、朴树、水杉、栾树、碧桃、紫荆、榔榆、桐树等。

日月湖景区管委会认真贯彻商丘市委、市政府"旅游强市""一古一新"战略,以建设河南省旅游强市为目标,强力实施旅游开发。以创建国家 4A 级旅游景区为目标,以打造精品旅游线路为重点,致力于完善景区旅游配套设施建设,全力改善旅游基础设施。配套启动了游客服务中心、治安室、医务室、资讯室、影视播放中心等游客服务设施;设置全景图、导览图、游客须知牌、温馨提示牌、引导指示牌等指示系统;编写内容丰富的讲解词,能够为游客提供中英文讲解服务。

景区致力打造"桥—台—岛"三位一体的特色景观。桥包括寓意江南意境,朦胧如诗的"烟雨桥";双桥映绿,碧水连天的"灵韵双桥";取名顺应天命,别具匠心的"应天桥";曲折迂回,九五之尊的"曲波桥"。台包括以纪念燧人氏钻木取火建造的"圣火台",以文哲大师庄子的《逍遥游》命名的"逍遥台",以纪念华商始祖王亥服牛易物建造的"服牛台",以体现人间大同、民德归厚的"归德台"。岛包括坐落于大小桥之间的"红枫岛",樱花遍地、花瓣漫天的"樱花岛"。景区内主要亮点是音乐喷泉,纵跨长度 50 多米,横跨长度 120 多米,内设

主喷头1个、副喷头2个、潮汐喷头100余个、动感摇灯12个、激光灯1组。每当夜幕低垂、华灯初上时,这里便成了欢乐的海洋。

(四)睢县北湖景区(国家4A级旅游景区)

北湖景区位于商丘市睢县县城北,东距商丘市60千米;西距河南省省会郑州160千米;南距商登高速5千米,东临阳新高速,国道343建成通车,北距陇海铁路和连(连云港)霍(霍尔果斯)高速公路12千米。景区内均有较好的公路相通,民(民权)太(太康)公路从北湖景区中部纵穿,郑(郑州)永(永城)公路从北湖景区南部横贯全景区。北湖景区范围:东起睢县振兴大街,西至环城西路,北接北环公路,南依睢州大道,东西长6千米,南北宽3~5千米。北湖景区由睢县东湖、西湖、苏子湖、濯锦湖、恒山湖、甘菊湖、凤凰湖等共同组成,总面积为15.6平方千米,水域面积6.9平方千米。

北湖景区属于历史原因自然形成的河湖,北湖是宋、元时期黄河经常泛滥的洪水冲灌形成的内陆湖,是睢县城市防洪的主要水利工程,也是整个睢县县域水系建设的重要节点。据史料记载,宋、元以来,黄河水患连年,睢县深受其害,元史就有"河决睢州者十七"的记载。当时由于睢州城有护城墙,城内往往幸免其害。但是每次大水过后,城外淤积抬高,城内逐渐降低。明崇祯十五年,也就是1642年3月,当时的农民起义军领袖李自成,会同罗汝才、袁时中等三支起义军百万人马攻克了池深城坚的睢州城。李自成打算在开封建都,便效法秦始皇灭六国时的军事战略"欲倾大树,先剪重枝",派人拆除了睢州城墙。由于当时黄河五年三泛,黄水每泛,城门关闭,水在城外淤积大量泥沙,久而久之,形成了城内低、城外高的地貌。加上1642年9月,李自成在进攻开封时,明军和义军双方都出于以水代兵的目的,扒开了黄河(明代黄河距睢州仅15千米),黄河水狂泻南奔,淹没了睢州城,使其成为一个湖泊。所以现在的北湖"水下是城,城上是湖",湖面呈现出十分规则的长方形,这在全国数以万计的大小湖泊中是罕见的。据统计,睢县北湖是东起微山湖,西到西安,沿陇海线两侧最大的内陆淡水湖泊。睢县北湖水质洁净,平均水深2.2米,最大水深3.9米,有着丰富的人文和自然景观。湖内游船如梭,岛如青螺,杨柳依依,鱼鸟翔集,融自然、人文景观于一体,素有"豫东明珠"之美誉。北湖景区于2000年6月被河南省旅游局批准为省级旅游景区,2004年在国家工商总局注册为"中原水城",2007年被评为"全国最佳生态旅游县",2008年被评为国家3A级旅游景区,2014年12月22日被评为国家4A级旅游景区。

近年来,在县委、县政府的正确领导和上级主管部门的具体指导下,紧紧围绕打造"中原生态文化名城"这一工作主线,投资近2亿元,改造了旅游景区基础设施,完善了景区内硬件设施。新建了北湖公园、湖滨广场、铁人广场、凤凰湖广场、甘菊湖广场等休闲场所,全面整修了环湖道路,实施了北湖绿化、美化、亮化工程,建设了万米文化长廊,先后启动打造了襄园景点、凤凰湖、甘菊湖和恒山湖湿地公园,景区规模逐步壮大,配套基础设施日趋完善。

北湖景区历史文化遗迹众多,景区内著名历史文化景点有襄园、宋襄公望母台、襄公桥、甘菊泉、桃花洞、苏轼留墨处、汤斌读书处等。著名的旅游景点有北湖景区牌坊、北湖公园游乐中心、文化长廊、水幕电影、铁人三项赛雕塑、铁人广场、荷花苑、锦鲤池、垂钓苑、驼岗、甘菊湖、凤凰湖、恒山湖等。

北湖景区内水上娱乐设施比较完善,国家体委曾于1994年、1995年、1996年连续三次在此成功举办了河南省青少年划船运动会、全国青年皮划艇锦标赛、全国皮划艇锦标赛,现为河南省皮划艇训练基地;2007年7月又成功举办了全国铁人三项锦标赛,使北湖在人们的心中增添了更加美好的记忆;2008年国际铁人三项洲际杯赛暨全国铁人三项冠军杯系列赛、2009年全国铁人三项锦标赛、2009年"中国北湖首届旅游文化节"等均在此成功举办,并被授予"全国体育竞赛最佳赛区""铁人三项运动专用赛场"。中央电视台艺苑风景线"情系中原水城"文艺演出、"睢酒之夜"宋祖英演唱会也在北湖湖畔举行。所以,睢县北湖景区是人们旅游、度假、科研、垂钓的首选佳地。

第十五章 信阳市

一、市情简介

信阳地处鄂豫皖三省交界,是江淮河汉之间的战略要地,也是我国南北地理、气候、文化的过渡带。全市总面积1.89万平方千米,人口为913万人,辖8县2区及6个管理区、开发区。

信阳是一座豫风楚韵的人文古城。信阳是华夏文明的发祥地之一,西周时期,信阳是申伯的封邑地,秦时设义阳乡,北宋改称信阳。信阳地域文化豫楚交融,商周、春秋、战国以后,楚文化与中原文化在此交汇交融,形成了独具特色的"豫风楚韵"。信阳是姓氏之根,当今汉姓100个大姓中,有黄、赖、罗、蒋等13个姓氏源于信阳或有一支源头在信阳,被誉为"中原侨乡"。信阳文化厚重,现存有裴李岗文化、仰韶文化、屈家岭文化和龙山文化遗址,是子路问津、亡羊补牢、司马光砸缸、优孟衣冠、闻鸡起舞等成语故事和历史典故的发生地,出土了新中国第一架最完整的战国编钟和载入吉尼斯世界纪录的商代古酒,有孙叔敖、黄歇、费祎、魏延、马祖常、何景明、周祖培等信阳籍历史名人,有信阳民歌、皮影戏、花鼓戏、大鼓书、彩绘泥塑、剪纸、羽饰等大别山民俗风情。历史深邃悠远,故事瑰丽多彩。

信阳是一座将星璀璨的革命红城。信阳是著名的革命老区,被誉为"红军的摇篮、将军的故乡"。土地革命时期,这里是鄂豫皖苏区的首府所在地;抗日战争时期,这里是新四军抗日的重要战场;解放战争时期,这里是刘邓大军千里跃进大别山的落脚地、走向全国胜利的转折地。长期的革命斗争,这里诞生了红四方面军、红二十五军、红二十八军等多支雄师劲旅,走出了徐向前、徐海东、陈赓、王树声、许世友、李德生等近百位开国将帅,留下了400多处重要革命纪念地和革命旧址,有30多万英雄儿女为新中国的成立献出了生命,创造了"28年红旗不倒"的奇迹,铸就了以"坚守信念、胸怀全局、团结奋进、勇当前锋"为内涵的"大别山精神"。

信阳是一座山川秀美的生态绿城。信阳环境优美,气候宜人,被誉为"北国江南、江南北国"。信阳是国家主体功能区建设试点示范市,获评全国"绿水青山就是金山银山"实践创新基地。辖区内5个县区被纳入国家重点生态功能区,森林覆盖率达42.19%;环境空气质量三项主要指标均居全省首位;拥有大中小水库1082座,有"千湖市"之称;境内有2031种野生动物和2726种高等植物,云中公园鸡公山是国家级自然风景区和中国四大避暑胜地之一,素有"万国建筑博物馆"之美称。豫南明珠南湾湖享有"中原第一湖"之美誉。

信阳是一座三省通衢的交通要城。信阳是中部地区经济文化交流的重要通道,处于中原城市群、武汉城市圈、皖江城市带3个国家级经济增长板块结合部和京广、京九"两纵"经济带的腹地,在300千米半径范围内有郑州、武汉、合肥3个省会城市,极具区域性中心城市发展潜力。信阳承东启西、连南贯北,是全国重要的综合交通枢纽和现代物流枢纽。京广、京九、宁西三条铁路,京港澳、大广、沪陕三条高速,106、107、312三条国道和京广高铁在境内形成多个十字交叉,18条国、省道构成的公路网基本涵盖所有乡镇,全市行政村道路通畅率达100%,淮河淮滨港航运可通达上海,已经形成了覆盖城乡、内联外通、层次分明、水路两便、安全高效的综合交通运输体系。明港机场于2018年10月正式通航,截至2019年年底,与北京、上海、重庆、西安、昆明、杭州、成都、佛山、泸州、温州等21个大中型城市实现直线互通,旅客吞吐量已突破72万人次,远超原计划2020年30万人次的目标,信阳成为全省第四个拥有民航运输机场的城市。

信阳是一座物产丰富的资源宝城。信阳是中国毛尖之都,信阳毛尖是中国十大名茶之一,2017年被评为"中国十大茶叶区域公用品牌",2020年信阳毛尖品牌价值达68.86亿元,位居全国第三位。信阳多年平均水资源总量86.76亿立方米,占全省多年平均水资源总量的22%。全市人均水资源量1003立方米,是全省人均水资源量的2.5倍;盛产水稻、小麦、油茶、板栗、银杏、红黄麻等作物,粮食产量连续12年超55亿千克,罗山县获评国家农产品质量安全县。信阳养生菜历经千年的积淀和发展,以鲜、香、爽、醇、中的独特味道,以炖为主的烹饪技艺和生态食材而香动全国16省56市。信阳矿产资源丰富,珍珠岩、膨润土、沸石等非金属矿规模和矿石质量闻名于国内外。珍珠岩资源储量1.39亿吨;膨润土资源储量5.09亿吨;萤石矿资源储量179万吨;钛矿资源储量85.8万吨;钼矿资源储量36.2

万吨。

信阳是一座创新发展的开放新城。信阳是全国农村改革试验区,是《大别山革命老区振兴发展规划》确定的核心发展区域之一,是《淮河生态经济带发展规划》确定的区域中心城市之一,是中共中央办公厅、国务院办公厅《关于加大脱贫攻坚力度支持革命老区开发建设的指导意见》确定的重点支持地区。近年来,深入贯彻落实习近平新时代中国特色社会主义思想,抢抓机遇、务实重干,坚持以党的建设高质量推动经济发展高质量,着力构建"一市一区三枢纽",保持了经济社会持续健康发展的良好态势。2019年,全市生产总值完成2758.47亿元,增长6.3%;固定资产投资增长10.6%;一般公共预算收入完成119.00亿元,增长7.6%,其中税收完成83.83亿元、增长8.0%;全市服务业增加值增长8.1%,全省排名第四位,经济发展的质量和效益不断提升。

"大山有别,水佳为淮;人言皆信,日升曰阳"。展望新时代,一个实力出色、生态出彩、活力出众、诚信出名、清风出新的多彩信阳,一定会更加美丽、更加辉煌!

二、城市名片

信阳先后荣获国家卫生城市、国家园林城市、国家森林城市、全国文明城市、全国绿化模范城市、国家级生态示范市、中国十佳宜居城市、中国绿色经济十佳城市、中国优秀旅游城市。

三、市树市花

市委、市政府及相关部门高度重视市树、市花评选工作,市政府专门成立了评选工作领导小组,并印发了实施方案,组建了评审专家组,按照"地域性、文化性、观赏性、经济性、历史性"标准,于2018年10月启动市树、市花评选活动,先后经过了宣传发动、专家初审、市民投票、专家评审4个阶段。结合票选结果和该市绿化树种实际情况,2019年6月14日,市政府第三十一次常务会议研究,建议将银杏确定为候选市树,香樟、水杉作为候选市树的备选树种;将桂花确定为候选市花,映山红(杜鹃)作为候选市花的备选花种。按照《中华人民共和国地方各级人民代表大会和地方各级人民政府组织法》相关规定,2019年6月27日,市政府向市五届人民代表大会常务委员会第十六次会议提请审议,会议作出决定:将银杏确定为市树,桂花确定为市花。

(一)市树——银杏

银杏,生命力强,树形雄伟,象征健康长寿、幸福吉祥,具有重要的文化意义和深厚的文化底蕴。银杏(*Ginkgo biloba*)为银杏科银杏属植物,是《世界自然保护联盟濒危物种红色名录》濒危(EN)物种,素有"活化石"之称。

银杏为落叶大乔木,胸径可达 4 米,幼树树皮近平滑、浅灰色,大树树皮灰褐色、不规则纵裂、粗糙;有长枝与生长缓慢的距状短枝。4 月开花,10 月成熟,种子具长梗,下垂,常为椭圆形、长倒卵形、卵圆形或近圆球形。适于生长在水热条件比较优越的亚热带季风区,在我国大部分地区均有分布。

银杏树高大挺拔,叶似扇形。冠大荫状,具有降温作用。叶形古雅,寿命绵长。无病虫害,不污染环境,树干光洁,是著名的无公害树种,有利于银杏的繁殖和增添风景。适应性强,银杏对气候土壤要求都很宽泛。抗烟尘、抗火灾、抗有毒气体。银杏树体高大,树干通直,姿态优美,春夏翠绿,深秋金黄,是理想的园林绿化、行道树种。银杏,种植历史悠久,在信阳市市民认可度高,在各县区均大量分布,新县杨高山村享有"中原银杏第一村"的称号,市区内鸡公山大街、浉河公园、羊山公园、百花园、羊山森林植物园等道路和公园均有种植。

(二)市花——桂花

桂花,八月飘香,淡雅烂漫,承载信阳红旗不倒、坚持斗争的革命精神。桂花是中国传统十大名花之一,集绿化、美化、香化于一体的观赏与实用兼备的优良园林树种,桂花清可绝尘,浓能远溢,堪称一绝。尤其是仲秋时节,丛桂怒放,夜静轮圆之际,把酒赏桂,陈香扑鼻,令人神清气爽。沈周在《客座新闻》中记载:"衡神祠,其径绵亘四十余里,夹道皆合抱松、桂相间,连云蔽日,人行空翠中,而秋来香闻

十里,计其数,云一万七千株,真神幻佳境"。可见当时已有松桂相配作行道树。在现代园林中,因循古例,充分利用桂花枝叶繁茂,四季常青等优点,用作绿化树种。其配置形式不拘一格,或对植,或散植,或群植、列植。传统配置中自古就有"两桂当庭""双桂留芳"的称谓,也常把玉兰、海棠、牡丹、桂花四种传统名花同植庭前,以取玉、堂、富、贵之谐音,喻吉祥之意。

在中国古代的咏花诗词中,咏桂之作的数量也颇为可观。桂花自古就深受中国人的喜爱,被视为传统名花。以桂花为原料制作的桂花茶是中国特产茶,它香气柔和、味道可口,为大众所喜爱。桂花在园林建设中有着广泛的运用。桂花原产中国西南喜马拉雅山东段,印度、尼泊尔、柬埔寨也有分布。中国西南部、四川、陕南、云南、广西、广东、湖南、湖北、江西、安徽、河南等地,均有野生桂花生长,现广泛栽种于淮河流域及以南地区,其适生区北可抵黄河下游,南可至两广、海南等地。桂花经过长期栽植、自然杂交和人工选育,产生了许多栽培品种。通过进一步调查整理,已初步确定各桂花品种32个。以花色而言,有金桂、银桂、丹桂之分;以叶型而言,有柳叶桂、金扇桂、滴水黄、葵花叶、柴柄黄之分;以花期而言,有八月桂、四季桂、月月桂之分等。

桂花是常绿乔木或灌木,高3~5米,最高可达18米;树皮灰褐色。小枝黄褐色,无毛。叶片革质,椭圆形、长椭圆形或椭圆状披针形,长7~14.5厘米,宽2.6~4.5厘米,先端渐尖,基部渐狭呈楔形或宽楔形,全缘或通常上半部具细锯齿,两面无毛,腺点在两面连成小水泡状突起,中脉在上面凹入,下面凸起,侧脉6~8对,多达10对,在上面凹入,下面凸起;叶柄长0.8~1.2厘米,最长可达15厘米,无毛。

聚伞花序簇生于叶腋,或近于帚状,每腋内有花多朵;苞片宽卵形,质厚,长2~4毫米,具小尖头,无毛;花梗细弱,长4~10毫米,无毛;花极芳香;花萼长约1毫米,裂片稍不整齐;花冠黄白色、淡黄色、黄色或橘红色,长3~4毫米,花冠管仅长0.5~1毫米;雄蕊着生于花冠管中部,花丝极短,长约0.5毫米,花药长约1毫米,药隔在花药先端稍延伸呈不明显的小尖头;雌蕊长约1.5毫米,花柱长约0.5毫米。果歪斜,椭圆形,长1~1.5厘米,呈紫黑色。花期9月至10月上旬,果期翌年3月。

有生长势强、枝干粗壮、叶形较大、叶表粗糙、叶色墨绿、花色橙红的丹桂;有生长势中等、叶表光滑、叶缘具锯齿、花呈乳白色,且花朵茂密、香味甜郁的银桂;有生长势较强、叶表光滑、叶缘稀疏锯齿或全缘、花呈淡黄色、花朵稀疏、淡香,除秋季9—10月与上列品种同时开花外,还可每2个月或3个月又开1次的四季桂。丹桂和四季桂,果实为紫黑色核果,俗称桂子。桂花实生苗有明显

的主根,根系发达深长。

桂花适应于亚热带气候地区。性喜温暖,湿润。种植地区平均气温 14~28 ℃,7 月平均气温 24~28 ℃,1 月平均气温 0 ℃以上,能耐最低气温 -13 ℃,最适生长气温是 15~28 ℃。湿度对桂花生长发育极为重要,要求年平均湿度 75%~85%,年降水量 1000 毫米左右,特别是幼龄期和成年树开花时需要水分较多,若遇到干旱会影响开花,强日照和荫蔽对其生长不利,一般要求每天 6~8 小时光照。

中国人寓意桂花为"崇高""美好""吉祥""友好""忠贞之士""芳直不屈""仙友""仙客";寓桂枝为"出类拔萃之人物""仕途";凡仕途得志,飞黄腾达者谓之"折桂"。欧美寓桂枝为"光荣""荣誉"。

四、风景名胜

目前,信阳市有国家 4A 级旅游景区 11 家,旅游资源丰富。

(一)金刚台地质公园(国家 4A 级旅游景区)

滔滔淮河水,孕育了一个个美丽的历史故事,巍巍大别山,造就了一处处神奇的地质景观。有着"奇松怪石神斧凿,云遮雾绕天上来"之称的金刚台地质公园,就坐落在"青分楚豫天地小,气压嵩衡古今雄"的大别山脉中。

金刚台地质公园位于信阳市商城县东南,地处豫皖两省交界处,仅千米以上的山峰就有十余座,主峰金刚台海拔 1584 米,因奇石纵横、形似金刚而得名,为大别山豫内最高峰。金刚台地质公园由金刚台景区和汤泉池景区组成,景区纵横 470 平方千米,山地、丘陵、河谷、湖泊等各种地貌浑然一体,园区内名胜古迹、红色遗址、地质遗迹、生物资源和人文遗产等集典型性、稀有性、观赏性、科研价值、健身疗养功效等于一身,尤其是奇特的火山地貌、典型的同源岩浆演化特征、大别山五针松、商城肥鲵等均为省内仅有、国内罕见,具有极高的观赏和保护价值。

由北向南,园区总体地貌依次表现为丘陵垄岗、低山丘陵和中高山。各种地貌相辅相成,组成了青山与绿水一色、奇松与怪石同在的神奇景观。在地质现象上,更是火山地貌、花岗岩地貌相依相偎,新老构造运动遗迹星罗棋布。站在主峰,遥望河南、安徽两省,看不完那起伏多变的远峰近峦、险峻雄伟的悬崖峭壁、深邃幽静的山谷溪潭、神态各异的奇松怪石,听不够那松涛阵阵、泉音淙淙。仁者乐山,智者乐水,勇者乐险。金刚台的奇山雾峰、清溪碧潭,大自然的鬼斧神工、生物世界的绚丽多姿和游客太多扑朔迷离的奇遇,巧妙地融合在一起,构成了山山有传说、景景蕴故事的奇妙。

(二)河南大苏山国家森林公园(国家 4A 级旅游景区)

河南大苏山国家森林公园距离信阳市光山县城 22 千米,规划总面积 2788.53 公顷,森林覆盖率 92.3%,主要由大苏山、龙首山、王母观 3 个片区组成,是国家 4A 级旅游景区、全国十佳文化生态景区。

大苏山是一座生态福地、文化高山,核心区域内的千年古刹净居寺更是一个融汇了佛教文化、人文文化、茶文化、山水文化的多元聚合载体,是佛教天台宗的发祥地、始祖庭。

(三)灵龙湖生态文化旅游区(国家 4A 级旅游景区)

灵龙湖生态文化旅游区是河南中盛文化旅游公司按照国家 4A 级旅游景区标准打造的集旅游观光、休闲度假、美食品鉴、民俗体验、汽车露营、农耕采摘、禅茶养生、乐龄养老、温泉疗养于一体的综合型旅游度假区,是"河南省重点建设项目",规划面积 25.2 平方千米,总投资 21.7 亿元。旅游区位于信阳南湾湖、灵山寺、鸡公山 3 个国家 4A 级旅游景区所连接的环城游憩带的黄金位置,交通便利,距城区仅 15 分钟车程。旅游区内茶山、竹林、杜河、灵龙湖、古银杏等自然景观丰富,还有古铜矿群遗址、龙王寺遗址、老龙井、乌龟石等人文景观。空气负氧离子峰值达到每立方厘米 20 万个,是我国空气负氧离子保健浓度评价标准最高等级的近 100 倍,是名副其实的"天然氧吧"。

灵龙湖生态文化旅游区以美食品鉴、民俗体验、水上娱乐、农耕采摘、禅茶养生、休闲度假、温泉疗养、乐龄养老为主要功能,规划了"一街、一村、一谷、一区、一寺、一园、一温泉"的"七个一"重点项目和全国老龄工作委员会办公室批准建设的"全国智能化养老实验基地"。

第十五章 信阳市

(四)鸡公山(国家 4A 级旅游景区)

鸡公山因为山势宛如一只昂首展翅、引颈啼鸣的雄鸡而得名。这里是我国南方和北方的天然分界线,有"青分楚豫"之称。这里还是一个登山运动、消暑度假的场所。鸡公山中处处都是奇峰怪石、瀑布溪流,游客有机会在这里看到佛光、云海、雾凇、雨凇等自然景观。此外,山中的人文景观也值得一看。由于历史原因,鸡公山曾经是洋人们在中华腹地变相的"公共租界"。鼎盛时期,这里共有英、美、法、俄、日等 23 国各式楼宇 300 余栋,寓居外侨 2000 多人,鸡公山也因此有着"万国建筑博物馆"的美称。

如今,游客可以来鸡公山欣赏这些隐匿于苍翠绿意中的异国老建筑、老别墅,寻味一番鸡公山当年的历史。山中还有一个防空洞——中正防空洞,整个防空洞全部是由钢筋混凝土构成的。防空洞分两层,外层有走廊、天窗、前后门,内层有会议室、书房、卫生间等,后有暗道,直通东南方的汇丰银行楼下。在山中狮子峰的南侧半山腰中,还有 1019 年建造的避暑山庄,山庄中有别墅二十多幢。

(五)南湾湖(国家 4A 级旅游景区)

南湾湖,又称南湖,位于信阳市,素有"豫南明珠"之称,是著名的自然风景区。环湖皆山,湖光潋滟,山色葱翠。风光旖旎多姿,分外妖娆。

湖面东西宽 20 千米,南北长 50 千米,水域面积 70 平方千米。登上巨龙般的堤坝,放眼望去,眼前烟波浩渺,绿宝石般的岛屿星罗棋布,湖光山色,水天相连。湖的上游,便是荣获国家金奖的"信阳毛尖"的产地"五云"茶山。

南湾湖湖水极清,极纯,清纯透明,又带了些微绿。风平浪静之时,波澜不惊,倒映着蓝天白云,有船驶过时,船首犁开水面,船后则拖起一条前窄后宽的浪迹,不久又归于平静。有些小风,湖水便柔柔地涌起来,阳光之下,波光泛金,辉煌灿烂。大风起

时,掀起几尺高的浪花,浪花撞击船体,澎湃有声,置身其中,便有了"浪淘尽千古风流人物"的意境。倘是月夜,乘小船滑行于湖面,竟分不清哪是天,哪是水,悠然忘我,如同进了仙境。

春天,南湾湖大小岛屿的杜鹃溢香,草木葱茏,春光无限;夏天,这里是极好的天然泳场;秋天,枫叶似火,天远水清,天地更加辽阔深远;冬季,湖的四周山舞银蛇,原驰蜡象。唯这湖水如鉴似镜,显示着生命和活力。

南湾湖风景区由南湾湖和南湾国家森林公园组成。森林面积2180公顷,水面约75平方千米。景区内河流港汊纵横,湖中散布着61个小岛。岛上绿树成林,苍翠欲滴;湖中碧波荡漾,令人心旷神怡。

南湾湖风景区以繁茂丰富的森林资源,浩森无际的碧绿湖水,众多奇特的岛屿港湾,争鸣斗艳的珍禽异兽,婀娜多姿的花卉植物,源远流长的历史遗产。浓郁丰厚的民俗风情而著称;以幽、朴、秀、奇的独特风格,山、水、林、岛的完美和谐而闻名,是融自然景观、人文景观、森林生态环境、森林保健功能于一体,具有旅游、休闲、度假、养生、科研、教学等多功能的生态型旅游区。

南湾湖浩瀚无垠,时而碧空如洗,"水光潋滟晴方好",时而细雨霏霏,"山色空蒙雨亦奇";时而水禽"翔集,锦鳞游泳",时而"浮光跃金,静影沉璧";时而晚霞烧西天,时而大湖落日圆,真是欲把南湖"比西子,淡妆浓抹总相宜"。南湾湖湖水清澈诱人,掬手可饮。湖上游有黑龙潭、白龙潭。

南湾湖内众多岛屿,大小不一,形态各异,错落有致地散布在清碧的湖中,犹如"大珠小珠落玉盘",美不胜收。

鸟岛处处见鸟影,时时闻鸟鸣,以每年十万只候鸟在此繁衍栖息而名闻天下。

猴岛上生长着数十只野生猕猴,它们个个聪明伶俐、调皮活泼,深受游人喜爱。

夏岛上的民族歌舞表演具有独特的地域色彩,蛇技表演等也别具一格。

百鸟园里众多鸟类及狮子、猴子、野猪、骆驼等动物,姿态各异,令游人大饱眼福。

南湾湖上游耸立着李先念战斗过的四望山;下游连着历史文化悠久的贤隐山。贤隐山上有迄今1400多年的"梁王垒"遗址;有与嵩山少林寺、洛阳白马寺、开封相国寺、南阳玄观庙齐名的贤隐寺;有奇异的仙人床、丈人石和动人神奇的平顶松传说。登此山,东可眺信阳城貌,西可观南湖烟波。

南湾湖景区处在南北气候过渡带,青山叠翠,绿洲点点,山深林密,季相多变。动物种类达1000余种,其中脊椎动物200余种,属国家级保护动物有猕猴、扬子鳄、大鲵、小灵猫、白冠长尾雉等;种子植物有116科525种,森林覆盖率达96%以上。年平均气温为15.1℃,夏季炎热之时,林内最高温度在35℃。

南湾湖所产鱼类不仅肉味鲜美,而且富含微量元素,含有蛋白质、脂肪、人体必需的多种维生素及稀有元素,其中有抗癌元素之称的"硒"含量是普通鱼类的3～5倍以上。尤其是南湾花白鲢,不仅肉质细嫩、肥美可口,而且头部富含DHA,是备受欢迎的保健珍品。目前,南湾鱼已驰名天下。

南湾湖上游的车云山、集云山、云雾山、连云山、天云山等"五云"茶山和黑龙潭、白龙潭是信阳毛尖的正宗产地。信阳毛尖属名贵绿茶,早在唐代就已成为供奉朝廷的贡茶;被宋代大文学家苏东坡誉为"淮南第一";1915年获巴拿马世界博览会金奖。

现在茶的生产更具规模,已形成产茶、采茶、制茶、销茶、茶艺表演一体化。来这里不仅可亲身参与制茶过程,还可随处买到正宗的信阳毛尖。

优美的生态环境,丰富的自然资源,便利的区位优势,悠久的信阳茶文化,优良的南湾鱼文化,构成了南湾湖风景区的丰富内涵。

(六)灵山风景名胜区(国家4A级旅游景区)

灵山风景名胜区位于信阳市罗山县西南部境内,西南分别与信阳鸡公山管理区、湖北省大悟县交界,东连鸡笼山,西邻鸡公山、南湾湖,含六大景区:灵山寺景区、逍遥洞景区、金顶景区、龙凤祥林景区、龙牙寺景区、九里落雁湖景区,景区总面积61.5平方千米。灵山,最早叫八山,源于八座主要山峰。其最高峰叫霸山,海拔827.7米,古人误以为此峰为

县境最高峰之故。因"八"与"霸"音近,后八山被混称为霸山。此山"每有云气覆顶必雨,验之信然",其中一个高峰叫小灵山,自然与山名吻合,"灵""霸"二字又同一"雨"头,故霸山之名渐被灵山取代。

灵山,形成于中生代白垩纪(1.5亿—0.7亿年前),为花岗岩基。这里山体连绵,层峦叠嶂,沟壑纵横,年平均气温13～15℃,夏季山上山下日温差7℃,夜温差15℃。山中有丰富的自然资源,植物类有一千多种。最值得一提的是灵山云雾茶,为全国十大名茶之一——信阳毛尖中的精品;其次是板栗、中华猕猴桃,为高级营养食品,有很高的经济价值;杜仲、桔梗、七叶一枝花等是名贵中草药。动物类有1067种190科之多,仅鸟类就达233种,景区是国家级鸟类自然保护区——董寨林场的重要组成部分,其中有国家一级保护动物白冠长尾雉等。哺乳类动物主要有野猪、野山羊、狼、金钱豹、大灵猫等。

灵山自然景观遍布山林。据不完全统计,灵山共有大小瀑布36条,大小山洞72个,有名的奇石怪壁108处。其中,"智慧姑娘"像西方希腊神话中的雅典女神;险石造型神秘,体积巨大,惊险无比,为天下第一奇石;"骆驼"仰首向天,巨大逼真,生动有趣;逍遥洞是洞连洞、洞叠洞神奇奥妙;仙人洞地处险峻,洞顶造型奇特,世所罕见;银河飞瀑,集壮观、神秘、

奇特、险峻于一体,堪称天下一绝;九里落雁湖群山环抱,湖岸曲折有致,湖光山色相映生辉;灵岫阴云,飘飘逸逸,仙气荡荡;"八山"神笔峰为天公造字,字分阴阳,笔画规整,结构神妙,不可思议……入山谷听潺潺流水,登山顶看乱云飞渡,整个灵山仿若一个神奇的世界。

灵山是著名的佛教圣地。旧时有七寺(灵山寺、中佛寺、白佛寺、白云寺、龙牙寺、险石寺、金顶寺)三庵(圆通庵、福全庵、延寿庵),现存2所,其中灵山寺已有一千五百多年的历史,为佛教传入中国最早所建寺院之一。唐玄宗时因建宁公主在此出家为尼,曾封灵山寺为国庙;明太祖朱元璋曾三上灵山,并在此出家三年,洪武三年,朱元璋当上皇帝后,因感念灵山寺和尚二次救驾之功,第三次上灵山,封当时的住持陈大用为"金碧峰禅师",并御笔为灵山寺题写"圣寿禅寺"匾额。现有大殿7层,僧民40余人。灵山寺,自古香火繁盛,文僧辈然,名播海外,享有"中原四大古寺、豫南第一名刹"之誉,每年阴历三月初一庙会,进山朝拜旅游者络绎不绝。千年古庙会延续月余,高峰期赶会香客日达3万余人,全年固定香客达30万人次。

灵山东南的九里关与信阳境内的平靖关、武胜关合称冥阨或鄙塞,为天下九塞之一,北进中原南入楚,唯此三关可通,是著名的楚豫古道,历来为兵家必争之地,在此占山为王,落草为寇者有之;避兵匪,躲官害者有之。

（七）西九华山风景区（国家4A级旅游景区）

西九华山风景区位于信阳市固始县陈淋子镇境内,属大别山脉中段,北依淮河,南靠大别山,为国家4A级旅游景区,观赏面积120平方千米,目前已开发多个景区、近百个景点,是中原地区最大的集"茶、竹、禅、山、水、民俗风情"为一体的生态旅游胜地。九华山为地藏王菩萨的道场,为地藏王菩萨卓锡安徽九华山之前中原地区第一道场,故被称为西九华山。西九华山旅游风景区森林覆盖率达95%以上,并有多处原始森林。整个景区主要以万亩茶园、竹海、森林、湖泊和峡谷瀑布群为主体,以佛教文化为内涵,以豫南民俗为基调,形成茶、竹、禅三位一体,山、水、情天人合一的景观特色。目前,西九华山已开放迎宾的景区有禅文化景区、茶文化景区、竹文化景区、民俗体验区、山水游览区以及旅游服务区。固始西九华山将成为"山水交融、动静结合"的豫东南地区最大之旅游胜地。固始被海内外

公认为"唐人故里,闽台祖地""中原第一侨乡"(历史上中原地区向皖、苏、闽、浙、赣,尤其是闽台一带移民的肇始地和集散地),这是因为在中国历史上4次较大规模的"南迁移民潮"中,固始都是主要出发地和集散地,这4次移民就是著名的衣冠南渡、蛮獠啸乱、开漳定闽、靖康之乱,其中最为著名、影响至深至广的是唐代的两次移民,一次就是初唐的"开漳圣王陈元光"带领将士开建漳州;另外一次就是唐末的王审知揭竿起义,建立闽南,将当时"蛮荒绝域"的闽地纳入中原文化的轨道,他们的后裔又大量迁居我国台湾和海外,海内外的后裔至今还自称为"唐人"。西晋永嘉年间,为躲避兵灾,中原历史上第一次大规模的移民开始了,史料记载"中原冠带,随晋渡江者百家""中州士女避乱江左者十六七",福建现在有条江叫作"晋江",就是当时的晋朝移民所起。固始就有八个姓氏迁往南方福建各省,这就是历史上著名的"衣冠南渡",《闽中记》云:"今闽人皆称固始人"。

参天之木必有其根,怀山之水必有其源,炎黄同心华夏一脉,血浓于水叶落归根。对于有着千年文明历史的中华民族来说,千百年来,南迁先民的后裔们都怀着对故土的深情和向往,为了给闽台和海内外固始籍后裔提供最佳的寻根谒祖的场所,西九华山风景区投入巨资,在佛国净土西九华山修建了唐人寻根楼。寻根楼以固始人文历史故事和陈元光、王审知英雄事迹为内容,以史料为背景,以书法、绘画为表现形式,全方位诠释寻根文化内涵。

(八)鄂豫皖苏区首府革命博物馆(国家4A级旅游景区)

鄂豫皖苏区是中国共产党在土地革命战争时期领导创建的根据地之一,是仅次于中央苏区的第二大革命根据地。解放战争时期,这里是刘邓大军千里挺进大别山的落脚地。大别山区的信阳市新县,是鄂豫皖苏区首府所在地。鄂豫皖苏区首府革命博物馆由英雄广场、"红旗飘飘"主题雕塑、兵器园、主展馆、将帅馆5个部分组成。

近年来,新县不断加大红色资源系统性保护和传承力度,对散布在全县境内的革命遗址群进行修葺保护和开发。2017年,鄂豫皖苏区首府革命博物馆晋升为国家一级博物馆。

鄂豫皖苏区首府革命博物馆是河南省规模最大的县级革命博物馆,坐落在秀丽的山城新县东南,依山傍水,仿古式现代建筑,主体为徽式风格,红檐橙瓦,金碧辉煌。2001年6

月,被中宣部公布为全国爱国主义教育示范基地;2004年,被中共中央办公厅、国务院办公厅公布为全国百个红色旅游经典景区;2008年,被中宣部确定为全国首批面向社会免费开放的600家博物馆之一,并于2008年3月26日正式向社会免费开放;2009年6月,被国家文物局确定为国家二级博物馆;2009年10月15日,被国家旅游局批准为国家4A级旅游景区;2018年10月,被评为全国中小学生研学实践教育基地。

(九)黄柏山国家森林公园(国家4A级旅游景区)

黄柏山国家森林公园是国家4A级旅游区,位于信阳市商城县南部,大别山腹地,豫鄂皖三省交界处,素有"鸡鸣闻三省"之称。总面积4010.6公顷,共分为九潭谷山水观光区、九峰尖登山探险区、大牛山森林沐浴区、界巴冲生态游览区、黄柏山佛教文化区5个景区。

境内山清水秀,沟谷幽深,溪水长流,潭瀑众多,动植物资源丰富。属国家保护动物的白冠长尾雉、商城肥鲵为景区所独有,两株千年古银杏更是华夏所罕见。享有"植物王国""动物乐园""避暑胜地""娃娃鱼故乡"等美誉。

黄柏山人文景观丰富,历史遗迹众多。闻名三省、始建于明代的"楚豫禅宗"法眼寺,六祖慧能弟子无念禅师的墓塔息影塔,明代大思想家、文学家李贽讲学的花潭书院,历史传说的黄花天子庙,胜卦尖,跑马场,百战坪,撂脚河,姑嫂潭等众多人文景观,孕育了底蕴深厚的历史文化。

(十)金刚台风景区(国家4A级旅游景区)

金刚台风景区是国家4A级旅游景区、国家级自然保护区、国家级地质公园、国家130条红色精品旅游线路之一、信阳毛尖高山绿茶原产地、豫南高山峡谷第一漂,是集飞瀑流泉、红色古迹、高山茶园、科普教育、度假疗养于一体的休闲旅游区。

金刚台景区位于信阳市商城县境内，距沪陕高速下站口 30 千米，总面积 32 平方千米，境内最高峰平顶铺海拔 1584 米，有"豫南第一峰"之称。

景区由华佗谷、幽幽茶谷、西河空中漫步乐园和金刚台峡谷漂流 4 个部分组成。这里动植物资源丰富，商城肥鲵娃娃鱼、金钱豹、野鸡、野猪等栖息其间，七叶一枝花、天麻、灵芝等错落有致；更有历时四百多年的华佗庙及雁鸣关瀑布、高山茶园、水帘飞瀑、玻璃栈道、亲水栈道、万亩杜鹃等交相辉映。

（十一）许世友将军故里景区（国家 4A 级旅游景区）

许世友将军故里景区位于信阳市新县田铺乡许家洼，是一代传奇将军许世友的出生地，也是许世友将军谢世后的埋骨之地。许世友将军以赫赫的战功、特殊的个性、"忠国孝母"的情怀及传奇的人生经历，深受世人敬仰，每年吸引了国内外各界人士前来拜谒、观瞻。许世友将军故里游览区已成为大别山区著名的爱国主义教育基地和革命传统教育基地。许世友将军是我国倡导火化以来第一位也是唯一一位被特许土葬的将军，许世友将军生前南征北战，戎马一生，未能很好地孝敬父母，成为他一生的缺憾。为此，他多次提出死后在老

家土葬,以实现其"生前尽忠、死后尽孝"的夙愿,许世友将军生平事迹展厅以将军传奇的一生为主线,用图片、文字、遗物反映将军光辉一生和独特个性,其中着重体现了将军的四大特点,即对党、国家、领袖的无限忠诚,战场上英勇无畏的精神,同战士、群众血肉相连的亲情和将军的深深孝母情怀,为人们参观和了解许世友将军提供了更翔实的资料。许世友将军生前珍藏万枚毛主席像章展厅,展示了将军生前收藏的10295枚毛主席像章,着重反映了将军与领袖不同寻常的关系,体现了许世友将军的赤胆忠心,再现了文化大革命那段风云历史,具有极高的观赏价值及文物收藏价值。 此外,五凤松、习武场、纪念广场、砺剑池等景点都记录着许世友将军传奇人生的一件件传奇故事。随着红色旅游的深入开展,许世友将军故里景区将会被越来越多的人熟知,许世友将军独特的人格魅力将感染着一代又一代人。

第十六章 周口市

一、市情简介

周口位于河南省东南部,地处黄淮平原腹地,东临安徽阜阳,西接河南漯河、许昌,南与驻马店相连,北和开封、商丘接壤,1965年设立周口专区(后改为周口地区),2000年经国务院批准撤销周口地区设立周口市。现辖扶沟县、西华县、商水县、太康县、鹿邑县(省直管县)、郸城县、沈丘县、项城市、川汇区、淮阳区等7县1市2区,截至2021年,总面积11959平方千米,总人口1126万人。周口在历史上与朱仙镇、道口镇、社旗镇合称河南四大名镇,与河北张家口同为皮货集散地,并称"南北皮都"。淮阳是伏羲故都,鹿邑是老子故里,有"华夏先驱、九州圣迹"的美誉,被中华全国伏羲文化研究会誉为"中华文化发祥的重地"。

周口历史悠久,文化灿烂,距今有6000多年的文明史。人祖伏羲在此建都,炎帝神农氏播种五谷,开创了中华民族的远古文明。周口古属陈国,《诗经·陈风》赫然在目。战国末期,为楚都所在地,史称郢陈。秦末农民起义,陈胜在此建立张楚政权。两汉时期,陈为皇子领地,繁荣昌盛,富甲一方。魏晋以来,以淮阳为中心历次设郡置府。

周口是一个农业大市。农产品资源丰富,是国家重要的大型商品粮、优质棉生产基地。常年粮食播种面积1650万亩左右,总产75亿千克左右,每年向国家提供商品粮50亿千克左右,年加工转化粮食50亿千克以上。粮食、棉花、油料常年产量分别占河南省的1/7、

1/3 和 1/4，是河南省第一产粮大市、全国粮食生产先进市。全市有 8 个生猪调出大县、5 个全国蔬菜生产重点县，肉产量、蔬菜产量均占全省的 1/10，为保障国家粮食安全和主要农产品供给作出了积极贡献。

周口是一个人力资源大市。全市农村劳动力 600 多万人，其中富余劳动力 355 万人，有各类职业技术和职业技能培训机构 167 家，开设了服装、纺织、机械、电工、汽车维修等 37 个专业，农村富余劳动力大部分受过专业技能培训，具有一定的岗位技能，每年输出劳动力 270 万人次，实现劳务总收入 300 亿元左右，形成了海燕技工、项城防水、西华的哥、沈丘物流等一批国内知名的劳务品牌。每年普通高校招生考生多达 9 万人，占全省的 1/10，打造了郸城一高等一批名校，创造了周口教育经验。

周口是一个工业快速发展的城市。规模以上工业企业达 1299 家。阿尔本制衣年产 120 万套服装项目建成投产，鸿闽纺织产业集群初具规模，太康纺纱总规模超过 150 万锭，凯鸿、亚泰、费斯雅等 36 家制鞋企业落户周口，纺织服装（制鞋）产业规模达 720 亿元，鞋类出口占全省的 29%。金丹乳酸生产规模亚洲第一、全球第二的乐普，百年康鑫等药业发展势头良好，生物医药产业集群规模达 792.1 亿元。装备制造、电子信息、新型建材等产业集群不断壮大，主营业务收入分别达 274.6 亿元、370.2 亿元、393.7 亿元。太康锅炉、扶沟机械制造、西华无人机、沈丘聚酯网、淮阳塑料、项城和郸城医药等特色产业链条持续拉长，其中太康锅炉成为国家级区域品牌培育试点。建成省级以上企业技术中心 28 家、省级以上工程技术研究中心 33 家、市级以上工程技术中心 127 家、博士后科研工作站 4 家、院

士工作站4家。荣获国家科技进步奖二等奖1项。培育驰名和著名商标73件及省长和市长质量奖23家,商标注册总量居全省第4位。产业集聚区建成区面积达106平方千米,完成固定资产投资1053.5亿元,入驻规模以上工业企业600家,吸纳就业31.1万人,5个被评为二星级、5个被评为一星级。

周口是一个具备独特交通优势的城市。公路通车总里程1.9万千米。周南高速公路于2019年12月31日正式开通。新周高速及周西、周淮、郸淮等快速公路建成通车,高速公路通车总里程496千米。漯阜铁路升级为国家铁路,复线电气化改造全面完成,客车直达北京、上海、广州、天津等地。三洋铁路(周口段)顺利开工。郑合高铁(周口段)全线通车。航运建设完成投资22亿元,实现通航里程234千米。周口民用运输机场项目获得国家批复,周口西华通用机场加快建设,沙颍河自古以来就是通航河道,建成有周口、刘湾两大货运码头,入淮河、汇长江。"公、铁、水、空"立体化大交通格局日益显现。

周口是神圣的,是神奇的,更是令人神往的!周口是开放的,是开明的,更是投资创业的宝地!豫东平原魅力无限,人文周口精彩有约,这片厚重的豫东热土,真诚期待着您的到来!

二、城市名片

羲皇故都、老子故里、国家园林城市、全国著名粮棉油生产基地、中国杂技之乡、中国神话学研究基地、河南省制鞋产业出口基地、河南省民族团结进步模范集体、双拥模范城、河南省对外开放先进市、中国公路交通运输枢纽城市、国家农产品现代流通网络建设试点城市、国家现代林业建设示范市。

三、市树市花

（一）市树——国槐

国槐是中国古老的树种，树形美观，带着浓浓的乡愁，具有文化象征意义，又是绿化和用材的优良树种，适宜周口的自然环境，在全市分布广泛。周口人民自古以来就喜爱栽种国槐，把它作为吉祥、幸福、美好的象征。国槐是周口境内存活时间最长的树种之一，沈丘县有全国规模最大、品种最多的槐树主题园林"中华槐园"。

（二）市花——莲花

莲花是中国十大名花之一，周口种植莲花历史悠久。中国第一部文学著作《诗经》的《陈风·泽陂》一诗中写道："彼泽之陂，有蒲有荷"。"彼泽之陂"即指今日周口淮阳龙湖，"荷"就是莲花，这是最早进入文字记载的莲花，故龙湖莲花有"神州第一荷"之称，颇受市民喜爱。

四、风景名胜

周口是一个文化旅游资源大市。有着6400多年的灿烂文明史，是中华民族文明的重要发祥地之一，享有"华夏先驱，九州圣迹"之誉。先贤圣哲、名人巨擘灿若群星。人祖伏羲在此定都，《道德经》作者老子，《千字文》作者周兴嗣，秦末农民起义领袖陈胜、吴广，东晋政治家、军事家谢安，北洋军阀领袖袁世凯、抗日民族英雄吉鸿昌等均为周口人。周口是"中国三皇故都文化之乡""中国神话学研究基地"，也是全国唯一的市级"杂技之乡"、中国作家协会确定的文学创作基地。周口的遗址遗迹和文物点达近千处，其中全国重点文物保护单位9处，2013年经国务院批准，河南省项城市南顿故城、袁氏故居成为第七批全国重点文物保护单位。省级重点文物保护单位28处,市县级重点文物保护单位262处。鹿邑太清宫、老子故里旅游区和淮阳太昊陵景区是国家4A级旅游景区,扶沟吉鸿昌将军纪念馆、周口关帝庙是国家3A级旅游景区,淮阳龙湖是国家湿地公园,形成了以周口—淮阳—鹿邑"三点一线"为重点的旅游热线。

(一)鹿邑太清宫遗址(国家4A级旅游景区)

鹿邑太清宫遗址位于周口市鹿邑县城东5千米处的太清宫镇,是一处包括东汉至金、元时期历代皇家祭祀老子的诸多遗迹的大型遗址群。

鹿邑太清宫是我国古代杰出思想家、道家派创始人老子的诞生地,旧名厉乡曲仁里。老子,姓李名耳,字伯阳,谥号聃。生于春秋末年楚国苦县厉乡曲仁里,即今鹿邑县太清宫乡。太清,道家谓天道,亦谓天空,传为神仙居住,道教常用以名其宫观。老子故里的纪念性建筑,初为老子庙,建于东汉桓帝延熹八年(165年),后改为老子祠。唐朝创始人李渊追认老子为始祖,以老子庙为太庙,起建宫阙殿宇,唐开元十三年(725年),玄宗李隆基正式改紫极宫为太清宫至今。在太清宫以北的洞霄宫遗址发掘

出唐宋等时期的建筑基址。唐宋时期的太清宫建筑基址范围约1.5平方千米。史载,太清宫唐时如"帝者居中",是唐宋时皇室祭祀老子的地方,分前、后两宫。在后宫出土了宋金时期的回廊、中门、西配殿、后寝殿等重要基址和大批建筑构件。现存唐宋金元碑刻20多通,著名的有"唐开元神武皇帝道德经清高碑",宋真宗三御碑"先天太后之赞",元"圣旨碑""执照碑"。明清建筑有太清宫、老君台等。鹿邑太清宫遗址时代早,跨度大,文化内涵丰富,具有很高的历史、科学和艺术价值。2001年6月,鹿邑太清宫遗址被国务院公布为第五批全国重点文物保护单位。

(二)老子故里旅游区(国家4A级旅游景区)

老子是中国古代著名思想家与哲学家,也是道家学派创始人,世界历史文化名人。老子在函谷关前著有五千言的《老子》一书,又名《道德经》。道家后人将老子视为宗师,与儒家的孔子相比拟,史载孔子曾学于老子。在道教中,老子是一个有重要地位的神仙,被称为太上老君,尊为道祖。从《列仙传》开始,把老子列为神仙。东汉时期,成都人王阜撰《老子圣母碑》,把老子和道合而为一,视老子为化生天地的神灵,成为道教创世说的雏形。而在汉桓帝时,汉桓帝更是亲自祭祀老子,把老子作为仙道之祖。老子的思想主张是"无为",老子的理想政治境界是"邻国相望,鸡犬之声相闻,民至老死不相往来"。其学说对中国哲学发

展具深刻影响。老子的哲学思想和由他创立的道家学派,不但对我国古代思想文化的发展作出了重要贡献,而且对我国2000多年来思想文化的发展产生了深远的影响。

老子故里存在争议。一说位于河南鹿邑太清宫镇,另一说位于安徽涡阳郑店村。但安徽涡阳与河南鹿邑,同居道家文化发祥地的涡河两岸,两地直线距离不过80千米。

(三)淮阳太昊陵景区(国家4A级旅游景区)

淮阳太昊陵景区位于周口市淮阳区,传说是人祖伏羲即太昊定都和长眠的地方。陵墓位于淮阳城以北的蔡河边。太昊陵包括太昊伏羲氏陵和为祭祀地而修建的陵庙,与黄帝陵和大禹陵并称为我国著名的三陵。原占地面积875亩,是一座气势磅礴、规模雄伟、殿宇豪华的古代宫殿式建筑群。历来被称为"天下第一皇朝祖圣地。"

太昊陵庙以伏羲先天八卦数理兴建,是中国帝王陵庙大规模宫殿式古建筑群之孤例,分外城、内城、紫禁城三道皇城,有三殿、两楼、两廊、两坊、一台、一坛、一亭、一祠、一堂、一园、七观、十六门。景区内主要景点包括中轴线上的一系列建筑——午朝门、道仪门、先天门、太极门、统天殿、显仁殿、太始门、八卦坛、太昊伏羲陵墓、蓍草园等构成的主景区,以及附属景点独秀园(原剪枝公园)、碑林、西四观、岳忠武祠、同根园、博物馆等几部分组成。人文始祖祭祀活动绵延千年历久不衰,每年的阴历二月初二到三月初三,世界各地几百万人涌向太昊陵庙朝圣伏羲,农历每月初一、十五,均有盛大祭祀活动,游客人数日达数十万。在2008年以"单日参拜人数最多(约82.5万)的庙会"被上海大世界吉尼斯总部载入吉尼斯世界纪录,太昊陵庙会成为中国规模最大最古老的民间庙会。太昊陵人祖祭典入选国家非物质文化遗产。

五、城市精神

开放、文明、创新、崛起。

第十七章 驻马店市

一、市情简介

驻马店位于河南省中南部,因明朝设立皇家驿站而得名,全市辖9县1区,3个省级功能区、10个省级产业集聚区,总人口960万人,面积1.5万平方千米。近年来,驻马店大力实施"富强驻马店、文明驻马店、平安驻马店、美丽驻马店"建设,经济社会得到持续、健康、快速发展,是河南省重要的人口大市、农业大市和新兴工业城市。是华夏文明的重要发祥地之一,是中华民族人文始祖——盘古创世纪活动的核心区域,是轩辕黄帝夫人、丝绸纺织鼻祖——嫘祖的故乡,

孕育出盘古文化、嫘祖文化、梁祝文化、重阳文化、车舆文化、冶铁铸剑文化等灿烂文化,哺育出法家代表人物韩非、"千古第一相"李斯、著名抗日民族英雄杨靖宇等一大批历史名人,是蔡姓、江姓、沈姓、周姓、房姓、袁姓、柏姓、郎姓等姓氏的发源地,有"中国传奇之都"之称。

驻马店东西长191.5千米,南北宽137.5千米,总面积15083平方千米,占全省总面积8.9%。东与安徽阜阳接壤,西与南阳相连,北与周口、平顶山和漯河为界,南与信阳毗邻。

驻马店地处亚热带与暖温带的过渡地带,具有亚热带与暖温带的双重气候特征,是典型的大陆性季风型半湿润气候,阳光充足,四季分明,全市年平均气温为14.7~15.0℃,年平均日照时数1900~2100小时,年平均降水量为850~980毫米。

市内主要有山地、丘陵、岗地、平原等地貌类型。山地包括豫南桐柏山向西延伸的余脉,山地面积为1950平方千米,占全市土地总面积的12.9%。

驻马店东西横跨淮河、长江两大流域。淮河流域面积13300多平方千米,由洪汝河水系、淮河干流水系、沙颍河水系组成。全市有大小河流100多条,流域面积大于1000平方千米的河流有5条,流域面积大于100平方千米的有42条。

驻马店适宜多种农作物生长,是国家和省重要的粮油生产基地,素有"中原粮仓""中州油库""芝麻王国"之称,常年粮食产量650万吨,占全省的1/8;油料总产80万吨,位居全省第一;年出栏生猪860万头、牛200万头、羊430万只,分别位居全省第一、第二和第

四。上蔡、西平、正阳为全国产粮百强县，正阳、汝南、泌阳、确山为全国油料百强县，西平、正阳为全国肉类百强县，平舆是全国芝麻生产第一大县，泌阳是全国香菇生产第一大县，正阳是全国花生生产第一大县。

驻马店矿产资源种类多、储量大，初步探明的矿产有30多种，化工炭岩、玻璃用砂、萤石储量分别位居全省第一、第二和第四，新探明的金红石矿储量达5000万吨以上，位居全国第一。煤炭储量达1.37亿吨。

驻马店地处我国南北方、东西部的结合地带，承东启西，贯南通北。京广铁路、京深高铁和106国道、107国道纵贯南北；京港澳、大广、新阳、沪陕、焦桐5条高速穿境而过，省道、县道纵横交错，实现了县县通高速；北至郑州新郑机场，南至明港机场、武汉天河机场仅需一两个小时车程。独特的区位和便捷的交通，使驻马店日益成为广大有识之士投资兴业的理想之地。

西平县是嫘祖出生地和始蚕地。每年阴历四月二十三日，当地群众都要在这里举办盛大的庙会，用来纪念嫘祖发明养蚕缫丝的功德，所以庙会又被称为"蚕桑节"。

嫘祖，也写作傫祖、雷祖或累祖，是中国史前社会传说中的人物之一。刘恕的《通鉴前编·外纪》、罗泌的《路史·后纪五》、林汉达与曹余章的《上下五千年》等书，均讲述嫘祖发明了

养蚕、缫丝和织绸技术，有力地推动了中国古代文明的发展，嫘祖因此被尊为中国古代文明创始者中的人文女祖。关于嫘祖的历史，《山海经·海内经》云："黄帝妻雷祖，生昌义。"《史记·五帝本纪》记载："黄帝居轩辕之丘，而娶于西陵之女，是为嫘祖。"

西平县冶铁铸剑历史悠久，名震华夏，至今仍然流传着许多民间故事传说，如《棠溪剑》《墨阳剑》《龙泉》《铁炉合庄》《干将莫邪》等。美妙动人的传说代代相传，感动了一代又一代人。

棠溪，地处西平县城西56千米山区，因两岸生长棠梨树而得名。棠溪源头四面环山，矿藏丰富，加上棠溪水淬火，早在2000多年前的春秋战国，这里已是著名的冶铁铸剑圣地。

在史籍中有众多棠溪冶铁和生产兵器记载。《战国策》曰:"韩之剑戟出于棠溪。"《史记》索隐注曰:"棠溪在西平,其水淬刀剑,特锋利。"《史记·苏秦列传》载:"韩卒之剑戟皆出于冥山、棠溪……皆陆断牛马,水截鹄雁,当敌则斩坚甲铁幕。"据不完全统计,正史《史记》《汉书》,地理类《水经注》《太康地记》等典籍中,有关棠溪和棠溪冶铁铸剑文献记载30处。充分说明棠溪在中国古代冶铁和兵器制造中的重要地位与悠久历史。

西平古棠溪冶铁区方圆达480平方千米。以现棠溪流域西平县所辖乡镇为中心,辐射舞钢市、遂平县西北部、舞阳县东南和郾城区南部。冶炉城、铁炉合庄、龙泉村等多与冶铁铸剑有关的地名、村名沿用至今。据记载,十里棠溪,十里城,村寨无处不市景。冶铁铸剑戟的兵器制造业,又带动了商业、酿酒、餐饮等行业的繁荣。《清一统志》记载,当时棠溪"工匠七千之众""炉火照天地,红星乱紫烟"。这一盛况,自春秋战国持续到秦统一六国后的汉、晋、魏、三国、南北朝、隋及唐朝中期。历朝历代官府都在此设有管理冶铁和兵器制造的铁官。由冶炉城等打造的剑戟,从棠溪两岸的跑马岭、九女山等山中运出山外,也就有了沿袭至今的出山镇地名。

2007年7月,中国民间文艺家协会正式命名驻马店市西平县为"中国冶铁铸剑文化之乡""中国冶铁铸剑文化研究基地"。

泌阳盘古山,位于泌阳县南15千米。传说此山就是当年盘古开天辟地、繁衍人类、造化万物的地方。该山巍峨挺拔,高耸入云,林木苍郁,古庙幽静,景色宜人。在该山周围31.5平方千米内,还广泛分布着与盘古有关的诸多人文历史景观。盘古开天辟地创造世界的神话流传久远,是中华民族的"根文化"。泌阳盘古山保存有盘古庙、盘古井、盘古墓、盘古楼、大磨、百神庙、甜水河等大量的考古实物,保留有一套完整的有关盘古文化的神话传说和域名体系,具有丰富的盘古文化资源和深厚的盘古文化底蕴。自2003年起,泌阳县政府与北京华中盘古文化研究院每年阴历三月初三举办"中国·泌阳盘古文化节"。2005年12月4日泌阳县被中国民间文艺家协会正式命名为"中国盘古圣地"。盘古神话成为国家级非物质文化遗产及河南省民间文化遗产抢救工程项目。盘古开天的传说,被誉为"中国的创世纪"。

汝南县马乡镇是梁祝故里,梁祝爱情故事就发生在这里。历史上由于人口迁徙,梁祝爱情故事也由此传播到其他各地。梁祝故里遗址有梁墓、祝墓、梁庄、祝庄、马庄、红罗山书院、鸳鸯池、十八里相送故道、曹桥以及梁祝师父邹佟墓等。从民俗上说,当地至今仍有阴历七月十五为梁祝墓送白灯笼的习俗,祝、马两姓不通婚的习俗在当地延续到中华人民共和国成立之前。

在历史发展长河中梁祝故事被编为戏剧传唱,被编为电影传播,被谱写为小提琴演奏曲演奏,从而从民间逐步走向高雅的艺术殿堂。河南的各类剧种和曲艺自然是少不了梁祝爱情故事。豫剧有《梁山伯下山》《梁山伯和祝英台》,曲剧有《梁山伯攻书》《梁山伯送友》,越调有《梁山伯送友》《马文才迎亲》,二夹弦《梁祝》《红罗山》。曲艺河南坠子有《英台下山》《梁山伯和祝英台》,三弦书有《英台担水》《英台扑墓》等。在全国共有30多个剧种、曲艺20多种,加上上百首民歌、几十种工艺品以及电影电视作品传唱梁祝爱情故事,这在全国实属罕见。其传播范围也已超出国界,流传到了朝鲜、越南、缅甸、新加坡、印度尼西亚和日本等国家。

2006年6月,梁祝传说被列入国家首批非物质文化遗产名录。2007年4月3日,河南省民政厅下发文件,正式批准汝南县马乡镇更名为梁祝镇。

上蔡县,是中国九九重阳节的发源地。自古以来,上蔡县就有重阳节登高、饮菊花酒、佩戴香囊、插茱萸的习俗,这在国内影响可谓深远。2003年,国家邮政局重阳节特种邮票首发式在上蔡县成功举行。

2005年12月1日,上蔡县被中国民间文艺家协会命名为"中国重阳文化之乡"。以节日文化命名的"文化之乡",上蔡县当属第一个。上蔡县已经连续多年成功举办了"中国·上蔡重阳文化节"。上蔡县还围绕重阳文化举办了"天下重阳源上蔡""金秋重阳"诗歌赛、书画展等。

由重阳文化衍生出来的担经舞、扁担轿等民俗节目和菊花酒、香囊、桃核扣、剪纸、重阳糕等文化产品,在上蔡县也得到了传承发扬。其中,上蔡桃核雕花、重阳茱萸绛囊工艺,2006年被选入河南省首批非物质文化遗产名录。2011年6月,上蔡县重阳习俗被国务院批为第三批国家级非物质文化遗产。

平舆县是中国车辆的发源地,相传车的发明者是夏禹时期一名叫奚仲的人。他利用平舆县盛产优质木材的优势,研制出了一种有顶盖、供贵族乘坐的车辆——舆。因奚仲的家乡地势平坦,又有人发明了"舆",故有"平舆"之称。奚仲造车是中华文明发展史上的重要事件之一。奚仲因造车有功,被夏王禹封为"车服大夫"(亦称车正)。他过世后被人奉为车神,后人修建了奚公祠常年祭拜,以求出行平安。

经过二千多年的改进,到宋代时进化为有固定模式的太平车,一直沿用到中华人民共和国成立后。太平车,因其滚动起来十分平稳而得名,是我国古代造车工艺趋向成熟的标志,号称中国车辆的"活化石"。

近代随着西方殖民主义的入侵和文化渗透,汽车、胶轮马车的出现,平舆太平车的工场作坊不断减少,到1955年,这种车辆已经不再生产,制造这些车辆的木匠作坊和铁匠店铺也已不复存在,一些能打制太平车的能工巧匠多半不在人世,偶存的太平车也残缺不全,成为历史的陈迹,太平车的制造工艺处于濒临灭绝状态,搜集整理太平车的制作手工艺已经成为当务之急。

近年来,平舆县按照"保护为主,抢救第一,传承发展,合理利用"的指导方针,对太平车制作手工技艺这一珍贵的非物质文化遗产进行抢救和保护,让这一传统技艺得以传承和发展。2008年,中国民间文艺家协会正式命名平舆县为"中国车舆文化之乡",并挂牌成立"中国车舆文化研究中心"。

驻马店是一片神奇而美丽的土地,孕育了美轮美奂的自然山水、传承了璀璨悠久的历史人文、蕴含着巨大的发展潜力、演奏着蓬勃发展的精彩华章。

驻马店是一座交通畅达之城。素有"豫州之腹地、天下之最中"的美称,是郑州、武汉、合肥三大都市圈中的节点城市。

驻马店是一座生态宜居绿城。地处北亚热带与暖温带的过渡地带,常年平均气温15.1℃,年均降水量1000毫米,西部是丘陵山区,东部是黄淮平原,水系跨淮河、长江两大流域,总蓄水能力64亿立方米,森林覆盖率31.9%,既没有南方城市的潮湿,也没有北方城市的干燥。有奇山、秀水、大平原,有亚洲最大的佛教圣地——南海禅寺,有亚洲最大的人工平原湖——宿鸭湖,有《西游记》传奇文化发源地和国家5A级旅游景区——嵖岈山,素有"诗意山水、传奇天中,休闲驿站、生态家园"的美誉。驻马店是一片红色土地、革命沃土,确山竹沟是中共中央中原局和原中共河南省委所在地,被誉为革命的"小延安",是抗日民族英雄杨靖宇将军的故乡,建有竹沟革命纪念馆、杨靖宇将军纪念馆,是全国爱国主义教育基地。

驻马店是一座产业崛起新城。近年来,依托良好的资源和区位优势,大力实施产业强市战略,培育了蓝天集团、通用天方、十三香、昊华骏化、中集华骏等一批骨干企业,吸引了香港华润、瑞士雀巢、泰国正大、台湾徐福记、山东鲁花、君乐宝、今麦郎、思念、花花牛等一批国内外知名企业落户该市,形成了食品、装备制造、能源化工、服装、建材、生物医药6大支柱产业,是中国最大的半挂车生产基地和调味品生产基地,河南省最大的醋酸、烯烃生产基地,正在全力打造中国中部最大的户外休闲生态家居产业基地。

驻马店是一座营商便利之城。近年来,以"放管服"改革为抓手,出台了产业强市政策意见及扶优扶强、招商引资、企业上市、创新升级"(1+N)"方案,积极为企业发展营造良好政策环境;出台了一次办妥24条等"(1+9)"方案,在河南省率先实现不动产登记"一窗受理"和市场准入负面清单制度,建立了企业服务日、领导分包、24小时交办、督查督办等制度,着力打造"一次告知、一窗受理、一网通办、一次办妥"政务服务品牌,全力为企业提供"情感上暖心、行动上贴心、措施上用心、机制上顺心、关系上无私心"的"保姆式"服务。同时,驻马店整合提升了"12345"政务服务热线,开通了驻马店政企沟通企业服务微信群,搭建了企业与金融机构共享的驻马店市金融服务和征信信用平台,成立了驻马店企业家学院,建立了优秀企业家表彰制度,与清华大学等联合开展了企业家培训,为企业家成长提供充足的阳光雨露,驻马店被评为2018中国营商环境质量十佳城市。

驻马店是一座具有发展潜力的城市。近年来,驻马店抓住国家实施中部崛起战略,以及覆盖该市全境的大别山革命老区振兴发展规划的机遇,全力推进高质量跨越发展。2015年、2016年、2017年连续3年被评为河南省经济社会发展目标综合考核先进市。2018年全市主要经济指标增速保持河南省第一方阵,2019年一季度主要经济指标顺利实现"开门红",生产总值增长8.6%,居河南省第三位;1—4月,全市规模以上工业增加值增长9.1%,增速居河南省第四位;固定资产投资增长9.9%,增速居河南省第三位;社会消费品零售总额增长11%,增速居河南省第二位;一般公共预算收入增长25%,税收收入增长24.1%,增速均居河南省第一位。驻马店已成为中原地区最具发展活力、最具发展潜力的地区之一。

二、城市名片

历史文化名城、中国优秀旅游城市、全国文明城市、国家卫生城市、国家森林城市、全国双拥模范城、国家园林城市。

三、市树市花

2014年12月25日,驻马店市三届人大常委会第二十次会议听取和审议了驻马店市人民政府关于确定驻马店市树、市花的议案,表决通过了《驻马店市人大常委会关于香樟为驻马店市市树 紫薇为驻马店市市花的决定》(驻人常〔2014〕40号)。

(一)市树——香樟

香樟[*Cinnamomum camphora*(Linn)Presl],是樟目樟科樟属常绿大乔木,为亚热带常绿阔叶树种。

主要分布于长江以南,尤以台湾、福建、江西、湖南、四川等栽培较多。性喜温暖湿润,不耐寒冷。适生于年平均温度16~17℃以上,绝对低温-7℃以上地域。香樟对土壤要求不严,于深厚肥沃的黏壤土、砂壤土及酸性土、中性土中发育均佳,在含盐量0.2%以下的盐碱土内亦可生长。

香樟树形雄伟壮观,四季常绿,树冠开展,枝叶繁茂,浓荫覆地,枝叶秀丽而有香气,是作为行道树、庭荫树、风景林、防风林和隔音林带的优良树种。香樟对氯气、二氧化碳、氟等有毒气体的抗性较强,也是工厂绿化的好材料。香樟的枝叶破裂散发香气,对蚊、虫有一定的驱除作用,生长季节病虫害少,又是重要的环保树种。香樟有小叶樟和大叶樟两种。

香樟有着坚韧不拔、生命力旺盛、生机勃勃的寓意。

在驻马店市树、市花评选工作中,市树、市花评选工作领导小组办公室共收到群众推荐市树选票 27037 张,其中推荐香樟的居首,为 5684 张。市树、市花有利于优化城市生态环境、提升城市美誉度。

香樟自 20 世纪 80 年代引种到驻马店以来,经过长期驯化,已经完全适应了驻马店的自然条件,目前在驻马店市中心城区栽植数量已有 4.6 万余棵,在全市栽植树木品种数量上首屈一指。香樟首次作为行道树栽植,是在驻马店市区文明大道北段,这些香樟目前长势良好,成为驻马店市区亮丽的道路景观。驻马店的环城景观道路汝河大道、铜山大道、中原大道等均选用香樟作为行道树,香樟绵延数十公里,绿意盎然、大气壮观。在产业集聚区的蔡州路、永顺路、滨河南路等新建道路,香樟更是挺拔清秀、傲然屹立,形成驻马店市区特有的道路景观。

在庭院绿化中香樟更是广泛应用、随处可见。在驻马店市行政新区、高新区服务中心、驻马店市地税局、解放军第 159 中心医院、鹏宇新城小区等庭院均以香樟作为主要庭阴树种。

(二)市花——紫薇

紫薇(*Lagerstroemia indica* L.),别名痒痒花、痒痒树、紫金花、紫兰花、蚊子花、西洋水杨梅、百日红等。紫薇花姿优美,花色艳丽,花期长,6—9 月持续开放,故有"百日红"的美称,深受人们喜爱。分布于华东、中南及西南各地。

紫薇半阴生,喜生于肥沃湿润的土壤上,也能耐旱,不论钙质土或酸性土都生长良好。原产亚洲,现广植于热带地区。我国广东、广西、湖南、福建、江西、浙江、江苏、湖北、河南、河北、山东、安徽、陕西、四川、云南、贵州及吉林均有生长或栽培。

紫薇花色鲜艳美丽,花期长,寿命长,树龄有达 200 年的,现热带地区已广泛栽培作为庭园观赏树。如果用紫薇作盆景,最好的就是枯峰式盆景,虽桩头朽枯,却枝繁叶茂,色艳而穗繁,如火如荼,令人精神振奋。紫薇的木材坚硬、耐腐,可作农具、家具、建筑等用材。

唐代诗人杜牧曾写道:"晓迎秋露一枝新,不占园中最上春。桃李无言又何在,向风偏笑艳阳人。"意思是傍晚的秋露洗净了花枝,烂漫的花朵占尽了天时;春风桃李繁华早就不再,艳阳伴我从暮春到秋日。唐代诗人白居易曾写道:"紫薇花对紫微翁,名目虽同貌不同。独占芳菲当夏景,不将颜色托春风。浔阳官舍双高树,兴善僧庭一大丛。何似苏州安置处,花堂栏下月明中。"宋代诗人杨万里写诗赞颂:"似痴如醉弱还佳,露压风欺分外斜。谁道花无红十日,紫薇长放半年花。"

驻马店现有紫薇45个品种,有红薇、银薇、堇薇、翠薇,还有近几年引进的红火箭、红火球、红叶紫薇。

驻马店市树、市花评选工作领导小组办公室共收到群众推荐市花选票30197张,其中推荐紫薇的居首,为7981张。

紫薇在驻马店木本花卉中种植数量很多、分布范围很广,驻马店市区开源大道、文明大道、置地大道、铜山大道、驿城大道、通达路等主干道路都将紫薇作为主题花卉大量种植,形成百花争艳、繁花似锦的道路景观。

紫薇作为市花,是驻马店夏季主要观花植物的代表,花色繁多,千姿百态,深受市民的喜爱。目前在骏马路、盘龙山路、古吕路、开源大道、淮河大道、洪河大道、文明大道、兴业大道、重阳大道等30多条主次干道和中心城区265个公园、游园及小区、庭院广泛栽植。

四、风景名胜

驻马店历史悠久,文化厚重,山水秀美,旅游资源丰富,境内自然人文景观众多,全市共有A级旅游景区21家,其中国家5A级旅游景区1家、国家4A级旅游景区5家、国家

3A级及2A级旅游景区16家,是中国优秀旅游城市、中国十大最具投资潜力旅游目的地、中国传奇之都。

(一)嵖岈山(国家5A级旅游景区)

嵖岈山位于驻马店遂平县城西25千米处,是国家5A级旅游景区、国家地质公园、国家森林公园、全国首批旅游标准化示范景区、全省首批文明景区、十佳山水景区,同时也是中央电视台《西游记》续集的主要外景拍摄基地。

嵖岈山景区山势嵯峨,怪石林立。南山、北山、花果山、六峰山砥足而立,秀蜜湖、琵琶湖、百花湖、天磨湖点缀其间,构成了一幅奇特秀丽的风光画卷。有九大奇观、九大名峰、九大名洞、九大名棚、九大奇石,各类景点300多处,著名景点60多处,具有"奇、险、奥、幽"四大特点。花岗岩象形石、花岗岩奇峰、花岗岩洞穴等地质现象,是地质遗迹宝库中的精品、珍品、绝品,享有"中华盆景""中州独秀""江北石林""伏牛奇观"之美誉。新开发的嵖岈山天磨湖和

琵琶湖生态旅游景区众峰峥嵘,奇石突兀,洞壑幽邃,古树参天,层峦叠翠,雄奇壮观。

(二)南海禅寺(国家4A级旅游景区)

南海禅寺位于汝南县城区东南,距驻马店市20千米,是国家4A级旅游景区。寺院始建于明嘉靖年间,1992年台湾高僧明乘法师复建,寺庙占地面积540亩,总建筑面积5万平方米,被誉为亚洲建筑规模最大的佛教寺院。

主体建筑大雄宝殿,高36米,为三层重檐歇山琉璃式佛殿,超过了故宫太和殿、孔庙大成殿的规模。殿内供奉着高17米通体鎏金铜雕释迦牟尼坐像,是世界上最大的室内佛像。大雄宝殿的台基上用花岗岩雕刻了500罗汉,集中华大地各处罗汉堂之精华。大雄宝殿四周的天王殿、观

音殿、文殊殿、普贤殿等配殿皆为三重飞檐、高大雄伟。浮雕群工艺精美,佛教壁画美奂绝伦。南海禅寺山门牌楼长50米,高31米,在500米甬道上,自北向南依次而立着12座花岗岩牌坊,风格独特,巍巍壮观。

(三)金顶山景区(国家 4A 级旅游景区)

金顶山景区位于驻马店市确山县境内,距驻马店市区 20 千米,是国家 4A 级旅游景区、国家森林公园,植被覆盖率高达 95% 以上,素有"天然氧吧""绿色家园"之美誉。

金顶山景区内古树参天,谷深峰险,一派原始风貌。金沙湖碧波荡漾,金龙湖波澜壮阔,黑龙潭幽深碧透,飞天石瀑惊心动魄,神龟探幽妙趣横生,金顶紫雾如梦如烟,云梦仙洞幽邃神奇,金扇佛经堪称一绝。

(四)竹沟革命纪念馆(国家 4A 级旅游景区)

竹沟革命纪念馆位于驻马店市确山县西 30 千米的竹沟镇延安街,始建于 1956 年,由周恩来题写馆名。纪念馆占地面积 5000 平方米,馆内有革命旧址 31 处,文物、文献、图片等近千件。是国家 4A 级旅游景区、全国重点文物保护单位、全国百家"红色旅游"经典景区之一、爱国主义教育基地。

竹沟革命纪念馆的红色旅游景点主要有中共中央中原局、中共河南省委、新四军四支队八团队各机关,刘少奇办公室、李先念办公室、彭雪枫办公室等旧址和竹沟军政教导大队、豫鄂边军事会议旧址及陈列厅等。

(五)老乐山(国家 4A 级旅游景区)

老乐山,位于确山县城西北 6 千米处,距驻马店市 9 千米,属伏牛山余脉,由九座山峰相连而成,南北长 15 千米,宽 5 千米,主峰玉皇顶海拔 813 米,总面积 6733 公顷。老乐山是国家 4A 级旅游景区、国家森林公园,植物茂密,森林覆盖率达 95% 以上,这里一年四季各种植被生长旺盛,绿色常驻,茂林修竹、古寺名刹、奇石苍松、深壑幽谷、曲径云雾。

(六)铜山风景区(国家4A级旅游景区)

铜山风景区位于驻马店市泌阳县境内,是国家4A级旅游景区、国家森林公园。景区总面积74平方千米,最高峰铜峰海拔632米。景区内有"一山一水一寺一圣地"的自然与人文景观,被誉为中原武当。景区群山之中象形石众多,鬼斧神工惟妙惟肖!主要景观有铜峰积翠、熊石朝山、石婆峰、天桥石、滴水崖、回心崖、百丈崖、齐陡崖、四天门、一线天、云梯等40多个。

(七)白云山(国家4A级旅游景区)

白云山位于泌阳县城东65千米处,距驻马店市区35千米,是国家森林公园。森林公园面积8.7万亩,森林覆盖率达95%以上,被誉为"中原之肺"。园内山峰林立,古树参天,白云漂渺,连绵起伏,主峰海拔983米,是豫中南最高峰。白云山以丰富的森林资源为基础,构成山雄、水秀、森茂、壑幽、峰险、石奇的森林景观特色。

(八)杨靖宇纪念馆

著名抗日民族英雄杨靖宇(1905—1940年),确山县李湾村人。原姓马,名尚德。1927年加入中国共产党,曾任确山县农军总指挥、中共哈尔滨市委第一书记、东北抗日联军第一路军总司令兼政委等职。1940年2月于吉林省蒙江县被日寇包围,因寡不敌众,壮烈殉国。

杨靖宇将军纪念馆位于驻马店市驿城区古城乡李湾村杨靖宇故居。始建于1966年秋,1981年扩建后开放,建筑面积为4466平方米。1995年1月,河南省隆重举行了杨靖宇将军诞辰九十周年纪念大会;江泽民同志亲自为杨靖宇将军纪念馆题写了馆名。

(九)薄山湖

薄山湖位于确山县城南18千米处,景区面积240平方千米,森林覆盖率90%以上,是国家级森林公园、国家级水利风景区、省级风景名胜区。薄山湖是一个狭长的山谷湖泊,山环水绕,绵延25千米,湖面22平方千米。湖两岸有十万亩森林,覆盖景区山峦、岛屿,环绕湖周。薄山湖风景区,由古朗陵景区、大坝景区、湖东景区、九龙沟景区4部分组成。著名景点有神驼戏水、猛虎啸天、湖心岛、野猪岭、锦鸡峰、将军壁、打狗潭、翠竹溪、猴儿崖等30多处。

（十）宿鸭湖

宿鸭湖位于汝南县城西6千米处，始建于1958年，水库东岸南北土坝全长35.29千米，高58米，库区占地35万亩，蓄水面积239平方千米，库容8.2亿立方米，常年水面11万亩，出产的鱼达30多种。

宿鸭湖是目前亚洲面积最大的平原人工水库，有"人造洞庭"之美誉，可谓"百里长堤锁洪水，万只野鸭戏游鱼"！库区湖西岸有6万亩森林植被和万亩芦苇荡，环湖坝堤上有数万棵绿杨翠柳，不是江南胜似江南，目前已申报为省级湿地自然保护区。

五、城市精神

诚信、开放、创新、自强。

第十八章 济源市

一、市情简介

济源因济水发源地而得名,古济水与长江、黄河、淮河并称"四渎",《尔雅·释水》中记载:"江、河、淮、济为四渎,四渎者,发源注海者也。"济源是愚公移山故事的发祥地,面积1931平方千米,人口73万,位居河南洛阳、焦作及山西晋城、运城四市的中间地带,素有"豫西北门户"之称。1988年撤县建市,1997年成为河南省省辖市,2003年被列入"中原城市群",2005年被列为河南省城乡一体化试点城市,2012年被列入中原经济区核心发展区域,2014年以来被确定为国家产城融合示范区、全国中小城市综合改革试点市、河南省新型城镇化综合改革试点市和全省唯一的全域城乡一体化示范区。

这是一座历史悠久的文化之城。济源地处黄河流域的中原文化摇篮地带,是华夏文明的重要发祥地之一。早在6000多年前,人类就在这里繁衍生息,女娲补天、后羿射日、盘古开天等创世神话和传说均发源于此。相传轩辕黄帝曾在王屋山设坛祭天战蚩尤,开创了华夏五千年的文明史。夏朝第六代君主少康曾在此建都;战国时代,古轵作为韩国的都城,位居"天下名都"之列;隋开皇十六年(公元596年)设济源县,距今已有1400多年的历史。济源古代历史名人众多,唐玄宗胞妹玉真公主曾在此求仙修道,玉阳公主在沁水河畔修建沁园,著名的词牌名《沁园春》由此而来;药王孙思邈常年在王屋山悬壶济世并终老于此;唐代诗人李商隐曾在此隐居多年,留下了脍炙人口的著名诗篇。济源是名相裴休、"茶仙"卢仝、北方山水画派鼻祖荆浩的故里。

这是一座独具魅力的山水之城。济源地处太行山南端、黄河北岸,境

内大山大河交相辉映,山水风光
旖旎,旅游资源丰富,拥有王屋
山、黄河小浪底、五龙口、济渎庙
等知名景区。

这是一座朝气蓬勃的现代
之城。济源始终坚持以科学发展
为主题,以加快转变经济发展方
式为主线,持续探索四化同步科
学发展的新路子,经济社会发展持续了好的趋势、好的态势、好的气势。工业经济蓬勃发
展,已形成钢铁、铅锌、能源、化工、装备制造、电子信息等支柱产业,是全国最大的铅锌基
地和河南省重要的钢铁、能源、化工、机械制造基地。城乡面貌日新月异,基础设施完善,交
通便捷通畅,教育、文化、体育、医疗设施完备,绿化覆盖率较高,形成了大气、秀气、灵气的
城市特色。目前,济源正在加快生态水系建设和城市改造提升,向建设创新创业之城、精致
大气之城、美丽宜居之城、山水文化名城的目标迈进。农业规模化、产业化、标准化水平持
续提升,已形成蔬菜、烟叶、薄皮核桃、冬凌草、畜牧五大特色产业,被命名为全国首批国家现代农业示范区。2019 年,全市生产总值完成 686.96 亿元,增长 7.8%,增速居全省第 2 位;一般公共预算收入完成 57.1 亿元,增长 13.8%,增速居全省第 2 位;规模以上工业增加值增长 8.8%,居全省第 1 位;全社会固定资产投资增长 12%,

居全省第 1 位;城镇居民人均可支配收入达 36038.5 元,居全省第 3 位,增长 8.2%;农村居
民人均可支配收入达 20235.4 元,居全省第 2 位,增长 9.7%。

这是一座充满活力的开放之城。济源具有强烈的开放、包容、合作意识,坚持"一招应
多变""一举求多效",持续加大对外开放、招商引资力度,不断优化投资环境,全方位提供
优惠政策、优质服务,正成为外来投资的热土,先后被评为"浙商(省外)投资最佳城市""外
商眼中的河南最佳投资城市""2011 年中国最佳投资城市""河南省金融生态示范市"。

这是一座文明和谐的幸福之城。济源坚持把保障和改善民生放在突出的位置,持续加
大对社会事业和民生建设的投入力度,率先在全省实现了镇镇通高速、组组通硬化路、村
村通广播电视、村村通自来水和农村饮水安全;率先在全省实现了最低生活保障、医疗保
险和社会养老保险的城乡全覆盖,率先在全省实现了城乡居民医疗保险一体化;率先在全

省建立了被征地居民就业和社会保障制度;率先在全省为85周岁以上老年人发放敬老补贴,各项保障标准处于全省先进水平;率先在全省基本普及了高中阶段教育;率先在全省免除了中等职业学校学生学费;率先在全省完成了乡镇卫生院改造和村村有标准化卫生所。济源不断加强和创新社会管理,群众安全感指数持续位
居全省前列。目前,济源正在大力实施就业创业、教育提升、文化惠民、医疗健康、社保统筹、安居保障、扶贫开发、生态环境、公交便民、平安善治等"十大民生工程",努力使人民群众更多更好地享有发展的成果。

这是一座务实创新的奋进之城。随着中原经济区建设上升为国家战略,济源正面临着新一轮的发展机遇。目前,济源立足于产业优势、区位优势、体制优势,紧紧围绕全面小康和现代化建设战略目标,牢牢把握全域城乡一体化发展主线,大力弘扬"愚公移山、敢为人先"的城市精神,务实重干,求实求效,努力使各项工作持续走在全省和中原经济区的前列,为加快实现"一个中心、两个率先"(中原经济区新兴的区域性中心城市和率先全面建成小康社会、率先建成中原经济区四化同步发展先行区)目标,建设富裕文明和谐美丽的现代化济源而不懈奋斗。

济源,一座充满生机、魅力无限的现代化城市正展现在世人面前!

二、城市名片

全国文明城市、国家卫生城市、国家园林城市、国家森林城市、国家节水型城市、国家水土保持生态文明市、中国优秀旅游城市、中国人居环境范例奖城市、全国双拥模范城市、全国科技进步先进市、全国水土保持示范城市、全国体育先进市、全国篮球城市、全国文化模范城市、全国节水型社会建设示范市等。

三、市树市花

（一）市树——国槐

（二）市花——紫薇

济源市树、市花评选活动从2010年4月25日开始，分为宣传发动、市民评选、专家评审、市领导审定和市人大常委会审议通过5个阶段。截至2010年7月20日，市树、市花评选共收到选票25518份，经工作人员统计，国槐、法桐、银杏分别排在市树候选前三位；紫薇、月季、碧桃分别排在市花候选前三位，最终决定国槐为济源市市树，紫薇为济源市市花。

四、风景名胜

近年来，济源旅游发展融合愚公文化、济水文化、道教文化、黄河文化、卢仝茶文化、荆浩画文化等特色文化，形成了独具魅力的山水文化旅游特色，荣获"中国旅游品牌榜最具人气旅游城市"称号。王屋山是中国古代九大名山之一、道教十大洞天之首，是国家4A级旅游景区、世界地质公园；黄河小浪底融小浪底水库、黄河三峡于一体，烟波浩渺，壮丽秀美，被评为"中国最具吸引力的地方"；五龙口有纬度最北的猕猴群落，是国家4A级旅游景区和国家猕猴自然保护区；济渎庙集唐宋元明清历代建筑之精华，被誉为"中国古代建筑博物馆"。

（一）王屋山（国家4A级旅游景区）

济源王屋山风景区为国家级风景名胜区、国家4A级旅游景区、国家地质公园、科普教育基地。

王屋山国家重点风景名胜区距济源市区35千米，是中国古代九大名山之一，汉魏时列为道教十大洞天之首，称"天下第一洞天"，主峰天坛海拔1715米，是中华民族祖先轩辕黄帝设坛祭天之所，世称"擎天地柱"，是一处有万年文化遗存，千年道教之盛，融文化、自然为一体，品位极高的国家级山岳型风景名胜区。王屋

山是愚公的故乡，愚公挖山的故事因《列子》的记载和毛泽东在《愚公移山》中的引用而家喻户晓。

雄伟秀丽的王屋山位于河南的西北部，东依太行，西接中条，北连太岳，南临黄河。因"山形如王者车盖"，故称王屋山。传说中"愚公移山"的地方在王屋山之阳。这是一条从王屋山主峰延伸下来的南北走向的大山梁。山梁西面是愚公村，东面是小有河，愚公村的人

每天要到小有河去取水,正是这条大山梁给他们带来了许多不方便,所以愚公要带领他的子子孙孙挖掉它。现在游客可以看到,在这条大山梁中间,确实断开一条很大的山口,远远看去,真似人工开挖的一样。如今的王屋山山奇洞幽、风光万千,主要的旅游景点有阳台宫、紫微宫、天坛顶和王母洞。攀登天坛峰是游王屋山的主要内容,整个旅游线路长达50千米。阳台宫在王屋山脚下愚公村的西侧,是王屋山旅游线路的起点。现存的建筑是自南而北,依山就势,由低到高,错落有致,气势恢宏,显示出了我国古代能工巧匠的聪明才智。阳台宫始建于唐,现存的主体建筑三清殿和玉皇阁为明正德年间重修。最为游人所瞩目的是三重檐阁式建筑玉皇阁,凌空欲飞的飘逸之势,令人们叹为观止。主体建筑上的几十对石刻柱子,使这座宗教圣地成为石刻艺术的殿堂;柱子上刻有翻滚的云龙、朝凤的百鸟、闹梅的喜鹊、牧羊的苏武、过海的八仙、战蚩尤的黄帝等,无一不栩栩如生,呼之欲出。阳台宫内苍松翠柏,郁郁葱葱,其中的一株七叶菩提树,树围近3米,高14米,传为唐代所留。

更有趣味的是,如果站在阳台宫前的石阶上击掌,就会听到"DA巩"的鸟叫声,当地人说这是"凤凰鸣"。阳台宫之所以有凤鸣之声,传说是该宫建在了凤尾根部。如果登高而望,人们就会发现,阳台宫后面的天坛峰状似凤首,对天而鸣;宫前的九条大山岭合称九芝岭,自北向南以扇面形展开,状如凤尾;附近的几座小山岭犹如凤肩、凤背、凤腰、凤翅和凤心,山民们把这种奇异的地形叫作"丹凤朝阳"。阳台宫建在这里,可以说是"风水宝地"。王屋山腰的环山渠,是王屋山人民的骄傲,是愚公后代搬山治水的丰碑。沿着水渠可以盘桓至山中,再顺着一条小河上行,便可以到达紫微宫。紫微宫是攀登天坛峰的起点,传说李世民叔父李道宗曾在此隐居,后来司马承祯也在这里住过。紫微宫内有一棵很大的银杏树,八人才能合抱,有"七楼八拐棍"之称,树上挂满了各路信奉者敬献的幔帐。

(二)黄河三峡景区(国家4A级旅游景区)

黄河三峡景区位于小浪底大坝上游20千米处,是小浪底的精华所在。景区由孤山峡、龙凤峡和八里峡等景点组成,山水交融,雄伟壮观,景色几乎可以和长江三峡相媲美。

景区游览路线可以分为水路和陆路两种,游客既可以乘坐游船,饱览三峡两岸秀美风光,也可以乘坐索道,畅游洞天福地。景区内还有岩洞漂流、高空滑索等惊险刺激的玩乐项目,非常适合休闲娱乐。

(三)五龙口风景区(国家4A级旅游景区)

五龙口古称枋口,因秦代在此开山凿渠,以枋木为闸,后又相继开挖了永济、广惠、广利、永利、新利等五渠,呈"五龙分水"之势,因此得名五龙口。五龙口镇隶属于河南省省直辖县级市济源市,沟通焦作、洛阳、晋城3个地级市和济源、沁阳2个县级市。区位优越、交通便利、资源丰富、风景秀丽,具有得天独厚的发展优势。

五龙口镇地处山西与河南两省交界地带,是山西进入中原的重要出口,晋煤外运、南货北进的重要通道,境内S306省道、焦柳铁路横穿东西,G207国道、二广高速公路纵贯南北。

五龙口因地制宜,大力发展旅游经济,拥有五龙口风景区(国家4A级旅游景区)和马村酥梨采摘活动和西逯寨运煤高铁风光等旅游景点。连东、尚庄两个铁路车站、裴村的铁路货场以及高速公路上下站口的特殊位置使五龙口镇成为焦枝铁路、济晋高速公路重要的交会枢纽。这些通畅快捷的交通将晋城、焦作、洛阳及济源市区紧密相连,使五龙口镇成为上述四城市经济圈的交会地带,并具备了承接上述城市梯次经济分工,发展相应产业的便利条件。

五、城市精神

愚公移山、敢为人先。

第十九章 淮北市

一、市情简介

淮北市是全国重要的资源型城市，也是安徽一座新兴的现代化工业城市，1960年建市，因煤而建，伴煤发展。截至2018年年底，辖相山区、杜集区、烈山区和濉溪县，拥有5个省级开发区，总面积2741平方千米，常住人口约225.4万人。工业化率50.2%，常住人口城镇化率65.1%。截至2017年年底，全市有18个镇、15个街道办事处。淮北是"中原经济区""长三角城市群""宿淮蚌都市圈""宿淮城市组群"成员城市。

区位交通便利。地处苏豫皖三省交界，是安徽省北大门、中原经济区重要成员、淮海经济区核心城市。距徐州观音机场90千米，距连云港260千米，是安徽省距出海口最近的城市。6条国道、省道以及连霍、京福、泗许、济祁高速公路穿境而过、环城四方。符夹、青芦、青阜铁路东接京沪、北连陇海、西通京九。淮萧客车联络线工程于2017年12月28日正式开通，2小时可达合肥、南京、济南、郑州，3小时可达上海、杭州，3小时30分可达北京。

历史人文荟萃。4000年前"上古五帝"之一的颛顼在此建城，此后历代王朝在此设郡置县。颛孙子张秉承儒道传业授惑，蹇叔辅佐秦穆公成就春秋五霸；薛广德、桓谭曾在相山讲学，"竹林七贤"之嵇康、刘伶世居临涣、戴逵、刘开渠开创雕塑之先河，汉画像石、宋元古瓷传递着城市文化的深蕴；"梅花三弄""鹤立鸡群"的成语典故，家喻户晓。柳孜隋唐大运河遗址作为中国大运河重要遗产点，跻身世界文化遗产名录。《尚书·禹贡》记载，今之淮北市境属徐州。公元前21世纪，助禹治水有功而成为商部落首领的商汤十一世祖相土为进

一步向东扩张,由商丘迁徙至此,作为别都,此后山即为相山、城即为相城。商汤伐桀,灭夏建商,商沿夏制,相城仍属徐州所辖。周武王伐纣更商分封诸侯,以纣王兄微子启代殷,立国号宋,相属宋。公元前588年至前576年期间,宋共公瑕为避水患,曾将国都由睢阳(今河南商丘)迁至相城。战国时期,齐、楚、魏灭宋,相归楚国。秦始皇二十二年(公元前225年)在相城和临涣镇分设相县、铚县,同属泗水郡,相城为郡治所在地。

产业基础良好。截至2018年年底,煤炭保有储量47.67亿吨,是全国13大煤炭生产基地之一,年产原煤2106.27万吨,发电装机容量5350兆瓦,形成煤电、机械制造、纺织服装、新型建材、绿色食品等优势传统产业,陶铝新材料、新型煤化工、电子信息、高端装备制造和生物医药等战略性新兴产业加速发展,工业总量居全省第一方阵。拥有恒源煤电、华孚色纺、口子酒业、淮北矿业四家上市公司。淮北矿业、皖北煤电在2018中国企业500强中分别列第276位、第465位。信息咨询、法律服务、电子商务、现代物流、文化旅游、健康养老等现代服务业呈现良好发展势头。

山水生态宜人。截至2018年年底,近20万亩石质山披上绿装,城市建成区绿化覆盖率45.8%,是淮河以北地区为数不多的全国绿化模范城市和国家园林城市。淮北市地处中纬度地区,属暖温带半湿润季风气候区。主要气候特征是季风明显,四季分明,气候温和,雨水适中,春温多变,秋高气爽,冬季显著,夏雨集中。

社会文明和谐。20载持之以恒创建全国文明城市,截至2018年年底,149位市民获评"中国好人",人数居全国地级城市第二位,群众安全感指数、幸福感指数保持全省领先。2018年,全市实现地区生产总值985.2亿元,同比增长3.6%;财政收入128.9亿元,同比增长19.8%;固定资产投资同比增长9.2%;规模以上工业增加值同比增长0.3%;社会消费品零售总额324.5亿元,同比增长11.6%;进出口总额7.18亿美元,比上年增长18.1%;城镇、农村居民可支配收入31959元、12745元,分别增长8.1%、9.8%,物价基本稳定,实现充分就业。

在新的发展起点上,淮北市第八次党代表会议提出中国碳谷·绿金淮北发展战略,形成了"一二三四五"总体发展思路,围绕发展转轨、产业转型、城市转向、动力转换,走创新引领的绿色、低碳、循环发展之路,以陶铝新材料等战略性新兴产业为龙头,整体构建绿金经济引擎、绿金支柱产业,

实现高碳资源低碳利用、黑金城市绿金发展,着力建设政治生态、经济生态、自然生态"三位一体"的绿金样板城市,全面建成惠及全市人民更高水平的小康社会。

二、城市名片

全国节约用水先进城市、全国三大土地复垦示范区、全国生态示范区建设第二批试点地区、全国科技进步先进城市、全国平原绿化先进城市、全国创业先进城市、全国卫生先进城市、全国无偿献血先进城市、全国未成年人思想道德建设工作先进城市、全国无障碍建设先进城市、全国双拥模范城、全国绿化模范城市、国家园林城市、全国文明城市、中国绿色发展优秀城市、国家中小城市综合改革试点市、国家智慧城市建设试点市、创建国家信用体系建设示范城市、全国创建幸福家庭活动示范城市、中国特色魅力城市200强等。

三、市树市花

(一)市树——国槐和银杏

(二)市花——梅花和月季

1995年2月28日,淮北市人民政府关于提请确定市树、市花的议案(淮政案〔1995〕1号),拟定国槐和银杏为淮北市市树,梅花和月季为淮北市市花,提请市人民代表大会常务委员会(以下简称人大常委会)审议决定。3月13日,淮北市人大常委会十一届第16次会议审议通过确定淮北市市树、市花的决定:淮北市市树为国槐和银杏,淮北市市花为梅花

和月季。

四、风景名胜

规划面积 300 平方千米的主城区看得见山、望得见水,拥有相山、四季榴园、南湖湿地公园 3 处国家 4A 级旅游景区,3 处国家 3A 级旅游景区。龙脊山风景区、隋唐运河古镇等特色景区;采煤塌陷区经生态修复后,在城市中心形成 50 平方千米的国家城市湿地公园,呈现"一带双城三青山、六湖九河十八湾"的自然风貌。全国特色景观旅游名村——榴园、全省特色景观旅游名村——南山等各具魅力的美丽乡村星罗棋布,田园风情引人入胜。

(一)相山(国家 4A 级旅游景区)

相山山脉自徐州蜿蜒而来,主峰为皖北地区制高点,方圆诸山之宗;有奇峰、云洞、林海、苍柏、古寺、汉碑。人文景点有乾隆皇帝题词"惠我南黎"、水牛墓、奏鸣台、饮马池和藏经洞等数十处。山顶云洞吞吐云树、顷刻万端;香炉峰形势惟峭;叠翠峰翠色诱人。

相山公园占地 150 多公顷,园内有相山庙、奏鸣曲、万丈碑、钓鱼台、饮马池等"相山十景",有动物园、溜冰场、儿童乐园、相山湖等。显通寺(又称相山庙)建于晋朝。相山公园集人文古迹、游乐教育于一体,是休闲游乐的理想场所。

(二)四季榴园(国家 4A 级旅游景区)

四季榴园景区地处淮北市烈山区境内,目前正式跻身国家 4A 级旅游景区行列,成为继濉溪柳孜运河遗址被列入世界文化遗产名录之后,淮北市文化旅游产业发展的又一突破。

四季榴园景区依托榴园村打造。榴园村是典型的皖北山地型村落,以石榴产业为主,是全国六大石榴基地之一,中国软籽石榴基地,至今还保存明清古石榴园千余亩,"塔山石榴"2012 年被国家质检总局命名为地理标志产品。榴园村先后获得全国文明村、全国特色

-215-

景观旅游名村等荣誉称号。榴园村历史悠久,文化底蕴深厚,旅游资源十分丰富。中国第一座石榴博物馆、现代化的游客中心、大型生态停车场为景区增添新的活力。这里是张果老故里,至今仍保留许多关于张果老的遗迹——升仙台、丹井、参井、仙人洞、聚仙台、观景台、炼丹炉、驴打滚等。景区在建设过程中,注重挖掘乡土文化,以"二十四孝"中的蔡顺"拾葚异器"故事挖掘孝文化;以塔山寺遗留的佛教遗址挖掘释文化;以张果老的传说挖掘道文化;并将儒、释、道三种文化的并存共荣凸显出来,体现榴园文化的共融性。错落有致的山地村庄、碧波荡漾的湖面、赏心悦目的景点、漫山遍野的石榴树和淳朴勤劳的村民,构成了榴园村优美的山水画卷。众多游客的到来,促使村民自发建成一批农家乐、家庭旅馆、手工作坊、土特产专卖店等旅游服务设施。四季榴园景区现已成为皖北地区重要的乡村旅游目的地。

(三)南湖湿地公园(国家4A级旅游景区)

南湖湿地公园位于烈山区,距淮北市5千米,是在杨庄煤矿采煤塌陷地的基础上形成的,水面面积约2.1平方千米。随着杨庄煤矿进一步的开采,水面将进一步向北扩大。水质达到国家2级地表水标准,水位28.3~28.8米。南岸湖滨有酒店、游乐设施和寺庙。湖岸道路、照明、绿化工程已

基本完成,基础设施和接待设施初具规模。是皖北地区"国家城市湿地公园"。

五、城市精神

崇德向善、见贤思齐、德行天下。

第二十章 亳州市

一、市情简介

亳州市位于安徽省西北部,地处华北平原南端,距省城合肥330千米,是"国家历史文化名城""全国首批优秀旅游城市",也是一座充满生机和活力的"新兴能源城""现代中药城"。全市行政区域总面积8522.58平方千米,总人口656.83万。亳州是一座历史悠久的古城,早在新石器时代,就有人类在此活动。炎黄时代,帝喾代颛顼为帝,都于亳(今亳州市)近400年;商成汤灭夏建立商朝,在亳立都190年。自秦时置谯县以来,历经朝代更迭,大都系州、郡或县建制,其间元至正15年(1355年),刘福通起兵反元,拥韩林儿在亳州称帝,建"宋"政权,以亳州为国都。至此亳州正式成为"三朝"古都之地。1912年国民政府降亳州为亳县,由省直辖。中华人民共和国成立后,设置为亳县,1986年国务院决定撤销亳县建制,设立亳州市(县级)。1998年收归省直辖(副地级)。2000年5月国务院批准亳州市为省辖市(地级),辖涡阳县、蒙城县、利辛县和谯城区三县一区,其中谯城区为市委、市政府机关所在地。

亳州位于北纬32°51′~35°05′,东经115°53′~116°49′,呈东南西北向斜长形,长约150千米,宽约90千米。辖境与黄河决口扇形地相连,属平原地带,地势平坦,仅东部有龙山、石弓山、齐山、狼山、双锁山等10余处石灰岩残丘分布,平均海拔22~42.5米。全市气候处在暖温带南缘,属于暖温带半湿润气候区,有明显的过渡性特征,主要表现为季风明显,气候温和,光照充足,雨量适中,无霜期长,四季分明,春温多变,夏雨集中,秋高气爽,冬干且长。因气候的过渡性，造成冷暖气团交锋频繁，天气多变，年际降水变化大，全市历年平均气温14.9℃，平均日照2184小时，平均无霜期213天，年平均降水量831毫米。

辖区内河流属淮河水系。主要干流河道有涡河、西淝河、茨淮新河、北淝河、芡河等。涡河自谯城区安溜镇入境，东南流经涡阳县至蒙城县移村集出境入怀远县，境内长173千米，流域面积4039平方千米；西淝河自谯城区淝河镇入境，东南流经涡阳县，至利辛县展沟镇出境入凤台、颍上县界，境内长123.4千米，流域面积1871平方千米；茨淮新河自利辛县大李集镇入境，向东流经利辛县境南部，至蒙城县立仓镇出境入怀远县，境内长66千米，流域面积1401平方千米。

亳州自然条件优越，自然资源较为丰富。全市土地总面积852258公顷，其中农用地面积707929公顷，建设用地面积124790公顷，未利用地面积19539公顷。地下煤炭、石油资源非常丰富，累计查明资源储量57亿吨，其中煤炭储量达50.2亿吨。全市水资源总量26.56亿立方米。中药材种植400多个品种，种植面积77.33千公顷，在中国《药典》上冠以"亳"字的就有"亳芍""亳菊""亳桑皮""亳花粉"，1995年，时任国家主席江泽民欣然题词"华佗故里，药材之乡"。粮食作物以小麦、玉米、大豆为主，2017年粮食总产483.4万吨，是全国粮食主产区之一；经济作物以玉米、棉花、烟叶、蔬菜为主；畜禽养殖业发达，涡阳、蒙城、利辛曾被誉为"黄牛金三角"。

亳州人杰地灵、英才辈出。千百年来，这块古老神奇而又生机勃勃、美丽富饶的土地，孕育了许多文治武功、彪炳史册的先哲名流。名扬四海的道家学派创始人老子，一代圣哲庄子，著名的政治家、军事家、文学家曹操，发明了"麻沸散""五禽戏"的神医华佗，代父从军的巾帼英雄花木兰，精于诗、文、书、画和易学的宋代名士陈抟都是亳州人。欧阳修、曾巩、晏殊等文坛巨子也曾相继在亳州为官。亳州为辉煌的中华古代文明作出不可磨灭的贡献。

亳州位于中原战略要地，素有"南北通衢，中州锁钥"之称，历来是重要商埠和兵家必争之地，区位优势明显。亳州交通十分便利，京九铁路、青阜铁路纵贯全境，311、105、237、329、344国道和S102、S238、S239、S306、S411、S416等18条省道在市内交叉穿过，济广高速、宁洛高速、泗许高速和济祁高速构成亳州市"井"字形高速公路网，涡河、茨淮新河航运可直接通江达海。

近年来，随着亳州市对交通基础设施建设投资力度的不断加大，交通基础设施条件得到明显的改善。截至2018年年底，全市公路总里程为15574千米，其中高速公路320千米，国道356.9千米，省道1008.4千米，农村公路13889千米，公路网密度达182.75千米/百平方千米。全市以高速公路为骨架、国省干线为支撑、县乡公路为脉络、农村公路为基础，外通内联、通村畅乡的四级公路网络已经形成。

水运方面，境内主要有涡河、茨淮新河、西淝河等多条河流，内河航道通航里程达206.28千米。《亳州港总体规划（调整）》已经发布，一批规范化港口和码头正在规划建设中。

商杭高铁建成通车，亳州步入高铁时代；涡河高等级航道整治、亳州机场建设项目稳步推进，将补齐水路、航空运输短板；亳蒙高速项目不但加密了该市高速公路网，而且是中原地区、亳州市连接长三角地区的快速通道。

二、城市名片

华佗故里，药材之乡、国家历史文化名城、全国首批优秀旅游城市、新兴能源城、现代中药城、首批国家中医药健康旅游示范区创建单位、"一带一路"国际健康旅游目的地、国际健身气功五禽戏之都、全国药膳之都。中国历史文化名城、中国优秀旅游城市、中国长寿之乡、2012中国十佳品牌城市、国家新能源示范城市、中国发展成本十强市、中国十佳绿色城市、中国十大最具有幸福感城市、中国十大潜力节庆城、中国特色魅力城市200强、中国五禽戏之乡、全国武术之乡、世界中医药养生之都、世界道文化中心、皖北旅游中心城市、安徽省文明创建先进城市、安徽思想道德建设先进城市、安徽双拥模范城市。

三、市树市花

（一）市树——泡桐

（二）市花——芍药

四、风景名胜

悠久的历史和灿烂的文化，给亳州大地留下众多名胜古迹和文化遗产。亳州境内现有各级文物保护单位 226 余处，其中国家级重点文物保护 7 处，省级以上重点文物保护单位 38 家，占全省的 1/3。国家 4A 级旅游景区 7 处，国家级非物质文化遗产 3 项、省市级非物质文化遗产 101 项。著名的人文景观有：被誉为"中国原始第一村"的新石器时代尉迟寺遗址，以砖木镂雕双绝闻名于世的国家级重点文物保护单位花戏楼，全国道教第一大殿太清宫（俗称老子庙），被誉为"地下长城"的曹操地下运兵道，当代文史大家郭沫若亲题馆名的华祖庵，建筑考究、工程浩大的曹氏宗族墓群，浓缩亳州 5000 多年文明史、馆藏丰富文物的亳州博物馆，讲述酒文化源起、传承和发扬的古井酒文化博览园，明清风格犹存、古色古貌依旧的明清老街等。在安徽三大旅游板块中，以亳州为重点的文化旅游区是其中之一。

（一）花戏楼（国家 4A 级旅游景区）

花戏楼位于亳州城北关，涡水南岸，是国家级重点文物保护单位。因戏楼遍布戏文，彩绘鲜丽，俗称花戏楼。花戏楼原名歌台，是一座演戏的舞台，是祭祀山西名人关羽的庙祠，也是明清时山西、陕西的药商在亳州经营药材的联络之地，因此称"大关帝庙"，又称"山陕会馆"，始建于清顺治十三年（公元 1656 年），山西商人王璧、陕西商人朱孔领发起筹建，后经康熙、乾隆共三朝百余年多次扩建，面积达 3163 平方米。花戏楼以其表现数十出戏文、掌故的砖雕、木雕、彩绘闻名于世，是国家级重点文物保护单位。

（二）古井酒文化博览园（国家 4A 级旅游景区）

古井酒文化博览园被誉为"华夏第一白酒博物馆"，是全面了解古井酒文化与中国酒文化的最佳之地。博览园以博大精深、独具特色的古井酒文化为特色，通过开放参观，展示并传承着中国酒文化的灿烂辉煌，成为酒文化研究与参观的遗址景观园区。

园区于 1994 年建立，主要依托闻名天下的古井贡酒及其衍生出的酒文化为主要展示内容。古井贡酒是亳州地区特产的大曲浓香型白酒，有"酒中牡丹"之称、被称为中国八大

名酒之一。其在中国酿酒史上拥有非常悠久的历史，渊源始于公元196年曹操将家乡亳州产的"九酝春酒"和酿造方法进献给汉献帝刘协。以"色清如水晶、香醇似幽兰、入口甘美醇和、回味经久不息"的独特风格，赢得了海内外的一致赞誉。在此基础上建设的博览园既有壮观的仿古建筑，又有保留下来的古井、窖池遗址等，让人大开眼界。

古井酒文化博览园位于亳州市古井镇，包括北区和南区两大部分。北区有古井园、灌装自动化车间、酿酒生产车间等景点；南区有古井酒文化博物馆和古井山庄，其中古井酒文化博物馆是博览园的主要组成部分，大殿一楼展厅主要内容是中国酒文化与古井酒文化的有机结合展示，二楼展厅主要有"古井发展史""名酒荟萃""古井画廊"等展区，藏有丰富、珍贵的古代酒器、酒具。在古井酒文化博物馆里，从远古时期的先人尝到山野果堆积发酵产生的液体，到青铜器时代"天子执斝，诸侯执爵"的使用；从东汉末年曹操向汉献帝刘协进贡"九酝春酒"及"九酝酒法"，到明代阁老沈鲤呈贡减酒时在奏折上奏写"涡水鳜鱼黄河鲤，胡芹减酒宴嘉宾"……无一不呈现出各种关于酒文化的史实和传说。徜徉于古井酒文化博览园，最让人向往的莫过于建于1991年的古井园，今天古井贡酒商标上的那口千年魏井就坐落于此。步入园内，假山、石径、围廊、植被构成了"园雅何须大，花香不在多"的江南格调，闲庭信步其间，再适合不过。现如今，古井文化博览园已经成为亳州市的知名旅游目的地。在这里，人们不仅能够了解到传承千年的白酒文化，还能一览古井贡酒的前世今生。逛一趟，酒不醉人人自醉。

（三）曹操地下运兵道（国家4A级旅游景区）

曹操地下运兵道位于亳州市老城内主要街道下，以大隅首为中心，向四面延伸分别通达城外。整个地道经纬交织，纵横交错；布局奥妙，变化多样；立体分布，结构复杂；规模宏伟，工程浩大；长达四千余米，是迄今发现历史最早、规模最大的地下军事战道。它远远超过地面上保留的一座完整古老城池的价值，被誉为"地下长城"。2001年7月17日被列为第五批全国重点文物保护单位。

曹操，字孟德，中国东汉末年著名的政治家、军事家、文学家，三国时代魏国的奠基人和主要缔造者。据史书载，曹操多次运用地道战术取得战争胜利，亳州古地下道，就是曹操当年在家乡修筑的地下军事防御战道。他把数量不多的士兵从地道内暗暗送出城外，再从城外开进城内，反复多次，迷惑敌人，出奇制胜。现存古地道，有土木结构、砖土结构、砖结构三种类型,有单行道、转弯道、平行双道、上下两层道四种形式。地道距地面深度一般 2~4 米,最深 7 米,道内高度 1.8 米左右,道宽 0.7 米,道内转弯处均为"T"形,平行双道这两道相距 2~3.5 米,中间砌有方形传话孔。古地道内幽深蜿蜒,曲折不定,设有猫耳洞、掩体、障碍墙、绊腿板、陷阱等军事设施,还有通气孔、传话孔、灯笼等附属设施。地道内出土有弹丸、铁刀、铁灯、卸枚、围棋子、铜镜、陶器、瓷器、砚台等汉、唐、宋各代的文物,它对研究中国古代军事建筑、军事战术以及曹操军事思想有重要意义。

地下运兵道内还设有指挥室。下来之后到达的这个地方是曹操的办公室,也就是中心指挥点,这是离地面最高的地方,约 6 米,出土了很多围棋子,东西南北相通。

(四)南京巷钱庄(国家 4A 级旅游景区)

南京巷钱庄位于亳州市北关南京巷 19 号,为国家 4A 级旅游景区、全国重点文物保护单位,始建于清道光五年(1825 年),是以货币为经营对象的民间金融机构旧址,占地 1300 平方米。南京巷钱庄是目前国内保存最完好的古钱庄建筑。

1998 年 5 月,安徽省人民政府公布为全省重点文物保护单位。2013 年 3 月,国务院公布为全国重点文物保护单位。2016 年 2 月,亳州市南京巷钱庄景区被评为国家 4A 级旅游景区。南京巷钱庄景区由建于清道光五年的南京巷钱庄和建于道光九年的万泰长两家钱庄组成。南京巷钱庄景区内采取实物、蜡像等手法,再现了当时钱庄经营的场景,同时陈列有中国历代钱币展览。粉墙、黛瓦、马头墙,钱庄的徽派

建筑风格尤其突出。金库修建于道光九年(1829 年),入口长 80 厘米、宽 80 厘米,底部距离地面有 3.6 米,是钱庄用来保存金银财宝的,也被称为"银窖"。金库的奇特之处在于能让钱看起来"变大",是钱庄期盼生意兴隆,在修建金库时特意如此设计的。另外钱庄内部在设计时设有逃生暗道,暗道由前台通往掌柜住房,虽不比曹操地下运兵道雄伟但也是古代劳动人民的智慧结晶。

南京巷钱庄内展示的密押诗颇有玄机，表面看起来像现在银行的职业道德规范，其实每个字都是钱庄内部的密码。这套完备的金融管理制度曾经让很多西方管理专家叹服。南京巷钱庄是山西"平遥帮"票号在皖设立较早的分号之一，金融业务遍及全国各地，有力地促进了亳州乃至全国的资金融通和周转，在清末和民国时期，对民族工商业的兴起和发展作出重大贡献。钱庄现存有亳州钱庄兴起、发展等历史专题陈列，对研究近代钱庄的历史和商铺建筑有重要史料价值。南京巷钱庄保留着一个景区、两个钱庄、三代建筑的空间布局。在景区中，有清朝、民国两代钱庄建筑，以及一座作为博物馆使用的现代洋派楼。南京巷钱庄对古代建筑的防火防盗以及建筑风格的研究有着重要的意义，南京巷钱庄也是中原最大的钱庄景区之一。

（五）亳州博物馆（国家 4A 级旅游景区）

亳州博物馆为仿汉城堡式建筑，是在原三国揽胜宫基础上改建而成的，是一座综合性博物馆，馆名于 1963 年由时任中国科学院院长郭沫若题写。博物馆总占地面积 2.5 万平方米，建筑面积 5200 平方米，室内陈列面积 2800 平方米，馆藏文物 2687 余件。

亳州博物馆一层主展馆的陈列主题为《穿越五千年——亳州文化寻源》，按照历史发展的脉络，展示亳州博大精深的文化魅力和多姿多彩的文物形态。展览由序厅、涡河文明、商汤都亳、道源圣地、汉魏风骨、天下望州、亳商市井、近代和当代亳州 8 个部分组成，展出文物 810 件套。亳州博物馆是亳州城市的名片、文化的芯片、历史的底片。

（六）天静宫（国家 4A 级旅游景区）

天静宫坐落在亳州市涡阳县的涡北街道郑店村，为国家 4A 级旅游景区。距县城中心 5 千米。纪念我国春秋战国时期伟大的思想家，道家创始人老子而修建。此宫南临涡河，三面环绕武家河，北枕龙山之峰，可谓抱山枕水之地，钟灵毓秀之乡。天静宫始建于东汉延熹八年（公元 165 年），始称老子庙。其东有天齐庙、问礼堂，南有流星园、圣母殿、九龙井，西有太霄宫、玉皇殿，北有三清殿等。此外，灵官堂、诵经堂、钟楼、井亭、客房、道士舍、庖、库、庾、厩，无不毕具。楹柱有一百多个。占地三千亩，食业数千人。宫中殿阁林立，松柏交翠，庄严肃穆，气势非凡，堪称中华道观之最。现在的天静宫尚存有天静宫、天齐庙、九龙井、老子娘坟等多处与老子有关的建筑和遗迹。天齐庙又称东岳庙、老庙，是元代天静宫建筑群旧址中保存至今、结构完好的地面建筑。为了纪念一代哲人老子，弘扬道家文化，抢救和恢复中华民族的优秀文化遗产，扩大与世界文化交流，在港、澳、台和海外重德尊道人士的鼎力赞助下着手修复天静宫,于老子则为纪念圣地,于道学则为研究中心,于道教则为一景点。经过数年努力,老君殿、三清殿、灵宫殿、天师殿、重阳殿、财神殿、元辰殿、老祖殿、慈航殿、吕祖殿、东岳庙等十余座殿堂已相继展开和完成,天静宫又复屹于古相大地,重现昔日风采。天静宫建筑群是主体标志性建筑,目前已完成了

老君殿、道观中轴线上的灵观殿、三清庙等殿堂的建设。老君殿是天静宫的主殿,按照到焦祖庭的规模及宋代规制修复,九脊重檐,东西长47米,南北深28米,殿高23.75米,立于2米高的崇台上,堪称道观第一殿。殿内屹立老子、尹喜、东华帝君三尊青铜像,其中老子像高5.5米,重6000千克,目前为国内最大的老子铜像,堪称中华第一。说明涡阳当地在很久以前就开始纪念老子。天静宫气势辉煌,堪称华夏道观之首,2007年首届中国涡阳老子文化节在天静宫景区盛大开幕。

天静宫街道位于安徽省亳州市涡阳县,地处淮北平原,涡河北岸,呈"一"字形,与县城隔河相望,是涡阳县的涡北新区。S202线和徐阜铁路穿境而过。总面积108平方千米,耕地9.98万亩,常住人口近10万人,辖13个社区、9个村委会。天静宫街道,物产丰富,盛产粮、棉、油、烟,质优量大;涡北街道,地下矿藏资源巨大,境内有涡北煤矿和徐广楼煤矿。

(七)蒙城博物馆(国家4A级旅游景区)

蒙城博物馆位置在亳州市蒙城县城南新区庄子大道以西、陈牛路以东、仁和路以南、永兴路以北的地块,占地面积12000平方米。

蒙城博物馆造型取自青铜礼器方尊和汉阙,分地下一层,地上四层,建筑高度23.6米。蒙城博物馆建于2012年6月,以知识性、科普性、教育性、休闲娱乐性为一体的展览模式,反映蒙城历史、沿革变迁以及地域文化为主题的历史文化博物馆,蒙城博物馆是为了宣传蒙城县历史文化,丰富蒙城文化生活,丰富蒙城城市文化功能。

蒙城博物馆主要分为"'原始第一村'——尉迟寺遗址""古蒙神韵""楹联之乡"3大展览板块。二楼尉迟寺展馆,通过对先民安居、原始聚落、墓葬祭祀和发掘记事4个单元进行大篇幅、多角度全面展示,将考古发掘的一系列成果以陈列的语言进行演绎。三楼展厅以古蒙溯源、古邑遗珍、历史名胜、名人荟萃、民风民俗、非遗传承6个单元的展示。

五、城市精神

厚德、务实、创新、奋进。

第二十一章 宿州市

一、市情简介

宿州地处安徽省最北部，苏、鲁、豫、皖四省交界，襟临沿海、背依中原、北连古城徐州，是淮海经济协作区的核心城市之一，也是安徽省距离出海口最近的城市。1999年撤地建市，辖砀山县、萧县、灵璧县、泗县、埇桥区4县1区，设有1个国家级开发区、6个省级开发区、2个高新区，12街道、71镇、23乡。全市总面积9939平方千米，截至2019年年末常住人口570.0万人。交通便利，京沪、陇海、宿淮铁路，京沪高铁，连霍、京福、泗许高速公路纵横贯穿。煤炭资源丰富，是国家规划的13个大型煤炭基地之一，白云岩、大理石储量丰富，灵璧石居中国四大奇石之首。宿州历史悠久，人文荟萃。古为徐夷、淮夷等部落生息地，唐始置宿州。自古钟灵毓秀，人才辈出，古有闵子骞、嵇康等历史名人，今有艺术大师刘开渠、萧龙士，著名哲学家孙叔平，全国模范教师孟二冬，

社会学家邓伟志，表演艺术家李炳淑等。秦末中国历史上第一次农民大起义在埇桥区大泽乡爆发，楚汉相争的垓下之战发生在灵璧县境内，淮海战役在这里打响。这里还留下了李白、白居易、苏轼、赛珍珠等人的历史遗迹。老一辈无产阶级革命家邓小平、刘伯承、陈毅、粟裕、张爱萍都曾在这里战斗过。今天的宿州被誉为书法之乡和马戏之乡。

宿州盛产小麦、玉米、棉花、油料、水果等，素有果海粮仓之称，是全国著名的粮棉生产基地、水果主产区和畜牧业发达地区。近年来，全市坚定不移地推进工业扩张、农业提升、城镇扩容三大战略，着力推进四化同步发展。2019年，全市规模以上工业企业发展到1148家。

民国十一年（1922年），宿城即有大小商号300余家。抗日战争时期，日本人开办的18家洋行垄断市场，民族工商业受到摧残。抗日战争胜利后，宿城商业稍有复苏。中华人民共和国成立前夕，全城尚有大小商店263家。中华人民共和国成立后，逐步确立了国营商业的主导地位，同时发展了集体商业。1956年，完成了对私人资本主义工商业的社会主义改造，商业出现一片繁荣景象。改革开放以后，宿州市综合经济实力不断增强。

2019年,全市生产总值1978.75亿元,财政收入201.25亿元,城镇常住居民人均可支配收入32643元,农村常住居民人均可支配收入13213元。

二、城市名片

长三角城市群、中原经济区重要节点,宿淮蚌都市圈、宿淮城市组群城市,安徽区域中心城市之一,全国文明城市,国家园林城市,国家智慧城市,全国网球城市,全国双拥模范城市,全国宜居城市,全国绿化先进市,全国量子通信节点城市,全国防震减灾工作先进单位,全国法治城市,中国现代制鞋产业城,CG动画集群渲染基地,中国观赏石之城,中国国画之乡,中国书法名城,中国书法之乡,中国武术之乡,中国奇石之乡,华东最大的云计算数据中心,世界最大的连片果园产区,中国最大古树群落,安徽最大书画交易市场,中国最大家具生产基地,安徽省重要的交通枢纽。宿州襟连沿海,背倚中原,是安徽省的北大门,有徐南形胜、淮南第一州、奇石之城、马戏之乡、酥梨之都等美誉。

三、市树市花

(一)市树——银杏

(二)市花——月季

四、风景名胜

宿州有4处全国重点文物保护单位,16处省级文物保护单位,A级景区12家,其中国家4A级旅游景区4家,国家3A级旅游景区5家,国家2A级旅游景区3家。

(一)灵璧奇石文化园(国家4A级旅游景区)

灵璧奇石文化园位于宿州市灵璧县城南大门入口处,占地260亩,中心建有80亩的环形湖面,总投资约1.2亿元,2013年获批为国家4A级旅游景区,2015年获批为安徽省研学旅行基地,2017年获批为安徽省研学旅行实践基地。

文化园的建筑风格为苏州园林式,亭台楼阁错落有致,佳木奇石满园生辉。文化园分为5个部分,中部以水景见长,是全园的精华所在,汴阳楼为奇石园的主要观景建筑,也是奇石博物馆的所在地。

四周有八千多平方米徽派建筑的门面,用来吸引全国各地的奇石经销商,打造"买全国、卖全国,买世界、卖世界"的奇石文化产业。灵璧奇石文化园与周围的奇石大市场和奇石小镇整合,形成近500亩的奇石旅游综合体。灵璧奇石文化园的核心区是奇石博物馆,名为"汴阳楼",取自博物馆居古汴河的北岸之意,总建筑面积6000平方米,总共4层,底层为钢筋混凝土结构,上面的楼阁为纯木结构,一楼为奇石展厅、二楼为灵璧历代历史文物展厅、三楼、四楼则是他山石、将军石和钟馗画展厅。灵璧奇石文化园是灵璧县文化和历史的缩影,是灵璧县一张活的导游图。

(二)皇藏峪国家森林公园(国家 4A 级旅游景区)

皇藏峪国家森林公园是国家 4A 级旅游景区、国家级森林公园、中国历史文化遗产、国家级摄影创作基地、国家级书画创作基地。景区分为"皇藏峪""天门寺"两大游览区。

据《汉书·地理志》记载:"汉高祖微时常隐芒砀山间,此山有皇藏洞,汉高祖避难处。"这便是皇藏峪地名的由来。皇藏峪绿荫如盖,古木参天,皇藏洞、三仙洞、美人洞、拔剑泉、马扒泉、仙人床、瑞云寺等 72 处景点遍布其中。

天门寺,以山险、树奇、石怪、林幽为游览特点,始建于宋元嘉二年(公元 425 年)。寺院气势宏伟,寺内古木参天、泉水长流,价值百万的缅甸玉佛、国家级文物甲骨文石更是天门寺的镇寺之宝。

(三)灵璧现代农业博览园(国家 4A 级旅游景区)

灵璧现代农业博览园位于安徽省首批省级现代示范园区——灵璧三河省级现代农业

示范区核心区,总占地面积 1500 亩,是国家 4A 级旅游景区,由德国 G&P 建筑设计公司按照中国一流、世界眼光高标准设计,倾力打造集高新技术研发、试验示范、推广生产、教育培训、休闲旅游、养生益智、餐饮娱乐、生态环保等八大功能于一体的现代农业博览园。主要建设农业科技展示馆、都市森林体验馆、沙漠植物展示馆、城市花园菜园展示馆等四大主题展馆。

灵璧现代农业博览园将按照市场化运作、企业化管理的模式运营,于 2014 年 5 月正式开门迎客,成为推进灵璧农业现代化、加速灵璧经济发展的助推器。

(四)虞姬文化园(国家 4A 级旅游景区)

虞姬墓位于宿州市灵璧县城东,安徽省重点保护文物,历经千年。2011 年初,灵璧县开始建设虞姬文化园,占地 300 余亩,总投资 5000 万元,包含虞姬文化展示区、霸王别姬休闲广场、霸王文化展示区,园内亭台楼阁,雕梁画栋,结构巧妙。

两千多年前,楚汉相争的最后决战,就在灵璧这块古老的土地上进行。那位著名的"力拔山兮气盖世"的英雄项羽,就在这里发出了"虞兮虞兮奈若何"的仰天长吟。跟随项羽南征北战的绝代佳人虞姬,面对四面楚歌、兵败如山倒的绝境,唱出了"大王意气尽,贱妾何聊生"的悲歌,随后拔剑自刎而死。

相传,虞姬自刎后,项羽带着她的尸体,向南驰走,不料汉兵追至,项羽无可奈何地丢下了虞姬的尸体。后来这里出现的村庄就叫"霸离铺",意指霸王别姬之处。项羽突围后,虞姬的尸体被来不及突围的楚

兵移葬于"霸离铺"东 2.5 千米处,后来这里出现的村庄就叫"虞姬村",两处自得名以来,至今沿袭不变。

虞姬墓历经千年,时坏时修。墓侧曾建有虞姬庙,庙内塑有项羽、虞姬像,人物造型极为生动。园内有陈列室,陈列室采用砖木结构,粉墙小窗,青灰色小瓦,内进雕梁画栋,结构

巧妙。室内陈列着垓下和虞姬墓中出土的文物、有关的史料和诗词歌赋。园内还有一副对联，颇为伤感：虞姬奈何，自古红颜多薄命；姬耶安在，独留青冢向黄昏。

(五)钟馗文化园

钟馗文化园现为中国摄影创作基地，正在创建国家4A级旅游景区。项目规划占地面积3000亩，总投资5.6亿元，一期工程725亩，投资3.2亿元。是灵璧县委、县政府为了更

好弘扬钟馗文化，打造钟馗文化品牌，招商引资开发的重点文化旅游项目。钟馗文化在中国传承1000多年，并不断演绎着历史，续写着传奇。钟馗文化是由远古"大傩之仪"衍化而来，属于道教文化，其主旨是驱鬼辟邪，迎祥纳福，目前，已逐步形成了完整的文化体系。项目按照国家4A级旅游景区标准建设,提升规划为国家5A级旅游景区。建成后的钟馗文化园，将成为钟馗文化的研讨基地、钟馗画的创作基地、民间民俗及非物质文化遗产的展示基地、休闲度假游览胜地，将成为安徽省打造皖北文化旅游的一大品牌。

第二十二章 蚌埠市

一、市情简介

蚌埠,地处淮河中游,古乃采珠之地,誉称"珠城"。现辖怀远、五河、固镇3个县,龙子湖、蚌山、禹会、淮上4个行政区,国家级蚌埠高新技术产业开发区和蚌埠经济开发区2个功能区。截至2020年年末,辖区总面积5951平方千米,市区面积约969平方千米,根据蚌埠市第七次全国人口普查结果,截至2020年11月,常住人口329.64万人,其中城镇居住人口181.56万人。

蚌埠是安徽省委、省政府明确支持建设的淮河流域和皖北地区中心城市,中部地区老工业基地城市,安徽省重要的加工制造业基地,合芜蚌自主创新综合配套改革试验区核心城市。

蚌埠是淮河文化发祥地之一,距今7300年前双墩文化遗址出土的刻画符号,被确认为我国文字的重要起源之一;治水英雄大禹在此劈山导淮、召会诸侯,留下"三过家门而不入"的动人传说;奠定大汉基业的垓下之战,演绎了"四面楚歌""十面埋伏""霸王别姬"的千古绝唱;流传至今的汉民族最具代表性的民间舞蹈——花鼓灯,被周恩来总理誉为"东方芭蕾",列为国家第一批非物质文化遗产。

蚌埠是安徽省第二科教资源大市,拥有中建材蚌埠玻璃工业设计研究院等7所国家级研究院所,安徽财经大学等6所普通高等教育学校,中等职业教育学校17所和一批地方科研机构,是合芜蚌自主创新综合配套改革试验区的重要一极。

蚌埠产业基础雄厚,已经形成了以硅基新材料为龙头,以生物制造、智能装备制造、高端电子器件为主导的"1+3"创新产业体系。蚌埠硅基新

材料产业园被安徽省政府批准为首批战略性新兴产业集聚发展基地。

蚌埠以深化"放管服"改革为抓手,进一步优化营商环境,努力做到"项目定了干,一切手续我来办;项目开了工,一切服务我跟踪;项目投了产,一切困难我来管",努力打造审批事项最少、办事效率最高、投资环境最优、市场主体和人民群众获得感最强的城市。

蚌埠地处安徽省东北部、淮河中游,是华东地区重要的综合交通枢纽城市,1911年津浦铁路开通,蚌埠一跃成为南北通衢、水陆枢纽、物流重镇。长三角城市群成员城市,宿淮蚌都市圈城市,有皖北中心城市、淮畔明珠之称。蚌埠站是京沪铁路一等客站,京沪高铁蚌埠南站是京沪线七大中心枢纽站之一,京台、宁洛高速公路在此交会,蚌埠机场为4C级军民两用机场,蚌埠港是千里淮河第一大港,蚌埠(皖北)铁路无水港、蚌埠(皖北)B型保税物流中心相继建成并投入运营。

二、城市名片

淮河流域和皖北地区中心城市、全国文明城市、全国双拥模范城市、国家园林城市、国家生态文明先行示范区、全国百个宜居城市、中部地区老工业基地城市、安徽省重要的加工制造业基地、合芜蚌自主创新综合配套改革试验区核心城市。

三、市树市花

(一)市树——雪松、国槐

(二)市花——月季

四、风景名胜

(一)龙子湖风景区(国家4A级旅游景区)

龙子湖风景区青山碧水相连,湖岸曲折多变,水面纵深开阔,绝壁怪岩裸露,既有风景宜人的自然风光,又有韵味无穷的人文景观;既有城市交通干道环绕,又以现代化的城市为依托,景区内有省、市级文物保护单位以及古银杏(唐代)、石屋(唐代)、栖岩寺遗址(明代)、玲珑塔遗址(东汉)等古迹或遗址。近几年,景区建设跨步发展,已独具特色。

根据地理位置、地貌及景观特征,龙子湖风景区划分为北湖景区、南湖景区、西芦山景区、锥子山景区四大景区。龙子湖三面环山,山水相依。湖东岸有曹山、锥子山,绵延起伏如龙,又称"双龙山",相传曹操曾在此屯兵;南有大小九条沟渠,是龙湖发源地;西侧有雪华山、梅花山,山体植被茂盛,青山绿水,闻名遐迩。风景区内的烈士陵园、汤和墓已成为爱国主义教育基地,其他景观如淮河风情园、水上乐园等也是多姿多彩、各有特色。1998年,龙子湖风景区被安徽省政府命名为省级风景名胜区。龙子湖风景区是国家4A级旅游景区、国家水利风景区。2002年,龙子湖风景名胜区被国家环保总局批准为国家级生态示范区。

位于蚌埠市东侧的龙湖依山傍水,风景秀丽。在风景区内可以轻松享受娱乐及餐饮等全套服务,其中,龙湖水上乐园是炎热夏季的必去之处,它将带给你清凉及欢乐。龙湖风景区位于蚌埠市东郊曹山和雪华山之间,呈两山夹一湖的独特风貌。风景区以自然山水为依托,兼有人文景观,是具有综合游憩功能的省级风景名胜区。规划总面积51.4平方千米。淮河支流龙子河流经此地,水面宽阔,传说明太祖朱元璋少时在此撑船,船篙落水化为龙,故称龙湖。曹山南麓还有明朝大将汤和墓。20世纪60年代经全民义务植树,实现了荒山绿化。1973年先后建成双龙桥、珍珠桥和环湖路。1975年辟为风景区,1977年正式开发。该风景区水色俱佳,水面面积353公顷。市政府已将风景区列为"九五"期间重点旅游开发区,在原有水上乐园、烈士陵园、垂钓中心、淮河风情园等旅游设施和龙湖度假村、工人疗养院等服务接待设施的基础上,将续建水族馆、奇石园、植物园、淮河流域名景微缩园和"龙湖八景"等。

(二)张公山公园(国家4A级旅游景区)

张公山位于蚌埠市西南部,总面积0.72平方千米,是市内最大的公园。1973年始建,1983年正式开放。公园由张公山和张公湖组成,湖中有岛。园内山水相映,景色秀丽。湖岸曲折,遍植垂柳;山坡苍松翠柏,曲径通幽;山顶建有望淮塔。

公园东部建有游船码头、半山茶社、水上餐厅、水榭长廊等;还有苏州园林风格的园中园,内建淮河碑林、酒楼等。公园东南角建有少年宫,内有景墙、假山、花坛等。公园西部有动物园。公园北大门西侧辟有儿童乐园,有"玩童""母子羊""春雨"等雕塑。

五、城市精神

禹风厚德,孕沙成珠,务实开放,创业争先。

第二十三章 阜阳市

一、市情简介

阜阳，简称阜，古称汝阴、顺昌、颍州，位于安徽省西北部，华北平原南端。西北部与河南省周口市，西与河南省新蔡县相邻，西南部与河南省信阳市相接，北部、东北部与安徽省亳州市毗邻，东部与安徽省淮南市相连，南部与安徽省六安市隔淮河相望，下辖颍州区、颍东区、颍泉区、临泉县、颍上县、太和县、阜南县、界首市，3区4县1市。全市总面积10118平方千米，2019年总人口1077.3万人，常住人口825.9万人。

阜阳市位居豫皖城市群、大京九经济协作带，是中原经济区规划建设的东部门户城市之一，是东部地区产业转移过渡带。2016年12月28日，国务院批复《中原城市群发展规划》，阜阳市作为中原城市群"东部承接产业转移示范区"之一，是东部发达地区产业转移过渡带，具有承东接西、呼南应北的独特区位优势，是安徽三大枢纽之一。阜阳市是全国重要的综合交通枢纽，铁路、公路、航空、水运相互衔接的立体交通网已经形成。6个方向的铁路在此交会，成为全国重要的铁路枢纽，日编组能力达1.8万节，最高峰日发送旅客达10万人。已建成运行的界阜蚌、合淮阜、阜亳、阜周高速公路、阜新高速公路使阜阳形成东引京沪、西通京珠、南连沪汉、北接南洛的高速公路网。境内的淮河、沙颍河是通往华东的重要水运航

道。皖北唯一的 4C 级民航机场已开通北京、上海、广州、天津、厦门等 10 多条航线。阜阳代表文化是淮河文化,是甘罗、管仲、鲍叔牙、吕蒙、刘福通的故里,晏殊、欧阳修、苏轼曾在此为官。

阜阳市北部与黄河决口扇形地相连,南部与江淮丘岗区隔淮河相望,全境属平原地形,地势平坦。仅东北部有龙山、辉山、狼山、双锁山等石灰岩残丘分布,其中龙山海拔 105 米,为全地区最高点;其余均属平原地貌,平坦舒展,一望无际。阜阳市地势西北高而东南低,自西北向东南略有倾斜。东南以颍上县姜台子南部地势最低,海拔 17.5 米。西北与东南相对落差为 14.4 米,地面比降为七千分之一至万分之一。由于阜阳市近代受淮河及其支流蜿蜒切割变迁和黄河历次南泛的影响,境内冲积物不断交互堆积,形成了平原之中岗、坡、洼地相间分布,小区地形起伏跌宕,具有"大平小不平"的地貌特征。

阜阳市境内河流均属淮河水系。主要自然河道从西往东依次有谷河、润河、泉河、颍河、西淝河、茨河、濉河、包河等。这些河道大都源于黄河南岸平原,属原雨坡型河道,水源补给主要靠平原地区自然降水;其中只有洪、颍二河承受一定面积的山区来水,属山水型河道。

阜阳市查明资源储量矿种 6 种。其中,查明煤矿储量 48.8 亿吨,铁矿 0.2 亿吨。矿物已探明的有煤矿、铁矿、石灰岩矿和大理石矿等。阜阳市在距今 2.7 亿至 2.4 亿年的二叠纪形成浅海相——陆相砂页岩含煤构造,主要分布在颍上县境内。铁矿已探明的仅 1 处,位于颍上县县城西南 18 千米的陶坝子一带,系霍邱铁矿的延伸部分。矿体赋存在前震旦纪变质岩系中,为沉积变质铁矿。阜阳市的煤炭蕴藏量达 100 亿吨,可采储量 80

多亿吨,而且皆为5700大卡左右的优质煤炭。

阜阳市近60平方千米的地下储有丰富的地热资源,太和县、阜南县已经开采利用的地热井,单井出水量每天在500吨以上,水温可达40~50℃,并含有丰富的对人体有益的化合物和微量元素。

阜阳,这片古老的土地——物丰人和景色美,是一座独具魅力的生态水城,是一个南北文化兼容的历史名城,是一方观光休闲度假的旅游胜地,阜阳欢迎您!

二、城市名片

2010年度最佳投资城市、2010年中国人居环境范例奖、中国特色魅力城市200强、安徽省人居环境奖、安徽省园林城市、中部最佳投资城市、安徽省双拥模范城市、最具投资潜力的中国城市、2009年苏商投资中国首选城市、安徽省文明城市、中国书法城。

三、市树市花

(一)市树——刺槐

刺槐(*Robinia pseudoacacia* L.)又名洋槐,豆科刺槐属落叶乔木,树皮灰褐色至黑褐色,浅裂至深纵裂,稀光滑。原生于北美洲,现被广泛引种到亚洲、欧洲等地。北纬23°~46°,东经86°~124°都有栽培。17世纪传入欧洲及非洲。中国于18世纪末从欧洲引入青岛栽培,现中国各地广泛栽植。在黄河流域、淮河流域多集中连片栽植,生长旺盛。在华北平原,垂直分布在400~1200米。甘肃、青海、内蒙古、新疆、山西、陕西、河北、河南、山东等省(区)均有栽培。

刺槐树皮厚,暗色,裂纹多;树叶根部有一对1~2毫米长的刺;花为白色,有香味,穗状花序;果实为荚果,每个荚果中有4~10粒种子。刺槐木材坚硬,耐腐蚀,燃烧缓慢,热值高。刺槐花可食用。刺槐花产的蜂蜜很甜,蜂蜜产量也高。

落叶乔木,高10~25米;树皮灰褐色至黑褐色,浅裂至深纵裂,稀光滑。小枝灰褐色,幼时有棱脊,微被毛,后无毛;具托叶刺,长达2厘米;冬芽小,被毛。羽状复叶长10~25(40)厘米;叶轴上面具沟槽;小叶2~12对,常对生,椭圆形、长椭圆形或卵形,长2~5厘米,宽1.5~2.2厘米,先端圆,微凹,具小尖头,基部圆至阔楔形,全缘,上面绿色,下面灰绿色,幼时被短柔毛,后变无毛;小叶柄长1~3毫米;小托叶针芒状。

总状花序,花序腋生,长10~20厘米,下垂,花多数,芳香;苞片早落;花梗长7~8毫米;花萼斜钟状,长7~9毫米,萼齿5,三角形至卵状三角形,密被柔毛;花冠白色,各瓣均具瓣

柄,旗瓣近圆形,长16毫米,宽约19毫米,先端凹缺,基部圆,反折,内有黄斑,翼瓣斜倒卵形,与旗瓣几等长,长约16毫米,基部一侧具圆耳,龙骨瓣镰状,三角形,与翼瓣等长或稍短,前缘合生,先端钝尖;雄蕊二体,对旗瓣的1枚分离;子房线形,长约1.2厘米,无毛,柄长2~3毫米,花柱钻形,长约8毫米,上弯,顶端具毛,柱头顶生。

荚果褐色,或具红褐色斑纹,线状长圆形,长5~12厘米,宽1~1.3(1.7)厘米,扁平,先端上弯,具尖头,果颈短,沿腹缝线具狭翅;花萼宿存,有种子2~15粒;种子褐色至黑褐色,微具光泽,有时具斑纹,近肾形,长5~6毫米,宽约3毫米,种脐圆形,偏于一端。花期4—6月,果期8—9月。

温带树种。在年平均气温8~14 ℃、年平均降水量500~900毫米的地方生长良好;特别是空气湿度较大的沿海地区,其生长快,干形通直圆满。抗风性差,在冲风口栽植的刺槐易出现风折、风倒、倾斜或偏冠的现象。对水分条件很敏感,在地下水位过高、水分过多的地方生长缓慢,易诱发病害,造成植株烂根、枯梢甚至死亡。有一定的抗旱能力。喜土层深厚、肥沃、疏松、湿润的壤土、砂质壤土、砂土或黏壤土,在中性土、酸性土、含盐量在0.3%以下的盐碱性土上都可以正常生长,在积水、通气不良的黏土上生长不良,甚至死亡。喜光,不耐庇荫。萌芽力和根蘖性都很强。

刺槐春、秋两季都能造林。造林方法因地而异。在冬、春季多风、比较干燥寒冷的地区,可在秋季或早春采用截干造林;在气候温暖湿润而风少的地方,可在春季带干造林。刺槐发芽迟,春季待芽苞绽放时造林成活率高,造林时间以秋季落叶后至土壤封冻前为宜。

(二)市花——月季

四、风景名胜

颍州西湖历史上曾与杭州西湖齐名,颍上县八里河风景区为国家5A级旅游景区、阜阳生态园和迪沟生态旅游风景区均为国家4A级旅游景区。阜阳剪纸、颍上花鼓灯、界首彩陶等列入国家非物质文化遗产名录,阜南县出土的商代青铜器龙虎尊被列为中国十大国宝青铜器之一。

(一)八里河风景区(国家5A级旅游景区)

八里河风景区位于阜阳市颍上县八里河镇,号称"天下第一农民公园",总面积3600亩,是国家5A级旅游景区、省级自然保护区、省级研学旅行基地、安徽省风筝放飞基地,被联合国环境规划署授予环保"全球500佳"。南临淮水,东濒颍河,北距颍城4千米,西迄阜阳58千米,东南距合肥170多千米。八里河风景区是在多年建设的基础上,1991年特大洪水后充分利用低湖沼泽洼地,综合治理而成的。1996年对外开放,主园区包括世界风光、锦绣中华、鸟语林、碧波游览区。2013年成功跻身国家5A级旅游景区。

鸟语丛林:有近百种国家一级保护鸟类绿孔雀、白鹤、丹顶鹤、虎头海雕等,二级保护鸟类天鹅、鸳鸯、白枕鹤、鸿雁、秃鹫等。世界风光:有希腊宙斯神庙、巴黎圣心教堂、法国雄狮凯旋门、德国乡村教堂、美国大峡谷、荷兰大风车、五彩喷泉、书画长廊等建筑。

锦绣中华:青石牌坊,气势恢宏;千年古刹,殿宇轩昂;苏式园林,古色古香;九天瀑布,飞帘溅玉;九龙玉璧,镇园瑰宝;人民丰碑、气势雄伟。碧波游览区:万顷碧湖,烟波浩渺;十二绿岛,十二生肖;软桥廊桥,连接诸岛;岛岛花异,四季常开;鸟岛优美,央视赞美。八里河景区将自然风光与人文景观奇巧融合,成为观光、祈福、养生旅游胜地。

(二)阜阳生态园(国家4A级旅游景区)

阜阳生态园位于阜阳市城北新区(古颍州西湖遗址),是国家4A级旅游景区、全国农业旅游示范点、全国休闲农业与乡村旅游示范点、全国休闲农业与乡村旅游五星级园区、全国科普基地、全国林业科普教育基地。阜阳生态园始建于2001年7月,2002年5月1日开园,是一家以农业观光为主线,集农业示范、科普教育、生态环保、休闲娱乐于一体的著名旅游景区,总面积1200亩,有现代农业园、热带植物园、精品果园、采摘园、江南水乡、九和塔、龙泉瀑布、竖琴广场、熊猫馆、百鸟园、欧阳修故居——会老堂、水上乐园等18处主题景观组成,风光旖旎,景色

秀美,被誉为"欧公故居、生态仙境"。

景区所在地古颍州西湖,兴于唐而盛于宋,曾波澜壮阔、甚为繁盛,为众多文人雅士所倾慕,苏东坡盛赞其"大千起灭一尘里,未觉杭颍谁雌雄",欧阳修感慨"都将二十四桥月,换得西湖十顷秋"。由于历次黄河水的泛滥淤积,古颍州西湖最终破败湮没成为苇草丛生的低洼地,但阜阳人民恢复颍州西湖胜景的美好愿望却越发强烈。通过多方考察论证,颍泉区委、区政府以科学的发展观为指导,高瞻远瞩、因地制宜,决定以生态环境的保护性开发和生态农业观光为主旨,通过农业结构调整和泉河洼地综合治理,在古颍州西湖遗址上建设阜阳市生态农业科技观光示范园。

(三)迪沟生态旅游风景区(国家4A级旅游景区)

迪沟生态旅游风景区位于阜阳市颍上县城北19千米的迪沟镇,国家4A级旅游景区、国家湿地公园。风景区由生态园、竹音寺和湿地公园等组成。

生态园面积610亩,园内湖、岛、山、园错落有致,有天鹅湖、名猴园、名禽廊、狮虎山、鹿苑、熊园和百鸟岛等,有国家珍稀保护动物东方白鹳、黑天鹅、白天鹅、白鹭、金丝猴、东北虎、非洲狮、黑熊、棕熊、梅花鹿、马鹿、鸵鸟、孔雀、鹦鹉等多种野生动物。竹音寺占地630亩,由天王殿、大雄宝殿两大正殿和普贤、济公、观圣、娘娘等五座偏殿构成,是皖北最大的庙宇之一。五百罗汉堂是由九华山著名木雕艺术

家吴永青等人耗时四年,用香樟木整体雕刻完成的,造型奇异,千人千面,栩栩如生,世界独一无二,堪称"中国雕塑艺术宝库中一颗璀璨的明珠"。

国家湿地公园面积1000公顷,生态资源丰富,有大量的水生植物、鸟类、鱼类、两栖类动物等,形成了完备的生态保护系统。

五、城市精神

王家坝精神,即舍小家、为大家的顾全大局精神;不畏艰险、不怕困难的自强不息精神;军民团结、干群同心的同舟共济精神;尊重规律、综合防治的科学治水精神。

第二十四章 淮南市

一、市情简介

夏商时期,市境属"淮夷"之地。西周时期,市境大部为州来国所辖,南部地区分属六、蓼;春秋末期,诸侯纷争。周襄王三十年(公元前 622 年)楚灭六、蓼,市境南部入楚。周景王十六年(公元前 529 年)吴灭州来,市境属吴。随着楚国势力的扩张,位于淮河上游的蔡国被迫几度迁都,求救于吴。周敬王二十七年(公元前 493 年),在吴国的支持下,蔡国迁都于州来,改州来为下蔡。战国初期,周贞定王二十二年(公元前 447 年),楚惠王灭蔡,市境属楚。战国末期,楚考烈王二十二年(公元前 241 年)迁都于寿春,改寿春为郢,市境为楚国都

城。楚王负刍五年(公元前 223 年),秦灭楚。秦始皇帝二十六年(公元前 221 年),秦统一六国,市境淮河以南属九江郡(安徽寿春),凤台县及淮河以北属泗水郡。

淮南市位于北纬 31°54′8″~33°00′26″,东经 116°21′5″~117°12′30″,地处安徽省中北部,东与滁州市毗邻,东南与合肥市接壤,西南与六安市相连,西与阜阳市相接,北与亳州市、蚌埠市交界。最东端位于大通区孔店乡王祠村以东、高塘湖中心线上,最西端位于凤台县尚塘乡侯海孜以西与利辛县接壤处,最南端位于寿县三觉镇冯楼村槐树庄以南与六安市金安区接壤处,最北端位于凤台县与蒙城县、利辛县交会的茨淮新河主航道中心线上。辖区东西最长距离 80.23 千米,南北最长距离 122.68 千米,总面积 5533 平

方千米。淮南市辖寿县、凤台县 2 个县,大通区、田家庵区、谢家集区、八公山区、潘集区 5 个市辖区以及毛集社会发展综合实验区,共 8 个县级行政区;下设 19 个街道、58 个镇、13 个乡,共 90 个乡级政府。凤台县辖城关镇、凤凰镇、顾桥镇、桂集镇、新集镇、岳张集镇、朱马店镇、杨村镇、丁集

-241-

镇、刘集镇、大兴镇、尚塘镇 12 个镇,古店乡、关店乡、钱庙乡、李冲回族乡 4 个乡,共计 16 个乡级政府;下设 37 个社区居委会,213 个村民委员会。潘集区辖田集街道 1 个街道办事处,潘集镇、芦集镇、泥河镇、高皇镇、平圩镇、架河镇、祁集镇、夹沟镇、贺疃镇 9 个镇,古沟回族乡 1 个乡,共 11 个乡级政府;下设有 35 个社区居民委员会,141 个村民委员会。

二、城市名片

淮南是中国能源之都、华东工业粮仓、安徽省重要的工业城市、国务院 1984 年 13 个较大城市之一,获得中国优秀旅游城市、全国百个宜居城市、全国绿化模范城市、国家园林城市、国家首批试点智慧城市、中国最佳投资城市、中国最具幸福感城市等荣誉。

三、市树市花

(一)市树——法桐(悬铃木)。

(二)市花——月季。

四、风景名胜

淮南交通便捷,高铁路网贯通东西南北,到合肥 18 分钟,到上海、北京、福州仅需 3 小时左右,距合肥新桥国际机场仅一个小时车程,机场在淮南设立的城市候机楼可为游客提供机场候机楼到淮南市区点对点的直达班车服务;淮南宜居宜游,众多生态、历史、人文景点分布其间,八公胜境、焦岗渔歌、上窑叠翠、茅仙古洞、龙湖公园、新四军林、春申君墓、洞山游园、硖石晴岚、古寿州窑是淮南十景。淮南境内拥有 3 个国家级森林公园,5 个国家 4A 级旅游景区,以及数个国家 3A 级旅游景区和国家 2A 级旅游景区。

(一)焦岗渔歌(焦岗湖旅游景区——国家 4A 级旅游景区)

焦岗湖旅游景区位于淮南市西南部综合毛集实验区内,北距毛集镇 1 千米,东临八公山、茅仙洞景区,合淮阜高速和 102 省道沿境而过。享有"淮河大湿地,安徽焦岗湖"之美称。该景区环境优美、气候宜人,既有芦苇荡(鸟的天堂)、荷花淀、仙侣湖、渔业观光园、水上人家等水上景观,又有湖畔垂钓、芦荡探幽、荡舟采菱、湖中戏鸟、渔家寻乐等休闲项目,兼有焦岗湖咸鸭蛋、醇香酒糟鱼、水晶贡圆等特色产品。焦岗湖旅游景区已被批准为全国农业旅游示范点、安徽省农家乐旅游示范点、国家 4A 级旅游景区、安徽省十大休闲基地、国家湿地公园和国家水利风景区。

（二）上窑国家森林公园（国家4A级旅游景区）

上窑国家森林公园位于淮南市东部，境内有大小山峦30多座，总面积10.4平方千米，森林覆盖率87.9%，是淮南市近郊的一颗绿色明珠。上窑国家森林公园是一处集生态旅游、人文景观、宗教活动、度假休闲、科普教育于一体的综合性景区。上窑国家森林公园内有见诸史志记载的上窑八景：奇峰障日、银杏参云、峭壁摩天、仙桃隐雾、仙人留迹、桥落长虹、岩开斗石。上窑国家森林公园是全国农业旅游示范点、国家4A级旅游景区，主要景点有洞山寺、新四军纪念林陈列馆、思源茶馆、长廊、放生池、地藏王殿等。

（三）龙湖泛舟（龙湖景区——国家4A级旅游景区）

龙湖景区位于淮南市田家庵区，水面开阔，设施齐全，景点较多，园中有园，是全市开放最早、设施完备的公园，也是全省较大的综合性公园之一。该园始建于1957年，于1980年10月1日正式对外开放。2008年进行了全面改造，现有安静休憩区、水上活动区、滨水活动区、动植物园区、游乐活动区和美食休闲区6大功能区。湖光闪烁，景色宜人的龙湖公园，是游客和市民休闲、娱乐的好去处。2010年，龙湖公园被评为国家4A级旅游景区。

（四）淮南市八公山旅游区（国家4A级旅游景区）

淮南市八公山旅游区为国家4A级旅游景区、国家级森林公园、国家地质公园、爱国主义教育基地。位于淮南市八公山区内，206国道可达，距淮南市区约15千米，是集游览、观光、休闲、人文历史和地质地貌于一体的综合型风景旅游区。

1998年8月开发建设景区，2001年9月15日对外开放。景区整体规划面积120余平方千米，其中核心区面积为18.85平方千米。大小40余座山峰起伏叠嶂，苍松叠翠，雄奇灵秀，淮河流经群山之北，曲折环绕而东下。淝河沿山南麓注入淮河。1600年前的淝水之战便发生于此，留下了八公山下"草木皆兵、风声鹤唳"的典故；2000多年前，淮南王刘安招贤纳士，讲经论道，编著了一代名篇《淮南子》，第一次完整地记录了二十四节气，发明了千古美食豆腐;"淮南虫"化石是迄今为止世界上发现最早的古生物化石,被国际地质学界誉为"蓝色星球"上的生命之源。八公山神秀,自古诸多骚人墨客争趋而至,刘安、李白、苏轼、欧阳修、刘禹锡、吴均、韦应物的足迹均踏遍八公山,并留下了不少脍炙人口的篇章。自2001年以来,淮南市旅游局与八公山区已先后举办了多届八公山旅游节,吸引了大量游客。

(五)天宝双遗文化园(国家4A级旅游景区)

天宝双遗文化园是一处以安徽省非物质文化遗产"寿州窑"制作技艺的传承研究、创新发展、收藏展示为核心内容的人文景观。园区内有寿州窑体验陈列馆、紫金砚和寿州窑瓷加工生产基地、非遗传习基地、淮南紫砂研究所、八公山岩石标本展示区和紫金砚石陈列馆等浏览项目,被评为国家4A级旅游景区、安徽省文化产业示范基地、安徽省旅游商品生产示范基地,同时也是安徽理工大学、淮南师范学院等教育机构的教学实习基地。

天宝双遗文化园坐落在淮南市八公山区的丁山路旁,朱红色的大门洞开后,一座古老的透着古朴之风的建筑映入眼帘,这就是用古时的砖瓦材料建设起来的古寿州窑址。窑址里存放着省级寿州窑非遗技艺传承代表人沈德潜潜心研究制作的仿古器皿,其中最为耀眼的是极为难得的鳝鱼黄四系瓶,碗、盘、杯、钵、注子等仿古产品琳琅满目,古朴、厚实。古寿州窑里复建着老窑及生产的场景,为游客演示泥料加工、拉坯、上釉、晾干、装窑、烧制等制作全过程,让游客领略千年文化气息获得穿越时空的感受。游客在这里不仅能全面鉴赏到从隋唐乃至以后历代的风格迥异的寿州窑产品,还可以亲手制作自己喜爱的作品。天宝双遗文化园另一处吸引人们眼球的地方就是紫金砚石陈列馆,这里不仅有许多古代的真品,还有现代大师的作品。古代的珍品,如隋代的青釉盘口瓶、唐代的黄釉四系大罐、黄釉四系翻口壶、黄釉四系短领罐、黄釉碗。现代大师的作品,如韩美林的仿青铜文具,享有中国雕砚第一人、徽州奇人、刀笔鬼杰之称的方见尘的雕砚,还有省级非物质文化遗产项目代表性传承人路福传的《黄龙戏珠》《嫦娥奔月》《青龙印》均陈列馆中。

第二十五章 聊城市

一、市情简介

聊城市位于山东省西部,地处北纬 35°47′~37°02′,东经 115°16′~116°32′。西部靠漳卫河与河北省邯郸市、邢台市隔水相望,南部和东南部隔金堤河、黄河与河南省及山东省的济宁市、泰安市、济南市为邻,北部和东北部与山东省德州市接壤。全市总面积 8715 平方千米,辖东昌府区、临清市、冠县、莘县、阳谷县、东阿县、茌平区、高唐县 8 个县(市、区)和国家级经济技术开发区、高新技术产业开发区、江北水城旅游度假区 3 个市属开发区。2017 年末辖区面积 8628 平方千米,人口 606.43 万人。

聊城市是一座交通通达之城。聊城市位于冀鲁豫三省交界、山东省西部。京杭大运河从聊城市腹地穿过,进而贯通南北,连接北方政治中心中原地带和南方经济中心江南一带。兴盛的漕运,为聊城市带来 400 年的经济繁荣、文化昌盛。明清时期,聊城名重一时,"舟楫如云,帆樯蔽日",被誉为"漕挽之咽喉,天都之肘腋,江北一都会"。临清钞关居全国八大钞关之首,鼎盛时期的税额占钞关总税额的 1/4。1996 年 7 月 10 日,《人民日报》头版头条以"天下不敢小聊城"为题,报道了聊城市当时的发展成就,就是依靠京九铁路的交通优势而取得的。当前,聊城市境内已有邯济、京九 2 条铁路,形成"十"字结构;德上、济聊馆、青银、青兰 4 条高速公路,形成"丰"字结构。横跨东西的郑济高铁与纵贯南北的雄商高铁以及聊城民用机场项目即将开工建设,聊城将成为华北重要的综合交通枢纽城市。

聊城是一座养生福泽之城。这座城市灵动隽永。成功打响了"江北水城 运河古都"的城市品牌,其特

色就是"水",全市流域面积在 30 平方千米以上的河流有 23 条,市区内有我国北方最大的城市湖泊——东昌湖,面积为 6.2 平方千米,环抱着独一无二的宋代古城,黄河、京杭大运河、徒骇河都从聊城市经过。这座城市温暖热忱。聊城市地热资源丰富,60%以上的土地下面有地热能,是自然资源部命名的中国温泉之城。温泉中含有丰富有益人体健康的微量元素,建成多处温泉主题休闲度假中心。

这里还是千年养生上品——阿胶的原产地,东阿阿胶久负盛名、畅销全国,滋补养颜、功效显著。这座城市生机盎然。全市森林覆盖率达到 40%以上,是山东首个、全国少有的平原地区国家森林城市,这里景色秀丽、水清林绿,尽享生态福祉。

聊城市是一座崇礼尚义之城。礼乐兴邦的齐鲁文化和慷慨悲歌的燕赵文化在这里碰撞交融。从古至今,聊城人就为中华民族的精神家园源源不断地注入正能量。"二十四孝"鲁义姑舍子救侄的故事,宣示的是舍己为人的道义;"千古奇丐"武训行乞兴学、泽被乡里,彰显的是仁者爱人的博爱。近代以来,聊城人在争取民族独立、人民解放的道路上,更是展现出可歌可泣的精神风貌,涌现出马本斋、范筑先等英雄模范人物,刘邓大军强渡黄河指挥部坐落在这里。中华人民共和国成立以来,崇德向善、心存大爱的道德典型也层出不穷。领导干部的楷模孔繁森同志青山处处埋忠骨,一腔热血洒高原,体现出党员干部热爱人民、无私奉献的价值追求。全国模范检察官白云同志几十年如一日,爱岗敬业,为民服务,赢得广泛赞誉。

二、城市名片

聊城市是国家历史文化名城、国家环保模范城市、国家园林城市、国家卫生城市、国家森林城市、全国双拥模范城市、中国优秀旅游城市、中国温泉之城、中国十大休闲城市。

三、市树市花

(一)市树——国槐(聊红槐)

(二)市花——莲花、月季

2018 年 8 月 30 日召开的聊城市第十七届人民代表大会常务委员会第十二次会议上,听取审议并通过了市政府关于提请确定市树市花市鸟的议案,并作出决议,确定国槐(聊红槐)为市树,莲花、月季为市花。

四、风景名胜

代表农耕文明的黄河文化与代表商业文明的运河文化在聊城市交相辉映。这里名胜古迹众多,境内遗留文物古迹400多处,有6处遗产点和2段河道被列入大运河世界文化遗产名单,有明代光岳楼、清代山陕会馆等国家级文物保护单位13处。这里人文故事流传,中国古典文学名著《水浒传》《金瓶梅》《聊斋志异》等书中的许多故事都发生在聊城。比如,宋江三打祝家庄、没羽箭张清镇守东昌府、李逵大闹高唐州、武松景阳冈打虎、老残海源阁借书,等等。这里名人贤达辈出,是商朝名相伊尹躬耕处、战国军事家孙膑诞生地、东阿王曹植梵呗音乐发明地;这里诞生了宋代医学家成无已、明代文学家谢榛、清代开国状元傅以渐、国画大师李苦禅、抗日名将张自忠、谔谔国士傅斯年、国学泰斗季羡林、当代保尔张海迪等。

(一)东昌湖景区(国家4A级旅游景区)

国内一流的滨水生态景区——东昌湖是国家4A级旅游景区、山东省重点服务业园区、山东省生态渔业示范园、国家垂钓基地,也是"江北水城 运河古都——生态聊城"城

市品牌的核心区域。东昌湖位于聊城市中心城区,由10个湖区和20块水面组成,总面积6.3平方千米,湖岸线长达16千米,有"南有西子,北有东昌"之美誉,是中国江北地区罕见的大型城内湖泊。东昌湖始于北宋熙宁三年(公元1070年),千余年来,常年不竭,水深平均达3米,最深处5米。东昌湖水质清澈,景色宜人,适宜水

上游乐项目的开发与建设。国内独一无二的水上古城景区布局方正,边长均为1千米。以光岳楼为中心,利用十字步行商业街将城区用地分为四块。十字大街为商业步行街,两侧以传统风情的商业为主。

东昌湖景区以建于北宋时期的水上古城为中心,以水面辽阔、景色秀丽、环绕于古城区四周的东昌湖为依托,集中体现了聊城"水、古、文"的特色,营造出聊城"城中有水、水中有城、城水一体、交相辉映"的独特城市风貌。东昌湖中心的古城占地1平方千米,呈正方形,以明代光岳楼为中心,周围大街小巷泾渭分明,垂直交叉,形成棋盘方格网状骨架;古老的大运河自南向北绕湖而过;湖滨公园沿东昌湖西岸贯穿南北;光岳楼、铁塔、山陕会馆、傅斯年陈列馆、孔繁森纪念馆等闻名海内外的文物单位,似颗颗明珠闪烁于城中湖畔;《水浒传》《聊斋志异》《金瓶梅》《老残游记》等历史文学名著,也都与东昌湖有着不可分割的历史渊源,共同体现出东昌湖丰富的文化底蕴,展现了湖城发展旅游事业的广阔前景。聊城市旅游发展集团将加快推进"东昌湖、水上古城、大运河"一体融合,打造集生态风光、历史古迹、文化典故、旅游休闲、生态宜居于一体的综合性景区。

(二)阳谷景阳冈旅游区(国家4A级旅游景区)

阳谷景阳冈旅游区,是《水浒传》中描述的武松打虎处,也是龙山文化城遗址所在地,是水浒旅游线上的重点景区。国家4A级旅游景区,主要景点有三碗不过冈酒店、乡民告示处、县衙告示处、山神庙、"武松打虎处"石碑、虎啸亭、武松庙、湖心岛、钓鱼台、碑林、虎池、猴山、鹿苑、箭场等20余处。景区北部有湖面百余亩,可供游客垂钓、划船。景区娱乐项目有山东快书、虎斗鸡、抵羊、戏曲、武术表演等。"武松打虎处"石碑为南宋时期所立。

山神庙已有200余年的历史,庙内塑有武松打虎造像。庙的左前方立有原山东省委书记舒同题写的"景阳冈"石碑,右前方立有著名书法家杨萱庭书写的高3米的"虎"字碑。 虎啸亭位于景区西部,六角单檐,由徐悲鸿的夫人、书法家廖静文题名。碑林在山神庙以北。因武松打虎的故事广为流传,故到景阳冈参观旅游的学术界名人大都在此题词、赋诗、作书、绘画。多年积累,碑林渐成规模。 武松庙在北冈之巅。门匾额"武松庙"为赵朴初所书。园内东亭内为"武松打虎处"石碑,西亭内为新铸大钟。大殿系五开间三进深歇山式建筑。殿内正中为武松塑像,像上悬"勋业昭彰"四字匾。墙内饰有国家一级美术师和民间艺术家合作的多幅木质彩刻壁画。"武松打虎"浮雕石像伫立在山冈前,由著名画家刘继卣创作,象征着除暴安良、见义勇为的武松精神。"天下第一虎"石位于景阳冈南部,传为武松打死的那只老虎的化身。"景阳春晓"石是位于景阳冈南端的一块神奇的巨石,它形体美妙,正看如一"山"字。上刻著名书法家刘艺所书"景阳春晓"四字。

(三)天沐(江北水城)温泉度假村(国家4A级旅游景区)

天沐(江北水城)温泉度假村是天沐集团在山东省聊城市的马颊河林场开发的一家温泉度假酒店。国家4A级旅游景区,依托马颊河林场丰富的地热和自然生态资源,天沐(江北水城)温泉度假村秉承"中国真山水温泉"的设计理念,矢志打造中国北方最能体现"自然生态园林"的温泉休闲度假旅游胜地。度假村拥有据古方调制的各种美容汤池和保健汤池,SPA水疗区与

冷热瀑布浴打造国际流行温泉沐浴文化,豪华五星级客房、中西餐厅、拓展培训基地、天沐湖垂钓、夏夜美食烧烤、网球场,更是带给四方宾朋无与伦比的尊贵体验。

(四)狮子楼旅游区(国家 4A 级旅游景区)

狮子楼旅游区位于聊城市阳谷县古城中心,是山东省水浒旅游线上的重点区域,也是阳谷"千年古城"的重要组成部分。国家 4A 级旅游景区,旅游区包括狮子楼和狮子楼旅游城两部分。狮子楼始建于北宋景佑三年(公元 1036年),因水浒英雄武松斗杀西门庆为民除害而名扬四海。狮子楼为重檐歇山式建筑,二层五开间三进深。该楼居古城中央,坐西朝东,青砖灰瓦,飞檐斗拱,雕梁画栋,雄伟壮观,是宋代建筑的典型代表,被联合国教科文组织称为"世界上为数不多的酒楼"。狮子楼旅游城以宋代历史文化为背景,将发生在阳谷的历史故事和人文景观相结合,来展示千年古城原汁原味的建筑风格和民风民俗,复现了宋朝时期阳谷县市井里巷的风貌。该景区已完成市井风情和商业展示区的建设。主要景点有武大郎家、王婆茶馆、银匠铺、纸马铺、冷酒馆、紫石街、西门庆五大店铺、狮子街、狮子酒楼、棋社、玉皇庙、戏楼等二十余处。千户府,占地面积 10 亩,是一处具有宋代特色的鲁西大户府院建筑,它以千户府为文化载体来表现宋代政治、经济和社会现象,使游客通过时光隧道来领略千年文化魅力,从中欣赏宋代建筑文化、家具文化、服饰文化、古玩文化和饮食文化。狮子楼旅游区与八百米宋式商业步行街——紫石街、千年古文庙有机衔接,融为一体,形成阳谷"千年古城"格局,成为体现水浒经典故事场景,再现千年传奇市井画卷的宋代古城。

(五)刘邓大军强渡黄河战役纪念园

刘邓大军强渡黄河战役纪念园位于聊城市阳谷县城南寿张镇的沙河崖村,1947 年,刘伯承司令员和邓小平政委正是在这里,指挥着十二万晋冀鲁豫野战军强渡黄河,将蒋介石苦心经营的黄河防线土崩瓦解,吹响了人民解放军由战略防御转为战略反攻的号角。刘邓大军强渡黄河战役纪念园共分为刘邓大军渡河指挥部旧址、渡河广场和刘邓大军强渡黄河战役纪念馆 3 个部分。指挥部旧址真实再现了当年刘邓两位首长在沙河崖指挥作战和艰苦生活的场景。渡河广场设计为两阶式，代表着刘邓两位首长曾来这里居住过两次，广场中央是按照1∶1的比例制作的花岗岩人物雕像，雕像连底座共高4.763米，展现的是刘邓两位首长站在船只上带领战士们渡河的情景，代表着刘邓两位首长在1947年6月30日率部队强渡黄河天险。纪念馆主要包括展厅、多媒体3D放映室、游客服务中心、办公室等，展厅里面通过大量的图片、文字、影片资料，以及当时的一些文物，详细地介绍了刘邓大军强渡黄河的前情后果，共分为战前形势、渡河准备、强渡黄河、渡河战役、拥军支前、刘邓合作、阳谷革命史、继往开来等8大板块。

（六）东阿阿胶城（国家4A级旅游景区）

东阿阿胶城位于山东省东阿县县城西郊，由东阿县政府和山东东阿阿胶股份有限公司共同出资兴建。现为国家4A级旅游景区，山东省重点文化产业项目，东阿县"十二五"重点民生规划项目，为"到山东不得不去100个旅游景点""山东省旅游摄影基地"。景区占地200多亩，以展示东阿阿胶三千年历史文化、医药文化、养生文化为主要内容的综合性文化旅游项目，包括影视城、东阿药王山等子项目。东阿阿胶城一期为影视城建设，以史料记载的清末民初时的老济南与老东阿为背景，以恢复再现的济南东街、济南南街、东阿大街等街道为主脉络，整体建筑风格上体现出了清末民初的时代特点。该影视城由中国传媒大学毛怀清教授设计。迄今为止，由郭宝昌导演的《小白菜奇案》《大宅门1912》已在该景区完成拍摄。东阿阿胶城周围环境优美，毗邻东阿药王山和800亩水域的洛神湖风景区，景色宜人。二期将以民国风情、阿胶养生为主题，引进阿胶养生、休闲餐饮、特色购物、娱乐互动等业态，打造休闲养生旅游目的地。东阿药王山上建有东阿药王庙，主要供奉消灾延寿药师佛和孙思邈、李时珍等八大药王，山道有百家药王故事浮雕群，阿胶文化碑廊等，植被丰富，文化景点众多。东阿阿胶城以阿胶养生为主题，集全国中医药文化宣传教育基地、中国养生养颜体验中心、我国重要的影视拍摄场景基地、鲁西地区重要休闲度假旅游目的地四大功能于一体。来到这里，游客可以读历史、观影视、学养生、品美食、逛老街，也可以忆古景、玩山水、祈福寿、求平安、购阿胶，在行走之中学知识，在吃喝之时求健康，在欢笑之中品艺术，在游玩之际畅古今。

五、城市精神

团结一心、奋勇争先、务实为民、勇于担当。

第二十六章 菏泽市

一、市情简介

菏泽市位于山东省西南部，与苏、豫、皖三省接壤，辖牡丹区、定陶区、曹县、成武、单县、巨野、郓城、鄄城、东明2区7县和1个省级经济技术开发区、1个省级高新技术产业开发区，面积12239平方千米，户籍人口1025.4万人。菏泽历史悠久，文化底蕴深厚。菏泽古称曹州，是伏羲之桑梓、尧舜之故里，曾数度成为中原地区重要的政治、经济、文化中心，享有"天下之中"美誉。祖源文化、黄河文化、汉文化、水浒文化、牡丹

文化交相融汇，存有尧王墓、蚩尤冢、仿山遗址、刘邦登基坛、水浒故里等100多处名胜古迹，国家级非遗数量居全国地级市第3位。是中国牡丹之都和全国著名的牡丹之乡、书画之乡、戏曲之乡、武术之乡和民间艺术之乡。菏泽区位优越，基础设施完善。位于东部沿海发达地区和中西部地区的过渡地带，东接沿海港口，西连中原腹地。京九铁路与新亚欧大陆桥在菏泽呈"十"字交会，105、106、220、327四条国道在境内通过，已建成通车的日兰高速、济广高速、德商高速、菏东高速、德上高速巨单段、枣菏高速菏泽段，正在建设的阳新高速、德单高速东阿至郓城段、郓鄄高速形成"米"字形的陆路交通大枢纽。机场、高铁、航道、高速公路等重大项目密集实施，菏泽机场已通航，鲁南高铁全线施工，雄商高铁开工建设，承载力、吸引力和聚集力持续增强。口岸、海关、国检、集装箱运输中心等涉外机构齐全，口岸实现了与青岛港直通，金融、保险、通信及商贸流通业发展迅速，城市供水、供热、供气、污水处理等设施齐全，已初步建设成为以"花城、水邑"为突出特色的平原森林城市。

菏泽资源丰富，开发前景广阔。属黄河冲积平原，地势平坦，土壤肥沃，农业生产条件得天独厚，粮食总产约占全省的1/8，棉花约占1/3，木材约占1/5，是全国著名的优质粮棉林畜生产基地、全国3个农区畜牧大市和首批4个平原绿化达标地区之一。"曹州牡丹甲天下"，牡丹是菏泽的一大特色，至今已有1500多年的历史，现有9大色系、10大花型、1259个栽培品种，种植面积48.6万亩，是世界上最大的牡丹繁育、观赏、研发和输出基地。境内煤炭储量281亿吨，正在开发建设的巨野煤田是华东地区最大、最好、最后一块煤田；

-251-

石油、天然气探明储量分别为5625万吨、273亿立方米,已成为中原油田重要的生产基地。产业基础较好,现已形成以电力、机械、化工、医药、食品、纺织、林产品加工为主,门类比较齐全、配套协作能力较强的工业体系。与120多个国家和地区建立了经贸关系,化工产品、裘皮服装、果蔬食品、木制工艺品等在国际市场上具有较强的竞争力。市委、市政府打造的生物医药和高端化工"两大核心产业",农副产品精深加工、机电设备制造、商贸物流"三个优势产业",大力度培育的新能源新材料、新一代信息技术、现代服务业等"一批新兴产业集群"的"231"产业体系不断完善,正在日益建成鲁西崛起的新高地、全省新旧动能转换的示范区、鲁苏豫皖四省交界的区域性中心城市。目前,菏泽正在按照科学发展、和谐发展、跨越发展、更好更快发展的总体要求,集中力量建设煤电化工基地、石油化工基地、现代农产品生产加工基地、商贸物流基地、战略性新兴产业基地和推动文化旅游产业发展,努力打造鲁苏豫皖交界地区科学发展高地。

近年来,在省委、省政府的正确领导下,菏泽经济和社会事业均实现较快发展。2020年,菏泽市抢抓"突破菏泽、鲁西崛起"发展机遇,担当作为、谋事力作,统筹做好全面深化改革、加快新旧动能转换、打好三大攻坚战、保障和改善民生、全面从严治党等各项工作,全年完成地区生产总值3483亿元、增长3.9%,一般公共预算收入238亿元、增长7.2%,城乡居民人均可支配收入达到29365元、15107元,分别增长3.7%和6.6%,增速均居全省前列,经济社会发展的质量效益不断提高。

二、城市名片

中国牡丹之都、全国著名书画之乡、戏曲之乡、武术之乡、民间艺术之乡、2016—2017年度全国优秀会展城市、中国会展之星、魅力中国城"2017年度优秀魅力城市"、国家园林城市。

三、市树市花

(一)市树——木瓜

市树木瓜[*Chaenomeles sinensis*(Thouin)Koehne],蔷薇科木瓜属,中国木瓜栽培地区

分布在广东、广西、福建、云南、台湾等地。灌木或小乔木，高达5~10米，树皮成片状脱落；小枝无刺，圆柱形，幼时被柔毛，不久即脱落，紫红色，二年生枝无毛，紫褐色；冬芽半圆形，先端圆钝，无毛，紫褐色。叶片椭圆卵形或椭圆长圆形，稀倒卵形，长5~8厘米，宽3.5~5.5厘米，先端急尖，基部宽楔形或圆形，边缘有刺芒状尖锐锯齿，齿尖有腺，幼时下面密被黄白色绒毛，不久即脱落无毛；叶柄长5~10毫米，微被柔毛，有腺齿；托叶膜质，卵状披针形，先端渐尖，边缘具腺齿，长约7毫米。花单生于叶

腋，花梗短粗，长5~10毫米，无毛；花直径2.5~3厘米；萼筒钟状外面无毛；萼片三角披针形，长6~10毫米，先端渐尖，边缘有腺齿，外面无毛，内面密被浅褐色绒毛，反折；花瓣倒卵形，淡粉红色；雄蕊多数，长不及花瓣之半；花柱基部合生，被柔毛，柱头头状，有不明显分裂，约与雄蕊等长或稍长。果实长椭圆形，长10~15厘米，暗黄色，木质，味芳香，果梗短。花期4月，果期9—10月。阳光充足、土质肥沃、湿润且排水良好的地方种植，也可利用田边地角、山坡地、房前屋后种植，成片栽培时，按株行距1米×2米开穴，木瓜根入土浅，分蘖能力强，每年从根部可长出许多幼株。经1~2年培育再出圃定植；大者可直接定植。对土质要求不严，但在土层深厚、疏松肥沃、排水良好的砂质土壤中生长较好，低洼积水处不宜种植。喜半干半湿。在花期前后略干。土壤过湿，则花期短。见果后喜湿。若土干，果呈干瘪状，就很容易落果。果接近成熟期，土略干。果熟期土壤过湿则落果。不耐阴，栽植地可选择避风向阳处。喜温暖环境，在江淮流域可露地越冬。

木瓜由于树姿优美，花簇集中，花量大，花色美，常被作为观赏树种，还可作嫁接海棠的砧木，或作为盆景在庭院或园林中栽培，具有城市绿化和园林造景功能。

(二)市花——牡丹

四、风景名胜

(一)曹州牡丹园(国家4A级旅游景区)

曹州牡丹园位于菏泽市区内，是目前世界上品种最多、面积最大的牡丹主题公园。曹州牡丹园是在明清以来风格不一、大小不等的十几处牡丹园的基础上发展起来的，如清道光年间的赵氏园、桑篱园，创于明代的毛花园，以及当代的铁藜寨花园、大春家花园、军门花园等。

曹州牡丹园坐落于菏泽市牡丹区牡丹办事处辖区内,紧靠220国道、日东高速菏泽出口处,距市中心约3千米,是菏泽面积最大、品种最多的牡丹园,国家4A级旅游景区。全园包括5个大田牡丹观赏区:主题牡丹观赏区、曹州牡丹园古谱区、桑篱园古谱花田区、牡丹芍药科研展示区、获奖牡丹花田。还有湖山景观区、野趣水景区、世界国花园景区、四季牡丹景区、十二花神景区等十二大景区。园内景点众多,其中南部的国花馆是国内唯一的牡丹主题博物馆,北部的牡丹四季温室为国内唯一可四季观赏牡丹的温室。另有国风园、国花门、国花魂、天香阁、桂陵碑、牡丹传奇及各类亭台水榭等景点39处。牡丹园面积达106万平方米,牡丹品种1237个,总量达到80万株,芍药品种600多个,其他乔、灌木、地被植物共计200余种,是目前世界上牡丹芍药种植面积最大、品种最多的植物园林。

(二)孙膑旅游城(国家4A级旅游景区)

孙膑旅游城坐落在菏泽市鄄城县东北20千米处的吉山镇境内,占地999亩。国家4A级旅游景区,已被纳入国家首批十二条精品旅游线路之一,并且被评为山东省最具特色影视拍摄基地。是在亿城寺遗址的基础上兴建的。整个景区划分为三大区域,即孙膑纪念区、佛教文化区、园林游览区。原有景点为亿城寺、孙膑墓、羊左合葬墓、荆轲墓等。

(三)水浒好汉城(国家4A级旅游景区)

水浒好汉城位于菏泽市郓城县城西门街,国家4A级旅游景区,景区包括水浒文化博物馆、宋江武馆、九天玄女庙、郓城酒楼、及时雨茶楼、孙二娘客栈、古筝坊、大刀馆、忠义庙、乌龙院、寅宾馆、明伦堂、明清戏楼等十几个景点。水浒一百单八将,七十二名在郓城。郓城是全国武术之乡、中国好汉之乡。

水浒好汉城占地面积600余亩,有36院落、72景观、108景点,是集忠义楼、郓城县衙、晁家庄等原汁原味的古代建筑群、宋江武校的武术教学与交流,以及狗娃艺术团的武术、舞蹈及水浒情景剧表演于一体的综合性人文景观。是山东省十大旅游目

的地品牌之一"水浒故里"的核心景区之一。它还是中华古民居博物馆、央视推荐钻石旅游线路、水浒故事的源头景区。

（四）浮龙湖旅游度假区（国家4A级旅游景区）

浮龙湖旅游度假区位于菏泽市单县西南部，距县城18千米，总规划面积58.6平方千米，其中水域面积21平方千米。主要包括湖西水上会务中心、浮龙广场、栈桥、生态岛、汉贤茶楼、南岸环堤生态景观长廊、百年基督教堂、生态水乡、生态湿地、四君子洞藏酒基地等景观。

五、城市精神

崇文尚德、务实图强。

"崇文"意味崇尚文明、文化。菏泽历史悠久，文化底蕴丰富、祖源文化、红色文化等在菏泽留下了深深烙印。要为菏泽未来经济社会发展提供更多的人才支撑，就要注重以"文"化"人"，铸城市之魂；要实现文化引领菏泽未来经济社会发展，就要注重文化事业与文化产业协调发展，提升城市文化软实力，这是欠发达城市社会发展的突破口。

"尚德"意为崇尚道德。崇尚具有美德的人和事物，并向其学习。德"的含义全面、广泛、厚重，涵盖有"仁义礼智信"的传统道德元素。"尚德"不仅是立身之本，也是立城之魂，更是治国之道，既体现了菏泽人民对优秀传统的传承与弘扬，彰显了城市对精神文明建设的注重，也寓意着菏泽人民对高尚道德情操的孜孜以求。

"务实"意为讲究实际、实事求是。实现菏泽经济社会发展必须立足实际，说实话、鼓实劲、干实事、求实效。菏泽要改变欠发达面貌,就要立足菏泽市情,以脱胎换骨的勇气突破长期制约发展的瓶颈,以壮士断腕的果断摒弃长期依赖的路径,以破茧化蝶的嬗变赢得长远发展的优势和主动权,加快实现菏泽发展的凤凰涅槃、腾笼换鸟、浴火重生。

"图强"意为谋求强盛。菏泽经济落后,但菏泽人民不甘落后;菏泽人民贫困,但穷则思变,变富变强变美的愿望更加强烈。菏泽人民既有面临时代紧迫感、发展危机感的清醒认识,更有不甘人后、发愤图强、奋斗不止的决心和勇气。

"崇文尚德,务实图强"是菏泽人民的智慧结晶,也是菏泽经济社会发展的动力源泉。有了新时期菏泽精神的引导,菏泽一定能变得富强美丽。

第二十七章 泰安市

一、市情简介

泰安是中国华东地区重要的对外开放旅游城市。泰安位于山东省中部的泰山南麓北纬35°38′~36°28′,东经116°20′~117°59′,东邻莱芜区、淄博市、临沂市,南连济宁市,西隔黄河与聊城市、河南省濮阳市相望,北以泰山与济南市为界。总面积7762平方千米,第七次全国人口普查显示,全市常住人口5472217人,辖泰山区、岱岳区、新泰市、肥城市、宁阳县、东平县6个县市区,88个乡、镇、办事处。

中国共产党领导下的人民政权——泰安专署于1940年3月在莱芜县成立,始隶鲁中行署;1943年1月泰安境内共产党领导下的泰西专署、远东专署合并为晋冀鲁豫边区第16专署;1946年两专署又分置;1948年9月,泰山、泰西两专署均改属鲁中南行署;1950年5月,泰山、泰西两专署合并为泰安专署,驻泰城;1958年11月,泰安专署撤销;1961年5月复置;1967年3月成立"泰安地区革命委员会";1972年7月改为泰安地区行政公署;1985年5月撤区,原县级泰安市升为地级市。

泰安属于温带大陆性半湿润季风气候区,四季分明,寒暑适宜,光温同步,雨热同季。春季干燥多风,夏季炎热多雨,秋季晴和气爽,冬季寒冷少雪。全市多年平均太阳辐射总量为121.58千卡/平方厘米,年际变化在112~131千卡/平方厘米。年内以5月最多,12月最少。按80%保证率计算,全年辐射总量为117.9千卡/平方厘米。在3—11月份作物生长发育期间,可有102亿千卡/公顷的能量供利用。

全年平均日照数2627.1小时,年际变化在2342.3~3413.5小时。日照百分率58%左右。年内以小麦灌浆的5、6月最多,月均268小时左右,对小麦生长很有利。

全市年平均气温为 12.9 ℃。年内 7 月最高,平均 26.4 ℃,1 月最低,平均 −2.6 ℃。极端最高气温 41 ℃,极端最低气温 −27.5 ℃。在地域分布上,南部、西部较高,东部、北部偏低。全年平均 ≥0 ℃ 的积温 4731 ℃,≤10 ℃ 的积温 4213 ℃,无霜期平均 195 天,最长可达 241 天,最短为 161 天。气温适宜,满足了农作物一年两熟或通过间作套种一年三熟的需要。

全市多年平均降水量为 697 毫米。因受季风气候影响,年际降水变幅较大,年最大降水量 1498 毫米,年最小降水量 199 毫米,相差 7.5 倍。因受地貌影响,东部降水多于西部,山区降水多于平原,东部山区年平均降水量 700~750 毫米,西部平原则为 600~650 毫米,总趋势是自东北向西南逐渐减少。年内降水分布很不均衡,夏季降水最多,占年降水量的 65.2%,冬季最少,仅占 3.6%;一年之中 7 月最多,占年降水的 32.1%,雨热同季,对农作物和林果生长发育十分有利,1 月最少,仅占 0.96%。

受地形、地貌影响,垂直的变化,地域的差异,形成了一些局部小气候区。泰山山顶年平均气温仅有 5.2 ℃,而年降水量达 1163.8 毫米;徂徕山前、柴汶河畔的高温小区,年均气温 14℃ 以上,比全市平均高出 300~400 ℃,达到了亚热带标准。这些不同类型的小气候区,孕育产生了许多名优特产。

节能降耗成效明显。2012 年上半年,全市万元 GDP 能耗同比下降 4.2%,万元 GDP 电耗同比下降 9.0%。全年全市规模以上工业能耗同比增长 4.6%,煤炭、炼焦、化工、非金属、有色金属等 5 个高耗能行业增加值增长 6.0%,低于规模以上工业增速 6.7 个百分点,规模以上工业能源加工转换效率达到 87.4%,提高 4.8 个百分点。在重点耗能工业企业调查的 31 种单位产品能耗指标中,有 19 种下降,下降面达 61.3%。

二、城市名片

国家卫生城市、第六届全国文明城市、2017 中国特色魅力城市 200 强、十大国内自助游目的地、2014"中国最文韵旅游城市"、十大国内最具潜力旅游目的地、中国风景名胜区自驾游示范基地、中国风景名胜区摄影基地、无偿献血先进市、2020—2021年度中国十大秀美之城、2021年中国地级市百强榜第42名。泰山入选中国最美十大名山。龙湾风景区获批省级原生态旅游景区。

三、市树市花

（一）市树——国槐

泰安市的市树为国槐，亦称中槐、家槐，属豆科，落叶乔木。国槐适应性强，寿命长，树形潇洒，是一种很有观赏价值的风景树种。泰山上下树龄在100年以上的国槐计有42株，其中岱庙的"唐槐"、斗母宫的"卧龙槐"、登山盘路上的"四槐树"等较为著名。

（二）市花——紫薇

泰安市的市花为紫薇，亦称痒痒树、百日红，为落叶灌木或小乔木。在罗汉崖庭院中有一株紫薇树龄近百年，树干虬然如龙蟠，古趣盎然。每年自夏至秋，开时灿烂如火，微风吹拂，娇娇颤动，美不胜收。近年来泰安市政府在泰城街头、庭院、景区广为种植紫薇，并定其为市花。

四、风景名胜

泰安在未来文化旅游产业发展方面，确定了目标方向，一是文化形象更加鲜明。持续做大泰山金字招牌，以泰山、大汶口、大运河、东平湖等为代表的泰安文旅品牌竞争力进一步增强，具有国际影响的文化活动品牌不断丰富，形成以泰山为龙头的"多点支撑、多业并举、全域共享"旅游新格局，旅游知名度、美誉度、开放度明显提升。二是文旅供给丰富多样。力争到2025年，市域内国家级和省级旅游度假区达到5个，国家级和省级夜间文旅消费集聚区达到4个，建成文化旅游小镇4个、乡村旅游重点村10个、景区化村庄50个，规模化旅游民宿集聚区达到3个，国家4A级旅游景区达到16家，现代公共文化服务体系基本建成，旅游高质量产品供给充足。三是文旅产业蓬勃发展。"精品旅游"和"文化创意"两大产业集群得到长足发展，产业规模不断扩大，支撑带动作用更加凸显，基本实现旅游发展全域化、旅游服务品质化、旅游治理规范化、旅游效益最大化。文旅市场规范有序，文化产业增加值和旅游产业增加值占GDP的比重大幅增长，群众满意度显著增强。

（一）泰山景区（国家5A级旅游景区）

泰山位于山东省中部，主峰海拔1545米，具有通天拔地、雄风盖世的气派，被誉为"五岳独尊"，是中国首例世界文化与自然双遗产、世界地质公园、首批国家重点风景名胜区、首批全国文明风景旅游区、首批国家5A级旅游景区。泰山拥有5000年的文化积淀，历代帝王及文人墨客留下众多文物古迹和诗文华章，独特的封禅文化，岱庙、南天门、碧霞祠等巧夺天工的古建筑，秦刻石、经石峪、唐摩崖等历史石刻，秦松、汉柏、唐槐等古树名木，构成有"东方文化缩影"之称的泰山。泰山以气势雄伟著称于世，自然风光多姿多彩，以雄、险、奇、幽、奥、旷为典型特征,形成旭日东升、云海玉盘、碧霞宝光、晚霞夕照等独特的自然奇观。地质构造复杂,形成"醉心石"等地质奇观,是一座天然的地学博物馆。泰山优美的自然景观、丰厚的历史文化积淀和典型的地质遗迹,深刻地影响着炎黄子孙,是中华民族的精神家园,是人类走进大自然寻求国泰民安的通道。

泰山景区以泰山主峰为中心,呈放射状分布,由自然景观与人文景观融合而成。泰山山体高大,形象雄伟。尤其是南坡,山势陡峻,主峰突兀,山峦迭起,气势非凡,蕴藏着奇、险、秀、幽、奥、旷等自然景观特点。岱庙内有与北京太和殿、曲阜大成殿同称为"中国三大殿"之一的天贶殿。人文景观,其布局重点从泰城西南祭地的社首山、蒿里山至告天的玉皇顶,形成"地府""人间""天堂"三重空间。岱庙是山下泰城中轴线上的主体建筑,前连通天街,后接盘道,形成山城一体。由此步步登高,渐入佳境,而由"人间"进入"天庭仙界"。泰山景区内,有山峰156座,崖岭138座,名洞72处,奇石72块,溪谷130条,瀑潭64处,名泉72眼,古树、名木万余株,寺庙58座,古遗址128处,碑碣1239块,摩崖刻石1277处。主要分布在岱阳、岱顶、岱阴及灵岩。

(二)泰安方特欢乐世界(国家4A级旅游景区)

泰安方特欢乐世界,位于泰安市泰山区东部新区明堂路北段,属第四代大型高科技科幻主题乐园,由恐龙危机、飞越极限、神秘河谷、聊斋、维苏威火山、海螺湾、未来警察、生命之光等17个主题项目区组成,包含主题项目、游乐项目、休闲及景观项目300多项,年可接待游客量400万人次。

一个科技和幻想为主题的乐园。通过现代计算机、自动控制、数字模拟与仿真、数字影视、声光电等

高科技手段与艺术的完美结合,打造出的新型、以科技和幻想为主题的高科技主题乐园,给游客全新的体验。新颖的参与方式,惊险刺激。历史与未来交融,现实与虚幻的重叠,这是一个梦幻的乐园。这是一个从设计到制造,从软件到硬件,从管理到运营完全掌握在中国人手中的主题乐园,拥有完全的自主知识产权。

（三）泰山花样年华景区（国家 4A 级旅游景区）

泰山花样年华景区是集娱乐、观光、采摘、餐饮、展销 5 个功能于一体的大型农业旅游文化项目，建成以兰花为主题的国家 4A 级旅游景区。泰山花样年华景区是泰安市泰山区着力打造的以农业为特色的旅游园区。

泰山花样年华景区总面积 3000 亩，主要建设水上乐园、梦幻花都、热带风情、宝岛兰苑、未来田园、天合乐园、动感地带、千年紫薇 8 个项目。

（四）泰安市宝泰隆旅游度假区（国家 4A 级旅游景区）

泰安市宝泰隆旅游度假区是由黑龙江宝泰隆房地产开发有限公司投资近 20 亿元开发的大型综合旅游度假区。度假区占地 150 万平方米，空间格局上分为地下、地上和空中 3 大景观体系，产品涵盖观光娱乐、休闲度假、餐饮购物、文化体验、特色演出等 5 大板块，是一家集吃、住、行、游、购、娱等要素于一体的国内一流的高端文化旅游产业园。

（五）泰山天颐湖旅游度假区（国家 4A 级旅游景区）

泰山天颐湖旅游度假区位于泰安市岱岳区满庄镇天颐湖（原胜利水库）水区，规划面积 8.6 平方千米，水面 5.5 平方千米，占地 800 亩，总库容达 5920 万立方米。景区紧邻泰安市南部新区，距泰安市主城区 10 千米，西临 104 国道，南眺大汶口文化遗址，西南依伴上泉古泉群，处在"山水圣人"旅游线上，风景秀丽，景点集中，地理位置十分优越。景区依托天颐湖优质的水体自然环境和良好的区位优势，集合目前正在建设之中的以突出"山崇拜、太阳崇拜"为主题的太阳部落景区，共同打造主题娱乐公园、主题度假酒店、特色旅游社区、滨水游憩休闲四位一体的综合旅游度假区,致力成为全国一流的旅游胜地,构建"白天登泰山,夜晚观天颐"的旅游新景观。

"长堤横卧山间,环抱明镜一面。烟波拥翠色,碧水共长天"是对天颐湖最好的写照。天颐湖四季风光,万千景象。阳春,伴随着山野的返青,平静的湖面雪化冰消,沉寂的林间恢复了百鸟的鸣啭,天颐湖开始为游人敞开宽广温馨的怀抱;盛夏,湖光山色,青翠欲滴,林间漫步,水边垂钓,湖上泛舟,沙滩嬉闹,飘逸醉人;金秋,天高云淡,风清气爽,层林尽染,绿水如眸;隆冬,银装素裹,清白朦胧,候鸟云集,如诗如画。

(六)太阳部落(国家4A级旅游景区)

太阳部落总投资36亿元,占地面积3000余亩,其中一期占地1800亩,投资18亿元。太阳部落以大汶口文化为主线,以情景体验的形式,将史前文化和游乐项目有机融合,使远古文明的场景在游客面前真实展现,是中国首家展现史前文明的特大型主题公园。

旅游区分为时光穿越、梦回大汶口、洪荒探秘、洪荒历险、情定大汶口、金乌古镇6大板块,由时空隧道、文明之光、远古大战、地心历险、盘古狂叫、女娲补天、共工的愤怒、山洪暴发、洪荒漂流、高空斗牛、狩猎归来、水龙王等40余个主题项目组成。

(七)泰安新天街刘老根大舞台(国家4A级旅游景区)

泰安新天街刘老根大舞台位于泰安市岱岳区正中心以西,紧邻京沪高铁泰安站,是本山传媒2013年重点打造的全新剧场。剧场古香古色,分上下两层,可同时容纳千余人观看演出,无论从整体设计布局还是规模上都是目前一流的二人转剧场之一。

第二十七章 泰安市

(八)泰山温泉城(国家4A级旅游景区)

泰山温泉城文化旅游景区是由山东泰山温泉旅游开发有限公司投资建设,总投资26亿元,占地面积1360亩,规划建筑面积43万平方米,按国家4A级旅游景区标准精心打造,是集温泉养生、休闲度假、商务会议、康体娱乐和生态旅游等多功能于一体的国际性泰山文化温泉主题度假区。

泰山温泉城温泉出水温度50℃左右,最大出水量为3800立方米/天。权威部门检测表明,温泉水属优质天然高硫高钠的硅氟复合型医疗热矿水,富含氟、溴、钠、硫、碘、锶、锂、偏硼酸、偏硅酸、磷酸等30多种对人体有益的微量元素和矿物质,"氟、偏硅酸"符合并达到国家命名标准,水质优于国家最新饮用矿泉水和热泉水的标准,在全国温泉行业实属罕见,极具医疗和保健价值。

能够帮助血液循环,加强新陈代谢,改善心脑血管,防止老年骨质疏松,缓解肌肉紧张以及帮助消除疲劳;特别对风湿关节炎、坐骨神经痛、骨质增生、腰肌劳损、神经衰弱、肠胃疾病、美容护肤等具有显著疗效。浸泡在温泉水中,可使人感到温暖舒适,身心愉悦,美丽常伴,益寿延年。

(九)莲花山(国家4A级旅游景区)

莲花山,位于泰安市新泰市,古称新甫山,后因九峰环抱,状似莲花而得名,东西绵延15千米,总面积100平方千米,主峰天台峰海拔999米。它是集生态休闲度假、佛教文化旅游、科研科普于一体的风景名胜区,为国家4A级旅游景区、国家森林公园、世界地质公园,自然景观独具特色,文化底蕴深厚,古迹遗址众多。天下第一天然观音——天成观音、地球上最古老的岩石——科马提岩、中

国北方最大的观音道场,都为莲花山这块深藏在鲁中腹地的净土,蒙上了一层神秘的面纱。

(十)春秋古城(国家4A级旅游景区)

春秋古城位于山东省泰安市肥城市康王路以西、龙山路以南。旅游核心区占地1400亩,建筑面积66万平方米。目前是山东省重点文化项目、国家4A级旅游景区、山东省旅

游特色休闲购物街区。

春秋古城是以春秋建筑为平台，以春秋文化为灵魂的大型旅游集散地项目。春秋建筑是以中国汉、唐建筑为基础，加入春秋建筑元素和本地民居元素而成的独特的春秋古城建筑；春秋文化是以春秋历史文化和发源于春秋时期的诸子百家思想文化为主，加入本地历史文化和民间民俗文化，而形成独特的春秋古城文化。

春秋古城旅游主线以两轴两河一园六广场组成，两轴即以春秋文化为主的春秋大道和以地方文化为主的丘明路；两河即以休闲娱乐为主的肥子河和以景观为主的桃花溪；一园是以展示春秋历史文化为主的春秋文化园；六广场是以春秋礼仪文化为主的春秋广场、以宗教和民俗文化为主的庙会广场、以鼎文化和音乐文化为主的九鼎广场、以桃文化为主的桃花广场、以范蠡商业文化为主的陶朱广场、以左丘明文化为主的丘明广场。

(十一)水浒影视城(国家 4A 级旅游景区)

水浒影视城坐落在泰安市东平县。"八百里水泊"唯一遗存水域——山东东平湖畔的水浒影视城。水浒影视城被评为 2010 山东旅游最震撼旅游演艺、山东旅游年度十佳景区。据悉，东平县当地打造的巨型宋代战船达 15 艘之多。东平县是《水浒传》的拍摄地，因为这里有全亚洲绝无仅有的"水浒大寨"。将被建成全亚洲最大的影视城。业界人士认为，山东戏、山东人、山东景、山东造。

水浒古镇是水浒影视基地的龙头项目，位于东平湖东岸，东起 255 省道，西至东平湖湖岸线，南起大清河，北至老湖镇朱桥村，总规划面积约 5 平方千米，计划总投资 12 亿元，由东平县水浒旅游开发有限公司投资兴建。项目划分为入口区、引景区、

水浒影视城、水浒风情展示区、中心码头服务区、景观地产区 6 大功能区。主要建设引景大道、水浒广场、水浒影视城、替天行道坊、东京汴梁御道、聚星楼、伏魔殿等景点。

水浒影视城以《水浒传》中描述的人物故事为背景，充分展现水浒故里历史风貌和民俗人情，主要建设了王爷府、太师府、太尉府、青楼、樊楼、瓮城、御龙坊、东京汴梁御道、紫石街等仿宋代建筑，古风浓郁，工艺精湛，细致逼真，进入城中，犹如跨入历史；漫步城中，

宛若畅游千年。在圆满完成《水浒传》的拍摄之后，又吸引了《剑侠情缘》《楚留香新传》《卜案》《四手妙弹》《麻辣白玉堂》等二十余部影视剧的签约入驻。影视城内精心编排的宋江迎宾、燕青打擂、审武松等30多项水浒演艺节目，为游客体验水浒文化提供了便利条件。水浒影视城已经成为集文化体验、风情展示、休闲度假、影视拍摄、游客集散于一体的综合性旅游服务区。占地100亩、投资1.1亿元的水浒度假酒店，是按照国际五星级标准打造的一家以宋代水浒文化为主题的度假酒店。

第二十八章 晋城市

一、市情简介

晋城市,古称建兴、泽州、泽州府,是山西省下辖地级市之一,位于山西省东南部,晋豫两省交界处,自古为兵家必争之地,素有"河东屏翰、中原咽喉、三晋门户"的美誉。晋城市现辖1个市辖区、4个县、1个县级市,分别为城区、泽州县、阳城县、沁水县、陵川县和高平市,以及1个省级高新技术开发区,即晋城经济技术开发区,全市总面积9490平方千米,占山西省总面积的6%。其中平川1221.6平方千米,丘陵2704平方千米,山地5564.4平方千米。第七次全国人口普查显示,全市常住人口2194545人,22个民族。在东西长160千米,南北宽100千米的地下,蕴藏着煤、煤层气、铁矿石、铝土矿、铜、锰、锌、金、银、大理石、水晶石、白云石等数十种矿产资源,尤以煤铁为著,有"煤铁之乡"的盛誉。

晋城市无烟煤、煤层气、白云岩、石灰岩、铝土矿等矿产资源储量可观,是全国重要的无烟煤基地、煤层气基地、煤化工基地、电力基地和中高档铸件基地。尤其是煤炭资源储量大,品质优,享誉全国。全市含煤面积占总面积的49%,无烟煤探明储量为273亿吨,占全国的1/4多,占山西的1/2多。无烟煤年产量8000万吨左右,占全国总产量的近50%。晋城市煤层气储量达6.8万亿立方米,占全国的近1/4,且纯度高、埋藏浅、可采性好,在全国率先实现了规模

化、商业化开发。

晋城市是中国最北的丝绸产地。拥有5万亩的野生桑树林,织造的潞绸是中国三大丝绸之一,四百年来行销华夏,占全国高档丝绸市场份额的30%~40%,同时远销海外,英国皇室、西班牙皇室每年从晋城市购买600万~1000万潞绸产品。晋城市有全国第一的古堡群。沁河流域分布的117座大型明清古堡,是全国最大的明清古建筑群,其中陈廷敬故居——皇城相府就是最知名的代表;还有15万间完整明清古建,206处中国历史文化名村(镇)和中国传统村落。晋城市有全国第一的煤层气。探明储量占全国1/3,产量占全国68%,日产900万方。晋城市正瞄准成为能源革命排头兵的领跑者,全力建设"一枢纽三基地一中心"(全国输气管道重要枢纽;全国煤层气生产示范基地、煤层气装备制造业基地、中部地区和京津冀地区储气调峰基地;全国煤层气交易中心)。晋城市有全国第一的低硫煤和煤化工。这里出产的"兰花煤",品质高,低硫无味;热值高,达到8000大卡;价格高,块煤约1200元每吨;产量高,产量占全国40%~50%,2019年

产量达1亿吨。年产600万吨尿素占全国1/10,年产300万吨甲醇占全国1/20,己内酰胺占全国2/3。

晋城市境内分布较广的野生植物资源有560余种。按经济用途可分为8类,分别为:药用植物200余种,主要有九节菖蒲、连翘、党参、冬花、远志、山萸、何首乌、牡丹等;纤维植物60余种,主要有椴树、构树、桑树、黄瑞香、南蛇藤、胡枝子等;鞣科植物50余种,主要有辽东栎、槲树、华山松;油脂植物70余种,主要有翅果油、棒子、文冠果、野大豆等;芳香类植物40余种,主要有铃兰、百里香、香附子、小飞莲等;淀粉糖类植物60余种,主要有橡子、山楂、毛樱桃、山刺玫等;经济类植物30余种,主要有青松、红桦、白皮松等;野生观赏

植物 60 余种,主要有猬实、珍珠梅、太平花、四照花等。此外还有蜜源植物、土农药植物、色素植物,以及优良草种等。上述野生植物中属国家二级重点保护的有连香树、山白树、杜仲、银杏、翅果油树;三级保护的有领春木、青檀、野大豆、核桃楸、猬实。

晋城市是华夏文化发祥地之一,两万年前便留下高都遗址、塔水河、下川等人类遗址。是女娲补天、愚公移山、禹凿石门、商汤筹雨等神话发源地,还是高僧慧远、天文学家刘羲叟、孔三传、王国光、陈廷敬等名人故里。全市现有文物总量 6767 处,属国家重点文保单位 66 处,包括冶底岱庙、青莲寺、崇寿寺、海会寺、柳氏民居以及湘峪古堡等众多名胜古迹。

晋城市古为冶炼之都,有"九头十八匠"之称。是战国"阳阿古剑"产地,境内泽州铁器、兰花炭曾名扬海内。蟒河、历山等保护区,生长有猕猴、大鲵等稀有动物,素有"生物资源宝库"之称。

晋城市是全国中高档铸件和华北蚕桑丝绸基地。晋焦、晋济、阳翼、陵沁、高新、环城高速与 207 国道交织成网,太焦、侯月及嘉南铁路贯穿全境,拥有国际花园城市、国家园林城市等多项荣誉。

二、城市名片

国际花园城市、国家园林城市、国家森林城市、国家卫生城市、中国优秀旅游城市、全国普法先进市、全国绿化模范城市、全国双拥模范城市、全国社会治安综合治理优秀城市(2013—2016)、全国未成年人思想道德建设工作先进城市、全国文明城市提名城市、2007 世界投资中国——中小城市魅力奖、跨国公司最佳投资的城市、2008 中国魅力中小城市、

2008 中国城市信息化 50 强、2009 中国黄河中游地区十大魅力城市、2009 中国魅力中小城市 50 强、2020 年传统村落集中连片保护利用示范市,入选"2019 年中国外贸百强城市"名单,入选全国双拥模范城(县)名单,2021 年 5 月入选中国地级市百强品牌城市(第 99 位),入选第四批国家公共文化服务体系示范区公示名单入选 2017—2020 年度平安中国建设示范市,全国爱卫办表彰其为"2020 年度健康城市建设进步最快城市"。

三、市树市花

(一)晋城市市树——雪松

(二)晋城市市花——紫薇

四、风景名胜

(一)晋城皇城相府生态文化旅游区(国家 5A 级旅游景区)

皇城相府(又称午亭山村)总面积 3.6 万平方米,是清文渊阁大学士兼吏部尚书加三级、《康熙字典》总阅官、康熙皇帝 35 年经筵讲师陈廷敬的故居。其建筑依山就势,随形生变,官宅民居,鳞次栉比,是一组别具特色的明清城堡式官宅建筑群。"绿树村边合、青山郭外斜",皇城相府不仅是一幅古代"自然山水画",更是一座具有强烈人文精神的东方古城堡。

皇城,枕山临水,依山而筑,城墙雄伟,雉堞林立,官宅民居,鳞次栉比,朴实典型,错落有致,是一组别具特色的古代建筑群。

明清两代,皇城科甲鼎盛,人才辈出,述作繁盛,冠盖如林。祖居这里的陈氏皇城相府家族更是明、清时期享有盛誉的文化巨族,从明孝宗到清乾隆(公元 1501—1760 年)间的 260 年中,共出现了 41 位贡生、19 位举人,并有 9 人中进士、6 人入翰林,享有"德积一门九进士,恩荣三世六翰林"之美誉。在此期间,38 人走上仕途,奔赴大半个中国为官,足迹遍及 14 个省、市,且多政绩显赫,百姓称颂,致仕去官时民为立祠。

在陈氏家族鼎盛期的康熙年间,居官者达 16 人之多,出现了"父翰林、子翰林、父子翰林;兄翰林、弟翰林、兄弟翰林",父子同编一典《康熙字典》的盛况,堪称北方第一文化巨族。在皇城,无论是踽踽而行,还是驻足观瞻,那浓郁的历史气息无时无处不浸入心脾。清代初叶,就在这一方厚土上,诞生了著名的政治家、文化家、理学家、诗人陈廷敬。

皇城相府位于山西省东南部的晋城市北留镇境内,东与河南省焦作市毗邻,南与古都洛阳市接壤,西与山西省的临汾市、侯马市相交,北与山西省长治市紧连,目前亚洲最大的坑口火力发电站——阳城电厂近在咫尺，通信网络覆盖全村、地理位置十分优越，晋阳高速公路擦肩而过，交通条件便利。

皇城村居住着234户，680余口人家，耕种着480亩土地，全村总面积1.7平方千米。地下有丰富的、得天独厚的煤炭资源，地上有清代康熙皇帝的老师，《康熙字典》总阅官文渊阁大学士兼吏部尚书陈廷敬故里"皇城相府"。改革开放以来，先后创办了煤炭开采，轻工、农副产品加工，旅游服务等多种产业。皇城相府2001年被山西省政府确定为新十大旅游景点之一。目前，皇城相府每日游人如织，络绎不绝。皇城相府已成为太行山上一朵绚丽的奇葩，黄河流域一颗璀璨的明珠。

（二）山西蟒河国家级自然保护区（国家4A级旅游景区）

蟒河位于晋城市阳城县南40千米的森林境内，南与河南省济源市接壤，总面积约20平方千米。景区内峰峦叠嶂、山色青翠，有如天的望蟒孤峰，急流似箭的泉水，飞雪溅银的瀑布，灵活聪明的猕猴。莲花峰、水帘洞、仙人桥、翡翠池景色相连，处处同古老动人的民间传说相联系。主要景点梦山，四季云雾缠绕，植披霞盖。置身山顶，极目远眺，只见重重山影似龙腾虎跃，片片松柏如万里波涛。百丈悬崖处怪石嶙峋、山涧幽谷中泉清鸟鸣，参天古树挺拔俊秀，妩媚山花争奇斗艳。置身于蟒河谷之中，令人陶醉，使人心旷神怡。自然保护区内除珍稀动

物猕猴外，还有大鲵、金雕、金钱豹、菜花蛇、大黑蝴蝶，稀有植物有山百树、颂春木、青檀、红豆杉等。这些动植物均为景区增加了观赏项目，增添了神秘色彩。境内交通便利，晋（城）阳（城）调整公路、阳（城）济（源）等级干线、阳（城）董（村）三级油路，距景区较近，景区周边各种公用设施较为完善，住宿、饮食、邮电、购物、娱乐有一定规模，各项服务热忱周到，是游人观光、避暑的最好去处。

（三）王莽岭（国家4A级旅游景区）

王莽岭相传因西汉王莽追赶刘秀到此安营扎寨而得名。景区包括华北最大的生态旅

游目的地王莽岭、世界围棋起源地棋子山、世界奇观挂壁公路和世外桃源锡崖沟等。

王莽岭地处黄土高原与中州平原断裂带之最险要处，由高低错落的五十多个山峰组成，最高海拔1665米，最低处仅800米。驻足山顶，太行雄姿尽收眼底，中原大地举目可及。这里的云海、日出、奇峰、松涛、挂壁公路、红岩大峡谷、立体瀑布，形成了八百里太行最著名的自然景观。王莽岭境内植被茂密，森林覆盖率达95%以上，险绝之境，林海苍茫，松涛弥耳。整个山上，处处是美景，处处皆可入画，是摄影爱好者拍摄风景的绝佳境地。暑期气温保持在18~20℃，素有"清凉圣境"之美誉。山上山下气候迥异，气象变化万千，一年四季皆为旅游胜地。

(四)珏山(国家4A级旅游景区)

珏山位于晋城市区东南13千米处的丹河南岸，主峰海拔973米。珏山风景素以险峻、雄奇驰名，古有"晋魏河山第一奇""小华山""小武当"之美称，其势之凌峥，确可与华山的奇伟峭险、武当山的秀媚风光相媲美。"珏山吐月"为晋城四大名胜之一。

珏山自然景观迷人，人文内涵丰富，寺、观、殿、门构筑了丰厚的道教文化积淀。珏山月、天下奇，双峰捧月，绝无仅有，妇孺兼知，自古就有"中国赏月名山"的美誉。丹河从珏山脚下流过，宛如银色的飘带缠绕着珏山，呈现出一派深山藏秀的桃源佳境。不仅如此，珏山还是一处道家仙境、仙家宝地，自古就有"南武当、北珏山"之美誉，同奉真武帝君，文化渊源、一脉相传，异曲同工。珏山在东汉时就被辟为道场，兴盛于唐宋时期，有"中国道教圣地"之称。

(五)蟒河生态旅游区(国家4A级旅游景区)

蟒河景区位于山西省晋城市阳城县东南35千米，总面积5573公顷，是猕猴自然保护区。

蟒河景区素有"黄土高原小桂林"之雅称。主要水景有出水洞、二龙戏珠、水帘洞、饮马泉、小黄果树瀑布、流银瀑布、黄龙瀑布、黑龙瀑布、天龙瀑布、蟒湖等；蟒河的山层峦叠嶂，奇峰突兀，主要山景有莲花峰、望蟒孤峰、孔雀峰、石人山、窟窿山、三盘山等。

蟒河景区共有动物285种，种子植物882种。被列为保护动物的有黑鹳、金雕、金钱豹，处我国地理分布最北限的猕猴；被列为保护植物的有红豆杉、无喙兰、山白树、连香树，其中红豆杉属北方极少见的亚热带树种。药用价值极高的山茱萸在蟒河分布最广，历史悠久，因此蟒河又称"山萸之乡"。

（六）阳城天官王府（国家4A级旅游景区）

阳城天官王府是明代杰出的政治家、改革家，官至刑、户、吏三部尚书，曾辅佐明王朝达四十年之久的重臣王国光及其家族数代相承建造的大型官居建筑群，距今已有近千年的历史。其内部阁楼高耸，古庙森严，共有保存基本完好的官宅民居四十余处，涵盖了居

住、宗教、祭祀、文化、商业等建筑类型。

这里自古以来就有文化之乡的美誉，从明朝中叶至清初的百余年里，共走出了五位进士、六位举人，贡、监生员有数百人之多，特别是清顺治三年（公元1646年），这个只有几百口人的小山村，竟一榜出了王兰彰和王润身一门两位进士，轰动了朝野，当时有一首流传很广的民谣"郭峪三庄上下伏、举人秀才两千五"，充分体现了人文的鼎盛。

（七）柳氏民居（国家4A级旅游景区）

柳氏民居位于晋城市沁水县城西南25千米处历山脚下的土沃乡西文兴村，占地4平方千米，为国家4A级景区、中国历史文化名村、全国重点文物保护单位。

明永乐四年（公元1406年），柳宗元后裔耕读发家，于沁水县城西南25千米的文兴村修一进十三院的文人府邸，总占地面积20000平方米。其建筑工艺高超，建筑风格独特，融明清建筑艺术精华于一体，集南北建筑风格于一身，同时异常巧妙地将皇宫建筑工艺运用到民间，真实记载了百世书香文人做官的历史，深刻地揭示了明代"官而商"到清代"商而官"社会发展的本质，实为中华古民居建筑艺术之绝品。柳氏民居建筑共分三部分。村东端为外府区，包括柳氏祠堂、虞帝庙、文庙、纸帛楼、天子殿、圣庙、柴房和左、右过亭等；村北端为内府区，包括府内环形小街、小戏台、司马第、中宪第、武德第、承德第、因秀楼、地道

口、赏景亭、观河亭、后花园、府门楼等；中间区为内外府相接处，主要是文昌阁、校场、府外门楼和两个高大壮观的石牌坊构成的内街。

(八)丹朱岭旅游景区(国家 4A 级旅游景区)

丹朱岭旅游景区位于晋城市高平西北部，依托晋煤集团长平矿，是近年来以煤矿安全教育为核心，精心打造的工业旅游景区，景区以数字科技手段展示煤矿采、掘、机、运、通五大系统内容，真实再现透水、瓦斯爆炸、冒顶等事故，使游客身临其境地感受矿井灾害，体会生命的脆弱和可贵，从而提高人们的安全意识。

2012 年初，丹朱岭景区正式成为国家 4A 级旅游景区。傍临釜山水库，三面环山，森林茂密，可利用土地一千余亩。该景区东临花果山，西眺发鸠山，南拥泫水河，周边环境意浓，酷夏庇荫不胜凉。用一句话来形容，可谓是：半面矿山半面水，一片矿山一片诗。当人们离开了城市的喧嚣，结束了整天的忙碌后，无论是驱车还是徒步旅行于此，

都可以感受到一种难得的惬意和清新。景区已被评为"全国工业旅游示范点"。

(九)历山(国家 4A 级旅游景区)

历山是中条山的主峰，总面积为 100 平方千米，海拔 2358 米，与翼城、垣曲、阳城毗连衔接，境内峰峦叠翠，高居云表，是山西省南部高山，保存着华北地区仅有的一片原始森林。在这里，自然风光、原始森林和古人类文化融为一体，集旅游、探险、狩猎、考古、写生、

度假于一身的综合性风景区；是一个大气、土壤、水源、环境质量品位极高的、无污染的自然风景区，为自然保护区。

历山奇妙独特，景色迷人，有很丰富的自然景观和人文景观。山下仰望，奇峰峭壁，挺拔俊秀，林木参天，高耸入云。山上观望，平坦辽阔，山花

烂漫,芳草遍野,奇花异草,争相吐艳。周围峰谷相连,林木挺拔,云雾缭绕,变幻无穷,一年四季景色各异。烈日盛夏,山风沁人,气候凉爽。严寒隆冬,雪景诱人,冰凌倒挂,大山森林素装淡裹,仿佛成为水晶的世界。舜耕历山的传说、各呈异彩的溶洞群、下川遗址、瀑布、冰帘、一线天、斩龙台、试刀石等景点精华形成7个自然风景区,即白云洞景区、舜王坪景区、西峡景区、东峡景区、山山岩景区、涧河狩猎区、下川景区,景景奇丽,处处迷人。

(十)阳城县郭峪古城景区(国家4A级旅游景区)

阳城县郭峪古城坐落在"中国历史文化名村"郭峪村,是太行山麓一座城堡式村落,郭峪古城城内独具特色的明清建筑群为全国重点文物保护单位,有"中国乡村第一城"之称,被古建筑学泰斗罗哲文誉为"中华民居之瑰宝"。郭峪村规模宏大,形制完备,村落古建面积达18万平方米,有城垣城楼、官宦府邸、宅第民居、店铺作坊、苑囿园林等。不仅是该县一处极具地方特色的古代建筑群,更是全国独一无二的蜂

窝古堡群,被古建专家誉为中国古建筑的集聚地。现存传统院落,在建筑格局、形式、材料以及工艺等方面保持原状,整体设计和营造均出自当地工匠之手,是地方建筑文化传统的真实体现。

(十一)沁水县湘峪古堡景区(国家4A级旅游景区)

沁水县湘峪古堡被称为"中国北方明代第一古城堡",建筑风格中西合璧,质朴大气,

固若金汤,这种兵洞连城的建筑,被专家称为民间军事工程的顶峰之作。古堡内设有藏兵洞,平时可屯粮,战时可藏兵,堡墙中间设堡门。它将防御工事、兵营、军需仓库的功能合为一体,洞体坚固,墙砖用蛋清和糯米的合成剂黏合,墙缝如纸,坚固如磐。

湘峪古堡修建历时20载,而古堡的故事却延续了400年。它是沁河古堡之精髓、明清建筑之典范,堪称世界东方古堡的代表。

(十二)高平炎帝陵(国家4A级旅游景区、文化旅游景点)

高平炎帝陵位于晋城市高平市城东北17千米处的庄里村,这里山川秀丽,风景优美,陵区周围东、西、南三面沟壑纵横,北面丘陵起伏,青山映翠。庄里村炎帝陵,俗称"皇坟"。

陵后有庙,谓之五谷庙。五谷庙创建年代不详,最迟在宋代时早已有之。该庙坐北面南,建筑规模宏大,四周有城墙,分为上下两院,在其中轴线上,分列为舞台、献台、山门、南道、正殿。原来庙院内碑石林立,约有四五十通碑。现仅存正殿五间,东西厢房十几间。在东厢房的后墙上,有"炎帝陵"石碑一通,是明万历三十九年(公元1611年)申道统所立。"炎帝陵"石碑的后面有一个甬道(现已封住),可通墓穴,墓内有盏万年灯,常年不熄。

五、城市精神

崇实守信、开放包容、争先创新。

崇实守信,体现了一种道德基础,即对中华民族传统道德思想和社会主义道德规范的认同和实践。崇实,对公众表现为真实诚实,对事物发展表现为实事求是,对国家、社会和家庭表现为高度负责。守信,是对崇实的延伸,是在真实诚实、实事求是、高度负责的基础上的行为表现,是晋商精神、泽商精神在新时期的行为反映,是在社会主义市场经济条件下的行为要求。

开放包容,体现了一种气质秉性,即自信豁达的态度、雍容大气的气魄、海纳百川的精神、天下一家的胸怀,是外在表露(开放)与内在品质(包容)的有机统一,是对晋城地域特征、历史发展、人性本质和时代要求的高度凝练。

争先创新,体现了一种精神风范和目标追求,即敢为人先、勇争一流的劲头,革故鼎新、吐故纳新的风尚,富而思进、宁静致远的心境。这既是晋城人民固有的精神气质,更是时代发展的精神要求。

崇实守信、开放包容、争先创新,是晋城这座城市的灵魂,是晋城市民文明素养和道德理想的综合反映,是一种意志品格与文化特色的精确提炼,是市民认同的精神价值与共同追求。

第二十九章 长治市

一、市情简介

长治市位于山西省东南部,平均海拔1000米,地处太行山之巅,有"与天为党"之说,史称"上党",宋代大文豪苏东坡曾在这里留下"上党从来天下脊"的美丽诗篇。长治市地处北纬35°49′~37°07′,东经111°59′~113°44′。东倚太行山,与河北、河南两省为邻,西屏太岳山,与临汾市接壤,南部与晋城市毗邻,北部与晋中市交界。东西长150千米,南北宽140千米,总面积为13955平方千米,占全省总面积的8.90%。2018年11月行政区划调整后,市辖区面积2631.3平方千米。第七次全国人口普查显示,全市常住人口3180884人。2018年,围绕省域副中心城市建设,长治市完成"1+3"行政区划调整,形成4个市辖区发展格局。2018年11月23日,长治市实施行政区划调整,行政区划调整后,长治市下辖4区、8县,分别为:潞州区、上党区、屯留区、潞城区、襄垣县、平顺县、黎城县、壶关县、武乡县、长子县、沁县、沁源县;1个国家级开发区,132个乡镇,14个街道办事处。

长治市是华夏文明的重要发祥地之一,始祖炎帝神农氏曾在这里"尝百草、得五谷、教民耕种",开创农耕文明之先河。自秦置上党郡,已有2300多年的建城史,历朝历代为郡、州、府所在地。2019年,长治市登录在册的不可移动文物6833处,数量居全省第二,各级文物保护单位1330处。其中,全国重点文物保护单位73处,数量居全省第二,56处省级文物保护单位,168处市级文物保护单位,1033处县级文物保护单位。长治市是中国木结构古建筑的密集地,全市各类古建筑从唐代至清代,共有3580处,占不可移动文物总量的一半以上,被誉为"古文化和古建筑博物馆"。

长治市域主要由长治盆地及其周边山区两种地貌单元组成。武乡县—襄垣县—潞城区—壶关县以东的中山区,主要为下古生界碳酸盐岩地层分布区;襄垣县—长子县之间的长治盆地,主要为新生界松散堆积的红土、黄土分布区;武乡县—沁县—屯留区—长子县一线以西的低中山区,主要为上古生界碎屑岩地层分布区;太古界变质岩、中元古界长城系石英砂岩及石炭系铁铝岩仅零星分布。地层出露总厚度约11500米。

长治市地处黄土高原东南缘,从全市整体地貌看,山峦起伏、地形复杂,总体呈盆地状。最高点为沁源县太岳山主峰之一,海拔2541米,最低点为平顺县浊漳河出境处,海拔标高380米,最大切割深度为2161米。长治市地貌大致可分为山地、丘陵、盆地、河谷4种类型。

长治市地处被誉为"黄金人居带"的北纬36°～37°,属典型的暖温带半湿润大陆性季风气候。长治市冬无严寒、夏无酷暑,被誉为"北方的南方,南方的北方""夏季的无扇之城"。市区东有50平方千米的老顶山国家森林公园,西有27平方千米的漳泽湖和32平方千米的长治湿地,内有20千米长的环城水系,非常适宜居住游玩。长治市地跨海河、黄河两大流域。其中,海河流域面积11103平方千米,占79.9%;黄河流域面积2793平方千米,占20.1%。主要河流有海河流域的浊漳河、清漳河、卫河和黄河流域的沁河等。浊漳河是上党人民的母亲河,在长治市境内河长364.2千米,其南源、西源、北源三大支流及干流流经全市除沁源县以外的11个县(区),流域面积10035平方千米,占全市总面积的71.9%。沁河在长治市境内河长98千米,流域面积2283平方千米,占全市总面积的16.4%。全市有流域面积在50平方千米以上的河流97条。辛安泉是山西省第二大岩溶泉,水量丰沛,水质优良,是长治市重要的水源。2016年长治市辛安泉水源地被水利部列入全国重要水源地名录。泉域面积10950平方千米,涵盖长治市除沁源县之外的11个县(区),以及晋中市的榆社县。泉水出露于长治市潞城、黎城、平顺三县交界地带。2018年,辛安泉域范围内有岩溶水井340眼,泉水流量为每秒3.52立方米。

长治市境内有野生动物243种,其中,兽类6目15科45种,国家一级保护动物2种:金钱豹、原麝;国家二级保护动物4种:石貂、青鼬、水獭、猕猴;省重点保护动物4种:刺猬、复齿鼯鼠、飞鼠、小麝鼩。鸟类16目40科177种,国家一级保护鸟类4种:黑鹳、金雕、大鸨、褐马鸡;国家二级保护鸟类22种:黄嘴白鹭、白琵鹭、大天鹅、鸳鸯、蜂鹰、鸢、苍鹰、雀鹰、松雀鹰、大鵟、普通鵟、秃鹫、白尾鹞、游隼、灰背隼、燕隼、红角鸮、红隼、雕鸮、纵纹腹小鸮、长耳鸮、短耳鸮;省重点保护鸟类13种:苍鹭、池鹭、金眶鸻、鹬嘴鹬、普通夜鹰、星头啄木鸟、黑枕黄鹂、蓝翡翠、白顶溪鸲、黄脚三趾鹑、四声杜鹃、小杜鹃、红翅旋壁雀。爬行类3目7科15种。两栖类1目3科6种。

长治市植物资源以针阔混交林为主,夹杂有灌木和草本植物。沁源灵空山保存有二三百年的天然林群落。经济林木主要是木本粮油和水果林。国家和省重点保护野生植物有南方红豆杉、核桃楸、紫椴、刺五加、水曲柳、漆树、脱皮榆、刺楸、流苏树、党参和桔梗等二十余种。

长治市矿产资源较为丰富,全市12个县(区)除沁县矿产资源较为贫乏外,其他县(区)都分布有各具特色和优势的矿产资源。主要有煤、铁、石灰岩、矿泉水等矿产资源;有白云岩、硅石、石膏、铝土矿、硫铁矿、耐火黏土、高铝黏土、铁矾土、水泥黏土、砖瓦黏土、陶瓷黏土、紫砂陶土、花岗石、大理石、红石板、建筑砂等多种矿产;还有硅藻土、油页岩、含钾岩石、钾长石、低品位磷矿、蛇纹岩、钠长石、泥炭、麦饭石、白垩土、水晶、蛭石、石棉、石榴子石、重晶石、冰洲石和煤层气以及伴生的钛、镓、钴等,共40种。最具优势的矿产是煤炭、铁和石灰石。长治市是国家重点产煤市之一。2018年,长治市已探明煤炭储量近300亿吨,年产原煤1.1亿吨左右;已探明的煤层气储量5700多亿立方米,开采条件好。

二、城市名片

长治市是全国首批国家智慧城市试点市、首批国家公共文化服务体系示范区、首批全国全民健身示范市、中国十大魅力城市、首个中国曲艺名城,也是山西省第一个全国文明

城市、国家卫生城市、国家园林城市、国家森林城市。

三、市树市花

（一）市树——国槐

（二）市花——月季

1995年12月29日，市九届人民代表大会常务委员会第二十三次会议正式通过长治市市树、市花提案，决定市树为国槐，市花为月季。

四、风景名胜

截至2021年12月，长治市共有17处A级旅游景区，其中国家5A级旅游景区1处，国家4A级旅游景区12处，国家3A级旅游景区3处，国家2A级旅游景区1处，为广大市民提供了更多的出游选择。

（一）太行山大峡谷八泉峡景区（国家5A级旅游景区）

太行山大峡谷八泉峡景区晋升为国家5A级旅游景区，成为长治市首家、山西省第八家国家5A级旅游景区。

太行山大峡谷八泉峡景区位于太行山大峡谷中段，也是八百里太行最美的一段。八泉峡最高海拔1700余米，最低海拔600余米，全长13千米，流域面积60.33平方千米，泉源300余处，飞瀑30余条。因峡谷中桥后沟有八股大的泉水同出一地，自古以来民间就称之为"八道水"，加之峡谷中部又有两处泉群均为8个泉眼，三处泉水数量均为8，所以太行山大峡谷此处的景区被命名为"八泉峡"，是峡谷内设施最全、线路最美、最具代表性的精华景区，蕴涵了太行山之精髓，先后被评为国家森林公园、国家地质公园、国家攀岩基地、中国十大最美峡谷、中国品牌景区20强和山西省标杆景区，被誉为"世界级极品旅游资源""太行第一雄峡"。峡谷内将北方山川的壮观和江南秀水的柔美完美融合：有重峦叠嶂的山峰、鬼斧神工的峭壁、千姿百态的山石、绿浪滔天的林海、潺潺流淌的泉水、清澈见底的池潭,景区内有门楼景观、峡谷景观、索道景观和步道景观4大游览区域,主要景点36处。

(二)欢乐太行谷(国家4A级旅游景区)

欢乐太行谷是山西省首个特大创新型综合旅游项目,总投资25亿元,占地66万平方米,由长治市假日欢乐大世界旅游开发有限公司于2015年开发建设,位于全国文明县城、国家园林县城、国家卫生县城和中国优秀生态旅游县——壶关县城北。景区由冒险广场、水世界、欢乐岛、特色民俗商业街4大核心板块构成。"春赏花灯夏戏水,秋观演出冬滑雪"是景区最大的旅游特色。该景区日最大承载量1.8万余人次,年承载量达600余万人次,创造了1000多个就业岗位,

间接带动近2000人实现脱贫创业。欢乐太行谷始终以"建设精品旅游目的地"为目标,大项目支撑,高起点谋划,贯穿"全健康、满旅游、深体验"的旅游发展理念,未来将建成涵盖"文、旅、农、康"等多元化的综合旅游度假区。目前,景区内200余间特色民宿的样板房已装修完成。同时,景区还计划开发建设的有太行农庄、太行康养小镇、太行野生动物园、太行主题演绎、壶关新时代双语学校等。

(三)振兴小镇(国家4A级旅游景区)

振兴小镇位于长治市上党区东南部,面积12.6平方千米,北倚上党名山大雄山,南望长治晋城分界金鸡岭,四周群山环绕、翠绿掩映、气候宜人、交通便捷,地处北纬38°线,

年平均气温9℃,素有"太行无扇之城、上党天然氧吧"之称。振兴小镇先后荣获"全国文明村镇""全国美丽乡村示范村""中国十大最美乡村"等荣誉称号,被誉为"中国乡愁公园""中国避暑小镇"。景区依托山水相依的自然生态资源优势和工业基础,打造振兴民俗文化村、振兴雄山欢乐谷、振兴生态游乐园三大旅游板块,先后修复槐荫寺,建成工人文化宫、上党印象步行街、振兴冰雪世界等20余处各具特色的景点,是一处融山水风光、休闲娱乐、民俗体验、度假养生、农艺博览为一体的乡村旅游度假胜地。景区成功举办过"春节嘉年华""重阳文化旅游节""根祖文化旅游节"等民俗节日活动,努力打造乡

村旅游品牌。

振兴小镇以"绿"为先,以"文"为魂,以"旅"为径,是一处集山水风光、休闲娱乐、民俗体验、农艺博览、旅游开发、农业观光、生态采摘、产品营销、会务策划、食品加工、餐饮宾馆、精品民宿、健康养生、旅游地产开发于一体的乡村旅游度假胜地。春来"山清水秀、鸟语花香";夏来"清风凉爽、避暑山庄";秋来"硕果累累、五谷飘香";冬来"雪山美景、温泉疗养",成为太行乡村旅游的新选择。

(四)太行龙洞(国家 4A 级旅游景区)

太行龙洞位于长治市武乡县蟠龙镇石泉村,是太行山一个大型溶洞,洞内的岩溶景观形成于 5.7 亿年前,洞内大厅宏伟,温度宜人,空气新鲜,各种造型奇特的钙华景观,流光溢彩。龙洞上下共分 4 层,总长 2600 多米,共有 400 多处景点,目前对外开放的有 3 层,1700 多米,300 多处景点,太行龙洞既有南方溶洞的特征,又具有典型的北方溶洞特点。

洞内溶石错落有序,洞中套洞,晶莹透明,千姿百态,景观奇特。石花、石柱、石钟乳、石瀑布、石笋丛、石蘑菇群、石帘、石塔、石钟、石葡萄、石狮、鹅管等各种造型奇特的钙化景观攀沿四壁,流光溢彩,具有较高的科研价值和观赏价值。洞外群山环绕,森林茂密,鸟语花香,景色优美。洞内有华北最大的岩溶擎天柱。三层大厅中央有全国罕见的面积最大的月奶石。三层二号厅有清晰可见的年轮,属全国罕见。造型奇特的钙华景观攀沿四壁栩栩如生,经地质专家考察为华北溶洞之首,各种造型奇特的岩溶景观可和南方溶洞媲美。

(五)通天峡景区(国家 4A 级旅游景区)

通天峡景区位于太行山南端以东,长治市平顺县城东 30 千米处,横跨山西、河南两省交界,主景区位于平顺县虹梯关乡境内,规划区涉及虹梯关乡、东寺头乡所属的 18 个行政村。东至库峧村,西至虹梯关,北至西井山,南至东寺头,总占地面积约 65 平方千米,由山东烟台塔山企业集团股份有限公司斥资 5.2 亿元、历时四年精心打造而成。

通天峡景区以贯通虹梯关与东寺头的大峡谷为轴线,集雄、奇、险、秀于一身,融历史文化与自然风光为一体,拥有大峡谷、仙人峰、虹霓瀑布、虹梯古关四大特色区域。主峡谷

长约26千米,海拔1600多米,堪称北方小九寨。这里奇峰林立、巍峨厚重;太极石阵、造化天成;峡谷万丈、壁立千仞;飞瀑流霞、如银似练;林秀潭幽、鸟语花香;红叶漫山、药材遍地,山水胜景美到极致,被誉为"三山五岳汇太行,北雄南秀看平顺"。在刀削斧劈的悬崖谷底,千姿百态的山石,如练似银的瀑布,碧波荡漾的深潭,四季分明的景色,无不让游人流连忘返。春天这里嫩芽点绿、山花烂漫,悬崖上尚未消融的冰挂映衬着童话般的世界;夏天这里绿荫围湖、莺飞燕舞,流水梳理着翠绿的树枝与碎石;秋天红叶铺山、彩林满目,如练似银的飞瀑弹奏着沁人心脾的乐章;冬天雪裹山峦、冰瀑如玉,蓝色湖面的冰层充满了诗情画意。

(六)仙堂山(国家4A级旅游景区)

仙堂山九龙怀抱,方圆22平方千米,地质古老,地貌奇特,植被多样,最低海拔1100米,最高海拔1725米,观音峰、翠微峰、灵鹫峰等山峰环列如画屏,最高峰伟回山享有"上帝之碧炉"之誉,舍身岩悬崖万丈,天然卧佛神态安详而庄严。虎掌石、海底生物化石、仙堂奇松、娲皇宫奇树、朱砂洞、黑龙洞等奇石、奇树、奇洞号称"仙堂三奇"。花草树木360多种,绿化覆盖率90%,空气质量和地表水质量为国家一级标准,环境噪声达到"0"标准,故有"天然氧吧"赞誉。

仙堂山居上党古韩八景之冠,早以它的独特风格载入《中国名胜辞典》。既是我国东晋时期的佛教圣地,更是一个迷人醉客的风景区。"谁说襄垣无胜景,东行五十有奇峰。山中林隐仙堂寺,绝顶空悬娲皇宫。"这四句诗道出了旅游名胜仙堂山的独特之处。仙堂山不仅青山叠翠,奇峰峥嵘,且自然岩洞之多,殊为罕见,诸如观音洞、朱砂洞、黑龙洞、铙钹洞、白龙洞、滴谷洞、狐仙洞、纺花洞、蜜蜂洞等。这些岩洞有的深邃莫测,有的钟乳嶙峋,有的子母相连,有的赤如朱砂,形态各异,神奇壮观。尤其是别有洞天的黑龙洞,岩顶怪石形如彩云,洞钟乳状若游龙,喷泉四射,叮当有声。仙堂山的古建筑很特别。仙堂寺寺中有泉,娲皇宫宫中有洞;寺因泉得名(仙堂寺又名五泉寺),宫依洞而立,玲珑辉煌,错落有致。仙堂山的气候特别舒适,夏可避暑,冬可御寒,素有避暑胜地之称。正如明永乐进士李浚云:"此是蓬莱真境界,更于何处觅仙堂。"

（七）八路军文化园（国家 4A 级旅游景区）

八路军文化园位于山西省长治市武乡县城内,整个景区由前广场、游客咨询服务中心、胜利大道、军艺社、胜利坛、实景剧场、八路村 7 个部分组成。八路军文化园是目前全国唯一将展馆内静态展板用体验式的高科技手段,再现八路军抗战史实的大型主题公园。

园内三场常态演出:实景剧"反扫荡",影视蒙太奇体验剧"太行游击队",军民同庆《欢庆胜利》大巡游",通过声、光、电等科技手段,幽默诙谐的表现形式,喜庆热闹的民俗风情,生动再现了八路军将士与当地老百姓军民同心、共同抵制日寇的历史场景。除了这些情景剧目的演出,游客还可以穿军服,参与"当一天八路军"的角色扮演活动,体验历史。

（八）洗耳河景区（国家 4A 级旅游景区）

洗耳河景区是国家 4A 级旅游景区,位于长治市黎城县西井镇,地处晋、冀、豫三省交界,距离县城 32 千米,是黎城县中太行山国际旅游度假区的核心景区。

洗耳河景区集奇、雄、险、秀于一身,主要景点有茶壶山、晒布崖、洗耳泉、九龙山、西禅堂（双佛寺）、纱帽山等,主要拓展项目有丛林穿越、攀岩基地和 CS 镭战,是一处旅游、康养、会议、度假、写生、研学的理想之地。洗耳河是从山中渗出的一股活水,原名颖水,因上古时期许由、巢父在此隐居,于是留下了"许由洗耳""洗耳恭听"的典故。主要景点有洗耳河、洗耳泉、九

龙山、金鸡寨、纱帽山等。

（九）八路军太行纪念馆（国家 4A 级旅游风景区）

八路军太行纪念馆位于八路军总部长期驻扎过的太行山区山西省长治市武乡县县城,占地面积 180000 平方米,馆区主要分为主展区和游览区 2 大部分。主展区包括八路军简史陈列厅、八路军将帅厅、日军侵华暴行厅;游览区包括八路军游击战术演示厅、八路军

抗战纪念碑、八路雄风碑林等。

在伟大的抗日战争中,英勇的八路军出生入死,浴血奋战,战绩辉煌,为纪念这一光辉的历史,20世纪70年代末,老区人民就以满腔热情,倡议筹建八路军总部纪念馆,并呈送中央领导批示。八路军太行纪念馆于1988年9月3日正式落成开馆。

(十) 山西平顺天脊山地质公园(国家4A级旅游景区)

山西平顺天脊山地质公园位于太行山之巅的平顺县东南山麓,毗邻河南桃花洞,天脊山有古朴原始的自然环境、温和湿润的气候条件、绮丽壮阔的地形风貌,是长治市的后花

园,景色赛江南,这里特别适合城市居民前来度假休闲,远离大城市的喧嚣,到这里呼吸下清新无比的空气,爬爬山,健身运动一番。

这里植被茂盛,是一个天然的森林大氧吧,山中四季流水不断,处处是瀑布山泉,还有溶洞、绝壁等处,更让人叫绝。景区内的两大景观:惟妙惟肖的天脊大佛、气势宏伟的天泉飞瀑,此外还有年代久远的崖葬群、神秘的潞氏陵、八戒背妻、连心峰、翡翠湖、灵音洞等多处景点。当游客进入山中,两边是郁郁葱葱的青山,大山的岩缝中是清澈的细流,当你爬到山顶的观景台,则是另一番景色,一览众山小的豪迈之情油然而生。游客在天脊山游玩时,可以去观音洞后面的绝壁栈道,这里依靠着悬崖而建,落差300余米,走在这条栈道上,山中的美景一无遮拦。

(十一) 黄崖洞(国家4A级旅游景区)

黄崖洞是一处集自然风光与革命传统于一体的国家级森林公园。因当年八路军在此创建抗日战争期间最早、规模最大的兵工厂,并为此进行了一次成功的坚守防御战斗——"黄崖洞保卫战"而闻名遐迩。黄崖洞位于长治市黎城县北境、晋冀两省接壤处的太行山脉北端,海拔多在1500~2000米,景区内奇峰突开,怪石嶙峋,地壳相对运动产生的巨大能量,把这里的硬红石英砂岩、页岩层组成的山岳切出道道峡谷,这种独特而壮观的地貌,与举世闻名的美国科罗拉多大峡谷有异曲同工之妙。而且这里的山体和地形以及岩石的质

地都比较适合攀岩运动。抗日战争时期，这里曾是华北敌后最大的兵工基地，朱德、彭德怀、刘伯承、邓小平等革命领袖曾在这里长期战斗生活；震惊中外的黄崖洞保卫战，以敌我伤亡6∶1的辉煌战绩，开创了中日作战史上前所未有的纪录。黄崖洞奇特的自然风光和壮烈的抗战故事使这块古老的土地既富传奇色彩，又有几分神秘。

黄崖洞景区内的主要景观有牌楼、镇倭塔、瓷坊廊、无底瓮、黄崖洞保卫战烈士纪念碑、纪念馆、烈士公墓、兵工厂车间遗址、桃花寨、飞虹桥、军工亭、高山公园以及板山胜景。

(十二) 潞州六府塔

潞州六府塔位于今长治市城区解放西街北侧西寺巷，现今遗存的残塔仅剩塔座部分，为金元修复之遗物。六府塔是山西古塔中的杰作之一，具有很高的历史价值，其建筑风格和遗留文物都是中国古文化的瑰宝。1958年，在塔基中出土的石椁、石棺、金棺、银棺、石函、白瓷罐等，今均收藏于长治市博物馆。

古塔始建于隋代，坐落在隋宝雨寺内，俗称六府塔。据考证，原塔13层，高30多米，塔身为八角形状，每角面边长9.4米，青砖砌筑，为密檐式结构塔，每个角内有方石砌筑其间，底层每个角由三垛砖雕斗拱支撑塔檐，转角部位有雕工华拱六挑，犹如木制雕刻结构形式。

塔内有螺旋塔梯，盘转而上，可登顶眺望潞州全景。塔基砖长50厘米，宽32厘米，厚15厘米，塔座四周饰有砖雕，有人物、花鸟、虫草、动物造型，刻工精细。每个座底角与角之间的结合部位，都有一个身披铠甲、双手擎天的武士造型，犹如八大金刚守卫宝塔，造型独特，形象逼真，栩栩如生，将建塔者希望宝塔坚若磐石之情流露无遗。对潞州六府塔塔名的缘起，历来说法颇多。一说，砖塔由潞安府、彰德府、平阳府、泽州府、辽州府、沁州府六府捐资修建而得名；一说，登上此塔可观沈王朱模所建的六座王府，故称其"六府塔"；还有一说,沿盘转塔梯登顶,即可观得潞州城全景,俯览城内豪门府第,皇城里的"沈王府"、上党门内的"潞安府"、大北街县前巷内的"衙门府"、下南街的"杜府"、大西街光华兴巷内的"五府"等,故得名。

(十三)太行水乡(国家 4A 级旅游旅游景区、国家水利风景区)

太行水乡位于长治市平顺县城东北的浊漳河畔,全长 53 千米。这里绝壁千仞,悬瀑飞泻,鬼斧神工,天造地设,高峡平湖,浊浪滔天,集黄土高原的阳刚之气与江南水乡的阴柔之美于一身。巍巍太行山之灵气随着滔滔浊漳河水的蜿蜒东去而渐渐显现了出来。沿着坝旁的小路下行约 200 米,耳旁传来巨雷般的轰鸣声,再沿着泥泞的小路转过一块山石,滔天的黄水在这里咆哮着跌入山谷,在谷中溅起阵阵的水雾,此情此景绝不输于黄河的壶口瀑布。

从天鹅湖东行 5 千米就可到达有"小三峡"之称的太行三峡景区,再沿河下行就到达太行山水乡景区精华之所在——恐龙谷。看着眼前吼叫的浊漳河水,脑海中不由得想起了古人"乱石穿空,惊涛拍岸,卷起千堆雪"的诗句。浊漳河水在这里疯挤着拥入幽深的谷底,就像一群奔腾而来的脱缰的野马,在谷底被驯得服服帖帖,然后静静地从谷尾走出,使人不得不叹服大自然的鬼斧神工。出了谷口,河面一下子变得开阔了,这时在河的右边出现了一个人工坝洞,一小部分河水从洞中流入了一条人工河渠,走近一看,洞口上方用红漆写着"红旗渠源"四个大字。原来这就是 20 世纪 60 年代中国农民与天斗、与地斗、战胜自然而凿建的举世闻名的人工天河——红旗渠。

第三十章 运城市

一、市情简介

运城位于山西省西南部,地处晋陕豫黄河"金三角"地区,与河南省三门峡市、陕西省渭南市隔河相望,是中华民族和中华文明的重要发祥地之一,是武圣关公的故里。运城,因地处中华民族的母亲河——黄河东侧,而又古称"河东"。春秋时统属晋国,晋献公于公元

前669年定都于绛(今绛县)。韩、赵、魏三家分晋后,运城属魏,当时,魏国的都城在安邑(今夏县禹王城一带)。秦始皇统一中国,设36郡,运城属河东郡,治所安邑。以后两千多年,建置频繁,但一直沿用"河东"这一称谓。运城,因"盐运之城"而得名,它是中国唯一一座因盐而建立起来的城市,史称"盐运专城"。2000年9月撤地设市,辖盐湖区、永济市、河津市、临猗县、万荣县、稷山县、新绛县、闻喜县、绛县、垣曲县、夏县、平陆县、芮城县,1区2市10县和11个省级开发区、149个乡镇(街道办事处)。2020年末,全市常住人口为477.45万人,城镇人口235.25万人,城镇化率为49.27%;乡村人口242.20万人。

运城是山西省第一人口大市、传统农业大市和新兴工业城市。全市总面积1.4万平方千米。

一是地理位置优越,优惠政策集聚。运城地处晋陕豫黄河"金三角"中心地带,是黄河由北向南、调头向东的最后一个大拐弯处,有着380千米的黄河岸线,黄河由此转弯,一路向东奔向大海。这里距西安和洛阳各200千米,距省城太原380千米,承东启西、贯通南北、辐射中原,是华北、西北、中原地区的接合部,是国家实施"一带一路"倡议的重要节点。利

用这一区位优势,2012年5月,由运城牵头申报的晋陕豫黄河金三角承接产业转移示范区成功获批,是全国唯一一个跨省域的承接产业转移示范区,包括陕西渭南、河南三门峡、山西运城和临汾三省四市,总面积5.8万平方千米,人口1700万,产业优势互补,基础设施相连。2014年4月,国务院公布《国务院关于晋陕豫黄河金三角区域合作规划的批复》,使该区域发展上升为国家战略。还被国家纳入关中平原城市群。这里承接环渤海经济圈,毗邻关天经济区,同时具备山西转型综合改革示范区、中原经济区的政策叠加优势,在机制体制、项目布局、人才引进、资金扶持等方面可以得到国家更多的政策支持,运城正迎来新一轮发展重要战略机遇期。

二是交通网络完善,开放活力巨大。全市公路、铁路、航空三位一体的立体化交通格局已经形成。公路方面,中心城市到各县市的"一小时"经济圈已经形成。全市公路通车里程15802千米,公路密度111千米/百平方公里。其中,高速公路通车里程603千米。铁路方面,境内高铁1小时可达西安,2小时可达太原,5小时可达北京,6小时可达重庆,7小时可达上海。南同蒲铁路纵贯南北,侯西铁路横亘东西,大西客运专线建成运营以来,运城站日旅客发送量最多达到1.4万人。

三是文化底蕴厚重,旅游资源丰富。运城是中华民族五千年文明的重要发祥地之一。20世纪90年代,中美科学家在我市垣曲县境内发现的"中华世纪曙猿"化石,距今4000万年,把人类的起源向前推进了1000多万年(中美两国科学家联合在2000年3月16日出版的英国权威科学期刊——《自然》杂志上发表研究论文,认为"世纪曙猿"是迄今为止地球上发现最早的,包括人类在内的高等灵长类动物的祖先,约生活在距今4500万年至4000万年的中始新世)。芮城县风陵渡镇"西侯渡"文化遗址,是迄今为止考古界发现的人类最早用火的实证,距今180万年,是旧石器时代著名的文化遗存。万荣县的后土祠,是为了祭祀人类始祖——母系氏族时代的首领女娲而建的。最早的记载是轩辕黄帝"扫地为坛于汾阴"以祭后土。从汉文帝开始建祠,官方的祭祀活动一直延续到宋代,曾经有43位皇帝来运城祭祀后土,其中,汉武帝6次来运城,在这里留下了千古绝唱《秋风辞》。运城盐池对华夏文明的发展发挥了举足轻重的作用。盐的开发利用,加上火的使用,大大提高了人类的生存质量,加快了人类文明演进的步伐。古老的运城盐池已有4000多年的开发历史,面积132平方千米。传说中"黄帝战蚩尤"的"涿鹿大战"就发生在运城,部落战争的起因是为争夺运城的盐池。运城盐湖区至今有蚩尤村。据说,在唐宋时期,运城盐池的盐税曾占到国库收入的1/8~1/6。蜀汉名将关羽,汉代河东郡解县(今运城市盐湖区解州镇)人。他之

所以逐渐被神化,"由侯而王,由王而帝,由帝而圣,由圣而天",成为威震九天,无所不能的神灵,是由于关公的忠义、仁勇、诚信的品格为世人所敬仰,他的道德风范适应了人们的社会文化心理需求。在运城这块古老的土地上发生和演绎了许多动人的历史故事和传说,黄帝战蚩尤、舜耕历山、禹凿龙门、嫘祖养蚕等流传久远。舜都蒲坂(永济)、禹都安邑(盐湖区)及中国奴隶制社会第一个王朝——夏的都城,均建在运城。文学家柳宗元,《滕王阁序》的作者王勃,戏剧家关汉卿,史学家、一代名相司马光,古代四大美女之一的杨玉环等数以百计的史籍名人都是运城人。三晋望族裴氏、王氏、薛氏、柳氏更是门庭显赫。尤其以闻喜县裴氏影响最大,史称"将相接武,公侯一门",号称"中华宰相村"。有人赞誉说,运城是一个有情有义的地方,有情,这里是《西厢记》张生和崔莺莺的爱情故事发生地;有义,这里是武圣关公的故乡。运城自古就有耕读传家、崇教尚学的优良传统,基础教育和职业技能教育一直走在全省前列,康杰中学、运城中学跻身全国百强示范高中,有各类高等职业院校7所、中等职业院校59所。

四是农业生产条件得天独厚,物产丰饶富足。这里地势平坦、土壤肥沃,目前已形成粮、果、菜、畜等主导产业和循环产业链条,拥有7个国家级出口食品农产品质量安全示范区,粮食年产量稳定在30亿千克以上,水果年产量超过60亿千克。苹果、油桃等优质水果出口美国、澳大利亚、秘鲁等60多个国家和地区,出口量3.8亿千克,占全国出口近1/4。2019年,全市上下以实施乡村振兴战略为抓手,持续推进农业供给侧结构性改革,大力发展现代农业,农业生产形势保持稳定,农业经济发展总体向好。全年全市农林牧渔业总产值502.7亿元,同比增长3.2%;农林牧渔业增加值263.8亿元,同比增长3.2%。其中,农业增加值202.3亿元,增长3.3%;林业增加值2.6亿元,下降5.9%;渔业增加值1.5亿元,下降16.9%;牧业增加值41.7亿元,增长2.6%;农林牧渔专业及辅助性活动增加值15.8亿元,增长2.4%。全年全市粮食产量预计285万吨,与上年基本持平,仍是历史高产年;粮食播种面积预计792万亩,同比下降5.2%。

五是矿产资源丰富,原材料工业基础雄厚。这里已发现的矿产有61种,已开发利用的有34种。盐湖镁盐产量位居全国第二,铜矿和玻璃石英砂岩储量分别占全省95%和67%,主要矿种的保有量为:煤炭4.5亿吨,铁矿602.4万吨,铜金属240万吨,铝土矿1064万吨。原材料工业基础雄厚,氧化铝产能330万吨,约占全国的12%;电解铝产能80万吨,约占全国的7%;金属镁产能40万吨,约占全国的30%;焦炭产能1000万吨,为发展原材料深加工,延伸产业链奠定了良好基础。初步形成了煤电铝材、煤焦化、金属镁、运输装备制造、医药、化工、农副产品加工、新型材料等产业集群,打造了大运、亚宝、丰喜等28个中国驰名商标。

六是生态环境美好,城市宜居宜业。这里是典型的山水平原城市,年平均气温13.3 ℃,年降水量510.7毫米,日照2188.8小时,无霜期188~238天。全市林地面积969.6万亩,森林覆盖率29.1%、名列全省第二,环境承载空间较大。立足盐湖、南山独特的山水优势和关公文化优势,正在打造"河东盐池自然景观"与"关帝庙人文景观"合二为一的龙头景区。全市城镇化率48.94%。总体规划确定市城区面积88.9平方千米,市城区控规覆盖率达到100%。

2019年地区生产总值完成1562.9亿元,增长6.3%;规模以上工业增加值完成407.5亿元,增长5.4%;固定资产投资574.7亿元,同比增长7.1%;社会消费品零售总额完成857.0亿元,增长8.2%;一般公共预算收入完成86.6亿元,增长7.3%;城镇居民人均可支配收入完成31241元,增长7.3%;农村居民人均可支配收入完成11997元,增长9.9%。

二、城市名片

2006年运城市获"中国十佳魅力城市"称号,2007年运城市获"中国中部十大最佳投资城市"称号,2007年运城市获"跨国公司最佳投资城市"称号,2009年运城市获"中国金融生态城市"称号,2012年运城市获"中国楹联文化城市"称号,2012年运城市获"全国双拥模范城"称号,2012年运城市被评为全国全民健身活动先进单位,2010年运城市获国家商标战略实施示范城市,2016年运城市被评为"十二五"信息惠民领军城市,2017年运城市第七次荣获全国无偿献血先进市,2017年运城市获评全国未成年人思想道德建设工作先进城市(区),2017年运城市入围中国特色魅力城市200强,2018年全国文明城市提名城市,2019年获得"'七五'普法中期先进城市"称号,2020年被住房和城乡建设部命名为国家园林城市,2020年入选全国双拥模范城(县)名单。

三、市树市花

(一)市树——国槐

(二)市花——月季、菊花

四、风景名胜

运城是中华文明的重要发祥地之一,五千年的文明积淀,形成了关公文化、根祖文化、盐文化、德孝文化等具有鲜明特色的地域文化。运城的文化代表有:"世界三大著名打击乐"之一的绛州鼓乐;造型优美的抬阁、背阁;飞光流莹的转灯;山西"四大梆子"之一蒲州梆子(蒲剧);食色鲜艳的面塑"花馍";在天寒地冻之时赤脚露背的"背冰"等。文物旅游景点1600余处,国保文物102处,省保文物67处,驰名中外的有武庙之祖——关帝庙,中国四大历史名楼之一——鹳雀楼,艺术宫殿——永乐宫,《西厢记》故事发生地——普救寺,祭祖圣地——舜帝陵，中华瑰宝——黄河大铁牛，国内独此一家的盐湖黑泥浴、豪门望族——闻喜裴氏宰相村，关圣文化建筑群名列中国世界文化遗产预备名单第五位。运城市正在依托丰富的旅游资源，打造文化旅游名市。

(一)李家大院(国家4A级旅游景区)

李家大院是清至民国时期晋南首富李子用的家宅。始建于清道光年间，坐落在运城市万荣县闫景村，与乔家大院、王家大院并称为"晋商三蒂莲"，素有"乔家看名，王家看院，李家看善"之说。整体建筑为竖井式聚财型山西四合院，同时吸纳了徽式建筑风格，因李子用曾留学英国，部分院落为"哥特式"建筑，是南北融汇、中西合璧、三晋无匹的晋商大院，浓缩着汉族传统文化的深厚底蕴，有着极高的文化价值、艺术价值。

李家大院景区距运城市区38千米，是国家4A级旅游景区、全国重点文物保护单位。原有院落20组，房屋280间，现存院落11组，房屋146间。李家大院(河东民俗博物馆)、万荣笑话博览园两大景区共占地近1000亩，建筑面积10万平方米。其规模宏大，古朴典雅，构思巧妙，散发出汉民族传统文化的精神、气质、神韵。李氏家族的发展脉络是中国近代经济史的一个缩影：李氏家族迁居闫景以后，以传统农业为立家根本，逐渐进入商贸领域，后投资经营近代工业实业，从而由农转商，后又转为民族资本家。李家以土布起家，以义制利，利义相济，世代"富而不骄，富而不奢，富而行仁"。李家的经商史及其数代人遵古"忠恕"的家规家风和历世乐善好施的义举至今仍有参照意义。

(二)鹳雀楼(国家4A级旅游景区)

鹳雀楼位于运城市永济市蒲州古城西向的黄河东岸、蒲州古城城南，本是北周时兵家修建的军事建筑。因其气势宏伟，高大眼阔，登上层楼则有腾空欲飞之感，故名"云栖楼"。古城紧靠黄河，有一种食鱼鸟类经常成群栖息于高楼之上，此水鸟似鹤，但顶不丹，嘴尖腿长，毛灰白色，人们称其为"鹳雀"，故"云栖楼"又称"鹳雀楼"。

鹳雀楼楼体壮观、结构奇巧，加之地理位置优势、风景秀丽，唐宋时

期文人学士登楼赏景,留下许多不朽诗篇。其中王之涣诗"白日依山尽,黄河入海流。欲穷千里目,更上一层楼"堪称千古绝唱。诗因楼作,楼因诗名。鹳雀楼与武昌黄鹤楼、洞庭湖畔岳阳楼、南昌滕王阁齐名,被誉为我国古代四大名楼。2018中国黄河旅游大会上被评为"中国黄河50景"。

(三)运城盐湖(国家4A级旅游景区)

运城盐湖是世界三大硫酸钠型内陆盐湖之一。由于其盐含量类似中东的"死海",人在水中可以漂浮不沉,故被誉为"中国死海"。

运城盐湖是个古老而又典型的内陆咸水湖,地质研究表明,运城盐湖诞生于新生代第三纪喜马拉雅构造运动时期,约有0.5亿年历史,自东北向西南延伸,长约30千米,宽3千~5千米,湖面海拔324.5米,最深处约6米,总面积132平方千米。

(四)五老峰(国家4A级旅游景区)

五老峰原名五老山,位于运城市永济市市区东南16千米的中条山脉,是河洛文化早期传播的圣地,也是我国北方道教全真派的发祥地之一。《七鉴道书》称之为"道家天下第五十二福地"。是道教文化名山,它与晋北佛教圣地五台山南北对峙,齐名天下,与西岳华山遥遥相对,历史上素有"东华山"之称誉。早在晋代张僧鉴的《浔阳记》中就有"五老峰横隐苍空,其形势如河中府虞乡县五老山"的记载。北魏郦道元的《水经注》中有"奇峰霞举,孤标峰出,罩络群泉之表,翠柏荫峰,清泉灌顶"的描写。在《虞乡县志》中有"五老山,在县南十五里,玉柱、太乙诸峰之总名也。"历代文人墨客都有文章诗赋予以赞美和记述,如碑文记述"条山秀甲三晋,五老峰嶙峋萃律秀丽更甲条山",誉为三晋之第一胜迹。

五老峰风景名胜区以五老峰、古蒲州为中心,包括黄河滩岸、王官峪、龙头山、云仙阁等6个景区,总面积300平方千米。五老峰在中条山上,因五峰相倚,形同五位老人而

得名。五老峰海拔1809.3米,奇峰险峻,需攀链而上,属丹霞地貌。山上岩洞幽深,庙宇甚多,双瀑飞流,曾为旅游胜地。

(五)解州关帝庙(国家4A级旅游景区)

解州关帝庙在山西运城市解州镇西关。北靠银湖(盐池),面对中条山,景色秀丽。解州东南10千米常平村是三国蜀将关羽的原籍,故解州关帝庙为武庙之祖。

(六)神潭大峡谷(国家4A级旅游景区)

神潭大峡谷是在距今5.7亿年前寒武纪时期,由地壳运动而形成的一个大裂谷。原名水谷,距今已有千年历史。

峡谷内水资源极其丰富,泉水清澈川流不息,飞瀑轰鸣不绝于耳,神潭莫测稀世难寻,以两瀑三泉一百零八潭为代表。峡谷内地质构造复杂多样,地形地貌独特壮美,主峰"九洲疙瘩"海拔1778.3米,突兀于群山之中,9个峰顶常年浮于云海之上,亦真亦幻,自古被寓为"九洲太平"。奇峰、怪石、翠海、叠瀑等组合成神妙、奇幻、幽美的自然风光,被誉为"中条奇峡、梦幻水乡"。

整个景区山势巍峨,溪流山泉遍布,自然植被独特,万亩天然松柏郁郁葱葱,林木密布,山花烂漫。有野生植物700余种,野生珍稀动物30余种,是难得的动植物宝库,是中条山森林公园的缩影。

峡谷中人文历史丰富,神话传说颇多。武圣关羽曾在此地铸刀习武;八仙之一吕洞宾在峡谷中闭关修炼多年;唐宋八大家之一欧阳修游玩后曾夜宿于此;赵瞻、蔡延庆、雷周辅游览此峡谷后留下了石工精湛的摩崖石刻;此峡谷还是著名的古盐道,古时河东盐池的食盐经此运往陕西、河南等地。

2009年以来,由山西溪域旅游开发有限公司累计投资2亿余元,按照国家5A级旅游景区标准对峡谷进行了精心打造,2013年6月14日被评为省级地质公园。现已成为永济市旅游集散地、运城市十大旅游名片之一、国家4A级旅游景区。走进神潭大峡谷仿佛走进一幅美丽的山水画卷,令人流连忘返。

(七)普救寺(国家 4A 级旅游景区)

普救寺位于运城市永济市蒲州古城东 3 千米的峨嵋塬头上，这里地势高敞、视野宽阔，寺院坐北朝南，居高临下，依塬而建，总占地约 93300 平方米。

普救寺始建于隋唐，距今已有 1000 多年历史，是我国古典戏剧名著《西厢记》爱情故事发生地。1965 年被确定为山西省文物保护单位，1985 年由山西省旅游局投资 435 万元进行了全面修复，1990 年对外开放，2002 年被评为国家 4A 级旅游景区。

普救寺建筑布局为上中下三层台，东中西三轴线(西轴为唐代、中轴为宋金两代，东轴为明清形制)，规模恢宏，别具一格。从塬上到塬下，殿宇楼阁，廊榭佛塔，依塬托势，逐级升高，给人以雄浑庄严，挺拔俊逸之感。加之和《西厢记》故事密切关联的建筑：张生借宿的"西轩"，崔莺莺一家寄居的"梨花深院"，白马解围之后张生移居的"书斋院"穿插其间。寺后是一地势高低起伏，形式活泼的园林花园。园内叠石假山悬险如削，莺语双亭飞檐翘角。荷花池塘上横架曲径鹊桥，亭桥相接、湖山相衔。莺莺的"拜月台"掩映在青松翠柏、千竿修竹之中。

屹立在寺中的莺莺塔，不仅形制古朴、蔚为壮观，而且以奇特的结构、明显的回音效应著称于世。游人在塔侧以石叩击，塔上会发出清脆悦耳的蛤蟆叫声，令游人连连称奇。在方志中称之"普救蟾声"，为古时永济八景之一。

《西厢记》的问世，使得这个"普天下佛寺无过"的普救寺名声大噪，寺内的舍利塔也被更名为"莺莺塔"而闻名遐迩。美丽动人的爱情故事，千百年来一直撼动着人们的心灵，使它成为蜚声著誉的游览胜地。

(八)圣天湖(国家 4A 级旅游景区)

圣天湖位于秦、晋、豫三省交界处的运城市芮城县陌南镇，东临黄河，北倚中条，面积 7.6 平方千米，其中水域面积 4 平方千米。这里距人类 180 万年前第一堆圣火燃起的地方——西侯度不足百里。

圣天湖自古风光旖旎，人杰地灵，是上天眷赐给黄土高原上的一颗翡翠。2012 年，山西天王台集团开始投资建设圣天湖，一期投资 2 亿元人民币，历经五年的精心打造，已是古渡换新颜，目前圣天湖景区已成为一个集生态观光、休闲度假、修心养生于一体的旅游胜地。

圣天湖相对高差 200 余米，光照充足，雨量适宜，地貌多样，空气清新，物种丰富。这里栖息着238种鸟类、147种湿地植物和52种鱼类资源，堪称我国北方少有的湿地野生动植物基因库。

圣天湖可谓仙乡圣水，四季有景。

春季到来，从圣湖岸边到黄土高崖，百花盛开。牡丹雍容，月季妖娆，梅花吐香，数百种白的、粉的、红的、紫的、黄的，野生的、栽培的，有名的和叫不上名字的各种花卉争奇斗艳，此起彼伏……更有数万只来自南国的沙燕呢喃翱翔，奏响了一曲北国之春的交响乐。

"接天莲叶无穷碧，映日荷花别样红。"夏季到来，绿长红飞，千亩野生丹荷随风摇曳，熠熠生辉，一湖江月半湖荷，白鹭嬉戏，鸳鸯欢歌，堪比江南，不输西子。精心建设的百亩荷花大观园更是把夏季的色彩描绘得异常丰满。唐代诗人王昌龄在《采莲曲》中也曾说道："荷叶罗裙一色裁，芙蓉向脸两边开。乱入池中看不见，闻歌始觉有人来。"

秋风送爽，菊蕊飞香。黄河岸边一望无际的芦花飞雪与台地上起伏连绵的丹枫红叶，在圣湖碧水的映衬和牵连下，更是美不胜收，胜似一幅绝美的油画。

冬季到来，数千只白天鹅像仙女下凡，圣洁高贵，亭亭玉立。它们时而引颈高歌，时而嬉戏缠绵，时而展翅飞翔。像白雪，似白云，更像是白色的移动着的精灵，把圣天湖的景致推向了极致。

这里的激情游乐极具特色。如滑雪、滑水、滑沙、滑草，高空索道、水上飞机、湖中游艇、沙地摩托、休闲垂钓、竞技垂钓、汽车露营地等应有尽有。还有规模较大的游乐城，里边设有多种游乐项目，男女老少，在这里都可以找到自己心仪的活动娱乐项目。

(九)永乐宫(国家4A级旅游景区)

永乐宫是我国道教三大祖庭之一，是元朝为利用仙道为其统治政权服务而建，是现存最大的元代道教宫观。它以建筑艺术及壁画艺术而驰名中外，占地面积248000平方米。地处运城市芮城县北郊约3千米，北依条山、南临黄河，气势雄伟，风景秀丽。永乐宫距普救寺、鹳雀楼、铁牛60千米，距运城关帝庙30千米，距华山66千米，距洛阳200千米。

永乐宫始建于公元1247年，1358年竣工，历时111年。1961年3月4日被国务院公

布为首批全国重点文物保护单位；1998年10月28日联合国教科文组织将永乐宫列入世界文化遗产预备名录；2001年国家邮政局发行了永乐宫壁画邮票；2004年被国家旅游局评定为国家4A级旅游景区；2011年被评为山西省十大最美文物景观。

永乐宫原建在芮城县西南20千米的永乐镇，吕祖的出生地，20世纪50年代末国家修建三门峡水库，永乐宫被规划在淹没区内，经周总理亲自批示，由中华人民共和国水利部拨款220余万元，从1959年至1965年，将永乐宫原物原貌搬迁至芮城县城城北2千米的西周古魏国都遗址保存，这项耗时6年的搬迁工程，同埃及的"阿布辛拜勒神庙"的移筑，并称为世界文物史上人工搬迁的两大奇迹。

永乐宫保存了四座巧夺天工的元代木结构建筑，坐落在长500米的中轴线上，东西轴线分别保存了吕祖家庙及财神庙、玄帝庙，吕祖墓等建筑，殿阁巍巍、道院森森，是我国建筑史上的精品。最为精彩的是绘制于殿内1000平方米的元代壁画，分布在龙虎殿、三清殿、纯阳殿、重阳殿中，有工笔重彩人物和工笔山水连环画等多种风格的作品，是世界现存的古代壁画艺术宝库之一，素有"东方艺术画廊"的美称，是世界美术史上的杰作，世界文化的宝贵遗产。1979年开馆至今已经成为中国各大美术院校的临摹实习基地。

永乐宫西北有全国四座唐代建筑之一的广仁王庙（五龙庙），南有宋代建筑圣寿寺舍利塔，宫内保存了3000年历史的古魏国城墙遗址，这里松柏苍翠，绿树成荫，殿阁巍巍，道观森森，是一处集休闲娱乐、艺术欣赏于一体的人文圣地。

(十)大禹渡黄河风景区(国家4A级旅游景区)

大禹渡黄河风景区位于运城市的芮城县城东南10千米的黄河之滨，占地面积650公顷，依崖傍水，风光秀丽，景色宜人，素有"黄河明珠""北国江南"之称，是一处融合黄河文化、大禹文化、佛教文化、现代水利文化于一体的黄河风景游览区。

"万里黄河神游处，千年驿道大禹渡。"从史至今，万里黄河两岸以大禹冠名的千年古渡仅此一处，这里有许

许多多大禹治水的美丽传说和动人故事；这里生态环境优越，百万林木四季葱郁，空气负氧离子含量极高，有"森林氧吧"之美誉；这里有经地矿部检测富含锶、锌等多种微量元素的优质矿泉水，清冽甘甜，长流不息；这里有大禹渡人借用天然神泉水资源而打造出的具有大禹渡品牌的水、酒、醋、茶等地域特产；这里有万里黄河第一游——黄河游气垫飞船，又称"水上飞机"，水陆两用，是山西独有的黄河旅游项目，作为山西省一大旅游品牌，在山西首届旅游博览会上引起极大轰动；这里有两侧落差110米，连接大禹渡状元岭至对面河南滩涂地的跨黄河滑翔飞艇；这里有万里黄河第一庙——禹王大殿，是最大的朝拜大禹圣地；这里有中国台阶建筑奇迹——禹庙台阶滴水奇声，与墨西哥玛雅金字塔的"雨滴奇声"异曲同工，中央电视台摄制组专程来现场勘查并拍摄了专题片《古庙奇声》，在10套《科技之光》栏目进行了播出；这里有国内第一尊大型动态观音——"花开显佛"灵动妙显，普洒圣水，游人临之，如入仙境，堪称国内动态观音之最，并且将要打造以圣水观音实体为背景的大型佛教文化演艺；这里有重建大唐帝国时的状元桥，游客登桥，飘然欲仙，心旷神怡；这里有被誉为"黄河明珠"的大型引黄高灌工程，是新中国20世纪70年代社会主义建设十大成就之一；这里有水上乐园的冲关和游泳项目，在增加游客智力、耐力和自信力的同时，惊险刺激，欢乐无比；这里有包括水潭、溪水、汀步等内容的真石筑山水景瀑布景观，每天还有大型的激光秀表演；这里有黄河流域最大的雕塑大禹像、定河神母雕塑和巨石天书等人文景观；这里有充分体现黄土高坡土窑洞特色，集人文景观、旅游、参学于一体的万佛园；这里有成千上万亩的桑树，漫山的薰衣草，牡丹，以及玫瑰花谷，是集采摘、摄影、观赏于一体的多功能型花草果品基地园。

景区还配套有黄河金三角示范区最精品的五星级酒店，是集住宿、餐饮、商务、会议、休闲，娱乐于一体的综合型酒店，在这里住河景房间，品黄河鱼宴，赏黄河美景，感受黄河文化、大禹文化、水利文化、佛教文化的深厚底蕴，实乃人生一大幸事。近年被山西电视台、《山西日报》等五家主流新闻媒体联合评为"人说山西好风光"——山西不能不到的十个地方之一。

（十一）垣曲历山风景区(国家4A级旅游景区)

垣曲历山风景区位于运城市垣曲县东南部的历山镇和古城镇。是依托华北地区唯一保存最完整的历山原始森林、国家"九五"重点水利工程黄河小浪底和帝舜故里浓厚的华

夏古老文明、悠远的人类远祖文化而兴建的山西省十大风景区之一，是山西省最大的自然生态旅游基地、省级休闲度假区和省18个核心景区之一、山西省十佳旅游度假区。由黄河小浪底库区游览区、历山舜王坪、历山皇姑幔、历山猕猴源组成。是历山

国家级自然保护区、中条山国家森林公园的重要组成部分,国家4A级旅游景区,山西省和谐景区。

垣曲历山风景区拥有华北最大的保存最完整的原始森林、华北地区最大的人造水面、最大的可观赏性亚高山草甸。景区内山峦奇秀,林木葱郁,藤蔓交错,瀑潭相连,奇石怪树,自成景观,各种野生动植物达2000种之多,仅国家一、二级保护种类就有300余种。素有"华北动植物基因库"之称。是中国北方旅游观光、休闲度假、消夏避暑、户外探险的绝佳之地。

(十二)司马温公祠(国家4A级旅游景区)

司马温公祠位于运城市夏县段水头镇小晁村北鸣条坡岭间。司马光(公元1019—1086年),字君实,北宋陕州夏县涑水乡(今山西省夏县)人,世称"涑水先生"。自幼聪明过人,以"砸缸救童"为世代妇孺口碑。宝元间进士,历仕仁宗、英宗、神宗、哲宗四朝。元祐三年正月,宋室以国葬大礼安归祖茔。编著有《资治通鉴》《涑水纪闻》等。

2004年6月1日,国家邮政部在夏县举行了《司马光砸缸》邮票首发式以纪念这位历史伟人。司马温公祠作为晋陕豫黄河金三角地区的著名景点在全国也享有盛誉。

(十三)舜帝陵景区(国家4A级旅游景区)

舜帝陵景区坐落于运城市盐湖区北10千米处的鸣条岗西端,2006年5月被国务院公布为全国重点文物保护单位,也是全国首批旅游文化示范地。景区占地1778亩,分舜帝公园、盐湖区博物馆、舜帝陵庙三大部分。景区内山门、皇城、陵庙、殿宇历史悠久,规模宏大;关公祠、鞍首祠香火鼎盛,雷泽湖、妫汭河古意苍穆,龙柏、夫妻柏、子孙柏历经千年,盐湖博物馆典藏丰富,植物园、百果园、牡丹园、月季园尽收四季风光。这里是古中国文明的见证,是华夏儿女寻根祭祖的圣地。

舜,姓姚,名重华,号有虞氏,位列"三皇五帝"之一,是轩辕黄帝的第九代世孙,据《孟子》记载,舜帝生于诸冯(今山西省永济市)、都于蒲板(今山西省永

济市)、卒于鸣条(今山西省运城市盐湖区北十公里的鸣条岗西端)。舜帝年轻时以孝齐家，他孝感动天的故事被奉为二十四孝之首。在位期间他体恤民情，以德治国，先后完善法制，修正仪礼，治理洪水，发展生产，形成了一个政治清明、社会安定、五谷丰登、人民康乐的和谐时代。古人就以"尧天舜日"来歌颂他与尧的丰功伟绩。司马迁曾经在《史记》记载"天下明德，皆自虞帝始"，所以舜帝被称为"德圣""孝祖"。

从2000年开始，盐湖区委、区政府全力打造舜帝陵景区，借以传承和发扬舜帝"德政千秋、孝行天下"的优秀传统文化。

五、城市精神

传承，包容，创造，跨越。

运城市是一个文化底蕴极其深厚的城市，是古中国的历史文化源头之一。因此一座城市应该，也必须传承这种文化，而不是在现代城市建设过程中割裂取代，那无异于无源之水，无本之木，也是没有历史深度和厚度的，所以文化、文明历史必须传承。

一座新兴的城市在传承的基础上要包容万象，大气蓬勃，包容旧有的，创造新设的。要有仁义爱心，包容城里的，体恤乡村的，让每一个阶层的民众都能有尊严地生活在这片热土上，让每一个个体都能感受到这个城市的温暖。

创造是一个民族的不竭动力，是人类生存的基石。这是最近几年国家倡导的民族精神之一，也是城市所需要提倡并践行的精神，求实创新，追求卓越，弘扬一丝不苟的工匠精神，创造出我们理想的家园，创造出一片新天地。

一座城市的发展需要几代甚至十几代人的辛勤努力，运城的发展经历了区划的变迁，思想的转变，社会经济的发展为城市发展提供了强劲的不竭动力，发展必须高起点，大跨越，大发展。

第三十一章 邯郸市

一、市情简介

邯郸位于河北省南部,西依太行山脉,东接华北平原,与晋鲁豫三省接壤,辖6区、1个县级市、11个县,分别为丛台区、复兴区、邯山区、峰峰矿区、肥乡区、永年区;武安市;鸡泽县、邱县、曲周县、馆陶县、涉县、广平县、成安县、魏县、磁县、临漳县、大名县和冀南新区、邯郸经济技术开发区。共有242个乡(镇、街道),总面积1.2万平方千米,户籍总人口1057万,常住人口955万,市区户籍人口382万、常住人口358万。2019年,全市生产总值完成3486亿元,全部财政收入完成466.5亿元,一般公共预算收入完成262.1亿元;三次产业结构为9.8∶44.6∶45.6。

邯郸历史悠久、文化灿烂。具有8000多年的文明史和3100多年的建城史,是世界上粟(谷子)和黍的最早发源地,也是中国家鸡和中原核桃的最早发现地。"邯郸"二字,作为一个城市独属的名称,3100多年来从未改变。战国时期,作为赵国都城达158年,是秦始皇的出生地和成长地。西汉时期,邯郸为赵国(藩国)王都,除国都长安之外,与洛阳、临淄(今山东淄博)、成都、宛城(今河南南阳)共享"五都盛名"。三国魏晋南北朝时期,邯郸南部的邺城(今临漳县境内)先后为曹魏、后赵、冉魏、前燕、东魏、北齐六朝古都。五代时期,邯郸东部的大名初为后唐国都,后为后唐、后晋、后汉、后周和北宋的陪都。抗日战争和解放战争时期,是八路军129师司令部和晋冀鲁豫边区政府所在地。出自邯郸或与邯郸有关的成语典故达1584条,脍炙人口的"胡服骑射""将相和""完璧归赵""脱颖而出""黄粱美梦""邯郸学步""负荆请罪""奉公守法"等成语典故皆源于此,被誉为"中国成语典故之都"。邯郸还是杨式太极拳、武式太极拳的发源地,享有"太极拳圣地"的美誉。悠久的历史,积淀形成了女娲文化、磁山文化、赵文化、曹魏建安文化、北齐石窟文化、大运河文化、梦文化、磁州窑文化、太极文化、成语典故文化、边区革命文化等文化脉系,内涵博大精深,风格丰富多彩。

邯郸区位优越、交通便捷。地处晋冀鲁豫四省交界,是东出西联、通南达北的重要节点。境内铁路交叉、国道交会、高速纵横、机场通航,综合立体交通优势明显。邯郸机场已开通到上海、杭州、广州、深圳、厦门、成

都、沈阳、青岛等20条航线;境内铁路有京广、邯长、邯济、邯黄铁路和京广高铁,"十四五"规划建设聊邯长客专线、石邢邯城际、邯黄铁路复线、城市轨道交通等项目;干线公路有京港澳、青兰、大广、绕城、邯馆、太行山6条高速公路,106、107、309等7条国道及17条省道,形成了纵横交错的国省干线公路网。邯郸到北京的高铁车程及到上海的航程均为2个小时,1小时经济圈可覆盖中原经济协作区13个城市6000多万人口。

邯郸资源丰富、产业完备。素有"钢城""煤都""北方粮仓""冀南棉海"之称,是国家重点建设的老工业基地,境内已发现矿产29种,煤炭和铁矿石储量分别为53.8亿吨和4.7亿吨,是我国著名的焦动力煤和高品位铁矿石产区。邯郸是全国确定的小麦、棉花、玉米等

5种主要农产品优势产区,2019年全市粮食播种面积1178万亩,总产518万吨,连续八年稳定在50亿千克以上。市级以上农业产业化龙头企业达477家,其中国家级7家、省级96家。工业门类齐全,国民经济行业41个工业大类中,邯郸有36个。坚持以新发展理念引领经济高质量发展,重点发展"532"主导产业,不断提升精品钢材、装备制造、食品加工、现代物流、旅游文化五大现有优势产业,培育壮大新材料、新能源、生物健康三大战略性新兴产业,谋划布局安防应急、电子信息和网络两大未来产业,加快构建现代产业体系。

邯郸宜商宜业、环境优越。是最早推行行政权力公开透明运行的试点市,拥有全国一流的政务服务中心,列出了全国第一份市长权力清单。先后获评中国最具创新绩效城市、全国十佳开放型政府杰出服务奖、中国金融生态城市、中国最具海外影响力城市、中国营商环境质量十佳城市等。深入推进"放管服"改革,已实现"55证合一",市、县两级100个

高频事项实现"最多跑一次","互联网+政务服务"建设全面推进,实现审批"不见面"。2019年,有7家企业列入中国企业500强,11家企业列入中国民营企业500强,19家企业列入河北省民营企业100强,美国沃尔玛、法国圣戈班等50多家世界500强企业落户邯郸,与130多个国家和地区建立了经贸合作关系。

二、城市名片

国家历史文化名城、全国文明城市、中国优秀旅游城市、国家园林城市、全国绿化模范城市、全国社会治安综合治理优秀市、全国双拥模范城"八连冠"城市、河北省卫生城市。《京津冀协同发展规划纲要》《中原经济区规划》均将邯郸定位为"区域性中心城市"。

三、市树市花

(一)市树——法桐(悬铃木)和国槐

(二)市花——月季

2014年10月23日,邯郸市十四届人民代表大会常务委员会举行第十次会议审议了《邯郸市人民政府关于提请确定市树、市花的议案》,表决通过了关于批准邯郸市市树、市花的决定(草案),决定将法桐(悬铃木)和国槐作为邯郸市市树,将月季作为邯郸市市花。

四、风景名胜

邯郸山川壮丽、风景秀美。璀璨的历史文化、壮美的自然风光、绚丽的民俗风情交相辉映,造就了邯郸美丽宜人的旅游胜境。世界文化遗产——大运河流经邯郸,全市拥有国家A级旅游景区31处,其中5A级2处,4A级14处,3A级10处,2A级2处。涉县娲皇宫、广府古城2处国家5A级旅游景区,丛台公园、武安朝阳沟、京娘湖、七步沟、涉县太行五指山等14处国家4A级旅游景区,峰峰响堂山、涉县娲皇宫2处国家风景名胜区,武安国家森林公园、峰峰响堂山2处国家森林公园,磁县东武仕水库等5处国家水利风景区,峰峰滏阳河等3处国家湿地公园,武安伯延镇等5个中国历史文化名镇,磁县花驼村等7个中国历史文化名村,赵王城遗址等40处全国重点文物保护单位,武安地质公园、青崖寨分别为国家地质公园、国家自然保护区,全市接待国内外游客突破8000万人次。

(一)娲皇宫(国家5A级旅游景区)

娲皇宫,当地俗称"奶奶顶",是位于邯郸市涉县凤凰山(古中皇山)的一处古迹。它依山就势,巧借天然,前人称之为"天造地设之境"。这里不仅建筑宏伟独特,而且还较为完好地保存了国内罕见的摩崖刻经,是一处不可多得的自然和人文景观,被列为全国重点文物保护单位。娲皇宫是我国最大、最早的奉祀上古天神女娲氏的古代建筑,是北齐文宣帝高洋往返邺城至晋阳所建的又一离宫,属省重点文物保护单位。娲皇宫初开三石室,雕数尊神像。后经历代修葺、续建,现有建筑房屋135间,占地面积76万平方米,分山上山下两组建筑。山下有朝元宫、停骖宫、广生宫等,向上绕行十八盘石径,便可到达最高处的娲皇宫。

娲皇宫,是为祭祀中国古代著名神话传说中的女娲而修建的。据《淮南子·览冥训》《路志》《独异志》等典籍记载,传说女娲曾抟土造人,送子继嗣,"炼五色石以补苍天,断鳌足以立四极",从此人类和万物才得以生息和繁衍,赢得人世间对她的崇敬与怀念。对于以人伦道德为核心的封建文化统治下的汉民族,视女娲为有盖世

之功的女性神圣,于是为之建宫立庙,永世享受人间的崇拜。

娲皇宫古迹始建于北齐,迄今已有1400多年的历史,为文宣皇帝高洋在位时(公元550—560年)所建的途中憩息之行宫。据这里碑文记载,此处古迹最早创建于汉文帝时,但当初规模很小,仅有"神庙三楹"。另据《涉县志》记载,北齐文宣帝高洋,以邺(今河北临漳县西南邺镇)为都城,以晋阳(今山西太原)为陪都,文宣帝高洋自邺至晋阳,往来于山下,"遂起离宫,以备巡幸"。文宣帝高洋"信释氏,喜刻经像",在这里较大规模地修建了娲皇宫,并在山麓开凿石室,内刻佛像,以后又将佛经"勒之岩壁"。到明代又陆续修建了不少宫宇,清代又曾大规模重修。经过历代迭次修建,这里逐渐而成为占地1.5万多平方米的一组建筑群。

娲皇宫的建筑布局,充分利用了原有地形,依山就势,匠心独运。它由四组建筑组成,每一组都各具神韵,自成一体,又和整体格局和谐统一。山脚三处建筑,自下而上,依次为朝元、停骖、广生三宫。朝元宫(十方院),因其为山前首庙,遂名朝元(1938年被日寇焚烧),停骖宫(歇马殿)是一行宫,为圣驾及香客休憩处,每年阴历三月十八娲皇诞辰之日,民间在此宫举行众神庆寿之仪。停骖宫(歇马殿)的山墙上,画有娲皇宫全景和一幅壁画:"伺辇图"。一辆华贵的车辇上坐着女娲,神龙牵车,仙女陪伴,天兵护卫,腾云驾雾,驰骋万里长空,是一幅珍贵的艺术品。广生宫(子孙殿),为一座神庙,乃神话传说中求子之场所。停骖、广生二宫,各有正殿、配殿,分别为悬山、硬山式建筑。由山脚向上绕行十八盘后,过广生宫便是娲皇宫所在。

娲皇宫是最后最高的一组主要建筑,于凤凰山崖险峻陡峭之处就势筑台而建,娲皇阁(三阁楼)居中,梳妆楼、迎爽楼分立左右,钟鼓二楼南北对峙,还有六角亭、灵官阁和题有"娲皇古迹"的牌坊等,各选其位,呈点缀之态,全部建筑布局合理,既和谐对称,又不拘一

格,充分体现了中国古代建筑的独特风格。

娲皇阁(三阁楼),坐东面西,为娲皇宫主体建筑,古有"倚崖凿险,杰构凌虚"之称,它悬空而立,高达23米,为歇山斗拱琉璃瓦顶。娲皇阁建在北齐大石窟的洞顶上,以条石拱券为基,上建三层楼阁,分别名之为"清虚""造化""补天"。各层均三面设廊,背倚悬崖,用铁索将阁与崖壁所凿8个"拴马鼻"相系,若游客盈楼,铁索即伸展,绷如弓弦,楼体前倾,因而又被称作"吊庙""活楼",构思奇巧,为建筑史上动静结合的杰作。纵观娲皇阁,嵌于绝壁,雕梁画栋,登楼远眺,太行群山涌翠,漳水如带,堪称"天造地设之境"。

千百年来,娲皇宫历经数代,屡遭焚毁,今日所见,多为明清建筑,而北齐遗迹,仅留石窟与摩崖刻经。崖壁现留石窟三处,除娲皇阁底基石窟外,其右侧另有"眼光""蚕姑姑"二窟,窟内石像已遭破坏,残缺不齐,唯内壁环刻经文较为完好。在娲皇古迹之文物中,当首推摩崖刻经最为珍贵,为此处古迹之精髓。摩崖刻经,共分五处镂于崖壁,总面积为165平方米,共刻经文13.74万余字,最大的一处,面积54.18平方米,字数也多达4.1万有余。字体全为魏碑书法,"银钩铁画,天下绝奇",堪称艺术珍品。所刻经文内容,均属大乘佛教之经典,这对研究佛教和北齐文化,提供了十分珍贵的历史标本和资料,在国内也属罕见。从国内现存的北齐石刻看,内容多与佛法有关,在当时雕佛刻像之风较盛,但以巨大的工程来摩崖石刻藏经,还很少见,可以说,无论在石刻建筑、艺术价值和藏经内容上,娲皇宫的摩崖刻经均有较高的历史和艺术价值,它也是北齐文化的一个缩影,具有极高的研究价值,被誉为"天下第一壁经群"。同时也可看出,娲皇古迹始于崇佛刻经,而后才立庙拜神,这也体现了汉民族文化心理的特点,即崇佛与崇神并举的多种崇拜的宗教观念,所以,从摩崖刻经到娲皇古建也是中国本土文化与外来文化相结合的一个形象的见证。

娲皇阁亦称三阁楼,坐东面西,建在北齐大石窟的洞顶上,从下向上依次名之为"清虚""造化""补天",通高23米,建筑式样为歇山顶,七踩三下昂斗拱,龙形耍头,属典型的清式建筑,是娲皇宫的主体建筑。它玉宇悬空、琼楼耸翠,上临危岩、下设深壑,犹如桂殿兰宫嵌于绝壁,故有"倚崖凿险,杰构凌虚,重碧灿然,坐若霞蔚"之赞。其天然独特的地势妙不可言,巧夺天工的建筑风格堪称一奇。各层均三面设廊,背依悬崖,以九根铁索将楼体系于崖壁,据传游客登楼时,铁索即啷啷作响,故素有"话楼""吊庙"之称。

(二)永年广府城(国家5A级旅游景区)

永年广府城,中国历史文化名镇,地处华北平原南部,位于邯郸市永年区东南20千米处,西南距离邯郸市区 15 千米,距今已有 2600 多年的历史,为全国重点文物保护单位。因明清时期曾为冀南三府之一的广平府治所,故称为"广府"。广府城由于兴建于元明清时期的古城墙保存完好,世界各地自发游客众多,所以,被称为被遗忘的神秘古城。因此,广府城这个名字开始流传。广府城记载于春秋,城池形成于魏晋,战国时期为赵国毛遂封地。隋末农民起义军领袖窦建德在此建都,立"夏国"。明清朝这里成为直隶省广平府治所。

城东保存完好的弘济桥,是赵州桥的姊妹桥,为全国重点文物保护单位。广府城是杨式太极拳、武式太极拳的发源地,在太极拳界执大旗地位。目前国家体委正式公布的 88 式、24 式以及在许多场合表演的太极拳,都是杨式太极拳或由其演化而来。在全国八大太极拳门派中,源于永年的已占其五,被誉为"中国太极拳之乡"。永年广府城荣获"国家 5A 级旅游景区""中国历史文化名镇""国家级湿地公园""中国太极拳之乡""中国太极拳研究中心""太极拳圣地""全国简化太极拳推广先进单位""东方神秘古城""河北省人居环境范例奖""河北省环境优美城镇"等称号。境内有邯(郸)—临(清)线贯穿其间,此外,现已开通邯郸火车站至广府城的 605 路公交旅游专线,交通十分便利。

(三)丛台公园(国家 4A 级旅游景区)

丛台公园位于邯郸市内中华大街中段西侧,占地 369.6 亩,正中为丛台湖,湖面 42 余亩。丛台亦名"武灵丛台",相传建于赵国武灵王时期(公元前 325—前 299 年),已有 2000 多年的历史。赵武灵王建筑丛台的目的,是为了观看歌舞和军事操演。史载,丛台有天桥、雪洞、妆阁、花苑诸景,结构奇特,装饰美妙,在当时扬名于列国。

丛台公园位于邯郸市市中心东邻中华大街,西至第一中学,南与原市政府、市宾馆接壤,北靠丛台路,是以武灵丛台为中心辟成的一座大型园林,占地面积 360 亩,园中亭台楼榭,掩映在苍松翠柳中,山色湖光,倒映出点点轻舟。漫步北游,举目西望,是繁花似锦的花圃地。公园的西南部为观赏动物区。园中东、中、西三湖互相连接,融为一体。东湖南部种植莲藕,夏日荷花映日,碧叶满塘,使人流连忘返。其他水

面碧波荡漾,皆可垂钓或荡舟穿桥泛游湖中。园林建筑,除古丛台、望诸榭外,还陆续增建了工农兵塑像、春歌亭、醉月亭、长廊、碑林、二度梅雕塑等,并对原在湖边已破败的七贤祠迁址翻建,彩塑了赵国在立国前后树有特殊功勋的七位贤者。登上丛台极目远眺,西边的巍巍太行山层峦起伏,西南赵国都城遗址赵王城蜿蜒的城墙隐约可见,西北便是赵国的铸箭炉、梳妆楼和插箭岭的遗址。俯视台下,碧水清波,荷花飘香,垂柳倒影。

(四)武安朝阳沟(国家4A级旅游景区)

武安朝阳沟,地处河北省邯郸市武安管陶乡朝阳沟村,距邯郸市80千米,是著名戏剧作家杨兰春老先生的家乡,是戏剧《朝阳沟》故事的创作原型地。1958年毛主席发表了"农村是广阔天地大有作为"的讲话,号召广大知识青年到农村改变农村的落后面貌,为反映这一时代的特色,出身于朝阳沟的著名导演杨兰春根据回家探亲时朝阳沟发生的故事,结合朝阳沟的地理特征,仅用七天时间就编写排演了《朝阳沟》这一戏剧,一经公演,赢来全国人民的喝彩。朝阳沟景区就是根据这一故事的原型地而开发的旅游区。

朝阳沟景区呈东西走向,三面环山,峰峦叠嶂,悬崖绝壁,巨石嶙峋,森林覆盖率占景区总面积的90%以上。景区面积8平方千米,有南北对称沟洼12道,各沟自有特色。景区阳春花木繁盛、百鸟争鸣,盛夏泉水清澈,流水不断。如登上顶峰远眺,全景区尽收眼底,心胸开朗,令人心旷神怡,是一个天然的"大氧吧"。朝阳沟景区现已成为河北省名河源森林公园重要组成部分,武安市政府已将朝阳沟列为首批退耕还林建设生态强市的龙头村。朝阳沟景区分5个景区、5条线路,主要景点80处、景观160个。特色观赏和游览景点有列江村杨兰春、栓保、银环旧居、豫剧《朝阳沟》中的地名原景地、阳坡垴、东山头、野草湾、跌水岩,其他主要景观还有原始森林公园、山寨遗址、黑龙溶洞、马头山、狮子峰、五圣庙、饮马泉、百步天梯、一线天及朝阳湖等。朝阳沟是刚刚开发的旅游新区,作为对外开放旅游胜地,物华天宝,地灵人杰,到处充满诗情画意,朝阳沟人朴实勤劳、性格爽快、热情待客。景区内山山水水,秀丽迷人,一年四季非常鲜明。游客在这里可以吃农家饭,住农家屋,干农家活,感受到无穷的欢乐。

(五)京娘湖风景区(国家4A级旅游景区)

京娘湖风景区,现为国家4A级旅游景区、国家水利风景区、国家地质公园、国家森林公园。据史料记载,赵匡胤千里送京娘的故事就发生在这里。因宋太祖送京娘的故事发生在这一带,故得此名。京娘湖位于邯郸市武安市西北部山区的口上村北,亦称口上水库,距武安城30千米。

这里山水环绕,群峰竞秀,层峦叠嶂,川谷深幽,赤壁丹崖,色彩斑斓,林木茂盛,波光粼粼,风景秀美,造化神奇,现已凭借其中山川水色开辟成为旅游风景区和避暑胜地。京娘湖风景区包括:高峡平湖、仙灵峡、宋祖峡、京娘峡、怒狮昂首、神龟探头、雄鹰视、屯山积粮、神女舍粟、叠桥戏月、驼峰竞秀、妆寒潭遗恨、云崖寄志、古岩飘绵、青峰开屏、危岩藏经等18景。

(六)七步沟景区(国家4A级旅游景区)

七步沟景区位于邯郸市武安活水乡境内,河北武安国家地质公园、国家森林公园腹地,总面积15平方千米,由门景区、休闲度假区、百瀑峡、罗汉峡、三棱山、马武寨6个景区组成,集绿色、古色、红色旅游资源和独特地质资源之大成。于2009年5月重新规划建设,总投资12亿元。设有冀南首家滑雪场、高空索道、CS真人射击、拓展训练、游客中心和四星级天门湖酒店,是国家4A级旅游景区、河北省重点旅游建设项目。

七步沟原名"漆铺沟",因山里生长漆树、老百姓以开漆铺为生而得名。自唐朝以来,佛教僧众多来此处聚集隐居,取佛家典故"七步莲花",清朝年间更名为"七步沟"。清朝康熙年间任嗣尹撰写的《罗汉洞碑记》盛赞:"此何境也?非天也,非地也,非人间也。""山崒嵂兮云苍苍,众圣临兮龙虎藏。佛天咫尺莫徜徉,登斯境兮形自忘!"高品位旅游资源的融合升华,造就了其"天上人间"的奇绝景观:马武寨仙气接天,罗汉洞佛缘广大,百瀑峡圣水奔涌,惊喜岭醉倒游人……这里清静凉爽,气候宜人;这里植被丰茂,森林覆盖率达95%,堪称太行山植物王国;这里远离工业污染,空气清新,负氧离子含量极高,是太行山"天然氧吧"。春来鹅黄,小溪流水,山花烂漫,是踏春赏花的好去处;夏至浓绿,郁郁葱葱的原始次生林,丰富独特的飞瀑流泉,仿佛画卷一般,是游客心之向往的避暑胜地;秋观红叶,层林尽染,登高山之巅,观太行秋色;冬临银白,滑雪场纵横驰骋、尽享冬日阳光,感受冰雪乐趣。景区内重峦叠嶂,奇峰林立,飞瀑流泉,鸟语花香。天镜湖、梦溪湾、南天门、红石寨等自然景观天造地设、美不胜收;东汉马武屯田练兵、台佟隐居,唐代高僧罗汉洞修行,明朝无为教徒众聚居等人文故事传说及其遗迹神秘幽远、引人入胜。其壑之幽静、山之奇秀、水之妩媚、洞之玄奥,令人心驰神往。

(七)太行五指山景区(国家 4A 级旅游景区)

太行五指山景区位于太行山东麓涉县境内,占地面积 20 平方千米,主峰海拔 1283 米,周围群山环抱,清漳河绕山而过,山势巍峨峻秀,植被郁郁葱葱,以雄、奇、险、秀著称。

太行五指山又名五行山,位于太行山东麓,邯郸市涉县境内,距涉县城区仅 5 千米,北邻 309 国道,青兰高速从山前而过,交通十分便利。因五座奇峰形似如来佛祖 5 个手指而得名五指山,相传孙悟空就是被压在五指山下参禅悟道。景区是集自然风光、森林公园、红色旅游、佛学研修、人文景观、峡谷漂流和滑雪于一体,供游客观光游览、休闲度假、餐饮娱乐、享受健康生活的大型风景旅游胜地。太行五指山景区是国家级风景名胜区、国家 4A 级旅游景区,已荣获"河北省休闲农业和乡村旅游示范点""十佳林业重点企业""邯郸最佳旅游投资机构""河北影视基地"等荣誉称号。

(八)八路军一二九师司令部旧址(国家 4A 级旅游景区)

八路军一二九师司令部旧址位于邯郸市涉县,由一二九师司令部旧址、将军岭和一二九师陈列馆三部分组成,占地面积 300 亩,2013 年顶峰国际旅游景区规划项目。

抗日战争时期,涉县是边区根据地的腹心地、首府县,地处华北抗战前哨,为华北抗战战略要地,八路军一二九师在刘伯承、邓小平等师首长率领下,临危受命、东渡黄河、挺进太行,运筹涉县赤岸村,浴血千里太行山,打响了抗日战争中长生口、神头岭、响堂铺和解放战争中上党、平汉等著名战斗、战役,曾有 110 多个党、政、军、财、文等机关单位在涉县驻扎长达五年之久。三座院落中的上院,为司令部作战室、机关办公地。一二九师军政办公室,以及太行区党委书记、太行军区政委李雪峰的宿办室和房东宿舍,都在上院之内,院东南角设有一处防空洞。与上院相通的是后院,其中有南房五间,这里原来是司令部的作战处办公室,刘伯承、邓小平在这里指挥了大小战役 31000 多次,收复了 198 个县城。

2017 年 1 月,国家发改委发布了《全国红色旅游经典景区名录》,八路军一二九师司令部旧址入选中国红色旅游经典景区名录。2021 年 11 月,山西省人民政府核定公布为第

一批省级红色文化遗址。

(九)东山文化博艺园(国家4A级旅游景区)

东山文化博艺园位于邯郸市武安市东大门,是一处湖光山色交相辉映,亭台楼阁错落有致的秀美园林。总占地500多亩,是集文化旅游、度假休闲、餐饮娱乐于一体的高品位的文化园。

园内设有八大园区:文化园、地质园、植物园、牡丹园、水上乐园、动物园、人工湖和餐饮服务区。还有武安文史馆、武安近代史馆、武安三君馆、民俗年画展等。东山文化博艺园以弘扬地方特色文化为契机,融丰富的武安文化于秀美的园林之中,内涵深厚,情景交融,堪称东太行第一园。

(十)响堂山风景区(国家4A级旅游景区)

响堂山风景区是邯郸市峰峰矿区、村镇的一处风景名胜区,是国家级风景名胜区,国家级森林公园。整个景区被分成了3个区域:西部山区,中部的鼓山,东部的凤凰山。在凤凰山地区东部有凤凰山公园,中心有响堂寺、元宝山、九山生态农庄、九龙生态园。

响堂山石窟是中国首批重点文物保护单位、国家七大洞穴之一。响堂山石窟内的大佛洞是山东魏晋时期最大的一座石窟。因此,也就形成了响堂山"塔形窟"的独特形态,并成为了当时的佛教造洞派,对隋唐时期的佛龛形态产生了一定的影响。石窟四面有16个石柱,雕工精美,装饰精美,是北齐佛教的一部经典之作。中部的鼓山,山势众多,如六连峰、小棒槌峰、七道湾、小鬼道、一线天……峰峰的历史悠久,文化底蕴深厚,不但有石窟艺术的宝库,还有磁州窑的文化,地下遗迹的丰富,还有很多独特的自然风光,比如龙洞,老爷山石雕,明朝的无梁阁。响堂山真是难得的旅游休闲之地。

(十一)赵苑公园景区(国家4A级旅游景区)

赵苑公园景区位于邯郸市西北部,东临京广铁路,北临联纺西路,南临岭南路,西临铁西北大街,总占地1158.5亩,是国家4A级旅游景区、邯郸市内最大的公园。苑内新建了武灵殿、诸子百家殿、历代帝王宫、古代兵器陈列馆和成语典故苑等;西部为现代游乐区,主

体为九宫城,以赵氏得姓、立国以及迁都邯郸后八代国君158年的兴衰史为脉络,全方位介绍了赵文化的内涵和特色,展示了邯郸当时在军事、政治和文化方面的光辉成就;南部为苑囿区,区内有鸳鸯园、野炊园、家家乐游艺园、植物迷宫园、吉祥园、鲜果园6个园中园;北部为度假区,建有仿古宾舍、高级泳池、舞厅、酒店、健身房、植苑书屋等系列成套设施。

苑内保留了插箭岭、南北梳妆楼、铸箭炉、皇姑庵、汉墓、照眉池等遗址,地势起伏,文化丰厚,是一座融历史与生态、人工景观与自然风貌于一体的综合性公园。照眉池从战国到汉唐,多见于诗词典籍记载,曾烜赫一时,名扬列国。清雍正八年《邯郸县志》载:"照眉池,在城西北三里许,乃赵王宫中古迹,其池方十数亩,今为耕地矣。世传赵宫人曾照眉于此,故名。"当年赵宫人是在梳妆楼上梳洗完毕,再来到池边画眉理妆。邯郸自古出美女,而这片湖水,不知曾照过多少邯郸美女的倩影。"妆台梳云"是院内的主景,地势也最高,可眺望全园景色,上有梳妆楼、梳云亭和黛眉馆等建筑,相传为赵王骑射之余带领宫女们休息宴乐、观赏歌舞的地方。

(十二)武安市长寿村(国家4A级旅游景区)

长寿村,亦称阿蒿坪。因此地广生艾蒿,多芳香,蚊虫较少,故得名。位于河北省太行山南麓的武安市,距离武安城56千米,四面环山,古木参天,郁郁葱葱,空气清新,环境清幽,空气负氧离子浓度高。来这里的人,可以提神醒脑,可以欣赏风景,可以强身健体。长寿村之所以珍贵,是因为这里的四季风景不同,夏天却没有暑热,太行的桃花源是避暑胜地。

长寿村因2001年的第五次全国人口普查而出名,根据数据,长寿村的平均寿命为85岁。这些高寿的老者,扛着一百多斤的柴火,却是健步如飞。据村里的老人说,自从村子建成之后,他们就再也没有人因患重大

疾病而去世的。沿着深棕色的青石板小路进入村子,在村口的悬崖边上,一口清澈甘甜的泉水从岩石中涌出,汇聚成一条潺潺的溪流,因为泉水中含有丰富的矿物质和药材,村民们经常喝,可以预防疾病,延长寿命,所以被称为"长寿泉"。摩天岭的最高山峰海拔1747.5

米。这里山峦起伏,山谷幽深。山上物产丰饶,原始次生林中有油松、樟子松、漆树、栗树等数十种名贵树种,野生茶林有千余亩,党参、丹参、黄芪、柴胡、何首乌等200余种。由于这里的植物繁茂,气候潮湿,雨量充沛,经过山上的各种植物的根系过滤,渗透到土壤中,形成一股股清凉的泉水。连翘具有清肺、消炎的功效,当地村民将其嫩叶用土法蒸煮,然后用山泉水冲泡,终年饮用,具有养生、保健的功效,所以被称为"长寿茶"。

(十三)冀晋鲁豫烈士陵园(国家4A级旅游景区)

晋冀鲁豫烈士陵园位于晋冀鲁豫四省的交界城市——邯郸市邯山区陵园路,是中华人民共和国成立后第一座大型烈士陵园。1946年3月奠基,1950年10月落成。陵园占地320亩,分南北两院,是我国建筑最早、规模最大、老一辈无产阶级革命家的题词和碑文最多的烈士陵园。国务院批准为第一批全国重点烈士纪念建筑物保护单位。陵园的建设与发展,始终得到党和国家领导人的高度重视和亲切关怀。毛泽东、周恩来、朱德、邓小平、江泽民

等亲莅陵园,对陵园的建设和发展都作过重要指示,并亲笔题词赋诗。21000余件园藏文物、珍贵历史图片中,党和国家领导人题词之多,成为全国革命烈士纪念地之最。园内展馆常年开放,年平均接待国内外游客达45万人次以上,是集爱国主义教育和旅游观光于一体的红色旅游景点。

晋冀鲁豫烈士陵园是为了纪念在抗日战争中牺牲的晋冀鲁豫英雄们,已成为重要的红色教育基地,每年清明节会有来自4个省份的人前来祭拜。

(十四)韩王九寨景区(国家4A级旅游景区)

韩王山位于涉县城东5千米外,主峰海拔1200米,因汉将韩信曾屯兵于此而得名。山顶常有云雾笼罩,素有"韩山戴雨"之美称,为涉县古九景之一。

韩王九寨景区靠近涉县的县城,景区以汉代将军韩信的名字命名,占地30平方千米,是涉县古九景之一,拥有韩山日出、韩山日雨、韩山云彩、韩山红叶等自然景观,气候凉爽,环境幽静,空气清新,景色宜人,仲夏时节仅20℃左右,无论春夏秋冬,当游客

走进景区，都会感受到大自然的神奇与美丽，忘记城市的喧嚣，心无杂念，宁静淡泊。

(十五)粮画小镇(国家4A级旅游景区)

粮画小镇位于邯郸市馆陶县西部，景区内古朴清新，艺术气息浓厚，一个胡同一种意蕴，一砖一瓦一段诉说，一幅粮画一次感叹。走进景区如同走进画的世界，墙壁上绘画着充满乡土气息的农家画，处处悬挂着富有艺术感的粮食画。"粮"文化与艺术的巧妙结合，更是让人眼前一亮。寿东村位于馆陶县城以西3千米，188户、700余口人，曾是一个默默无闻的小村、穷村。开展美丽乡村建设以来，该村按照"乡村风情、城市品位"的建设理念，坚持在保护中开发，通过财政小投入撬动社会资本1000余万元，引入粮画加工企业，带动周边10多个村庄、300余户从事粮画创作，成为远近闻名的粮画小镇。

寿东村结合美丽乡村建设，打造了粮画体验坊、手工画展厅、微电影院等28处景点，建设了游客中心、停车场等旅游服务设施，同时将粮画主题巧妙融入景点与旅游公共服务设施建设，景区文化特色鲜明，成为乡村旅游的重要目的地。

(十六)东太行景区(国家4A级旅游景区)

东太行景区，位于邯郸市武安市境内，因地处太行山东麓而得名。规划总面积26平方千米，最高海拔1428米，与美国科罗拉多大峡谷同属丹霞地貌。东太行景区，是一处集太行山雄、奇、险、峻，以及巧石、云海、清幽、变幻于一体的山岳型自然景区。历史上著名的一二九师和许多老一辈革命家曾在这里驻扎、战斗、生活。东太行景区由中景信集团投资打造，修建在海拔千米上的绝壁玻璃栈道，堪称太行山人工奇观。

东太行景区，漫步栈道、行云缭绕，犹如踏云仙境。登临东太行，"天脊揽胜，云端漫步"，人生从此豁然开朗。早在28亿年前，太行山地区被海水淹没，沉积了巨厚的碎屑岩、含铁硅质岩及碳酸盐地层，受五台运动和吕梁运动的影响，区内古老的地层普遍遭受褶皱、变质，并伴随有断裂和石英岩脉。

东太行景区，距今18亿年，形成了混合岩化的结晶基底岩层。6亿年以前，太行山地区仍是一片汪洋大海,后来经过了频繁的地壳活动,太行山脉逐渐隆起。后又与东西的华北大平原断裂,形成太行东部陡峭、西部徐缓的地貌形态。东太行因地处太行山脉东麓而得名,东西两侧山坡相对平缓,南北陡峭,山脊由南向北因势而起,北侧僧山峰为高峰,海拔1428.2米,东西两侧溪水依山而下,呈环抱之势,汇集至京娘湖区。东太行景区,位于邯郸武安市活水乡境内,规划范围位于北纬36°54′17.03″~36°59′06.12″,东经113°52′48.61″~113°55′54.12″,平均海拔位于600~1480米。东邻古武当、南靠京娘湖、西观七步沟、北连长寿村,距离武安市区约40千米,距离邯郸市区70千米,S202省道毗邻而过。

五、城市精神

开放、进取、担当、包容。

"开放"是邯郸文化的深层基因,是"胡服骑射"精神的延续。开放才能使邯郸蓄势待发、由大转强、走向复兴。

"进取"是邯郸复兴崛起的坚实力量,是邯郸人民在历史长河积淀中形成的坚韧不拔、百折不挠的优秀品质。

"担当"是邯郸复兴崛起的核心灵魂,是一二九师精神的具体阐释,勇于担当一直都是邯郸人民的优良传统。

"包容"是邯郸复兴崛起的本质保证,是赵文化的核心力量,是邯郸人民固有的气度和个性。包容才能厚德载物、博采众长,促进和谐、推动发展。

第三十二章 邢台市

一、市情简介

邢台市隶属河北省，为地级市。简称"邢"，旧称邢州、顺德，邢台市位于京津冀区域冀中南地区中心，西依太行山与山西毗邻，东沿卫运河与山东相望，北连石家庄、衡水，南接邯郸，是中原经济区的北方门户。截至2020年6月，邢台市辖18个县（市、区），其中4个市辖区（信都区、襄都区、任泽区、南和区），12个县（内丘县、临城县、隆尧县、柏乡县、宁晋县、巨鹿县、平乡县、新河县、广宗县、威县、临西县、清河县），代管2个县级市（沙河市、南宫市）。另设有邢台经济开发区、邢东新区。共设乡、镇、街道办事处198个。辖区东西最长处约185千米，南北最宽处约80千米，面积1.24万平方千米，第七次全国人口普查公报显示，该市常住人口为7111106人，市区建成区面积89平方千米。

邢台历史悠久，邢台又名卧牛城，有3500年建城史，曾是商代祖乙之都，历史上四次建国、三次定都，素有"邢国故地、襄国故都"之誉，是中国北方最早形成城市的地区，在5万～10万年以前就有人类栖息繁衍，是仰韶文化发源地之一，在悠久的历史中，涌现出中医圣祖扁鹊、五代明君柴荣、唐朝名相魏徵和宋璟，元代科学家郭守敬等众多历史名人。

境内地势高低悬殊，西高东低，自西而东山地、丘陵、平原阶梯排列，三者比例约为2∶1∶7。境内京广铁路、京九铁路、京广高铁、京港澳高速、大广高速纵贯南北，邢和铁路、邢黄铁路、青银高速、邢衡高速、邢汾高速、邢临高速公路横贯东西，与邢台国际内陆港、邢台机场构成了"东出西联、南承北接"的交通枢纽。2022年，生态环境部发布《关于新建北京至雄安新区至商丘高速铁路雄安新区至商丘段环境影响报告书的批复》,该项目位于河北省、山东省和河南省境内,包括正线及相关工程。正线起自雄安站,经河北省雄安新区、沧州市、衡水市、邢台市,山东省聊城市、济宁市、菏泽市,河南省濮阳市、商丘市,接入商丘站,线路全长552.8千米;设计时速350千米/小时,近期(2030年)运行列车对数91~100对/日。

邢台市地处太行山脉南段东麓和华北平原交会处,境内地势高低悬殊,西高东低,自西而东山地、丘陵、平原阶梯排列,以

平原为主。京广铁路南北贯穿于丘陵和平原的交界处,西部为山地和丘陵区,东部为平原区。邢台市共有河流21条,除东部界河——卫运河外,均属于海河流域子牙河和黑龙港两大水系,河道总长度1052千米,堤防1121千米。行洪河道16条,排沥河道5条。滏阳河由南向北流经全市,分为滏西和黑龙港两部分,卫运河只是掠东部边境而过,没有支流汇入。

邢台市矿产资源丰富,区域特色明显,煤矿主要分布在沙河市、邢台县、桥西区、桥东区、内丘县、临城县等地;铁矿主要分布在沙河市;岩盐集中分布在宁晋县;建材类矿产主要分布在西部太行山区;地热资源广泛分布在东部平原区。全市已发现的矿产有46种(其中燃料矿产2种,金属矿产8种,非金属矿产34种,水汽矿产2种)。煤、铁、岩盐、蓝晶石等在全省占有重要地位,矿产地以中小型为主,大型矿产地较少。截至2017年年底,煤炭保有资源储量40.53亿吨,铁矿保有资源储量3.48亿吨,盐矿保有资源储量矿石量253.85亿吨(折合NaCl量

219.74亿吨),水泥用石灰岩保有资源储量10.04亿吨,蓝晶石(矿物量)保有资源储量233.63万吨。截至2018年年底,全市共有矿山180个,其中大型矿山12个,中型矿山36个,小型矿山132个。

二、城市名片

邢台市是国家园林城市、首批国家智慧城市、中国太阳能建筑城、全国和谐社区建设示范城区、首批全国创建新能源示范城市、中国特色魅力城市200强、国家水生态文明城市建设试点市、国家新型工业化产业示范基地、河北省级历史文化名城。

三、市树市花

（一）市树——国槐

（二）市花——月季

1985年1月28日，邢台市第七届人民代表大会常务委员会第十七次会议审议确定了国槐为邢台市市树，月季为邢台市市花。

四、风景名胜

邢台市有国家4A级旅游景区8家，国家级风景名胜区2个，国家地质公园2个，国家森林公园2个，中国历史文化名村2个。2014年全市旅游业总收入突破100亿元，形成了山水风光游、休闲农业游、历史文化游、古村名镇游等4条特色线路。邢台市东临大运河，西依太行山，风景秀丽，名胜众多。西部太行山的长城和东部的京杭大运河都是世界文化遗产的一部分，有国家级重点风景名胜区崆山白云洞和邢台峡谷群，天河山、云梦山、九龙峡、紫金山、北武当山、凌霄山等自然景观风光旖旎，邢台古城、扁鹊庙、汉牡丹、普彤塔、邢窑遗址、开元寺、天宁寺、清风楼、火神庙、府文庙、郭守敬纪念馆等人文名胜璀璨多姿，邢台市还是革命老区，是太行、冀南两大根据地的中心，南宫市素有冀南红都之称，抗日军政大学、冀南烈士陵园、八路军一二九师司令部驻地（道沟村）、冀南革命纪念馆、董振堂纪念馆、吕玉兰纪念馆等红色革命遗址永彪丰碑。

（一）天河山（国家4A级旅游景区）

天河山位于晋冀交界的太行山最绿的地方，总面积30平方千米，距邢台市65千米，

交通便利，沿途风光优美。这里奇峰林立，峡谷幽峻，植被丰茂，林木葱郁；这里群瀑飞雪，清泉鸣筝，水源丰沛，是著名的"太行山水"；这里松涛阵阵，牛羊成群，又称"云顶草原"。

天河山景区文化底蕴丰厚。早在新石器时代，天河山地区就有人类居住。春秋时期，孔夫子曾游学至此，"夫子岩"由此得名。抗日战争时期，这里是八路军主要根据地之一。一二九师医院、冀南银行（中国人民银行前身）等革命遗址，至今保存完好。天河山一带广泛流传着牛郎织女的故事，并拥有大量的文化遗存，经多位专家考证，这里就是牛郎织女故事的原生地。2005年，天河山在国家工商总局注册为"中国爱情山"。2006年，天河山被中国民俗学会命名为"七夕"文化研究基地，被中国民间文艺家协会命名为"中国七夕文化之乡"。

天河山拥有北方最大的户外拓展培训基地和华北落差最大的峡谷漂流项目，因落差

大,水流急,惊险刺激,被誉为"中国情侣第一漂"。

联合国教科文组织专家杨亮才先生观天河山有感:"此景只应天上有,不知何故落邢台。"牛郎织女美丽的爱情故事,也许只能发生在这唐诗宋词般绝美的仙境之中。主要景点有汉阙大门、天河湖、鸳鸯池、天河度假山庄、碟仙谷、碧莲池(壶穴)、情人谷、牛郎庄、仙人峰、鹊桥、月老峰、圣母庙、夫子岩、云顶草原、天下第一牝等数十处。"七夕"文化陈列馆、中华古代性文化展也已向游人开放。

(二)崆山白云洞(国家4A级旅游景区)

崆山白云洞位于邢台市临城县境内,地处太行山东麓,河北省西南部,地势西高东低,呈阶梯状分布。南距邢台市56千米,北距石家庄市86千米。崆山白云洞形成于5亿年前的中寒武纪,是我国北方一处难得的岩溶洞穴景观,是国家重点风景名胜区、国家地质公园、国家4A级旅游景区。

现已初步探明并开发开放了5个洞厅,游线全长4000米,最大洞厅约2170平方米,主要景点200多处。在已探明开放的5个洞厅中,洞洞连环,厅厅套接,依据其氛围景象之不同,将5个洞厅依次命名为"人间""天堂""地府""龙宫""迷宫"。第一洞厅"人间"宽敞宏大,有山有水,一片人间和平景象。第二洞厅"天堂"垂帘悬幕,富丽堂皇,犹如天堂。第三洞厅"地府"怪石林立,阴森恐怖,颇似想象中的地府。第

四洞厅"龙宫"树枝珠串、水潭密布,很像龙宫。洞内岩溶造型齐全,单位面积景观密集,风景形态瑰丽多彩,原始本底保存完好。第五洞厅"迷宫"怪石嶙峋,曲折迂回,别有洞天。5个洞厅景观各异,各有特色。整个封闭空间都充满了琳琅满目、色彩斑斓的石钟乳、石笋、石幔、石帘、石瀑布、石帘花等碳酸盐造型,其中网状卷曲的"节外生枝""线型石管",形态奇丽的牛肺状"彩色石幔"、石帘,晶莹如珠的石葡萄、石珍珠等,在国内其他溶洞中是罕见的。洞内的拟人物拟景物多达109处。景观的体量大小不一,大体量的有石柱、石幕、石瀑

布、石平台等。最大的石柱周长达4.3米，顶天立地，蔚为壮观。最大的石幕宽达8米，而最小的景观石针，直径仅有几毫米。还有造型奇特、形象逼真、惟妙惟肖的鹦鹉石、雄狮等。整个溶洞景观给人以形态美、线条美、空间美等多种艺术享受，堪称岩溶造型"博物馆""地下迷宫"。

（三）云梦山风景区（国家4A级旅游景区）

云梦山风景区位于邢台市冀家村乡石板房村北，东距邢台市66千米，交通便利。该景区属北方山岳类型，主峰1300多米，为河北、山西分水岭。面积25平方千米，植被覆盖率95%，珍稀动植物100余种。8月日平均气温23℃左右。这里地貌奇特，自下而上分为四层，分别为"下壶天"，"中壶天""上壶天""天外天"。进入景区，恍如进入一只大肚茶壶中，只见四面山势峭拔，赤壁翠崖，头顶只一片圆天，神秘莫测，故称"壶天仙境"。

云梦山山雄、水秀、谷幽、洞奇。四季如画，景色宜人。已开发景点80余处，景点密集，游程安排张弛有度，有惊无险。尤其是白龙溪，从山顶的水帘洞及东、西白龙泉喷涌而出，坠丹崖，漫翠坡，绕桧柏，挤幽洞，一路形成栖鹰瀑、滚蛟瀑、龙吟瀑、晒鳞瀑、浣药潭、碧波潭等景观。九瀑十八潭，若白龙飞腾，如银练飘舞，令人诗情勃发，被誉为"北方的九寨沟"。特别值得称道的是，这里有丰厚的文化底蕴。相传战国时期著名道家鬼谷子曾隐居此山，修道授徒。叱咤风云扬名天下的孙膑、庞涓、苏秦、张仪、毛遂，都是在这里拜师学道。至今，神仙道、红碾盘、神仙脚印、讲经洞等遗迹尚存。

（四）天梯山（国家4A级旅游景区）

天梯山位于邢台市西东牛庄，距市中心22千米，面积18平方千米。这里山势突兀，雄浑险峻，千余级石阶直上云霄；山腰有远古洞群，洞连洞、洞套洞，曲折回环，幽深莫测；洞中遍布石花石瀑石钟乳，肖人肖兽，千奇百怪，目不暇接；山脚有华北第一水洞——金水洞，泛舟洞中，灯影桨声，如入仙境。游人登临绝顶长寿峰，但见群山环拱，村庄历历，田畴锦绣，川口湖烟波浩渺，令

人心旷神怡。景区西部,冷风洞天下绝伦,宝剑峡壁如刀削,黑龙潭清冷沉绿,另有一番野趣。

自宋以来,九百年天梯阅尽人间沧桑,寒来暑往,云卷云舒,今天站在山腰俯首山下,仍依稀可闻战马嘶鸣,杀声阵阵,耳畔如蝗的箭镞带着冷风,被深深地射进岩壁石缝之中,及至山顶,更见其险要,一条古栈道咽喉般设卡在通往上、下的必经之路,人欲通过,必侧行,正所谓"一夫当关,万夫莫开",对此真可说是绝好的形容。

(五)九龙峡自然风光旅游区(国家 4A 级旅游景区)

九龙峡自然风光旅游区位于太行山中段东麓,邢台市浆水镇。总规划面积 64 平方千米,主峰王帽山海拔 1800 米。东距邢台市区 62 千米,宜沙国防公路和晋冀高等级公路直达景区。现开发有九龙峡景区和九龙峡水门农业生态旅游示范区,分布着上百个景点,被誉为"燕赵第一景"。享有"太行自然风光明珠"之美誉。

主要景点有老龙潭、卧龙湾、观音洞。

(六)扁鹊庙(国家 4A 级旅游景区)

扁鹊庙又名鹊山庙、鹊王庙,是位于邢台市内丘县的国家 4A 级旅游景区,是一座以祭祀和朝拜华夏医祖扁鹊为主的古建筑群。始建于战国初期,占地面积 15 万平方米。依山而建,左右两岭相扶,九龙河由庙前川流而过,是块风水宝地。庙内现存古迹 20 余处,是我国历史最早、规模最大、保存最为完好的扁鹊庙群。现为全国重点文物保护单位、国家 4A 级旅游景区、全国中医药文化宣传教育基地、邢台新八景之一。扁鹊庙位于内丘县城西侧约 20 千米处,距离邢台市区车程约 50 千米,是庙宇历史最为悠久、规模最为宏大的纪念神医扁鹊的庙宇。春秋时,扁鹊曾为晋大夫赵简治好其儿子的病,大夫为表感谢将这一块土地赐给扁鹊。所以这里是扁鹊真实生活过的地方,是其第二故乡。扁鹊庙的规模很大,除了纪念扁鹊外,这里也是当地著名的道教庙宇,每年节庆时都会有人来此参拜祈福。庙宇的南北纵深有 300 多米,宽约 120 米,在其中游览需要 2~3 小时。

扁鹊庙大门外的对面有九棵巨型的古柏,也被称为九龙柏,古木高耸参天,展现了这里的历史悠久。古柏下有一座回生桥,也是纪念传说中扁鹊可以起死回生的神奇医术,目前很多游客走回生桥都是为了给自己祈求健康长寿，走过回生桥，便进入到庙宇内。

庙内建筑众多，山门、回生桥、扁鹊庙、桥楼殿、三清殿、献殿、寝宫殿、阎王庙、戏楼、道士院、报厦殿、后奶奶庙、睡呼庙、老母庙、玉皇殿、纺花洞、老君洞、鬼王庙、祖师庙、牛王庙、火神庙、百子殿等28个庙殿。

其中扁鹊庙是最主体的建筑，里面供奉了神医扁鹊及其10大弟子的塑像，另外的殿堂内分别供奉了三清、玉皇大帝、太上老君等众多道教的神像，可以一一参拜。在院落内，还有一座扁鹊墓，传说是在扁鹊被秦太医杀害后，当地人民不远千里到山西偷回了扁鹊的头建墓埋葬，因此这里的村名就叫"神头村"，可以在这里参观祭奠。

（七）前南峪生态旅游区（国家4A级旅游景区）

前南峪生态旅游区位于邢台市信都区浆水镇，素有"太行明珠"之称，是八百里"太行山最绿的地方"。

前南峪生态旅游区山峰秀美连绵，主峰海拔1024米，森林公园内奇峰擎天，峰峰殊异，移步换景，还有千姿百态的瀑布和2700年前邢都古国遗址、乡村文化等人文景观和自然景观，是旅居者向往已久的华北大地上的香格里拉。

由国家旅游局原局长何光暐题名的"前南峪生态旅游区"，是国家4A级旅游景区、全国百家红色经典景区、全国爱国主义教育示范基地、全国国防教育基地、全国首批百家农业旅游示范点、联合国环境保护"全球五百佳"提名奖、全国十佳水土保持示范区、首批全国乡村旅游示范基地、国家水利风景名胜区、国家级森林公园、全国廉政教育基地。

（八）邢台紫金山（国家4A级旅游景区）

邢台紫金山集秀峰、幽谷、涌泉、飞瀑、奇峡、怪峙、坑盆、潭坝于一体。有鬼斧神工全国罕见的"天瓮奇观"，韩湘子古宅"韩仙庄"，飞瀑叠岩的"七星潭""蚌仙池""水滑梯"，横看

成岭侧成峰的"板山群落",千年滴之不尽的"圣水洞"等自然景观。

紫金书院是我国数学、天文、历法重要发祥地之一。辅佐元世祖忽必烈创建大元王朝的开国重臣刘秉忠、郭守敬、张文谦、张易、王恂曾在此研究经天纬地、治国安民之学问,他们是我国古代科学文化领域颇有建树且地位重要的旷世奇才,史称"中华五杰"。

(九)红石沟休闲生态农场(国家 4A 级旅游景区)

红石沟休闲生态农场位于邢台市沙河市白塔镇,是一家集花卉观赏、园林采摘、乡村美食、水上娱乐项目、休闲度假、农耕文化体验、亲子教育体验、户外拓展运动、房车营地于一体的大型综合性的,以休闲度假、亲子活动和旅游观光、四季采摘为主的休闲度假景区。

景区规划面积 5 万亩,总投资 12 亿元,实际开发完成 25000 亩,已投入 3.5 亿元。现一期园区已正式对外开放。整个园区绿色植被覆盖率达 95%,基础设施与服务设施完善,景区内配备有游客服务中心、餐厅、观光车、服务网点、中小型会议室、自助烧烤、帐篷露营营地、房车度假营地,是民居式养生度假酒店等,为游客提供便捷的服务。

由市区穿过的国家级交通要道距此仅 25 千米,道路四通八达,交通便捷便利;景区由红石沟主景区和广阳山、漆泉寺、029 高地等景点组成。这里风景秀丽、气候宜人,四时风光各具特色。春来山花烂漫,果木花香;夏至层峦叠翠、流瀑成群;秋到层林尽染、瓜果飘香;冬临银装素裹、飞瀑流水,是一个田园养生、休闲度假的好去处。

(十)沙河市桃花源风景区(国家 4A 级旅游景区)

沙河"大裂峡"堪称全国"最美的一线天","V"形峡谷、"Ω"形峡谷,经有关专家鉴定为典型的地质奇观,学术及观赏价值在全国领先。景区景观有沙河"大裂峡"、巨石长廊、曲阳石雕双层凉亭、仿古炭化木亭、悬崖飞瀑、桃花源大瀑布、悬空玻璃观光台等,雄壮、细腻、典雅、刺激,各具特色,雅俗共赏。景区植物有桃花、樱花、荷花、牡丹等上百种,繁花时节,姹紫嫣红,香风习习,空气清新,环境优美,是观赏、休闲、娱乐、健身的理想场所。

沙河市桃花源风景区位于邢台市沙河市西部秦王湖北岸,距沙河市区45千米。这里有优越的旅游资源。浩瀚的秦王湖碧玉般横卧于脚下;对面山峦起伏,山形俊美;登高望远,视野开阔,风景如画。背后群山连绵起伏,如太师椅般围合左右,远处横亘的山脊上,向南均匀地延伸出五条山峰,如五条巨龙奔跃而来。当地人称之为"五龙捧胜",并口耳相传着一个壮美的故事:西汉末年,王莽篡位,追杀汉室宗亲刘秀至此;刘秀疲于奔命,落荒而逃,藏身于山上的一个石洞中,侥幸躲过一劫;日后刘秀重整旗鼓,战败王莽,恢复汉室,是为东汉光武皇帝。时至今日,当地人还津津乐道,称此山为"金銮殿"。

桃花源正坐落在这"五龙"的中峰。这里山形复杂,地貌丰富,堪称经典的地质公园。景区入口处的"一线天",纵深80米,高50余米,两侧石壁纹路秀美,光洁褐红。根据左凹右凸的对应关系,河北省地质研究所专家断定为地壳运动的结果——5000万年前,因地壳运动而山头开裂,形成此峡。奇特的是峡的中间有一断裂的错层,长峡如线,有开有合,峡上有峡,成为"双层一线天"。此峡宽处丈余,窄处不足半米,中间有一宽阔处,四壁通天,恰似巨龙腾空升天的"天井"。河北省地质研究所专家根据此峡的景观特色和地质价值,命名为沙河"大裂峡",肯定这是中国"最美的一线天",是沙河市十分宝贵的旅游资源,具有极其重要的科学研究价值和极高的美学观赏价值。

五、城市精神

勤劳仁厚、坚韧如山、科学务实、灵动如泉。

邢台市启动"悦读之城·书香邢台""书画之城·人文邢襄""公益牛城·日行一善"等"三城同建"工作,打造当地城市文化品牌。

目前,"悦读之城·书香邢台"建设工作正在有序推进。同时,城市书房、微书坊、读书驿站等便民利民阅读场所建设正在展开。"书画之城"建设方面,当地有关部门面向全国征集具有邢台元素、富有时代气息和传播力强的"书画之城·人文邢襄"主题标识(Logo)和卡通形象。

针对"公益牛城"建设,邢台市将优化8支常设队伍和N个特色公益志愿服务队伍,按照"一街一主题,一巷一特色"标准,打造一批示范街道、公益志愿服务主题公园。按照

"八个一"的模式,建设一批"爱心小院"等。

邢台市将聚焦经济社会高质量发展"六个第一",打造冀中南转型升级示范带的邢台样板,突出"产业"第一支撑,立足该市产业集群基础,在补链延链强链建链上下苦功夫,做大做强头部企业,带动产业实现由聚变到裂变、由量的增加到质的提升。要突出"项目"第一抓手,盯紧省市重点项目,抓好谋划储备、开工建设、入库入统;盯紧政府专项债项目,撬动更多民间投资;盯紧"两新一重"项目,形成更多实物量和增长点。要突出"科技"第一动力,不断增加研发投入,加强产业共性技术研究,大力引进科研人才,实施质量提升专项行动,加强知识产权保护和品牌培育,以创新活力激发高质量发展动力。要突出"园区"第一平台,推动布局优化、产业集聚、层级提升,力促开发区优化升级。要突出"环境"第一要素,把服务企业理念落实到尊重和爱护企业家的全领域、各方面,打造更具竞争力的营商环境。要突出"安全"第一底线,坚守生态保护红线、环境质量底线、资源利用上线,严防金融和政府债务风险,保持安全生产平稳态势,为高质量发展创造良好的发展环境。

附录 市树市花概况

经过课题组为期近3年的调研汇总,截至2021年年末,中原经济区内32市中,都拥有了自己的市花,有5市是双市花,4市无市树,28市拥有了自己的市树,4市为双市树,有2市拥有双市树和双市花,且双市树相同为国槐和银杏,分别是鹤壁市(市花为迎春花和樱花)、淮北市(市花为梅花和月季),2市拥有双市树和单市花,且市花相同为月季,分别是蚌埠市(市树为雪松和国槐)、邯郸市[市树为法桐(悬铃木)和国槐],3市拥有单市树和双市花,分别是新乡市(市树为国槐,市花为石榴花和月季)、聊城市[市树为国槐(聊红槐),市花为荷花和月季]、运城市(市树为国槐,市花为月季和菊花)。

一、市树

经汇总,共9个树种作为市树,排在第一位的是国槐有16个城市,第二位是银杏,第三位是法桐和雪松,第四位是香樟,第五位是望春玉兰,刺槐,木瓜和泡桐,分别只有1个城市作为市树,4个城市无市树。

国槐作为市树的有16个城市,分别为安阳市、新乡市、焦作市、濮阳市、商丘市、周口市、济源市、聊城市、泰安市、长治市、运城市、邢台市、鹤壁市、淮北市、蚌埠市、邯郸市,其中4个双市树的城市中均有国槐作为市树,分别为鹤壁市、淮北市、蚌埠市、邯郸市。

银杏作为市树的城市有4个,为信阳市、宿州市、鹤壁市、淮北市,其中鹤壁市、淮北市为双市树。

法桐(悬铃木)作为市树的有3个城市,郑州市、淮南市、邯郸市,其中邯郸市为双市树。

雪松作为市树的城市有3个,为三门峡市、晋城市、蚌埠市,其中蚌埠市为双市树。

香樟作为市树的城市有2个,为平顶山市、驻马店市。

望春玉兰作为市树的城市有1个,为南阳市。

刺槐作为市树的城市有1个,为阜阳市。

木瓜作为市树的城市有1个,为菏泽市。

泡桐作为市树的城市有1个,为亳州市。

无市树的城市有4个,为开封市、洛阳市、许昌市、漯河市。

二、市花

在12种花卉植物中,排在第一位的是月季,有19个城市作为市花,排在第二位的是紫薇,有5个城市,排在第三位的是莲花有3个城市,牡丹和菊花排在第四位分别有2个城市,排在最后的是迎春花、樱花、梅花、桂花、石榴花、芍药分别有1个城市作为市花。

月季作为市花的有19个城市,分别为郑州市、平顶山市、新乡市、焦作市、濮阳市、漯河市、三门峡市、南阳市、商丘市、淮北市、宿州市、蚌埠市、阜阳市、淮南市、聊城市、长治市、运城市、邯郸市、邢台市。5个双市花的城市中,4个城市当中均有月季。

紫薇作为市花的有5个城市,分别为安阳市、驻马店市、济源市、泰安市、晋城市。

莲花作为市花的有3个城市,分别为许昌市、周口市、聊城市,其中聊城市为双市花。

牡丹作为市花的有2个城市,洛阳市、菏泽市。

菊花作为市花的有2个城市,开封市、运城市,其中运城市为双市花。

迎春花和樱花作为市花的城市有1个,为鹤壁市,为双市花。

梅花作为市花的有1个城市,为淮北市,为双市花城市。

桂花作为市花的有1个城市,为信阳市。

石榴花作为市花的有1个城市,为新乡市,为双市花城市。

芍药作为市花的有1个城市,为亳州市。

三、中原经济区城市市树市花汇总表

城市名称	市树	市花	备注
郑州市	法桐(悬铃木)	月季	
开封市	无	菊花	无市树
洛阳市	无	牡丹	无市树
平顶山市	香樟	月季	
安阳市	国槐	紫薇	
鹤壁市	国槐、银杏	迎春花、樱花	双市树、双市花
新乡市	国槐	石榴花、月季	双市花
焦作市	国槐	月季	
濮阳市	国槐	月季	
许昌市	无	莲花	无市树
漯河市	无	月季	无市树
三门峡市	雪松	月季	
南阳市	望春玉兰	月季	
商丘市	国槐	月季	

城市名称	市树	市花	备注
信阳市	银杏	桂花	
周口市	国槐	莲花	
驻马店市	香樟	紫薇	
济源市	国槐	紫薇	
淮北市	国槐、银杏	梅花、月季	双市树、双市花
亳州市	泡桐	芍药	
宿州市	银杏	月季	
蚌埠市	雪松、国槐	月季	双市树
阜阳市	刺槐	月季	
淮南市	法桐(悬铃木)	月季	
聊城市	国槐(聊红槐)	莲花、月季	双市花
菏泽市	木瓜	牡丹	
泰安市	国槐	紫薇	
晋城市	雪松	紫薇	
长治市	国槐	月季	
运城市	国槐	月季、菊花	双市花
邯郸市	法桐(悬铃木)、国槐	月季	双市树
邢台市	国槐	月季	